HEINZ FASSMANN (Hg.)

DIE RÜCKKEHR DER REGIONEN
BEITRÄGE ZUR REGIONALEN TRANSFORMATION OSTMITTELEUROPAS

ÖSTERREICHISCHE AKADEMIE DER WISSENSCHAFTEN
INSTITUT FÜR STADT- UND REGIONALFORSCHUNG

BEITRÄGE ZUR STADT- UND REGIONALFORSCHUNG

BAND 15

VERLAG DER ÖSTERREICHISCHEN AKADEMIE DER WISSENSCHAFTEN
WIEN 1997

HEINZ FASSMANN (Hg.)

DIE RÜCKKEHR DER REGIONEN

Beiträge zur regionalen Transformation
Ostmitteleuropas

VERLAG DER ÖSTERREICHISCHEN AKADEMIE DER WISSENSCHAFTEN
WIEN 1997

Vorgelegt von w. M. ELISABETH LICHTENBERGER in der
Sitzung am 6. März 1996

Gedruckt mit Unterstützung durch den Fonds zur Förderung
der wissenschaftlichen Forschung

ISBN 3-7001-2699-9
Copyright © 1997 by
Österreichische Akademie der Wissenschaften
Wien
Druck: Druckerei G. Grasl, A-2540 Bad Vöslau

Inhaltsverzeichnis

VORWORT 9

1. Die Rückkehr der Regionen – regionale Konsequenzen der Transformation in Ostmitteleuropa: Eine Einführung 13

HEINZ FASSMANN

1.1 Vorbemerkung 13
1.2 Zur Theorie der Transformation 14
    1.2.1 Begrifflichkeit 14
    1.2.2 Die zeitliche Abfolge der Transformation 15
    1.2.3 Transformationsmaßnahmen und Transformationsphänomene 17
    1.2.4 Staatliche Differenzierung 21
1.3 Regionalisierung der Transformationsphänomene 24
    1.3.1 Stadt-Land-Differenzierung 25
    1.3.2 Industrielle Problemregionen 29
    1.3.3 Grenzregionen: „western belt" und „eastern wall" 30
1.4 Zusammenfassung und Ausblick 33
1.5 Summary 33
Bibliographie 34

2. Arbeitsmarkt und regionale Disparitäten in der Tschechischen Republik   37

ALOIS ANDRLE UND JAROSLAV DUPAL

2.1 Einleitung 37
2.2 Bisherige und neue regionale Disparitäten 38
    2.2.1 Veränderungen der ökonomischen Struktur 38
    2.2.2 Entwicklung des Arbeitsmarktes 48
2.3 Regionalpolitik und Krisenmanagement 58
    2.3.1 Veränderungen im Rahmen der Regionalpolitik 58
    2.3.2 Entwicklung des Bezirks Mladá Boleslav 61
    2.3.3 Entwicklung in einem peripheren Gebiet – der Bezirk Jindřichův Hradec ... 63
2.4 Entwicklungsperspektiven der regionalen Restrukturierung 65
    2.4.1 Gesamtwirtschaftliche Rahmenentwicklung 65
    2.4.2 Demographische Entwicklung 69
    2.4.3 Regionale Restrukturierung 74
2.5 Zusammenfassung 79
2.6 Summary 80
Bibliographie 80

3. Regionale Disparitäten und Arbeitsmarkt in der Slowakischen Republik   83
VERA MAYER

3.1 Einleitung 83
3.2 Alte und neue regionale Disparitäten 84
    3.2.1 Charakteristik der slowakischen Regionen bis 1989 84
    3.2.2 Regionale Disparitäten nach 1989 89
    3.2.3 Entwicklung des Arbeitsmarktes 105
    3.2.4 Soziale und ethnische Auswirkungen 116
3.3 Regionalpolitik und Krisenmanagement 121
    3.3.1 Slowakische Regionalpolitik im Verlauf der Transformation 121
    3.3.2 Krisenmanagement in einer Problemregion – das Beispiel des Bezirks
          Spišská Nová Ves (Zips) 123
3.4 Regionale Restrukturierung 125
    3.4.1 Demographische Entwicklung 125
    3.4.2 Regionale Entwicklungspotentiale 129
    3.4.3 Die Slowakei – Quellgebiet der Ost-West-Wanderung 131
3.5 Zusammenfassung 133
3.6 Summary 135
Bibliographie 136

4. Neue regionale Disparitäten in Ungarn 141
ZOLTÁN CSÉFALVAY, HEINZ FASSMANN UND WALTER ROHN

4.1 Einleitung 141
4.2 Regionale Polarisierung Ungarns 142
    4.2.1 Gesamtwirtschaftliche Rahmenentwicklung 142
    4.2.2 Wandel der regionalen Struktur der Ökonomie 146
    4.2.3 Regionale Disparitäten auf dem Arbeitsmarkt 158
    4.2.4 Regionale Dimensionen des sozialen Wandels 163
4.3 Regionalpolitik und Krisenmanagement 167
    4.3.1 Regional- und Arbeitsmarktpolitik im Verlauf der Transformation 167
    4.3.2 Krisenmanagement in industriellen Problemregionen – das Beispiel Ózd 169
    4.3.3 Neugründungen „auf der grünen Wiese" – die Beispiele von Suzuki, Opel
          und Ford 171
4.4 Ausblick: Regionale Restrukturierung und demographische Entwicklung
    Ungarns 173
    4.4.1 Regionale Restrukturierung 173
    4.4.2 Demographische Entwicklung und Migration 177
4.5 Zusammenfassung 180
4.6 Summary 181
Bibliographie 183

5. Regionale Muster der Transition: Polen 187

Piotr Korcelli

5.1 Einleitung 187
5.2 Die ökonomische Transformation in Polen: Spezifische Maßnahmen 188
5.3 Der regionale Wandel 193
    5.3.1 Eigentumsumwandlung 195
    5.3.2 Ausländische Investitionen 201
    5.3.3 Arbeitsmärkte: Die Muster von Beschäftigung und Arbeitslosigkeit 207
    5.3.4 Der Lebensstandard: Einkommen, Konsum und Umweltqualität 213
5.4 Sektorale Problemlagen und regionale Konsequenzen 217
    5.4.1 Die staatliche Landwirtschaft 217
    5.4.2 Der Kohlenbergbau 220
    5.4.3 Die Textilindustrie 222
5.5 Traditionelles und neues Muster regionaler Disparitäten 223
    5.5.1 Das traditionelle Muster 223
    5.5.2 Das „neue" Muster 224
5.6 Demographische Aspekte des regionalen Wandels 230
    5.6.1 Nationale Trends der Bevölkerungsentwicklung 230
    5.6.2 Regionaldemographische Muster 233
5.7 Internationale Migration: Trends und Zukunftsaussichten 237
5.8 Zusammenfassung 239
5.9 Summary 240
Bibliographie 240

Verzeichnis der Karten 245
Verzeichnis der Abbildungen 246
Verzeichnis der Tabellen 247
Die Autoren 249

Vorwort

Aus den Wirtschaftswissenschaften kommt die Unterscheidung der Transformationspolitik in Schocktherapie versus gradualistischer Übergang. Die Realisierung der Transformation kann dabei sehr kurzfristig erfolgen oder auf einen längeren Zeitraum ausgedehnt werden. Eine genaue Analyse dokumentiert, daß weder der eine noch der andere Weg in einer theoretisch reinen Ausprägung beschritten worden ist. Es zeigt sich vielmehr, daß jeder Staat aufgrund seiner historischen und wirtschaftsgeographischen Voraussetzungen eine spezifische „idiographische" Politik entwickelt hat.

Gemeinsam ist, daß alle Staaten Ostmitteleuropas (Polen, Ungarn, Tschechien und die Slowakei) politische Maßnahmen gesetzt haben, um ein marktwirtschaftliches System zu installieren. Der Plan als Instrument der Verteilung und Allokation von Ressourcen wurde außer Kraft gesetzt und die Installierung eines Marktes, als alternatives Instrument zur Distribution und Allokation, angestrebt. Die freie Preisbildung auf einem Güter-, Kapital- oder Arbeitsmarkt – so die Theorie – ersetzt die Planbehörde. Unterschiedlich sind jedoch die zeitlichen Perspektiven und die Abfolge der einzelnen Reformschritte. Unterschiedlich sind auch die Art und Weise der Privatisierung, die Etablierung eines institutionellen Rahmens und die Formulierung sowie Umsetzung einer Geld-, Wirtschafts- und Steuerpolitik.

Gemeinsam ist auch, daß die regionale Differenzierung der ökonomischen und gesellschaftlichen Entwicklung innerhalb der Staaten wieder stärker zum Tragen kommt. Die „Rückkehr der Regionen" läßt sich in allen ostmitteleuropäischen Staaten beobachten. Lage- und Standortqualitäten erhalten wieder ein stärkeres Gewicht und führen zur zunehmenden räumlichen Differenzierung. Geht man von einer groben Dreiteilung regionaler Standorte aus, dann läßt sich folgendes feststellen (vgl. FASSMANN u. LICHTENBERGER 1995):

Die Metropolen Ostmitteleuropas zählen zu den „Gewinnern" des Transformationsprozesses. Bereits in der sozialistischen Ära zählten die Stadt und der Städtebau zu den zentralen Instrumenten der zentralistischen Planung. Die staatliche Bautätigkeit in den sozialistischen Staaten konzentrierte sich auf Prag, Budapest oder Bratislava und auf die planmäßig angelegten Industriestädte, wie Nowa Huta oder Kaschau. Mit der freien Standortwahl privater Investitionen rücken die Städte abermals in das Zentrum des Geschehens. Die Mehrheit der Auslandsinvestitionen konzentriert sich auf Budapest, Warschau, Bratislava oder Prag. Die Metropolen werden zu den Wachstumspolen der nationalen Wirtschaft.

Den Metropolen steht der ländliche Raum gegenüber. Im ehemals sozialistischen Planungssystem war der ländliche Raum eindeutig benachteiligt. Weder eine bevorzugte Mittelzuteilung noch eine nennenswerte Infrastrukturausstattung wurde ihm zuteil. Stattdessen wurde der ländliche Raum im Zuge der Kollektivierung der Landwirtschaft – bis auf Teile Polens – und der Installierung landwirtschaftlicher Produktionsgenossenschaften ökologisch radikal verändert. Die Kleinzügigkeit der Fluren verschwand, die Landschaft wurde radikal ausgeräumt.

Heute muß man feststellen, daß die Transformationsprozesse am ländlichen Raum häufig spurlos vorbeigegangen sind. Die Rückkehr zum bäuerlichen Familienbetrieb war bisher eher die Ausnahme. Die landwirtschaftlichen Produktionsbetriebe existieren weiter und haben lediglich ihre Organisationsform verändert. Dazu kommt, daß die Rückkehr zur Gemeindeautonomie mit ihren relativ weitreichenden Befugnissen erst langsam realisiert wird.

Zwischen den Metropolen auf der einen Seite und dem ländlichen Raum auf der anderen Seite spannt sich das Netz der Zentralen Orte. Auch dabei ist zu differenzieren. Die Zentralen Orte einer oberen Stufe waren im sozialistischen System häufig Objekt gezielter Förderung. Sie erhielten bei der Zuteilung knapper Ressourcen deutlich mehr Mittel. Der Ausbau von Zentren wie Miskolc oder Debrecen im Sinne dezentraler Wachstumspole sollte das Ausmaß regionaler Disparitäten verringern. Die Mittelzuteilung an Zentren am mittleren und unteren Ende verringerte sich deutlich. Die konsumentenorientierten Funktionen der kleinen Zentralen Orte waren ausgesprochen gering.

Eine Wiederbelebung der unteren Ränge des zentralörtlichen Systems ist derzeit nicht zu erwarten. Dafür sprechen die wachsende Motorisierung und die Ansiedlung von großflächigen Verbrauchermärkten im Umkreis der Städte, die eine Renaissance des Einzelhandels vollkommen unmöglich macht. Die kleinen und selbst die mittleren Zentralen Orte waren im Staatssozialismus die Verlierer, und sie werden es aller Wahrscheinlichkeit nach auch beim Übergang vom Plan zum Markt bleiben.

Die Aussagen über die siedlungsstrukturellen Veränderungen sind für bestimmte Regionen zu modifizieren. Zum Beispiel für alle ökologisch begünstigten Räume, wo der Tourismus ein Chance hat und lokale Wirtschaftskreisläufe in Schwung bringen kann, und natürlich für alle Grenzregionen zum westlichen Ausland. Sie sind bevorzugte Standorte für Betriebsverlagerungen oder für Betriebsneugründungen (Audi-Werke in Györ, General Motors in Sankt Gotthard). Sie bieten ihren Bewohnern aber auch Anschlußmöglichkeiten an westeuropäische Arbeitsmärkte. Eine alte Ost-West-Differenzierung, zugedeckt durch Planungsmaßnahmen des realen Sozialismus, kommt wieder zum Tragen.

Soweit eine stark vereinfachte Darstellung eines allgemeinen regionalen Differenzierungsmusters. Dieses im Detail darzustellen, mit quantitativen Indikatoren auszustatten und in einen allgemeinen Rahmen der makroökonomischen Entwicklung zu stellen, ist Inhalt dieses Forschungsbandes. Er belegt, daß „verschüttete" Standort- und Lagefaktoren wieder an Bedeutung gewinnen und für neue regionale Disparitäten, die sich im Sinne eines polarisationstheoretischen Ansatzes verstärken, sorgen. Der Forschungsband enthält vier Länderberichte zu den Fragen der gesamtwirtschaftlichen Rahmenentwicklung, der neuen regionalen Disparitäten, der Entwicklungen auf den Arbeitsmärkten, der Regionalpolitik und des regionalen Krisenmanagements sowie Überlegungen über die zukünftige Entwicklung, getragen von den Fragen nach Bevölkerungswachstum, Binnenwanderung und transnationaler Migration.

Über diese konkreten Forschungsfragen hinaus verfolgt dieser Sammelband drei Ziele: Die Einzelbeiträge stellen zahlreiche, vergleichbare und bisher unveröffentlichte Informationen über die Regionalentwicklung in den ostmitteleuropäischen Staaten zur Verfügung. Sie machen weiters deutlich, daß allgemeine und stark abstrahierende Raumbilder, wie ein generelles West-Ost-Gefälle oder ein Zentrum-Peripherie-Gegensatz, nur bedingt geeignet sind, die tatsächlich beobachtbaren Prozesse abzubilden. Schließlich wird versucht, die Frage zu klären, welche Auswirkungen dieser Entwicklungen in Form einer verstärkten Ost-West-Wanderung für Westeuropa zu erwarten sind.

Die Struktur des Buches und die Gliederung der Länderberichte sind das Ergebnis eines intensiven Diskussionsprozesses mit den Kooperationspartnern in den einzelnen ostmitteleuropäischen Staaten. Dabei konnte auf jenes Forschernetzwerk zurückgegriffen werden, das mit dem Institut für Stadt- und Regionalforschung in einem regelmäßigen Gedanken- und Forschungsaustausch steht. Workshops und Gastaufenthalte im Rahmen des Austauschprogrammes der ÖAW trugen zur Intensivierung der internationalen Kooperation bei. In diesem Zusammenhang soll auf die weiteren Forschungsergebnisse dieser wissenschaftlichen Kooperation hingewiesen werden; auf „Märkte in Bewegung" (1995), auf die Forschungsberichte 1 („Der Weg des ungarischen Arbeitsmarktes in die duale Ökonomie"), 2 („Die Zukunft von Ostmitteleuropa. Vom Plan zum Markt"), 5 („Entwicklungsstruktur und Zukunft von ländlicher Siedlung und Landwirtschaft in der ČSFR und in Ungarn"), 6 („ Die Transition des ungarischen und Budapester Wohnungsmarktes"), 7 („Die Transformation des Wohnungswesens in Polen – eine Analyse des Warschauer Wohnungsmarktes"), 8 („Die sozialräumliche Struktur Warschaus – Ausgangslage und postkommunistische Umgestaltung"), 11 („Regionalstruktur im Wandel – Das Beispiel Ungarn") und 14 („Immobilien-, Wohnungs- und Kapitalmärkte in Ostmitteleuropa. Beiträge zur regionalen Transformationsforschung").

Mein Dank gilt all jenen Personen, die maßgeblich an der Durchführung dieser Forschung beteiligt waren, allen voran allen Autoren dieses Berichtsbandes, Alois Andrle (Direktor von TERPLAN und Universitätsdozent an der Karlsuniversität in Prag), Jaroslav Dupal (Mitarbeiter von TERPLAN), Zoltán Cséfalvay (Humboldt-Stipendiat an der Universität Heidelberg), Piotr Korcelli (Universitätsprofessor und Direktor des Geographischen Instituts der Polnischen Akademie der Wissenschaften) sowie Vera Mayer und Walter Rohn (Mitarbeiter des Instituts für Stadt- und Regionalforschung).

An der Erstellung des Manuskripts und der Vorbereitung von Druckvorlagen waren Ursula Reeger und Josef Kohlbacher maßgeblich beteiligt. Alle Karten und Abbildungen wurden von Klaus Kraß und Georg Odehnal angefertigt oder überarbeitet. Dazu war es notwendig, eine einheitliche digitale Grundlage der nationalen und regionalen Grenzlinien Europas zu schaffen. Diese Aufgabe, aber auch alle anderen Tätigkeiten, die notwendig waren, um aus Manuskripten Druckvorlagen zu erzeugen, sind besonders hervorzustreichen. Den beteiligten Personen gilt mein besonderer Dank für die selbständige, zügige und kompetente Zusammenarbeit.

Heinz Fassmann Im Juni 1997
TU-München/Österreichische Akademie der Wissenschaften, Wien

1. Die Rückkehr der Regionen – regionale Konsequenzen der Transformation in Ostmitteleuropa: Eine Einführung[1]

Heinz Fassmann

1.1 Vorbemerkung

Es zählt bereits zu den informationsleeren Floskeln, auf die gravierenden Veränderungen in Europa nach 1989/90, dem Fall des Eisernen Vorhangs, dem Ende der politischen Zweiteilung Europas und damit eines, wie es Lepsius nennt, „ungeplanten Großexperiments" (zitiert in RUDOLPH 1995, S. 9) hinzuweisen. Das Wissen von der Tragweite der Ereignisse ist Allgemeingut und auch einschlägige Wissenschaften haben sich des Themas angenommen. Die Zahl der Bücher und Abhandlungen, die sich mit der sozioökonomischen Transformation in den ehemals kommunistischen Staaten beschäftigen, ist mittlerweile Legion.

Auch die Geographie hat sich sofort mit den Transformationsprozessen auseinandergesetzt und eine eigene Forschungsrichtung eröffnet: die regionale Transformationsforschung. Diese Forschungsrichtung steht noch am Beginn ihres Lebenszyklus und die einschlägige Literatur ist daher in vielen Bereichen noch defizitär. Es dominieren Beschreibungen, regionale Fallstudien und sekundäranalytische Arbeiten. Primärforschung, vergleichende Analysen und modellhafte Abstraktionen sind vergleichsweise selten. Der vorliegende Beitrag versucht, Defizite aufzugreifen und die theoretische Auseinandersetzung mit der regionalen Transformation voranzutreiben. Der Beitrag setzt sich mit dem Transformationsbegriff auseinander, stellt die Zusammenhänge von spezifischen Transformationsmaßnahmen und deren Folgen dar, differenziert dies für die vier Višegrad-Staaten Polen, Tschechien, Slowakei sowie Ungarn und gibt schließlich einen Überblick über die regionalen Konsequenzen der Transformation in Ostmitteleuropa. Dabei werden drei räumliche Charakteristika hervorgehoben: Stadt-Land-Differenzierung, Industriestruktur und Grenzlage.

---

[1] FASSMANN, H., 1997. Regionale Transformationsforschung. Theoretische Begründung und empirische Beispiele. In: A. MAYR (Hg.). Regionale Transformationsprozesse in Europa. Beiträge zur Regionalen Geographie 44, Leipzig: 30–48.

1.2 Zur Theorie der Transformation

1.2.1 Begrifflichkeit

Die Transformationsforschung ist durch das Fehlen eines geschlossenen theoretischen Rahmens gekennzeichnet. Es überwiegen die deskriptiven Darstellungen der Veränderungen, die in einer positivistischen Art und Weise „Auffälligkeiten" darstellen. Die Exploration steht im Vordergrund: Wie verändert sich die Stadt? Welche Umgestaltung erfährt der ländliche Raum? Was geschieht als Folge der Privatisierung der Wohnungen? Welche sozialen Konsequenzen sind beobachtbar? Die modellhaft-abstrakte Darstellung tritt dabei weit in den Hintergrund, die konkrete Beschreibung dominiert. Eine „große Theorie" ist berechtigterweise nicht in Sicht, aber auch die Entwicklung von Theorien mit „Ländernamen und Jahreszahlen" (RUDOLPH 1995, S. 18) ist nicht erkennbar.

Die Transformationsforschung ist nicht nur durch das Fehlen eines theoretischen Rahmens gekennzeichnet, sondern auch durch eine grundsätzliche Sprach- und Begriffsverwirrung. Der Begriff „Transformation"[2], der das aktive Moment der Umgestaltung hervorhebt und die politische Handlungsfähigkeit der ehemals kommunistischen Staaten betont, wird von vielen abgelehnt. Der Terminus „Transition" wird an dessen Stelle verwendet und eine andere Vorstellung des Übergangs vom Plan zum Markt damit verknüpft. Transition[3] beschreibt einen eher allgemeinen Übergang eines gesellschaftlichen und politischen Systems und hebt den passiven Charakter hervor: Transition passiert und bedarf keiner besonderen aktiven Tätigkeit der politischen und sozialen Akteure.

Die Entpolitisierung des Übergangs vom Plan zum Markt wird begrifflich noch weiter getrieben, wenn anstelle von Transformation „Strukturwandel" eingefordert wird – was an der Außergewöhnlichkeit der Ereignisse nach 1989/90 vollkommen vorbeigeht –, aber auch dann, wenn Transformation lediglich als zeitlich verschobene Modernisierungsentwicklung oder als Nachholen einer postfordistischen Etappe angesehen wird. "With a great deal of simplification one may say that the post-socialist transformation is a shift from fordist to post-fordist type of organization of economic, social and political life" (GORZELAK 1996, S. 33). Transformation wird damit in den Rahmen langfristiger gesellschaftlicher Entwicklungstrends gestellt. Die „Logik" dieser langfristigen Entwicklungstrends, die durch viele Faktoren gesteuert werden und deren politische Beeinflußbarkeit gering ist, impliziert die Austauschbarkeit eines bedeutenden Ereignisses von historischer Einmaligkeit durch den Determinismus einer langfristigen Entwicklung. "Once these barriers were removed, the old patterns of

---

[2] Transformation leitet sich aus dem lateinischen Wort „transfero" ab, das soviel wie hinübertragen, hinüberbringen, versetzen, verschieben, weiters auch umbilden, verwandeln bedeutet.

[3] Transition leitet sich ebenfalls aus dem Lateinischen ab („transeo") und bedeutet, substantivisch gebraucht, Übergang, Überlaufen, Übertritt, Durchgang.

Die Rückkehr der Regionen

economic production could not longer be maintained and 'imported' patterns of new ways of socio-economic and political organization begun to shape a new reality. The post-socialist countries 'catch up', at a much faster rate, with the rest of the developed world, more advanced with this restructuring. If these theses are true, then the post-socialist transformation should be 'de-mythologised' from its ideological underpinnings (although this dimension should not be entirely neglected) and should be regarded as a 'normal' process of technological and organizational change, performed later than it would have happened if Central Europe (and also other socialist countries) had been incorporated earlier into an open global economy" (GORZELAK 1996, S. 33).

Um es deutlich zu sagen: Die Ereignisse von 1989/90, die Beendigung der politischen Zweiteilung Europas und die radikale Umgestaltung eines wirtschaftlichen und gesellschaftlichen Verteilungs- und Planungssystems sind von einer historischen Bedeutung, die es nicht erlaubt, durch Begrifflichkeiten wie Strukturwandel, nachholende Modernisierung, aber auch Transition eine Normalität zu implizieren, die der Sache nicht gerecht wird. Selbstverständlich beeinflussen und akzentuieren langfristige gesellschaftliche Trends, Modernisierungsprozesse und eine postfordistische Umgestaltung des Produktionssystems die gegenwärtige Transformation. Es wäre aber falsch, Transformation damit gleichzusetzen und damit die besondere „Qualität" des gesellschaftlichen und politischen Umbaus in den ehemals kommunistischen Staaten zu negieren. Dies würde auch deshalb unzutreffend sein, weil die Vorstellung, die Staaten Ost- und Ostmitteleuropas erlebten zeitversetzt eine Entwicklung, die in Westeuropa schon abgeschlossen ist und die daher langfristig zu konvergenten Strukturen führen wird, unrichtig erscheint. Die spezifischen Ausgangsbedingungen der Transformationsstaaten und das unterschiedliche „sozialistische Erbe" werden auch längerfristig die Transformation entscheidend beeinflussen und zu sehr spezifischen und auch divergenten Ergebnissen führen.

1.2.2 Die zeitliche Abfolge der Transformation

Transformation stellt kein singuläres Ereignis, sondern einen Prozeß dar. Es ist der Übergang vom Plan zum Markt, die Umwandlung eines zentral gesteuerten planwirtschaftlichen Entscheidungssystems in ein dezentrales, atomistisch zersplittertes marktwirtschaftliches System. Eng verbunden ist damit der politische Wandel von einem zentral gelenkten Einparteiensystem zu einem pluralistischen und demokratisch legitimierten Mehrparteiensystem.

Aus der zeitlichen Perspektive impliziert das Konzept vom Plan zum Markt – simplifizierend dargestellt – zumindest drei unterschiedliche Phasen: das planwirtschaftliche System als Ausgangssituation, die Marktwirtschaft als Endzustand und dazwischenliegende intermediäre Phasen. Innerhalb dieser intermediären Phasen werden Transformationsmaßnahmen gesetzt, die den Übergang von einem gesellschaftlich-politischen System zu einem anderen bewirken. Die Transformationsmaßnahmen sind politische Regulationen, die sehr tiefgreifend sein können (im Sinne der „Schocktherapie") oder gradualistisch und damit weniger radikal. Die Transformationsmaßnahmen sind weiters Auslöser von beabsichtigten, häufiger jedoch nicht intendierten sozialen und räumlichen Konsequenzen, die politisch akzeptiert werden oder, wenn dies nicht der Fall ist, zu neuen Transformationsmaßnahmen führen. Diese beobachtbare Interaktion von Maßnahmen und Konsequenzen verweist auf die Unmöglichkeit der Durchsetzung eines am Beginn der Transformation konzipierten „Masterplanes" und damit auf die zeitliche Unbestimmtheit der intermediären Phasen.

Wie lange die intermediären Phasen dauern können, ist nicht präzise vorhersagbar. Ob diese fünf, zehn oder zwanzig Jahre in Anspruch nehmen werden oder ob die intermediäre Phase vielleicht auch nie abgeschlossen werden kann, ist Gegenstand kontroversieller Ansichten. Was heute mit Sicherheit festgestellt werden kann, war die zeitliche Unterschätzung der intermediären Phase am Beginn des Transformationsprozesses. Die Anhänger der „Schocktherapie" meinten, den Kapitalismus in wenigen Jahren oder gar Monaten realisieren zu können. Geflügelte Worte von den kurzfristig zu realisierenden „blühenden Landschaften" oder von der Implementierung der Marktwirtschaft in Tagen sind noch in Erinnerung. Die „Gradualisten" verwiesen dagegen bereits am Beginn des Transformationsprozesses auf die Problematik zusammenbrechender Inlandsmärkte und plädierten für die Sichtweise eines langfristigen Überganges.

Abbildung 1.1: **Drei-Phasen-Modell der Transformation**

Phasen	**Situation, Maßnahmen**
Ausgangssituation	**Planwirtschaft**
intermediäre Phasen	(politische) **Transformationsmaßnahmen** (z.B. gesetzliche Regelungen)
	Transformationsphänomene (z.B. Schließung der Märkte, soziale Polarisierung, Ost-West-Wanderung, Verlagerung von Produktionsstätten)
Zielsituation	**Marktwirtschaft**

(Quelle: eigener Entwurf)

Die abstrahierende und damit auch simplifizierende Einteilung der Transformation in drei Phasen verweist auf zwei weitere Problembereiche: Welche inhaltlichen Vorstellungen werden mit den Begriffen „Planwirtschaft" bzw. „Marktwirtschaft" verbunden? Welche Marktwirtschaft ist eigentlich gemeint, wenn diese zum allgemeinen Ziel der Transformation erklärt wird? Handelt es sich um eine neoklassisch-liberale Marktwirtschaft mit einem Staat, der sich auf wenige Funktionen zurückzieht, oder um eine soziale Marktwirtschaft, die staatlichen Interventionismus akzeptiert? Wer die intermediären Phasen in Ostmitteleuropa beobachtet, der weiß, wohin manche Staaten tendieren und welche unterschiedlichen Vorstellungen mit der Realisierung einer „Marktwirtschaft" verknüpft sind. Die unklare Zieldefinition jedenfalls verweist auf die Schwierigkeit, einen Zeitpunkt zu fixieren, mit dem man die intermediären Phasen für beendet erklären kann.

Umgekehrt simplifiziert das Drei-Phasen-Modell der Transformation, weil es die Planwirtschaft in einem fundamentalen Gegensatz zur Marktwirtschaft stehend sieht. Im Detail ist das aber unrichtig. Die Forschung der letzten Jahre hat sehr deutlich gezeigt, daß sich innerhalb des planwirtschaftlichen Systems privatwirtschaftliche Marktstrukturen herausgebildet haben, die als „Protomärkte" zu bezeichnen sind (vgl.

FASSMANN u. LICHTENBERGER 1995) und die eine holzschnittartige Dualität – hier Planwirtschaft, da Marktwirtschaft – aufweisen.

Trotz dieser erwähnten Unschärfe, die der Definition der intermediären Phase und der damit verbundenen Transformationsmaßnahmen und -folgen innewohnt, ist eine inhaltliche Annäherung an den Kern der Transformationsforschung damit verbunden. Die Transformationsforschung setzt sich – so kann man dem Drei-Phasen-Modell entnehmen – mit der wissenschaftlichen Untersuchung der intermediären Phase auseinander: also mit den politischen und ökonomischen Maßnahmen und den sozialen und regionalen Konsequenzen der Transformation während des Überganges von einem planwirtschaftlichen zu einem marktwirtschaftlichen System.

1.2.3 Transformationsmaßnahmen und Transformationsphänomene

Begrifflich ist eine weitere Unterscheidung wichtig. Die Transformation als ein politisch regulierter und aktiv betriebener Prozeß der Umwandlung besteht aus einer Vielzahl von Einzelmaßnahmen, die letztlich darauf abzielen, ein neoklassisches Marktmodell zu implementieren. Diese Einzelmaßnahmen haben Konsequenzen zur Folge, die zum Teil beabsichtigt sind, häufig jedoch auch nicht (vgl. RUDOLPH 1995). Nicht intendierte Folgen von Transformationsmaßnahmen erfordern dann ihrerseits politische Maßnahmen und führen damit zu einer dauernden Modifikation eines ursprünglichen „Masterplanes". Weil grundsätzlich ähnliche Transformationsmaßnahmen in den einzelnen Staaten Ost- und Ostmitteleuropas auf spezifische Strukturen treffen, ein unterschiedliches „sozialistisches Erbe" zu verarbeiten haben und differierende politische Reaktionen hervorrufen, entwickeln sich aus dem Zusammenspiel von Maßnahmen und Folgen beachtliche Unterschiede zwischen den Staaten.

Um Transformationsmaßnahmen und Transformationspläne darstellen zu können, ist der real zwar nie existierende, in der Praxis aber erkennbare „Masterplan" in Erinnerung zu rufen. Zentral ist dabei der Versuch der Implementierung von Märkten. Die Liberalisierung des Außen- und des Binnenhandels sowie des Kapitalmarktes stellte eine erste Maßnahme dar, die alle Staaten Ostmitteleuropas gewählt haben. Wer exportieren möchte oder aus dem Ausland kommend im Inland investieren will, der soll dies auch tun. Wer seine Produkte auf einem Binnenmarkt verkaufen möchte, dem werden keine Hindernisse in den Weg gelegt. Wer aus dem Ausland kommt und Kapital mitbringt, ist grundsätzlich willkommen.

Diese basale Transformationsmaßnahme hatte die Umorientierung des Außenhandels zur Folge. Die starre Arbeitsteilung innerhalb des RGW wurde aufgegeben, die wichtigsten Handelspartner von gestern verloren an Bedeutung, Westeuropa wurde das wichtigste Ziel- und Herkunftsgebiet von Ex- und Importen. Die Umorientierung des Außenhandels vollzog sich nach dem Zusammenbruch des RGW und der damit verbundenen Arbeitsteilung zwischen den Mitgliedsstaaten überraschend schnell[4] und

---

[4] Über 60% der Exporte Polens gehen heute nach Westeuropa, über 50% jener Ungarns und 46% aus Tschechien.

führte zu einem tiefgreifenden Strukturwandel der Unternehmen. Nur wenige erfolgreiche Unternehmen waren in der Lage, „innerbetrieblich" den Strukturwandel zu schaffen und nach dem Wegfall der traditionellen Exportmärkte neue zu erobern. Der Strukturwandel der Exportwirtschaft vollzog sich sehr häufig über die Schließung und die Neugründung von Unternehmen. Damit waren auch sektorale und regionale Verschiebungen verbunden. Unternehmen der Grundstoffindustrie in den östlichen Landesteilen, nahe der ehemaligen Sowjetunion, wurden geschlossen, neue Unternehmen der Leichtindustrie oder Dienstleistungsunternehmen entstanden in den Metropolen und in den westlichen Landesteilen. Standortgunst und Standortungunst wechselten den Bedeutungsinhalt.

Die Liberalisierung des Kapitalmarktes und Maßnahmen, um ausländisches Kapital in das Land zu holen, führten ebenfalls zu beträchtlichen sektoralen und regionalen Verschiebungen. Ausländische Investoren konzentrierten sich auf jene Branchen der Wirtschaft und diejenigen Standorte, die am meisten Profit versprachen. Dazu zählten abermals Dienstleistungsbetriebe und ausgesuchte Industrieunternehmen in den Westeuropa zugewandten Grenzgebieten sowie in den Metropolen, nicht jedoch die industriellen „Giganten" der Grundstoff-, Schwer- und Rüstungsindustrie in den der ehemaligen Sowjetunion nahe gelegenen Landesteilen.

Die Liberalisierung des Außen- und des Binnenhandels setzte eine marktgerechte Preisbildung voraus. Wer auf Märkten erfolgreich sein möchte, der kann langfristig nicht mit staatlich festgelegten Preisen agieren. Also war freie Preisbildung ebenfalls eine Transformationsmaßnahme, die sehr rasch in die Tat umgesetzt wurde. Freie Preisbildung konnte nur durch die Streichung der Subventionen und den Wegfall der Preiskontrolle erreicht werden. Inflation war die Folge, weil viele Güter zu billig angeboten worden waren und weil nach dem Wegfall der Subventionen auch ein Preisschub einsetzte. Dies war aber teilweise ein bloßes Übergangsphänomen. Die Inflation ist inzwischen zurückgegangen und ein neues Preisgefüge hat sich stabilisiert.[5]

Das Streichen der Subventionen, die freie Preisbildung und die hohe Inflation haben jedoch erhebliche soziale Konsequenzen. Weil die Einkommen im Vergleich zu den Preissteigerungen deutlich langsamer zunehmen, steigt der Anteil der Ausgaben für unelastische Güter des täglichen Bedarfs. Für Nahrungsmittel, Bekleidung, Transportkosten und das Wohnen muß heute deutlich mehr ausgegeben werden als früher. Dies trifft die Bevölkerungsgruppen mit geringen Einkommen ungleich mehr als andere Schichten und führt zu einer Bevorzugung der ländlichen Bevölkerung, die weniger für das Wohnen ausgeben muß und mehr selbst herstellen kann.

Eine freie Preisbildung und eine Liberalisierung des Außenhandels setzen voraus, daß die Unternehmen auf der Kostenseite Handlungskompetenz erhalten. Wenn das nicht der Fall wäre, dann müßten die Unternehmen tatenlos zusehen, wie billigere Importe oder kostengünstiger produzierende Firmen im Inland den Markt erobern. Handlungskompetenz heißt dabei auch, Lohnkosten neu regeln zu dürfen und diese auf-

---

[5] Die Inflation beträgt derzeit rund 7% in der Tschechischen Republik, 18% in Ungarn, 13% in der Slowakei und 30% in Polen.

grund von Marktsignalen neu festzusetzen. Löhne wurden daher aus dem staatlichen Regelsystem herausgenommen und der Vertragsfreiheit der Verhandlungspartner unterstellt.

Abbildung 1.2: **Transformationsmaßnahmen und Transformationsphänomene**

Maßnahmen und Folgen	
Transformationsmaßnahmen	⇒ Liberalisierung des Außenhandels
	⇒ freie Preisbildung; Streichung von Subventionen
	⇒ Beschäftigungsgesetze; Konkursgesetze
	⇒ Privatisierungsprogramme
	⇒ Restitution
	⇒ Institutionsbildung (Banken, Bausparkassen, Börse)
	⇒ Geld-, Wirtschafts-, Steuerpolitik
Transformationsphänomene	⇒ Umstrukturierung des Außenhandels
	⇒ Inflation
	⇒ Arbeitslosigkeit; Einkommensdifferenzierung
	⇒ neue Unternehmer; liberalisierte Mietpreisbildung
	⇒ Segregation

(Quelle: eigener Entwurf)

Diese Transformationsmaßnahme hat ebenfalls tiefgreifende soziale und räumliche Transformationsphänomene zur Folge. Die Einkommensstruktur der Bevölkerung wird deutlich ungleicher. Knappes Humankapital wird in Wert gesetzt, betriebliche Einkommensdifferenzierungen werden als Leistungsanreiz gezielt verwendet. Die Unterschiede der Einkommen in einzelnen Berufsgruppen nehmen deutlich zu. Aber auch regional läßt sich eine mit der zuvor dargestellten Veränderung von Standortgunst und Standortungunst zusammenhängende Zunahme der Stadt-Land- und der West-Ost-Unterschiede der Einkommen beobachten.

Die Schaffung und Öffnung von Märkten, die Liberalisierung des Handels, freie Preisbildung und Vertragsfreiheit sind wichtige Rahmenbedingungen für ein neoklassisches Marktmodell. Dazu kommt als eine wichtige Transformationsmaßnahme die Kompetenzverlagerung für wirtschaftliche Entscheidungen von der zentralen Planungsbehörde zu einer Vielzahl von Unternehmern. Diese dürfen entscheiden, was produziert oder welche Dienstleistungen angeboten werden, sie müssen Preise festlegen und Kostenstrukturen darauf abstimmen. Wenn Unternehmen erfolgreich sind, werden sie Gewinne erzielen, wenn sie die falschen Entscheidungen getroffen haben, dann müssen sie auch verlieren können. Verlieren heißt in vielen Fällen Konkurs, Ausgleich oder Liquidation. Daß davon meistens die Arbeitskräfte, die oft wenig zum wirtschaftlichen Verlust beigetragen haben, in erster Linie betroffen sind, gehört zu den „Ungerechtigkeiten" der marktwirtschaftlichen Spielregeln. Die Verabschiedung entsprechender Konkursgesetze zählt jedenfalls zum „Standardrepertoire" der Transformationsmaßnahmen.

Die Verlagerung der Kompetenz der wirtschaftlichen Entscheidungen in die Unternehmen, die freie Lohnbildung, Anstellung und Entlassung von Mitarbeitern und schließlich die Möglichkeit einer Betriebsauflösung führen im Zusammenhang mit einem massiven Nachfragerückgang bei den Arbeitskräften – im wesentlichen als Folge der Auflösung des RGWs – zu massiven sozialen Auswirkungen. Die verstärkte Arbeitslosigkeit ist ebenso anzuführen wie eine Tendenz zur Schließung des Arbeitsmarktes gegenüber jüngeren Menschen, die ihre Ausbildung beendet haben und mit einer Erwerbstätigkeit beginnen wollen, und weiters eine Verdrängung von Frauen und älteren Arbeitskräften aus dem Beschäftigungssystem. Die verringerte Nachfrage nach Arbeitskräften bei einem gleichzeitig wachsenden Arbeitskräfteangebot führte weiters zur Erhöhung der realen und der potentiellen Ost-West-Migration.

Die Kompetenzverlagerung von der staatlichen Planungsbehörde in die Unternehmen wäre ohne Privatisierung undenkbar gewesen. Unternehmen müssen ihr betriebliches Kapital einsetzen und auch riskieren. In dieser Risikoabwägung liegt eine gewisse Sicherheit, daß Investitionsentscheidungen rational durchgeführt werden und zu produktiven Resultaten führen. Wer die Produktionsmittel des Staates einsetzt und damit kein ökonomisches und personelles Risiko eingeht, der wird die Entscheidungen nicht immer nach rationalen Gesichtspunkten fällen. Privatisierung zählte daher ebenfalls zu den überall zu beobachtenden Transformationsmaßnahmen, wenn dabei auch die nationalen Unterschiede groß sind.

Die Einführung der Marktwirtschaft blieb nicht auf die rein wirtschaftliche Sphäre beschränkt. Der Markt wird auch für andere gesellschaftliche Bereiche als die bessere Verteilungsinstanz angesehen. Privatisiert wurden daher nicht nur Fabriken und Maschinen, sondern auch Wohnungen, Gebäude sowie Grund und Boden. Der Markt soll auch auf dem Wohnungssektor Angebot und Nachfrage regeln und zu marktgerechten Mieten führen. Von einem Bodenmarkt wird ähnliches erwartet: die Abstimmung von Angebot und Nachfrage durch Festlegung standortadäquater Bodenpreise.

Die als Folge dieser Maßnahmen beobachtbaren Transformationsphänomene auf dem Wohnungsmarkt sind mindestens ebenso tiefgreifend wie auf dem Arbeitsmarkt. Die Privatisierung von Immobilien, die Herausnahme der Mieten aus dem „social overhead" und die Schaffung eines Bodenmarktes führten zu einer „Rückkehr der Lagerente" und damit zu einer Inwertsetzung der Stadtzentren. Dort sind die Verdrängungsprozesse der Wohnfunktion durch Geschäfte und Büros sowie von kapitalschwachen Branchen durch kapitalkräftige am stärksten zu beobachten. Ebenso läßt sich mit der Rücknahme der Mieterrechte eine Mobilisierung der Bevölkerung feststellen, die zu einer Verstärkung der Segregation und einer Konzentration des Verfalls führt.

Ein gesellschaftlich heikles Kapitel im Zuge der Privatisierung stellte die Restitution, also die Rückgabe ehemals privaten Besitzes, dar. Hier haben die Staaten Zentraleuropas uneinheitlich reagiert und oft die kurzfristigen Interessen vor die langfristigen Chancen gestellt. Manche Staaten haben Restitution prinzipiell zugelassen, aber die anspruchsberechtigte Bevölkerung eingeschränkt (z.B. Tschechische Republik), andere Staaten haben das Prinzip „Entschädigung vor Rückgabe" angewendet (z.B. Ungarn).

Begleitet werden die Transformationsmaßnahmen von Institutionen, die neu aufgebaut oder radikal umstrukturiert werden mußten. Das Bankenwesen, Bausparkassen, Versicherungen und Börsen sind Institutionen, die ebenso wichtig sind wie eine kompatible Währung, eine funktionierende Steuer-, Geld- und Wirtschaftspolitik und die Rechtsstaatlichkeit.

1.2.4 Staatliche Differenzierung

Der gemeinsame Grundraster transformationspolitischer Maßnahmen soll nicht darüber hinwegtäuschen, daß die Staaten Ostmitteleuropas in der jeweiligen konkreten Ausformung unterschiedliche Strategien gewählt haben. Differierende Voraussetzungen aufgrund des „sozialistischen Erbes", der technischen Infrastruktur und des Gesellschafts- und Siedlungssystems führten zu Modifikationen des transformationspolitischen Maßnahmenkatalogs. Ein kurzer Exkurs zu den transformationspolitischen Maßnahmen der Staaten Ostmitteleuropas und über die makroökonomische Entwicklung soll dies veranschaulichen (siehe Karte 1.1).

1.2.4.1 Tschechische Republik

Gemessen an den gängigen makroökonomischen Indikatoren hat die Tschechische Republik die intermediären Phasen am erfolgreichsten bewältigt. Das transformationspolitische Paradigma orientiert sich kompromißlos am neoklassischen Marktmodell. Die Notwendigkeit einer Marktwirtschaft ohne Adjektive wird betont. Sie sollte ohne Wenn und Aber und möglichst rasch eingeführt werden.

Die Privatisierung wurde mit Hilfe der Kuponmethode auf eine breite gesellschaftliche Basis gestellt. Restitution wurde – wenn auch nur die tschechische Bevölkerung anspruchsberechtigt ist – zugelassen. Tschechien gelang weiters als erstem ehemaligen Ostblockstaat eine zügige Westorientierung der Exporte bei gleichzeitig rascher Expansion des Dienstleistungssektors. Die niedrige Arbeitslosenquote von deutlich unter 5%, eine niedrige Inflationsrate und die geringe Auslandsverschuldung markieren weitere Merkmale einer erfolgreichen Transformation. Das Wachstum des Bruttoinlandsproduktes betrug 1995 bereits +4%, für 1996 wird mit einer ebenso hohen Wachstumsrate gerechnet.

Dazu kommt eine erhebliche Attraktivität Prags als Standort ausländischer Unternehmen, als Reiseziel von Touristen und als Studien- und Wohnort von US-Amerikanern, die „Europa" zu kostengünstigen Preisen intensiv kennenlernen wollen. Der Tourismus ist einer der Wachstumsmotoren der tschechischen Wirtschaft geworden. Von Vorteil ist auch die lange Grenze zu Westeuropa, womit vielfältige Möglichkeiten grenzüberschreitender Kooperationen bestehen.

1.2.4.2 Ungarn

Das transformationspolitische Paradigma Ungarns ist ein anderes. Es ist weniger radikal, weniger konsequent, es ist kompromißbereiter, konsensfähiger und keynesianisch inspiriert. Die Erhaltung der inländischen Kaufkraft war zumindest in den ersten Jahren der Transformation wichtig, der Rückzug des Staates kein Dogma.

In den ersten Jahren nach der Öffnung des Eisernen Vorhangs konnte diese Politik auch verfolgt werden. Ungarn war mit Abstand das attraktivste Land für ausländische

Karte 1.1: **Makroökonomische Indikatoren (1994)**

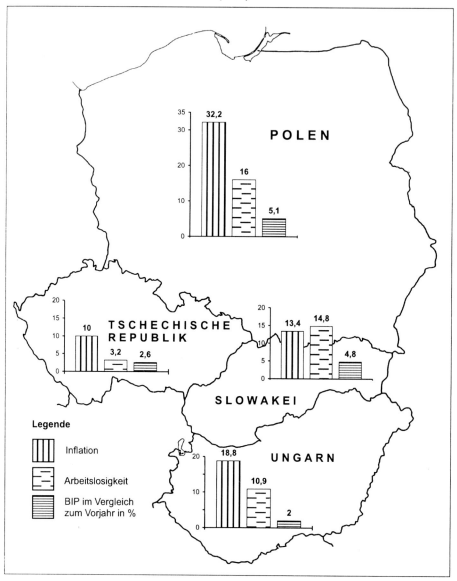

(Quelle: WIIW 1995) (Entwurf: Heinz Fassmann)
(EDV-Kartographie: Georg C. Odehnal)

Direktinvestitionen und Joint-ventures. Kapital floß in das Land und eine radikale Umstellung erschien nicht so notwendig. Immerhin rund 70% aller Investitionen in Ostmitteleuropa wurden in Ungarn getätigt. Privatisiert wurden die Unternehmen durch den Verkauf (selten) bzw. die Umwandlung in Aktiengesellschaften. Den unga-

Die Rückkehr der Regionen

rischen Kleinaktionären wurde durch kostengünstige Kredite der Einstieg in den Kapitalismus erleichtert.

Ungarn verfolgte nicht den Kurs der Restitution, sondern gewährte für frühere Eigentumstitel bescheidene Entschädigungen. Wohnungen wurden zum Verkauf angeboten, jedoch zu sehr geringen Preisen, die zudem durch langfristige Kredite leistbar gemacht worden waren. Die Verwertung von Grund und Boden, Liegenschaften und Immobilien wurde von der öffentlichen Hand sehr schonend betrieben.

Ungarn besaß weiters den „Vorteil der ersten Stunde" aufgrund der frühen ökonomischen Reformen und der Entwicklung der „zweiten Wirtschaft" in den 80er Jahren. Breite Bevölkerungsschichten waren durch die „zweite Wirtschaft" zu bescheidenem Wohlstand gelangt. Heute sind diese Vorteile teilweise verschwunden. Der Weg von einer Protomarktwirtschaft zu einer Marktwirtschaft erweist sich als schwierig. Der hohe Agraranteil und die verhältnismäßig späte Industrialisierung kommen wieder zur Geltung. Die Primate City Budapest hat stets alle von außen kommenden Impulse an sich gezogen. Die hohen Arbeitslosenzahlen können aufgrund der hohen Auslandsverschuldung nicht mehr durch eine staatliche Nachfragepolitik gemildert werden. Die hohe Inflation nimmt der breiten Masse Kaufkraft und Sparvermögen.

1.2.4.3 Slowakei

Die Slowakei ist ein Neuankömmling auf der europäischen Bühne. Sie war bis zum Ende des Ersten Weltkriegs ein Teil der ungarischen Reichshälfte der österreich-ungarischen Monarchie und dann eine Teilrepublik der Tschechoslowakei. Als Karpatenstaat ist die Slowakei durch die schlechte Erreichbarkeit der Industriestädte, welche von Großbetrieben der Grundstoff- und Schwerindustrie beherrscht werden, benachteiligt. Dazu kommt die extreme Westlage der Hauptstadt Bratislava, die damit als Wachstumspol nur teilweise wirken kann.

Das transformationspolitische Paradigma der Slowakei ist am weitesten von einem liberalen Modell entfernt. Die Privatisierung ist nach der Trennung von der Tschechischen Republik gestoppt worden, die freie Lohnfestsetzung ist durch staatlichen Dirigismus beschränkt und der Staat ist weiterhin unternehmerisch tätig. Dazu kommen ethnische Konflikte mit der ungarischen Minderheit und zahlreiche innenpolitische Querelen. Die Investitionen von ausländischen Unternehmen sind wohl auch deshalb eher gering geblieben. Dennoch erreichte das Wirtschaftswachstum im Jahr 1995 beachtliche 7,4%, die Arbeitslosigkeit konnte durch den mit öffentlichen Mitteln finanzierten Ausbau der Infrastruktur auf 13% gesenkt werden und auch die Inflation ging infolge einer strikten Budgetpolitik auf unter 10% zurück.

1.2.4.4 Polen

Polen nimmt im Vergleich zu den anderen Višegrad-Staaten eine Sonderstellung ein. Es ist mit einer Wohnbevölkerung von rund 40 Mio. nicht nur fast doppelt so bevölkerungsreich wie alle anderen Višegrad-Staaten zusammen, sondern hat auch als erster Staat mit der Realisierung einer radikalen Transformationspolitik begonnen. Polen weist darüber hinaus die historische Bürde eines mehr als eineinhalb Jahrhunderte auf drei Nachbarreiche geteilten Territoriums auf, das überdies nach 1945 200 km nach dem Westen verschoben wurde. Die regionalen Unterschiede im wirtschaftlichen und technischen Entwicklungsstand sind daher weit größer als in Ungarn und der Slowakei, geschweige denn in Tschechien.

Dazu kommt eine Industrialisierung, die sich heute als problematisch erweist. Die dominanten Branchen (Kohlebergbau, Textilindustrie, Stahlbau und Schiffswerften) zählen zu den generell schrumpfenden Branchen. Ungünstig wirkt sich auch die vergleichsweise kürzere gemeinsame Grenze zu den neuen deutschen Bundesländern und die längere Grenze zu Weißrußland und zur Slowakei aus. Verglichen mit der böhmisch-bayerischen oder der österreichisch-ungarischen Grenze bleiben die ökonomischen Impulse gering.

Es überrascht daher, daß Polens Wirtschaft wächst und den Anstieg der Arbeitslosigkeit sowie der Inflation drastisch reduzieren konnte. Die berühmte Talsohle scheint daher durchschritten zu sein und die schöpferische Zerstörung hat das hervorgebracht, was erhofft wurde: Polen im speziellen und Ostmitteleuropa im allgemeinen haben ihre Plätze im System der internationalen Arbeitsteilung gefunden und die makroökonomischen Indikatoren belegen tatsächlich die Wohlfahrtsgewinne, die dadurch erzielt werden konnten. Die Arbeitsproduktivität steigt derzeit mit zweistelligen Prozentwerten, die Industrieproduktion hat sich nach Jahren der extremen Schrumpfung deutlich erholt und wächst sehr dynamisch. Der Anteil der Privatwirtschaft am BIP liegt in allen Višegrad-Staaten bereits zwischen 55% und 65%, das Wachstum beträgt zwischen 4% und 7% und ist damit beträchtlich höher als in Westeuropa.

1.3 Regionalisierung der Transformationsphänomene

Gesetzliche Transformationsmaßnahmen sind in der Regel räumlich neutral formuliert. So definieren Privatisierungsgesetze die Art und Weise der Eigentumsübertragung, ohne auf regionalpolitische Ziele explizit Rücksicht zu nehmen. Transformationsmaßnahmen haben jedoch implizit erhebliche räumliche Auswirkungen. Sie führen zur Aufwertung oder Abwertung bestimmter Standorte, zur Vergrößerung regionaler Disparitäten und zur Dehnung der Unterschiede innerhalb der Siedlungshierarchie.

Die regionale Transformationsforschung stellt die Verteilung der Transformationsgewinne und -kosten in den Mittelpunkt der Betrachtung und analysiert die Zusammenhänge zwischen räumlichen Strukturen auf der einen Seite und Transformationsphänomenen auf der anderen. Dabei zeigt sich eine im Vergleich zur gesellschaftlichen Transformation sehr langsame räumliche Strukturänderung, die auf drei entscheidende Parameter zurückzuführen ist. Der „Erfolg" bzw. „Mißerfolg" von Regionen bzw. Standorten ist von der Urbanität, von der Lage und damit der Erreichbarkeit westeuropäischer Arbeits- und Absatzmärkte und dem Bestand altindustrieller Strukturen abhängig. "The regions which have traditionally been mostly urbanised and mostly industrialised and which have been well equipped with infrastructure appear to be least vulnerable to the cost and negative sides of transformation" (GORZELAK 1996, S. 119).

Die Rückkehr der Regionen

Karte 1.2: **Regionalisierung der Transformationsphänomene**

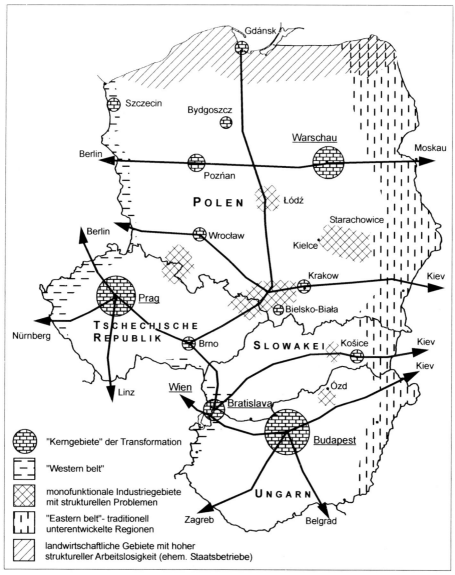

(Quelle: nach GORZELAK 1996, verändert und teilweise vereinfacht)
(Entwurf: Heinz Fassmann, EDV-Kartographie: Georg C. Odehnal)

1.3.1 Stadt-Land-Differenzierung

Die Stadt-Land-Differenzierung ist der wichtigste Faktor, der über den „Erfolg" oder „Mißerfolg" von Standorten im Zuge von Transformationsmaßnahmen entscheidet. Es herrscht dabei ein einhelliger Konsens, daß die Metropolen Ostmitteleuropas zu den „Gewinnern" des Transformationsprozesses zählen. "In more general terms, it is becoming clear that all four countries have their unquestionable leaders of transformation, which have already demonstrated the highest potential for restructuring and a great capability for adoption to new conditions. These are the greatest agglomerations: Prague and Brno in the Czech Republic; Bratislava and to a lesser extent Košice in Slovakia; Budapest and the Balaton region in Hungary; already indicated, Warsaw, Poznań, Wrocław, Gdańsk and Krakow in Poland" (GORZELAK 1996, S. 127).

Abbildung 1.3: **Transformationsphänomene nach Siedlungseinheiten**

Wohnungsmarkt	Arbeitsmarkt
Metropolen	
⇒ Rückkehr der Lagerente und der sozialökologischen Qualität	⇒ aufholende Tertiärisierung
	⇒ neue Unternehmensgründungen
⇒ verspätete Citybildungsprozesse mit Selektion der Geschäfte hinsichtlich der Kapitalausstattung	⇒ Investitionen durch ausländische Unternehmer
	⇒ kompensatorisches Arbeitsplatzwachstum
	⇒ geringe Arbeitslosigkeit
⇒ Verdrängung der Wohnfunktion durch Geschäfte	⇒ neue Segmente auf dem Arbeitsmarkt
	⇒ Zunahme der Einkommensunterschiede
Klein- und Mittelstädte	
⇒ abgeschwächte Citybildung	⇒ verstärkte Entindustrialisierung
⇒ Auswirkungen auf die reale Wohnungsmarktsituation gering	⇒ schwache Tertiärisierungsprozesse
	⇒ Investitionen durch ausländische Unternehmer nur in Ausnahmefällen
⇒ abgeschwächte Segregationsprozesse	
⇒ Verfallserscheinungen in Kombination mit der Entindustrialisierung	⇒ kompensatorisches Arbeitsplatzwachstum nicht ausreichend
	⇒ hohe Arbeitslosigkeit
ländlicher Raum	
⇒ Auswirkungen auf die reale Wohnungsmarktsituation gering	⇒ keine Rückkehr der Familienbetriebe
⇒ aufgrund der ungünstigen Arbeitsmarktsituation kommt es jedoch zur „Entwertung" des Hausbesitzes	⇒ keine nennenswerte Expansion des außerlandwirtschaftlichen Bereichs
	⇒ geringes Interesse des ausländischen Kapitals
	⇒ „Pufferfunktion" der Landwirtschaft
⇒ hoher Nutz-, geringer Tauschwert	⇒ hohe Arbeitslosigkeit
⇒ Immobilisierung	⇒ Verdrängungsprozesse
⇒ Leerstehung	⇒ Schließung des Arbeitsmarktes
⇒ Verfallserscheinungen	⇒ Abwanderung

(Quelle: eigener Entwurf)

Die Auswirkungen der Transformation auf die urbanen Arbeitsmärkte sind jedoch um vieles optimistischer zu bewerten als diejenigen auf die jeweiligen Wohnungsmärkte. Die Niederlassungsfreiheit und die Gewerbefreiheit haben neben anderen Faktoren eine massive Gründungswelle von Unternehmen, insbesondere im Dienstleistungsbereich, hervorgerufen. Kleine Firmen entstanden. Viele Arbeitslose wagten den Schritt in die Selbständigkeit. Erdgeschoßwohnungen in den Plattenbauten wurden als Lebensmittelgeschäfte oder Frisiersalons genützt, Betriebsleiter von staatlichen Betrieben machten sich als Unternehmensberater selbständig, Sozialwissenschaftler gründeten Markt- und Meinungsforschungsinstitute. Ein kompensatorisches Arbeitsplatzwachstum war zu beobachten, die Arbeitslosenquoten in den Metropolen blieben gering. Die Arbeitsmärkte in Budapest und besonders in Prag sind praktisch ausgetrocknet, eine neue Zuwanderung aus den östlichen Nachbarstaaten, die in jene Arbeitsmarktbereiche eindringt, für die keine inländischen Arbeitskräfte mehr zu bekommen sind, beginnt sich bemerkbar zu machen.

Verstärkt wird diese Tendenz durch das Investitionsverhalten des ausländischen Kapitals. 62% der Auslandsinvestitionen konzentrieren sich auf Budapest, 61% auf Bratislava, 49% auf Prag und rund 40% auf Warschau. Die Metropolen werden zu den Wachstumspolen der nationalen Wirtschaft. Dies gilt für Prag, Budapest und Bratislava, weniger für Warschau. Nur die Primatstädte weisen auf dem Arbeitsmarktsektor positive Effekte auf. Nur hier ist ein Technologieschub in Sicht und eine Umstrukturierung der staatlichen Großbetriebe in Gang gekommen. Nur in den Hauptstädten wird in attraktiver Lage ausländisches Kapital den quartären Sektor aufbauen. Nur in ihnen hat ein größerer Teil der Arbeitsbevölkerung die Chance, Ausbildung und Erfahrung in ein marktfähiges Gut zu verwandeln.

Der positiven Einschätzung in bezug auf die Transformation des Arbeitsmarktes stehen die negativen Transformationsfolgen auf dem Wohnungsmarkt gegenüber. Mit der Attraktivität der Lage für Investitionen aus dem In- und Ausland und der Privatisierung des Wohnungswesens ist gerade in den Metropolen eine Reihe von neuen Problemen aufgetreten. Mit der Privatisierung steigen die Mieten rasch an. Die Immobilisierung der Bevölkerung wird aufgebrochen. Eine sich sozial restratifizierende Gesellschaft beginnt, ein nach Lage, Größe und Rechtsform differenziertes Wohnungsangebot in Anspruch zu nehmen. Von seiten wohlhabenderer Schichten kommt es dabei zu einer stärkeren Nachfrage nach Eigenheimen und Wohnungen in den „besseren Stadtteilen". Dazu zählen in erster Linie die Innenstädte und die bevorzugten „grünen" Teile der Metropolen. Schlechterer Baubestand bleibt zurück, seine Sanierung wird zur Aufgabe der öffentlichen Hand, ebenso wie die Unterbringung von sozial Bedürftigen, die neu auf dem Wohnungsmarkt auftreten.

Den Metropolen steht der ländliche Raum gegenüber. Im ehemals sozialistischen Planungssystem war der ländliche Raum eindeutig benachteiligt. Weder eine bevorzugte Mittelzuteilung noch eine nennenswerte Infrastrukturausstattung wurden ihm zuteil. Stattdessen wurde der ländliche Raum im Zuge der Kollektivierung der Landwirtschaft – bis auf Teile Polens – und der Installierung landwirtschaftlicher Produktionsgenossenschaften ökologisch radikal verändert. Die Kleinzügigkeit der Fluren verschwand, die Landschaft wurde radikal ausgeräumt.

Heute muß man feststellen, daß die Transformationsprozesse am ländlichen Raum häufig spurlos vorübergegangen sind. Die Rückkehr zum bäuerlichen Familienbetrieb war bisher nicht zu beobachten. Die landwirtschaftlichen Produktionsbetriebe existieren weiter und haben lediglich ihre Organisationsform verändert. Dazu kommt, daß die Rückkehr zur Gemeindeautonomie mit ihren grundsätzlich weitreichenden Befugnissen erst langsam realisiert wird.

Der ländliche Raum weist eine hohe Arbeitslosigkeit und eine sinkende Beschäftigung innerhalb und außerhalb der Landwirtschaft auf. Zum Teil wird die Arbeitslosigkeit durch eine Existenz in der privaten Landwirtschaft aufgefangen und gesellschaftlich verdeckt. Dies ist besonders in Polen der Fall, wo die Kollektivierung nur einen Teil der landwirtschaftlichen Betriebe erfaßt hat. Daß damit das Problem der Unterbeschäftigung und des massiven Wegfalls der außerlandwirtschaftlichen Arbeitsplätze im ländlichen Raum nicht gelöst ist, liegt nahe. Dazu kommt, daß nach der Liberalisierung der landwirtschaftlichen Importe, dem Wegfall der Subventionen und Unterstützungen, der Kostensteigerung aufgrund erhöhter Energiepreise und dem Nachfragerückgang bei Nahrungs- und Genußmitteln die Agrarbevölkerung einen Einkommensrückgang und eine relative Deprivation gegenüber ihrer vormals privilegierten Position hinnehmen muß.

Umgekehrt steht im ländlichen Raum mit den gravierenden Arbeitsplatzdefiziten ein Überhang von Siedlungshäusern in Privatbesitz zur Verfügung, die wohl einen Nutz- und allenfalls Tauschwert, jedoch kaum einen echten Marktwert besitzen. Dies verzögert die räumliche Mobilität und damit einen notwendigen interregionalen Ausgleich.

Zwischen den Metropolen auf der einen Seite und dem ländlichen Raum auf der anderen Seite spannt sich das Netz der Zentralen Orte. Die Zentralen Orte einer oberen Stufe waren im sozialistischen System häufig Objekt gezielter Förderung. Sie erhielten bei der Zuteilung knapper Ressourcen deutlich mehr Mittel. Der Ausbau von Zentren wie Miskolc, Debrecen oder Košice im Sinne dezentraler Wachstumspole hat das Ausmaß regionaler Disparitäten tatsächlich verringert. Für die Mittelzuteilung für Zentren mittlerer Rangstufe und am unteren Ende der Hierarchie waren jedoch meist keine Ressourcen vorhanden. Die Kleinstädte waren Stiefkinder der öffentlichen Hand.

Die bisher beobachtbare ökonomische Entwicklung bevorzugt die großen Städte und die Grenzgebiete zum westeuropäischen Ausland. Klein- und Mittelstädte stellen nur in Ausnahmefällen profitable Standorte von in- und ausländischen Investitionen dar. Eine Wiederbelebung der unteren Ränge des zentralörtlichen Systems durch die Ansiedlung von privaten oder öffentlichen Dienstleistungsunternehmen oder neuen Industriebetrieben ist nur in Ausnahmefällen zu erwarten. Ganz im Gegenteil: Die „Economics of Scale" führen zur Vergrößerung der Einzugsbereiche und der Absatzmärkte und damit zur räumlichen Konzentration des tertiären Sektors. Dafür sprechen die wachsende Motorisierung und die Ansiedlung von großflächigen Verbrauchermärkten im Umkreis der Städte, die eine Renaissance des Einzelhandels vollkommen unmöglich gemacht haben. Die kleinen und selbst die mittleren Zentralen Orte waren die Verlierer im Staatssozialismus, und sie werden es aller Wahrscheinlichkeit nach auch beim Übergang vom Plan zum Markt bleiben.

Dazu kommt, daß Einbrüche auf dem Arbeitsmarkt im Zuge der industriellen Restrukturierung Klein- und Mittelstädte ganz besonders betreffen. Das Take-off der dienstleistungsorientierten Privatwirtschaft hat in den Agglomerationen den Verlust an Arbeitsplätzen kompensieren können. Eine vergleichbare dynamische Entwicklung der privaten Wirtschaft fehlt in der Regel in den Klein- und Mittelstädten. Die Arbeitslosigkeit kann in den Klein- und Mittelstädten auch nicht durch die private Landwirtschaft aufgefangen und damit sozialpolitisch abgefedert werden. Ausnahmen stellen Klein- und Mittelstädte im Grenzbereich zu Westeuropa oder in landschaftlich attraktiven Gebieten dar, die durch den Tourismus ein Wachstum der Zahl der Arbeitsplätze erleben.

1.3.2 Industrielle Problemregionen

Unabhängig von einer Stadt-Land-Differenzierung bestimmt die industrielle Struktur eines Standortes entscheidend die sozialen Konsequenzen gängiger Transformationsmaßnahmen. Der massive Ausbau der Industrie, vom planwirtschaftlichen System mit großem Einsatz betrieben, erweist sich heute, insbesondere auf regionaler Ebene, als Barriere im Transformationsprozeß. Die massive Industrialisierung der 50er und 60er Jahre war der Versuch, einerseits die ökonomischen Unterschiede zu Westeuropa aufzuholen und andererseits die bürgerliche Gesellschaft durch eine breite Proletarisierung zu überwinden. Typisch waren der Ausbau oder die Gründung von Großbetrieben mit einer geringen Arbeitsteilung und großer Produktionstiefe.

Die industriellen „Giganten" Ostmitteleuropas und damit auch die Industriereviere stehen heute vor einer doppelten Anpassung: Einerseits müssen die hergestellten Produkte an die Erfordernisse der neuen Absatzmärkte angepaßt werden und der Konkurrenz standhalten und andererseits ist die in Westeuropa in den letzten Jahren beobachtbare Änderung der industriellen Produktionsstruktur innerhalb eines viel kürzeren Zeitraums nachzuholen. Mit diesem raschen Übergang von einer fordistischen zu einer postfordistischen Produktionsstruktur sind viele Industrieunternehmen aber überfordert. Sie müssen geschlossen werden, fallen als monopolistische Arbeitgeber aus und leiten in weiterer Folge die zirkuläre Abwertung einer Region ein. Von der mit der Schließung verbundenen Arbeitslosigkeit sind vor allem jüngere Personen, Frauen und erstmals in das Beschäftigungssystem Eintretende betroffen. Eine Tendenz zur Schließung der lokalen Arbeitsmärkte ist zu erkennen. Dies führt in weiterer Folge zur Abwanderung der jüngeren Arbeitskräfte und der Arbeitslosen. Damit ist zwar eine Abschwächung der Arbeitslosigkeit verbunden, gleichzeitig aber auch ein Verlust an jungen Konsumenten und qualifizierten Arbeitskräften. Der fehlende Arbeitsmarkt für jüngere und qualifizierte Arbeitskräfte stellt gleichzeitig ein Hemmnis für eine Neuansiedlung von Unternehmen dar. Ein negativer und kumulativer Prozeß setzt ein und bedeutet für manche Industriereviere den Anfang vom Ende.

Beispiele für solche lokalen „Arbeitsmarktkatastrophen" und die damit verbundene zirkuläre Abwertung einer Region sind zahlreich und rasch aufgezählt. Starachowice im Südosten Polens (Woiwodschaft Kielce) ist eines davon (vgl. GORZELAK 1996, S. 80), Mielec, Ostrowiec oder Stalowa Wola sind andere polnische Beispiele. Starachowice ist eine typische „company-town" mit rund 60.000 Einwohnern und einem zentralen und alle Wirtschaftskreisläufe beherrschenden Unternehmen. 1970 war die Hälfte aller Berufstätigen der Stadt mit der Herstellung von Fahrzeugen beschäftigt. Das Unternehmen war nicht nur der wichtigste Arbeitgeber, sondern finanzierte und organisierte Teile der sozialen und technischen Infrastruktur der Stadt. Die Produkte des Unternehmens besaßen im Rahmen der internationalen Arbeitsteilung des RGWs ihre fixen Abnehmer. Nach der Öffnung der Märkte änderte sich dies dramatisch. Die traditionellen Abnehmer der Fahrzeuge im Ausland (Sowjetunion), aber auch im Inland (Militär) fielen aus oder schränkten ihre Nachfrage deutlich ein. Dazu kamen Anbieter von Nutzfahrzeugen aus dem westlichen Ausland, die ihre Produkte in besserer Qualität und zu günstigeren Preisen anboten. Gegenwärtig beschäftigt das Unternehmen nur mehr 4.200 Mitarbeiter, in Starachowice sind 25,3% der Berufstätigen arbeitslos, in den ländlichen Umlandgebieten bis zu 40% der nichtagrarischen Arbeitsbevölkerung.

Ein anderes Beispiel ist Ózd, eine Stadt mit 44.000 Einwohnern im Komitat Borsod-Abaúj-Zemplén, im Nordosten Ungarns (vgl. Beitrag von CSÉFALVAY et al. in diesem Buch). Der wichtigste Arbeitgeber in Ózd war bis Anfang der 90er Jahre eine Stahlwerk. Aufgrund der Arbeitsteilung zwischen den drei ungarischen Stahlwerken Ózd, Miskolc und Dunaújváros wurde in Ózd lediglich „Massenstahl" hergestellt, die weitere Verarbeitung hingegen in den anderen Werken durchgeführt. Wegen dieser schlechten Position im Rahmen der innerungarischen Arbeitsteilung und aufgrund der weltweiten Stahlkrise konnte der Betrieb des Ózder Stahlwerkes schon in den 80er Jahren nur durch massive staatliche Subventionen aufrechterhalten werden. Bereits zu diesem Zeitpunkt war evident, daß Ungarn nur die Hälfte der existierenden Stahlkapazitäten benötigte. Zu Beginn der 90er Jahre wurde schließlich das modernste ungarische Stahlwerk in Dunaújváros unter österreichischer Beteiligung privatisiert. Das Werk in Miskolc soll nach dem Konkurs als erneuertes Miniaturstahlwerk weitergeführt werden. Das Stahlwerk in Ózd wurde dagegen deutlich redimensioniert. Zwischen 1988 und 1992 wurden über 8.000 Mitarbeiter entlassen oder in die Frühpension geschickt. Die Zahl der Arbeitslosen in der Arbeitsmarktregion Ózd verzeichnete von Ende 1990 bis Ende 1993 einen raschen Anstieg von 2.169 auf 9.682, wobei die Zahlen der arbeitslosen Schulabgänger und der Langzeitarbeitslosen beträchtlich wuchsen. Die Entwicklung in der Region Ózd vollzog sich vor dem Hintergrund der (Ende 1993) mit 20% im Komitat Borsod-Abaúj-Zemplén höchsten ungarischen Arbeitslosenquote, der niedrigsten einkommensteuerpflichtigen Einkommen sowie der geringsten Zahl privater Unternehmen.

1.3.3 Grenzregionen: „western belt" und „eastern wall"

Der dritte Faktor regionaler Veränderungen liegt in der Distanz zu westeuropäischen Absatz- und Arbeitsmärkten. Alle Grenzgebiete zum westeuropäischen Ausland befinden sich in einer bevorzugten Position und unterscheiden sich damit sehr deutlich von den Grenzgebieten zu den Nachfolgestaaten der ehemaligen Sowjetunion bzw. zu Rumänien. Diese östlichen Grenzgebiete stellen eine neue Peripherie dar. Diese reicht vom Nordosten Polens bis zur ungarisch-rumänischen Grenze. Diese peripheren Gebiete sind relativ dünn besiedelt, agrarisch geprägt, wenig urbanisiert und weisen nur vereinzelte „industrielle Inseln" und große infrastrukturelle Defizite auf. Die Attraktivität in bezug auf Investitionen ist sowohl für ausländische als auch für inländische

Unternehmer gering, ökonomische Impulse sind nur vereinzelt zu erwarten. Dafür sprechen auch die niedrige Kaufkraft jenseits der Grenze (in Litauen, in Weißrußland, in der Ukraine und in Rumänien) und die damit verbundenen geringen Profiterwartungen.

Abbildung 1.4: **Transformationsphänomene in den Grenzräumen**

Wohnungsmarkt	Arbeitsmarkt
⇒ Verdrängung der Wohnfunktion durch Geschäfte	⇒ Unternehmensgründungen (Joint-ventures, Lohnveredelung)
⇒ Umwandlung von Wohnobjekten in Zweitwohnsitze	⇒ Wachstum des Dienstleistungssektors
	⇒ Migration und Pendelwanderung in Ost-West-Richtung
⇒ Anstieg der Boden- und Immobilienpreise	⇒ geringe Arbeitslosigkeit
⇒ Stimulierung des Baugewerbes	⇒ neue Segmente auf dem Arbeitsmarkt
⇒ Verbesserung regionaler Wirtschaftskreisläufe	⇒ Erhöhung des Lohnniveaus
	⇒ Abnahme des Lohngefälles zum westlichen Ausland
	⇒ Integrations- und Drainageeffekte

(Quelle: eigener Entwurf)

Die Öffnung der Grenze hat zwar zur Belebung des Handels und der grenzüberschreitenden Aktivitäten geführt, die Möglichkeiten der Kapitalakkumulation bleiben aber gering. Kleinhändler aus Weißrußland oder der Ukraine bieten ihre Waren auf der Straße oder in provisorischen Verkaufsständen zu günstigen Preisen an oder versuchen als Schwarzarbeiter kurzfristige Beschäftigung im Osten Polens oder Ungarns zu finden. Das ist zuwenig, um an das Entstehen einer ökonomisch prosperierenden Region zu glauben. "It is therefore very likely that the eastern wall will become the 'dead end' of Central Europe" (GORZELAK 1996, S. 129).

Die Grenzregionen zum westlichen Ausland weisen dagegen eine andere Dynamik auf. Dort lassen sich jene Konsequenzen beobachten, die das neoklassische Modell vorhersagt. Wenn in zwei benachbarten Regionen ein sehr unterschiedliches Lohnniveau herrscht, dann werden Arbeitskräfte von der Niedriglohn- in die Hochlohnregion pendeln oder migrieren und das Kapital wird umgekehrt von der Hochlohnregion in die Niedriglohnregion abfließen und dort Arbeitsplätze schaffen. Der Kapitalabfluß kann dabei unterschiedliche „Aggregatzustände" annehmen. Arbeitsplätze können von der Hochlohnregion in die Niedriglohnregion verlagert werden, bestehende Unternehmen in der Niedriglohnregion können im Rahmen von Kooperationen zusätzliche Aufträge (z.B. durch Lohnveredelung) erhalten, Haushalte der Hochlohnregion können aufgrund der günstigen Kaufkraftparitäten ihrer Währung Einkäufe in der Niedriglohnregion tätigen oder sie können kostengünstige Dienstleistungen konsumieren (vgl. SCHAMP 1995).

Die relative Durchlässigkeit der Grenze zwischen Westeuropa und seinen ostmitteleuropäischen Nachbarn schafft Möglichkeiten und birgt auch Gefahren. Die Möglichkeiten liegen in der Erreichbarkeit westeuropäischer Arbeitsmärkte. Die Bevölkerung der Grenzgebiete kann als Wochen- oder Tagespendler höhere Einkommen erzielen und diese sowohl für konsumptive als auch für produktive Investitionen verwenden. Umgekehrt erzielen der Handel und viele Dienstleistungsanbieter durch den Verkauf ihrer Güter und Tätigkeiten höhere Umsätze und Gewinne. Regionale Wirtschaftskreisläufe werden durch das im Ausland erwirtschaftete Einkommen und durch die Erträge der im Inland verkauften Waren und Dienstleistungen in Gang gesetzt.

Dies läßt sich empirisch beobachten. Das Rekrutierungsgebiet des Wiener Arbeitsmarktes endet nun nicht mehr an der March, der Thaya und am Neusiedler See, sondern erstreckt sich in den westslowakischen, den westungarischen und südpolnischen Raum. Ähnliches gilt für Linz, Passau, Dresden oder Berlin mit jeweils anderen Hinterländern. Weil es für neu einwandernde ausländische Arbeitskräfte schwieriger geworden ist, eine legale Beschäftigung zu finden, expandiert die illegale Beschäftigung in Form kurzfristiger Arbeitsverhältnisse.

Umgekehrt sind die Grenzgebiete bevorzugte Standorte für Betriebsverlagerungen oder für Betriebsneugründungen. Diese umfassen große „Herzeigprojekte" wie die Errichtung des Audi-Motorenwerkes in Győr oder das General Motors-Werk in Sankt Gotthard, aber auch viele kleine unternehmerische Aktivitäten. In Klein-Wieselburg (Mosonmagyaróvár), einer Kleinstadt an der ungarisch-österreichischen Grenze mit rund 30.000 Einwohnern, gibt es zahlreiche Zahnkliniken, die – oft in Kombination mit einem Wochenendaufenthalt – umfassende zahnärztliche Dienstleistungen zu niedrigen Preisen anbieten. Neben diesen humankapitalintensiven Dienstleistungen werden auch andere persönliche Dienstleistungen angeboten. Das Spektrum reicht von Friseur, Kosmetik, Massage, Thermalbad bis zur Prostitution und einschlägigen Nachtklubs.

Die Entwicklung in den Grenzregionen ist beeindruckend und ausgesprochen dynamisch. Sie führt zu klar erkennbaren positiven Integrationseffekten. Die Arbeitslosigkeit ist geringer als im Landesdurchschnitt, die Privatwirtschaft wächst und der Lebensstandard der Bevölkerung steigt. Diese an sich positive Entwicklung ist jedoch auch von negativen Erscheinungen begleitet. Die Befürchtung, daß die ostmitteleuropäischen Grenzgebiete aufgrund ihrer geringen Lohnkosten als verlängerte Werkbänke dienen könnten und von den Entscheidungen der Unternehmenszentralen abhängig werden, ist berechtigt. Ebenso kann erwartet werden, daß sich die früher vernachlässigten und eher dünn besiedelten westlichen Grenzregionen in bevorzugte Zuwanderungsgebiete verwandeln. Dies führt wiederum zu einer zunehmenden sozialen Heterogenität der Bevölkerung und zu Konflikten um den Zugang zu knappen Wohnraum- und Infrastrukturressourcen (vgl. SCHAMP 1995, S. 7). Dazu kommen „Drainageeffekte", die darin bestehen, daß Fachkräfte im Ausland tätig sind und damit Lücken auf dem inländischen Arbeitsmarkt hinterlassen. In Eger gibt es weit mehr offene Stellen als Arbeitslose, in Westungarn und der Westslowakei bestehen ernsthafte Schwierigkeiten, für bestimmte Tätigkeiten Fachkräfte zu bekommen, deren Dienste für die lokale Bevölkerung auch leistbar sind. Der Lohngradient zwischen dem westlichen Arbeitsmarkt und dem östlichen beginnt sich jedoch erkennbar zu verändern und parallel dazu auch der Preisunterschied für Konsumgüter und Dienstleistungen (vgl. SCHAMP 1995, S. 10). Damit verändert sich langfristig die Attraktivität der Grenzregionen für westeuropäische Unternehmer und Konsumenten, womit die Phase einer sehr stürmischen Entwicklung beendet sein dürfte.

Die Rückkehr der Regionen

1.4 Zusammenfassung und Ausblick

Was bedeutet Transformation? Welche Zusammenhänge zwischen Transformationsmaßnahmen und deren Folgen lassen sich erkennen? Welche Regelhaftigkeiten hinsichtlich der Auf- und Abwertungsprozesse von Standorten sind postulierbar? Dies sind die wesentlichen Erkenntnisfragen dieses Beitrags, der sich nicht auf eine konkrete Region bezieht, sondern diese Fragen allgemein zu beantworten trachtet.

Hinsichtlich der regionalen Konsequenzen der Transformationsmaßnahmen muß als Hauptresultat die Bedeutung der großen Agglomerationen als Wachstumspole der nationalen Volkswirtschaften hervorgehoben werden. Dies gilt besonders für Ungarn, für die Tschechische Republik, die Slowakei, mit Abstrichen auch für Polen. Eine zunehmende räumliche Polarisierung erscheint daher um vieles wahrscheinlicher als die automatische Herstellung eines regionalen Gleichgewichts im Sinne des neoklassischen Modells. Die Investitionen fließen dorthin, wo die größten Profiterwartungen lokalisiert sind und dies sind in vielen Fällen die Metropolen. Dazu kommt eine generelle Aufwertung der Grenzgebiete zum westlichen Ausland.

Die räumliche Polarisierung führt zur Verstärkung regionaler Disparitäten zwischen den westlichen und östlichen Landesteilen der Višegrad-Staaten, zwischen den Zentren und den Peripherien. Eine effiziente Regionalplanung und -politik, die diesen Tendenzen entgegenwirken könnte, ist derzeit aus ideologischen und pragmatischen Überlegungen nicht in Sicht. Zuerst sind wichtige Transformationsziele zu erreichen, bevor an einen Ausgleich räumlicher Unterschiede gedacht werden kann, lauten die Überlegungen in vielen Staatskanzleien. Daß damit das Problem einer ungleichen räumlichen Entwicklung in Zukunft nicht einfacher zu lösen sein wird, liegt auf der Hand. Denn es liegt im Wesen der polarisationstheoretischen Überlegungen, daß sich eine einmal eingeleitete ungleiche Entwicklung eher verstärkt und nicht automatisch abschwächt. Nicht für immer, aber für einen langen Zeitraum. "The strong became stronger, the weak became weaker" (GORZELAK 1996, S. 119) ist eine auch empirisch belegbare Aussage.

1.5 Summary

What does transformation stand for? Which relations might be perceived between the transformation measures and their consequences? What kind of regularities might be postulated with regard to the up- and downgrading processes of locations? These are the main epistemological questions of this article which does not refer to a definite region but tries to answer these questions in a more general way.

Transformation is a complex phenomenon. It does not only comprise the establishment of markets as central authorities responsible for the distribution of goods and services as well as for the fixation of prices and wages. It also includes the restructuring of space and society. Transformation characterizes the intermediate stage beginning with the abolition of planned economy and ending by achieving a market economy, however to be defined. Specific transformation measures like the privatization of enterprises, the liberalization of the domestic and foreign trade or the granting of freedom of trade are characteristics of this intermediate stage. Transformation measures always lead to special transformation phenomena. These phenomena are often not intended or just accepted as consequences of transformation measures that could not be prevented. The rise in housing shortage, the growing segregation in the cities and the increasing social differentiation are among these phenomena.

On a spatial level the consequences of transformation measures appear as up- and downgrading of locations. The present analysis underlines the importance of big agglomerations as development poles of the national economies. This is especially true for Hungary, the Czech Republic and Slovakia, with restrictions also for Poland. Consequently a growing spatial polarization seems much more likely than the automatic creation of a regional equilibrium in the sense of the neoclassical model. Investments will go to that locations where the highest profits are expected. These are in most cases the metropolises. In addition it comes to a general upgrading of the frontier areas to the neighbouring western countries.

The spatial polarization increases the regional disparities between the western and eastern parts of the Višegrad-countries, between the centres and the peripheries. An efficient regional planning and -policy which could counteract these tendencies is because of ideological and pragmatic considerations currently not in sight. In many public offices the opinion prevails that important transformation aims have to be reached first before the spatial differences can be balanced. It is obvious that this will not make it easier to solve the problem of the unequal development in future. For it is in the nature of polarization-theoretical considerations that a once initiated unequal development will rather increase than weaken automatically. Not for ever but for a long period of time. "The strong became stronger, the weak became weaker" (GORZELAK 1996, S. 119) is also an empirical provable statement.

Bibliographie

BRUS, W., 1961. The Market in the Socialist Economy. London.

FASSMANN, H., 1992. Phänomene der Transformation – Ökonomische Restrukturierung und Arbeitslosigkeit in Ost-Mitteleuropa. Petermanns Geographische Mitteilungen 136: 49–59.

FASSMANN, H. u. E. LICHTENBERGER (Hg.), 1995. Märkte in Bewegung. Metropolen und Regionen in Ostmitteleuropa. Wien–Köln–Weimar: Böhlau.

GABRISCH, H., 1992. The Economy in Central and Eastern Europe, Yugoslavia and the Soviet Union/CIS in 1991/92: Decline and Inflation. In: WIENER INSTITUT FÜR INTERNATIONALE WIRTSCHAFTSVERGLEICHE (WIIW) (Hg.). Mitgliederinformation 3: 3–11.

GAURON, A., 1993. Der Schock des Liberalismus. Osteuropa: Markteuphorie und Wiederentdeckung des Staates. Lettre 21: 19–23.

GORZELAK, G., 1996. The Regional Dimension of Transformation in Central Europe. London–Bristol.

HOLZMANN, R., 1991. Migrationspotential der postsozialistischen Reformländer Europas: Hintergründe, Daten und Einschätzungen. In: H. FASSMANN, P. FINDL und R. MÜNZ (Hg.). Die Auswirkungen der internationalen Wanderungen auf Österreich. Szenarien zur regionalen Bevölkerungsentwicklung 1991–2031 des Instituts für Demographie der Österreichischen Akademie der Wissenschaften. Schriftenreihe der Österreichischen Raumordnungskonferenz 89: 18–31.

KAZIMIERZ, L., 1992. Konzepte und Erfahrungen zur Restrukturierung ehemaliger Planwirtschaften – Der aktuelle Stand der Diskussion über die Transformationsprobleme. Unpubliziertes Manuskript, Europäisches Forum Alpbach.

KLAUS, V., 1990. Argumente für eine Strategie der Radikalreform der tschechoslowakischen Wirtschaft und gegen den Gradualismus. Wirtschaftspolitische Blätter 5: 476–481.

KORNAI, J., 1980. Economics of Shortage. North Holland–Amsterdam.

KREGEL, J., E. MATZNER u. G. GRABHER, 1992. The Market Shock. An AGENDA for the Economic and Social Reconstruction of Central and Eastern Europe. Wien.

LASKI, K., 1992. Konzepte und Erfahrungen zur Restrukturierung ehemaliger Planwirtschaften – Der aktuelle Stand der Diskussion über die Transformationsprobleme. Unpubliziertes Manuskript, Europäisches Forum Alpbach.

LICHTENBERGER, E. (Hg.), 1991. Die Zukunft von Ostmitteleuropa. Vom Plan zum Markt. ISR-Forschungsbericht 2. Wien.

LICHTENBERGER, E., 1993. Wien – Prag: Metropolenforschung. Wien–Köln–Weimar.

MATĚJŮ, P., J. VEČERNÍK u. H. JEŘÁBEK, 1979. Social structure, spatial structure and problems of urban research: the example of Prague. International Journal of Urban and Regional Research 3, 2: 180–202.

MATIS, H., 1991. Österreichische Wirtschaftsgeschichte – ein Modell für Osteuropa? Österreich in Geschichte und Literatur mit Geographie 2. Wien: 119–131.

MEUSBURGER, P., u. A. KLINGER (Hg.), 1995. Vom Plan zum Markt. Eine Untersuchung am Beispiel Ungarns. Heidelberg.

RUDOLPH, H. (Hg.), 1995. Geplanter Wandel, ungeplante Wirkungen. Handlungslogiken und -ressourcen im Prozeß der Transformation. Berlin.

OECD (Hg.), 1991. Czech and Slovak Federal Republic 1991. OECD Economic Surveys. Centre for Co-Operation with European Economies in Transition. OECD, Paris.

SCHAMP, E., 1995. Die Bildung neuer grenzüberschreitender Regionen im östlichen Mitteleuropa – eine Einführung. In: G. GRUBER, H. LAMPING, W. LUTZ u. E. SCHAMP (Hg.). Neue grenzüberschreitende Regionen im östlichen Mitteleuropa. Frankfurt/Main: 1–18.

SEGER, M. u. D. WASTL-WALTER, 1991. Die sozialistische Stadt in Mitteleuropa. Geographische Rundschau 43, 10: 570–579.

STANKOVSKY, J., 1990. Österreich, Osteuropa und die EG. Wirtschaftspolitische Blätter 5: 513–519.

STATISTISCHES BUNDESAMT (Hg.), 1991. Länderberichte der Staaten Mittel- und Osteuropas 1991. Bulgarien, Polen, Rumänien, Sowjetunion, Tschechoslowakei, Ungarn. Wiesbaden.

SÝKORA, L. u. V. ŠTĚPÁNEK, 1992. Prague. Cities 9, 2: 91–100.

VINTROVA, R., 1991. Der Übergang der ehemaligen Ostblockländer zur Marktwirtschaft. Wirtschaft und Gesellschaft 17, 1: 55–68.

WIENER INSTITUT FÜR INTERNATIONALE WIRTSCHAFTSVERGLEICHE (WIIW) (Hg.), 1995. Countries in Transition 1995. Bulgaria, Croatia, Czech Republic, Hungary, Poland, Romania, Russia, Slovak Republic, Slovenia, Ukraine. Wien.

2. Arbeitsmarkt und regionale Disparitäten in der Tschechischen Republik

Alois Andrle und Jaroslav Dupal

2.1 Einleitung

Im Rahmen des Transformationsprozesses in Tschechien stieg in kurzer Zeit der Anteil des Privatsektors am Bruttoinlandsprodukt auf 60%. Im Privatsektor arbeiten heute etwa 53% aller Arbeitnehmer, 50% aller Beschäftigten sind dem tertiären Sektor zuzurechnen. Vor drei Jahren gab es in der Tschechischen Republik keinen einzigen Aktienbesitzer; heute steht das Land in dieser Hinsicht an erster Stelle in der Welt. Die Reform verläuft überwiegend in einem politisch konsolidierten demokratischen System ohne tiefe soziale Erschütterungen.

Per 30. 12. 1992 wurden von der Regierung die Grundsätze der Regionalpolitik beschlossen. Dabei gilt folgendes Prinzip: Jeder Eingriff des Staates zugunsten der Problemgebiete muß durch die Stärkung und Entwicklung des Marktes ausgeglichen werden. Stimulierung der Ressourcen und der Entwicklungsfaktoren der betreffenden Region heißen die Prämissen der Regionalpolitik. In erster Linie betrifft das kleine und mittelständische Unternehmen sowie die Unterstützung des Ausbaus und der Rekonstruktion der Infrastruktur.

Im Verlauf der Transformation, besonders in den Jahren 1992–1994, hat sich die Situation verschiedener Regionen in der Tschechischen Republik gewandelt. Die Position der vormals industriell hochentwickelten Gebiete mit einem hohen Anteil an Bergbau, Energieerzeugung und Schwerindustrie hat sich verschlechtert. Andererseits sind heute Bezirke, die früher zu den Abwanderungsgebieten zählten, prosperierende Regionen (z.B. Bezirke an der Südwestgrenze). Auch andere Gebiete, die früher als peripher galten, erleben jetzt einen Aufschwung, der häufig im Zusammenhang mit den Zentren (v.a. mit der Hauptstadt Prag und den angrenzenden Bezirken) steht. Andere periphere Gebiete weisen dagegen zunehmend Zeichen einer Stagnation auf. Symptome eines Rückgangs machen sich teilweise auch im mährisch-slowakischen Grenzgebiet bemerkbar.

In der vorliegenden Arbeit werden sowohl langfristige Entwicklungen als auch aktuelle Systemveränderungen aufgezeigt, um daraus die Voraussetzungen für die Regionalentwicklung ableiten zu können. Dabei wird davon ausgegangen, daß allgemeine Entwicklungsimpulse eine wesentliche Rolle spielen, daß diese allein jedoch nicht genügen. Stimuli müssen auch aus den Selbstverwaltungsorganen der Gemeinden und Regionen kommen.

Die vorliegende Studie schöpft aus einer breit angelegten statistischen Informationsbasis sowie aus der 1991 durchgeführten Volks-, Häuser- und Wohnungszählung. Zu den weiteren Quellen zählen Nachrichten und Kommentare in der Fach- und Tagespresse sowie ein spezieller Sammelbericht über Beschäftigung und Arbeitslosigkeit in der Tschechischen Republik in den Jahren 1991 bis 1993 (HORÁLEK et al. 1993). Für einige Indikatoren, z.B. das Bruttoinlandsprodukt der Bezirke, die Lokalisierung des ausländischen Kapitals usw., gibt es keine verläßlichen Daten. Es war daher notwendig, eigene Schätzungen und Berechnungen durchzuführen.

2.2 Bisherige und neue regionale Disparitäten

2.2.1 Veränderungen der ökonomischen Struktur

Das Gesamtbild der Tschechoslowakei war vor 1989 durch ihre militärische Eingliederung in den Warschauer Pakt und ihre wirtschaftliche Einbindung in den RGW gegeben. Daher bestanden auch nur sehr beschränkte politische und wirtschaftliche Beziehungen der Tschechoslowakei zu Westeuropa und zum Westen allgemein. Aus der politischen Eingliederung ergab sich auch eine spezielle Ordnung in den Grenzgebieten zur Bundesrepublik Deutschland und zu Österreich. Das bedeutete, daß auch die Hauptorientierung der Infrastruktur nach Osten zielte. Typisch war z.B. die fehlende Anknüpfung der Autobahnen an das westeuropäische Verkehrsnetz.

Nach 1989 kam es zu den bekannten Veränderungen, die einer geopolitischen und historischen (Wieder-)Eingliederung der Tschechoslowakei in Westeuropa entsprachen. Die Orientierung auf Westeuropa und die Vorbereitung auf den Beitritt zur Europäischen Union wurden zur Grundlage der weiteren Entwicklung der Tschechoslowakei insgesamt und der einzelnen Regionen. Diese nicht nur in der Tschechoslowakei, sondern in ganz Mittel- und Osteuropa eingetretenen Wandlungsprozesse fanden ihren Ausdruck in den 1991 zwischen der Tschechoslowakei, Polen und Ungarn auf der einen und der Europäischen Union auf der anderen Seite abgeschlossenen Europäischen Abkommen über die Angliederung an die EU. Die genannten Abkommen bieten die Möglichkeit einer allmählichen Einbeziehung dieser Staaten in die freie Bewegung von Gütern, Dienstleistungen und Kapital.

In dem Assoziierungsvertrag zwischen der Tschechischen Republik und der EU wird die Errichtung freier Handelszonen in einem Zeitraum von zehn Jahren angestrebt. Das Abkommen ist jedoch asymmetrisch. Die Europäische Union liberalisiert ca. 70% des Imports aus der Tschechischen Republik, der von Tschechien akzeptierte Anteil soll allerdings nur ungefähr 20 bis 25% betragen. Das verbleibende Drittel des Imports aus der Tschechischen Republik soll fünf bis sechs Jahre nach Inkrafttreten des Vertrages liberalisiert werden. Seitens der Tschechischen Republik wird es erst im Verlauf von neun Jahren zu einer vollen Liberalisierung kommen.

Diese Möglichkeit des Vordringens auf die hochentwickelten Märkte bietet auch eine starke Motivation für die Entwicklung der einzelnen Regionen. Andererseits wird der Beibehaltung der traditionellen Märkte innerhalb der Länder des ehemaligen

RGW eine positive Rolle zukommen. Die hohe Verschuldung dieser Staaten gegenüber der Tschechischen Republik und gegenüber einzelnen Unternehmen verringert jedoch den Export in diese Märkte; die Entschuldung der tschechischen Unternehmen hat hier ebenfalls ihre Auswirkungen.

Das frühere Verständnis der regionalen (lokalen) Entwicklung war mit vier grundlegenden Voraussetzungen verbunden:
– der Maximierung des ökonomischen Wachstums,
– der größtmöglichen räumlichen Konzentration,
– dem vorrangigen Aufbau der Schwerindustrie als Basis des militärisch-industriellen Komplexes sowie
– der Ideologie von großen Bauten und großen Unternehmen als übergeordneten ökonomischen Subjekten.

Nach dieser Auffassung gab es keine Möglichkeit, das spezifisch Regionale in den Vordergrund zu stellen. Die große politisch-ökonomische Aufgabe, nämlich die Angleichung des wirtschaftlichen Niveaus der Slowakei an das Niveau Böhmens und Mährens, wurde konsequent verfolgt.

In den hochentwickelten marktwirtschaftlichen Ländern machte sich jedoch schon in den 70er Jahren eine Auffassungsänderung hinsichtlich regionalpolitischer Maßnahmen bemerkbar. Dabei waren folgende Gesichtspunkte von Bedeutung:
– die Suche nach günstigeren Lösungen im kleineren Maßstab,
– eine Konzentration, die mit der Durchsetzung technologischer Veränderungen in der Unternehmersphäre verbunden war,
– die endogene Entwicklung mit Verstärkung des Drucks von unten,
– eine ökologische (dauerhafte) Entwicklung mit dem Ziel der Verringerung von kostenintensiven Umweltschäden,
– die kulturelle Identität als bisher wenig genutzter Faktor mit Multiplikatorwirkung sowie
– Autonomie und Selbstverwaltung als Subjekt der Veränderungen und Instrument von Beweglichkeit und Stabilität des Systems.

In der Tschechischen Republik wurde bislang die Aufgliederung der Gebietsverwaltung des Staates noch nicht abgeschlossen. Die höheren Gebietsverwaltungseinheiten, die offensichtlich dem Inhalt des Begriffes Region am besten entsprechen würden, wurden im Verlauf der Existenz des tschechischen Teils der Tschechoslowakei mehrmals geändert. 1920 bestand die Gliederung in die drei Länder Böhmen, Mähren und Schlesien. 1927 wurde die Zahl der Länder auf zwei herabgesetzt, auf Böhmen und das mährisch-schlesische Land. 1949 wurde eine grundsätzliche Änderung vorgenommen, die Einteilung in Kreise. 1960 blieb das Kreisschema zwar erhalten, doch mit einem höheren Ausmaß an Konzentration.

Vor allem die Umwandlung im Jahre 1960 hat den regionalen Charakter der Kreise in einigen Fällen erheblich geschwächt. Im nordböhmischen Kreis wurden zwei unterschiedliche Gebietseinheiten gewaltsam zusammengebunden und die regionale Entwicklung im Raum von Liberec dadurch unterbunden. Im westböhmischen Kreis verursachte die Aufhebung des Gebietes von Karlovy Vary als Kreis die Nivellierung der regionalen Unterschiede zu Pilsen. Einen ausgesprochen antiregionalen Charakter

Karte 2.1: **Aufgliederung der Gebietsverwaltung (1920, 1927, 1949)**

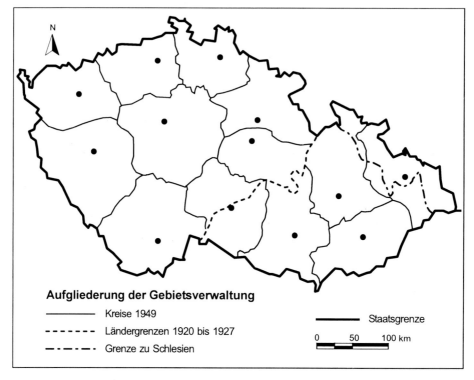

(Quelle: TERPLAN) (Grafik: TERPLAN, Georg C. Odehnal)

hatte die Aufgliederung der Gebietsverwaltung in Mähren. Durch die Aufhebung der Kreise Zlín und (v.a.) Olmütz entstand eine unnötig ausgeprägte Peripheriezone im Grenzraum der beiden großen Kreise in Nord- und Südmähren. Eine Übersicht dieser Veränderungen ist in den Karten 2.1 und 2.2 angeführt.

Vor 1989 war die Aufgliederung der Gebietsverwaltung völlig der zentralen administrativen Leitung unterstellt. Die Gebietseinheiten der Kreise erfüllten jedoch nicht die Funktion von Regionen, da die Organe nur eine formale Selbstverwaltungsbefugnis hatten. Gegenwärtig verbleiben lediglich Vertretungen einzelner Ressorts auf dem Niveau der ehemaligen Kreise; die Kreisorgane wurden 1990 aufgelöst. Als Einheiten der Gebietsverwaltung dienen die Gemeinden, die Bezirke und der Gesamtstaat. Bei einer Analyse der Regionen gehen wir von ausgewählten Städten und Bezirken aus, weil die Untersuchungen auf dieser Ebene nicht so sehr vom ausgleichenden Durchschnitt beeinflußt sind, wie das bei den großen Gebietseinheiten der Fall ist. In der Praxis wird die Untergliederung in die Bezirke (76) und in die ehemaligen Landkreise (8) in der Tschechischen Republik als Grundlage und Basiseinheit für die regionalpolitischen Maßnahmen beibehalten.

Arbeitsmarkt und regionale Disparitäten in der Tschechischen Republik 41

Karte 2.2: **Aufgliederung der Gebietsverwaltung (1960)**

(Quelle: TERPLAN) (Grafik: TERPLAN, Georg C. Odehnal)

Das Schema der Karten, die die Entwicklungsvoraussetzungen der einzelnen Regionen belegen, führt (einschließlich der Hauptstadt Prag) 76 Bezirke an.[6] Zur grundlegenden Abgrenzung eines Bezirkes gehört untrennbar auch die Analyse ausgewählter Städte. In der Praxis ist das die Analyse der Städte mit mehr als 10.000 Einwoh-

---

[6] Seit 1996 sind es 77 Bezirke; ein neuer Bezirk Jeseník wurde errichtet.

nern, von denen es in der Tschechischen Republik 134 gibt. Die Verortung der Bezirke und der ausgewählten Städte ist in den Karten 2.2 und 2.3 enthalten.

Karte 2.3: **Lokalisierung ausgewählter Städte**

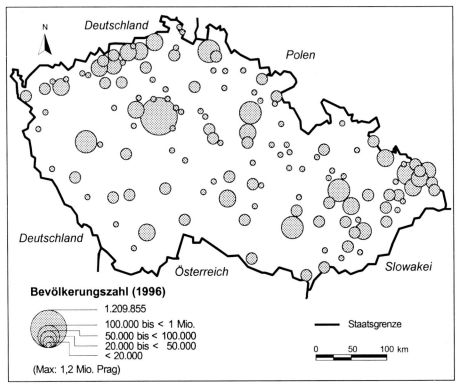

(Quelle: TERPLAN) (Grafik: TERPLAN, Georg C. Odehnal)

In der Tschechischen Republik sind drei Typen von Regionen entstanden:

1. Regionen mit einer verhältnismäßig breiten Diversifizierung der Industrie und einem relativ hohen Anteil des tertiären Sektors,
2. Regionen mit einer deutlichen Neigung zu einer monostrukturellen Wirtschaft sowie
3. Regionen mit einem größeren Anteil des primären Sektors.

2.2.1.1 Privatisierung in der Tschechischen Republik

Die Marktökonomie wird von der Politik der Privatisierung, der Politik der Deregulierung und Liberalisierung sowie vom institutionellen und legislativen Rahmen determiniert. In der Tschechoslowakei und später auch in der Tschechischen Republik wurde bei der sogenannten „kleinen Privatisierung" die Auktionsform und bei der sogenannten „großen Privatisierung" (überwiegend) die Form der Kuponprivatisierung gewählt. Die Kuponprivatisierung trat im Jahr 1994 in ihre zweite und abschließende Etappe ein, die per 30. 11. 1994 beendet wurde. Die Privatisierung begann mit Auktionen von Kleinhandels- und anderen Dienstleistungsbetrieben. Die Kuponprivatisierung bezog sich auf das Bank- und Versicherungswesen, Industrie und Landwirtschaft, Hotels und Verkehrsunternehmen, d.h. auf Unternehmen mit einem hohen Buchwert des Eigentums. Sie sollte den Mangel an einheimischem Kapital überbrücken und schnell abgewickelt werden. Die Einlagen in den Sparkassen und das verfügbare Kapital haben 1990 fast 350 Mrd. Tschechoslowakische Kronen betragen, der Wert des privatisierten Eigentums war etwa drei- bis viermal so hoch. Da die Standardmethoden (Auktionen, öffentliche Ausschreibungen, direkter Verkauf usw.) das Problem des Mangels an Kapital und potentiellen Käufern nicht lösen konnten, wurde in der Tschechoslowakei die Kuponprivatisierung gewählt. Letztlich auch deshalb, weil der Staat daran interessiert war, daß der überwiegende Teil des Besitzes im Eigentum des tschechischen Kapitals verbleiben soll.

Breite Bevölkerungsschichten konnten sich durch den Kauf eines Kuponbuches zu einem symbolischen Preis an der Kuponprivatisierung beteiligen. An der ersten Welle, die per 31. 5. 1993 abgeschlossen wurde, haben 8,5 Mio. Einwohner der ČSFR teilgenommen. In der Tschechischen Republik partizipierten mit 5,5 Mio. Bürgern mehr als 50% der Bevölkerung.

Bei der zweiten Welle der Kuponprivatisierung wurde, mit dem Ziel einer Stärkung des Staatshaushalts, bereits mit einem größeren Anteil von Gebühren unterliegenden Formen der Privatisierung operiert. Diese Strategie bezog sich v.a. auf wirtschaftlich erfolgreiche Unternehmen, die somit leichter an das ausländische Kapital verkauft werden konnten.

Die Zielsetzung von traditionellen wie auch neuen Formen der Privatisierung war es, den staatlichen Sektor auf lediglich 10 bis 15% seines ehemaligen Eigentums zu reduzieren.

Das gesamte für die Privatisierung bestimmte Eigentum entsprach laut Angaben des Ministeriums für Verwaltung des nationalen Eigentums und Privatisierung einem Gegenwert von 922 Mrd. Tschechischen Kronen (CZK). Davon entfielen 10 Mrd. CZK auf Auktionen, 28 Mrd. CZK auf einen öffentlichen Wettbewerb, 86 Mrd. CZK auf den Direktverkauf, 756 Mrd. CZK auf neuentstehende Aktiengesellschaften und 42 Mrd. CZK auf die unentgeltliche Übertragung (Restitution). Die Tabelle 2.1 weist die an der Privatisierung beteiligten Wirtschaftssektoren aus.

Tabelle 2.1: **Privatisierung in der Tschechischen Republik nach Wirtschaftszweigen (Stand 30. 6. 1994)**

Kennziffer	Industrie	Landwirtschaft	Handel u. Regionalunternehmen	Dienstleistungen	übrige Produktionszweige
Anzahl d. priv. Einheiten	3.354	6.940	2.218	727	2.632
Eigentum in Mrd. CZK	418	161	59	240	44
Eigentum Anteil (%)	45,3	17,5	6,4	26,0	4,8

(Quelle: ČSÚ)

Die Ergebnisse der Privatisierung haben sich positiv auf die gesamte ökonomische Entwicklung ausgewirkt. 1994 wurden 873.410 Privatunternehmer registriert und 1,3 Mio. Gewerbescheine ausgestellt. Die von den staatlichen Betrieben freigestellten Arbeitskräfte konnten problemlos von den Privatunternehmen absorbiert werden. Die Privatfirmen erreichen höhere Gewinne pro Produktionseinheit, zahlen höhere Löhne, haben relativ weniger Produktionsvorräte und setzen mehr Kreditkapital ein.

Es kommt auch zu einer raschen Konzentration des Vermögens. Im wesentlichen entfielen im Jahr 1994 mehr als 40% der Aktien von Aktiengesellschaften auf die fünf größten Banken, eine Versicherungsanstalt und die 14 größten Investitionsfonds.

Mit unübersehbaren und spezifischen Problemen war die Transformation der Eigentumsstruktur in der Landwirtschaft behaftet. Die Staatsgüter wurden in die zweite Welle der Kuponprivatisierung einbezogen; die Transformation von landwirtschaftlichen und anderen Genossenschaften wurde in Form einer Begleichung der Eigentumsansprüche durchgeführt. In den Fällen, in denen die Genossenschaft diese Ansprüche nicht begleichen konnte und keine Eigentümergenossenschaft entstand, wurde diese in eine andere, nicht genossenschaftliche Unternehmensform umgewandelt.

Aus den früheren 1.202 landwirtschaftlichen Genossenschaften entstanden per 30. 6. 1993 1.142 Agrargenossenschaften, 220 Produktions- und Handelsgenossenschaften, 44 Aktiengesellschaften und 247 Gesellschaften mit beschränkter Haftung. Zum selben Zeitpunkt waren 28.269 private Landwirte registriert, wovon 8.255 auf einer Fläche von mehr als 10 Hektar wirtschafteten (755 auf mehr als 100 Hektar).

Im Jahr 1995 sank die Zahl der Privatbauern auf 24.000 und die Durchschnittsfläche betrug 34,2 Hektar pro Betrieb. Der gesamte landwirtschaftlich bearbeitete Boden ist zur Zeit nach Eigentumsformen wie folgt aufgegliedert: private Landwirte 24%, landwirtschaftliche Genossenschaften 47%, Aktiengesellschaften und Gesellschaften mit beschränkter Haftung 28%, Staatsgüter 1%.

Ganz verschieden von der Privatisierung in den übrigen Zweigen war die Umwandlung der Eigentumsverhältnisse im Forstwesen. In diesem Bereich wurde angestrebt, daß nach der Beendigung der Restitution mehr als 60% der Waldflächen im Besitz des Staates verbleiben sollten.

Bei nicht dem Standard entsprechenden und sozial besonders sensiblen Tätigkeitsbereichen wird die Liberalisierung in der Tschechischen Republik ganz bewußt nur schrittweise durchgeführt und die Regulierung einiger Preise beibehalten (Mieten, Bahnverkehr, Energie, Wasser).

Die Kuponprivatisierung als Hauptinstrument der Privatisierung sollte dem Eigentümer ein bleibendes Gefühl der Verantwortung für das erworbene Vermögen geben. Dieses Ziel kann natürlich nicht sofort erreicht werden, sondern erfordert einen längeren Zeitraum und v.a. ein ausreichend starkes Wirken der Konkurrenzmechanismen. Es besteht weiterhin die Gefahr einer bloß formalen Änderung der Eigentumsform. Ein Teil der Investitionsfonds ist nicht selten ausschließlich an der Auszahlung von Dividenden und Tantiemen interessiert; Bürger versuchen, die Aktien zu verkaufen, bevor es zu einem Verfall der Aktienkurse kommt. Seit der zweiten Hälfte des Jahres 1994 ist es an der Börse tatsächlich zu einem Kursrückgang größeren Ausmaßes gekommen; das erhöhte Angebot führt zu einem weiteren und noch stärkeren Kursrückgang.

Der nach Regionen unterschiedliche Privatisierungsgrad beinhaltet Informationen über die Entwicklungsvoraussetzungen. Leider ist es nicht möglich, den Anteil des Privatsektors am Bruttoinlandsprodukt auf Bezirksebene auszuweisen; dieser Indikator wird bisher nicht statistisch erfaßt. Die Anzahl der Privatunternehmen informiert nur ansatzweise über die Qualität der Regionen. Eine starke Konzentration kann neben der Hauptstadt Prag in den Bezirken Pilsen-Stadt und Brünn-Stadt verzeichnet werden und weiters in Bezirken mit einer ehemaligen Kreisstadt. Das sind České Budějovice, Ústí nad Labem und Hradec Králové. Eine Ausnahme bildet hier der Bezirk Ostrau-Stadt, in dem der Anteil der Privatunternehmer niedriger ist. Durch eine Konzentration der Privatunternehmen zeichnen sich auch weitere Bezirke mit wichtigen Stadtzentren aus, z.B. Karlovy Vary, Liberec, Pardubice, Zlín und Olmütz. Langsamer vollzieht sich die Privatisierung in agrar-industriellen Bezirken mit kleinen Städten, schneller jedoch in einigen Bezirken des westlichen Grenzgebietes.

2.2.1.2 Veränderungen der räumlichen Gliederung des Kapitals – die Aufgabe der Banken

Im Unterschied zur Slowakei fehlen in der Tschechischen Republik direkte statistische Angaben über die räumliche Allokation des Kapitals. Die Entwicklungschancen der einzelnen Regionen können lediglich nach den Daten über die Zu- und Abnahme der Zahl der Gewerbetreibenden sowie nach der Struktur des Privatsektors beurteilt werden. Zu der letztgenannten Kategorie zählen nicht im Handelsregister angeführte Gewerbetreibende, im Handelsregister eingetragene Wirtschaftsorganisationen und die Größenstruktur der Unternehmen. Die Möglichkeit von Analysen ist beschränkt und erfordert es, die fehlenden Angaben durch Indikatoren zu ersetzen, die eine indirekte Beurteilung der kapitalmäßigen Voraussetzungen der Entwicklung der Regionen ermöglichen.

Ein Indikator kann durch die bezirksweise Berechnung der Zahl der Unternehmer pro hundert erwerbstätige Einwohner gewonnen werden. Unter der Voraussetzung, daß sich die Struktur der Unternehmer in den Bezirken mehr oder weniger ausgleicht, kann dieser Indikator für einen Vergleich der regionalen Intensität der unternehmerischen Aktivitäten herangezogen werden. Diese Voraussetzung muß jedoch nicht in allen Bezirken erfüllt werden; in einem derartigen Fall sind Analyse und Schlußfolgerungen durch mangelnde Vergleichbarkeit gekennzeichnet.

Die genannten Angaben können einer Gliederung der Bezirke in Gruppen dienen, die wie folgt interpretiert werden kann:
– die Intensität der unternehmerischen Aktivitäten ist gering in Bezirken, in denen Bergbau und Schwerindustrie vorherrschen;
– die Intensität ist geringer in Richtung auf die östlichen Gebiete der Republik;
– ökonomisch schwächere Bezirke (mit Peripheriecharakter) weisen keine überdurchschnittliche Intensität der Unternehmertätigkeiten auf;
– große Städte (mit Ausnahme von Ostrau-Stadt) und Bezirke in der Nähe von großen Städten verzeichnen eine überdurchschnittliche Intensität an unternehmerischen Aktivitäten;

– Gebiete mit einer allgemein besser entwickelten – d.h. nicht monostrukturellen – Ökonomie zeichnen sich durch einen überdurchschnittlichen Anteil an Unternehmeraktivitäten aus (Mittel- und Ostböhmen).

Ein typisches Beispiel eines historisch bedingten größeren Interesses an unternehmerischer Tätigkeit bietet der Bezirk Zlín, der an die bekannte Tradition der Schuhfabrik Bata anknüpft. Diese Tradition kommt in den Betrieben und öffentlichen Aktivitäten zum Ausdruck.

Eine Ergänzung der vorangegangenen indirekten Erklärung der Allokation des Kapitals in den Bezirken kann durch Angaben über den Privatisierungsgrad zur Verfügung gestellt werden. Dafür wird die vorwiegend durch Auktionen realisierte „kleine Privatisierung" herangezogen.

Die einzelnen Bezirke unterscheiden sich dadurch, wie viele der für die „kleine Privatisierung" vorgesehenen Einheiten zu einem bestimmten Zeitpunkt auch tatsächlich privatisiert wurden. Ein hoher Prozentsatz von privatisierten Betrieben verweist auf eine rasche Privatisierung des Handels und des Gewerbes und auf eine Kapitalisierung, die als Voraussetzung der weiteren Entwicklung eingestuft werden kann. Eine Aufteilung der Bezirke nach dem Privatisierungsgrad von über 90%, von 70 bis 90%, von 50 bis unter 70% und unter 50% bestätigt die Hypothesen über starke unternehmerische Aktivitäten in den beiden ersten Gruppen. Den beiden letzten Gruppen gehören auch die Bezirke der großen Städte (Prag, Brünn-Stadt) bzw. in ihrer Nähe befindliche Bezirke an. Dies geht darauf zurück, daß eine große Anzahl zu privatisierender Objekte per se mehr Schwierigkeiten bei der Realisierung mit sich bringt.

Indirekt kann die Kapitalvoraussetzung der regionalen Entwicklung auch von der Struktur der Banken und ihrer Lokalisierung abgeleitet werden. Das Bankwesen ist ein Sektor der Volkswirtschaft mit einer dynamischen Entwicklungstendenz. In der Tschechischen Republik befindet sich das Bankwesen derzeit in der Gründungsphase, in der auch die Standortwahl von Bedeutung ist. In Betracht gezogen werden hier die zu erwartende Nachfrage nach den angebotenen Dienstleistungen sowie Analysen über die zukünftige Entwicklung von Siedlungen und Regionen. Ökonomische Informationen von räumlicher Bedeutung ergeben sich aus der Allokation der größten Bankhäuser und v.a. der Banken mit regionaler Ausrichtung.

Per 23. 6. 1993 wurden v.a. jene Maklergesellschaften zum Handel an der Börse zugelassen, die von renommierten Banken gegründet wurden. Die großen Banken verfügen über eine Reihe von Zweigstellen, doch nur in einigen werden auch Maklerdienste angeboten. Es kann vorausgesetzt werden, daß die Städte gerade in der Erwartung ausgewählt wurden, daß in diesen Zentren und den dazugehörigen Bezirken mit einer größeren Anzahl an Bewegungen, d.h. Angeboten zum Verkauf bzw. der Nachfrage nach Kauf von Aktien, gerechnet werden kann. Es handelt sich um eine Form von detachierten Zentren des Kapitalmarktes. Der Umstand, daß an verschiedenen Orten mehrere konkurrierende Maklergesellschaften auftreten, betont die Bedeutung dieser Lokalitäten. Allgemein kann daraus abgeleitet werden, daß sich das Interesse des Kapitals vor allem auf Prag und die weiteren großen Zentren sowie darüber hinaus vorwiegend auf den Nordwesten und Nordosten Böhmens sowie auf den Nordosten Mährens konzentriert.

2.2.1.3 Lokalisierung des ausländischen Kapitals

Die Privatisierung, v.a. die tschechische Form der Kuponprivatisierung, führte zu einer raschen Entstaatlichung. Der Mangel an Kapital konnte damit jedoch nicht behoben werden. So war und ist es erforderlich, sich an ausländische Investoren zu wenden, die gerade durch die rasche Privatisierung angezogen werden sollen.

Das in Form von Direktinvestitionen zwischen 1. 1. 1990 und 31. 3. 1995 eingebrachte ausländische Kapital betrug 3,5 Mrd. US-Dollar. Der größte ausländische Investor ist per 31. 3. 1995 Deutschland (1.263 Mio. Dollar), gefolgt von den USA (707 Mio. Dollar) und Frankreich (427 Mio. Dollar). Deutschland ist an den ausländischen Investitionen mit 36,4%, die USA mit 20,4%, Frankreich mit 12,3%, Österreich mit 7,0% und Belgien mit 5,9% beteiligt; die Anteile der übrigen Länder sind geringfügig. Für die Regionen ist von Bedeutung, in welche Wirtschaftszweige die Investitionen fließen. Am meisten wurde in die Verkehrsinfrastruktur, die Konsumgüter- und Tabakindustrie sowie in das Bauwesen investiert, die zusammen 56,2% des gesamten ausländischen Kapitals auf sich vereinigen. Hervorzuheben sind auch die Investitionen in die Lebensmittelindustrie (9,2%). Auf andere Wirtschaftszweige entfallen nur geringere Anteile. Die meisten Joint-ventures prosperieren und weisen positive Ergebnisse auf; gegenteilige Fälle kommen nur vereinzelt vor. Es darf dabei jedoch nicht übersehen werden, daß manche der ausländischen Firmen abwarten, zögern und in einigen Fällen auch von bereits eingeleiteten Aktionen ablassen. Verlockend für ausländische Investoren sind die billigen und relativ qualifizierten Arbeitskräfte, die Stabilität der Währung und die akzeptable Inflationsrate. Die ausländischen Investoren kritisieren jedoch v.a. die veraltete Legislative, die beträchtliche Steuerbelastung bei der Übertragung von Immobilien und den hohen Mehrwertsteuersatz. Probleme hatten und haben die ausländischen Investoren mit dem für sie unbekannten tschechischen Markt, durch die unübersichtliche politische Lage in der Zeit des Zerfalls der Tschechoslowakei in zwei Republiken, die Unzuverlässigkeit bei der Einhaltung von Verhandlungsterminen oder durch den häufigen Wechsel der in den Ministerien zuständigen Beamten. Weitere Probleme bestehen hinsichtlich der kommenden Antimonopolgesetzgebung und der unabsehbaren Auswirkungen von Restitutionsansprüchen auf bereits abgeschlossene Käufe von Unternehmen und Joint-ventures.

Die in der Presse angeführten größeren Direktinvestitionen vermitteln nur eine unvollständige Vorstellung davon, welche Regionen favorisiert und welche vernachlässigt werden. In bezug auf die Zahl der registrierten Joint-ventures ist an erster Stelle Prag zu nennen, eine gute Position wird auch von Mittelböhmen eingenommen. Für Mittelböhmen sind v.a. die Investitionen von Volkswagen (Škoda-Werke in Mladá Boleslav), Philip Morris (Tabakfabrik in Kutná Hora), Agip, Total, Conoco (Kautschukerzeugung in Kralupy) und Unilever (Fettproduktion in Nelahozeves) zu nennen.

In Vorbereitung stehen Projekte zur Gründung von (bedeutenden) neuen gemeinsamen Unternehmen im Fall von Škoda-Pilsen, ČKD-Prag, Karosa-Vysoké Mýto und Tatra-Kopřivnice. Nach den Angaben des Ministeriums für Privatisierung über die Lokalisierung ausländischen Kapitals an bestimmten Standorten ist besonders in den

Bezirken Prag, Mělnik, Benešov, Kolín, Ml. Boleslav, Brünn-Stadt, Brünn-Land und N. Jičín ein größeres Investitionsvolumen zu verzeichnen.

Die Einbringung ausländischen Kapitals ist v.a. bei großen Unternehmen, die sich in einer nicht allzu guten wirtschaftlichen Position befinden, sehr nötig und wirksam. Die Hauptform der Kapitalaufbringung wird jedoch immer stärker auf dem institutionellen Weg, d.h. durch Ankauf und Verkauf von Wertpapieren, verwirklicht werden. Von seiten des ausländischen Kapitals besteht eine Nachfrage nach international anerkannten und stabilisierten Wertpapieren starker Emittenten. Das primäre Interesse der institutionellen ausländischen Investoren wird am Beispiel der folgenden Transaktion ersichtlich: Ende September 1993 wurde an der Börse ein Aktienpaket der ČEZ (der tschechischen Energieunternehmen) von einer nicht näher genannten amerikanischen Investitionsbank um 404 Mio. CZK erworben. Der weitere Verkauf erfolgte am 12. 10. 1993 für 463 Mio. CZK.

Die Überstellung von Aktien aus der Privatisierung auf den Kapitalmarkt kann in Hinblick auf das zu weckende Interesse und die Beteiligung ausländischen Kapitals als Schlüsselpunkt der ökonomischen Transformation betrachtet werden. Der Anteil der ausländischen Investitionen ist bisher noch immer zu niedrig. Ein Vergleich mit kleineren hochentwickelten Ländern zeigt, daß ein jährlicher Zufluß von ausländischem Investitionskapital von etwa zwei Milliarden Dollar erforderlich wäre. Das Eindringen auf den Markt über den Börsenhandel würde in einer Belebung der Investitionen resultieren.

Bei der Bewertung der Voraussetzungen der Regionalentwicklung wird der Zufluß ausländischen Kapitals in den nächsten Jahren eine wachsende Rolle spielen. Nähere Angaben über die räumliche Lokalisierung des Auslandskapitals würden zweifelsohne eine genauere Analyse des Entwicklungspotentials der einzelnen Regionen ermöglichen, sofern entsprechende Informationen vorhanden wären.

2.2.2 Entwicklung des Arbeitsmarktes

2.2.2.1 Strukturelle Veränderungen der Beschäftigtenzahl

Die Zahl der Beschäftigten ist ein äußerst flexibler ökonomischer Indikator. Diese Größe reagiert sensibel auf alle Systemänderungen, v.a. auf Veränderungen bei der Berufsstruktur, den Wirtschaftssektoren und der Eigentümerstruktur von Unternehmen in den einzelnen Regionen.

In den Jahren 1991 bis 1995 war die Beschäftigung in der Tschechischen Republik durch folgende Tendenzen charakterisiert:

– Es kam zu erheblichen Verlagerungen der Beschäftigten von größeren Unternehmen in kleinere Einheiten mit weniger als 25 Angestellten. Eine weitere Verschiebung vollzog sich hin zu Unternehmen im Besitz von privaten respektive physischen Personen.

– Die Veränderung des Gewichts der einzelnen Wirtschaftssektoren ist charakteristisch für die gegenwärtigen Umwandlungen. Während im primären und sekundären Sektor eine Verringerung der Beschäftigung gegeben ist, verzeichnete der tertiäre Sektor bis 1995 einen Zuwachs an Beschäftigten und gewinnt so an Stellenwert.

– Den Rahmen der weitreichenden Veränderungen bildet die in der Tschechischen Republik relativ niedrige Arbeitslosenquote (1996 waren es 3,5%).

– Der Rückgang der Beschäftigtenzahlen bis 1993 resultierte nicht in einer Steigerung der volkswirtschaftlichen Effektivität; die Arbeitsproduktivität sank im Zeitraum 1991 bis 1993 rascher als die Beschäftigung. In den darauffolgenden Jahren 1994 bis 1996 ist die Zahl der Beschäftigten angestiegen und gleichzeitig veränderte sich die sektorale Beschäftigung in Richtung einer Annäherung an die Beschäftigtenstruktur in den hochentwickelten Industrieländern.

Die Verlagerung in sehr kleine, meist private Unternehmen, die fast eine Million Menschen betrifft, ist schon allein durch den Umstand, daß es durch die Privatisierung gelungen ist, eine so große Anzahl an Arbeitsplätzen zu schaffen, eine außerordentlich positive Erscheinung. Die wirtschaftlichen Ergebnisse der Kleinunternehmer belegen die gesellschaftlich günstigen Auswirkungen dieser Verlagerungen

Die Tendenz zur Veränderung des Gewichts der Wirtschaftssektoren ist positiv zu bewerten. Wie aus der Literatur hervorgeht, sank die Zahl der Beschäftigten in der Landwirtschaft im Vergleich zu 1990 bereits bis Ende 1992 um 30% und in der Industrie um 10%; insgesamt betrifft diese Entwicklung etwa 370.000 Personen. Die Reduktion der Beschäftigten setzte sich auch in den folgenden Jahren fort. Gegenwärtig kann für den primären Sektor geschätzt werden, daß in diesem Bereich nur weniger als die Hälfte der Beschäftigten des Jahres 1990 verblieb. Generell steigt die Zahl der Beschäftigten des Dienstleistungssektors (und auch des Bauwesens) an. Die Veränderungen in den einzelnen Wirtschaftssektoren faßt die Tabelle 2.2 zusammen.

Tabelle 2.2: **Struktur der Beschäftigung in der Tschechischen Republik nach Sektoren 1990–1995 (Jahresdurchschnitt)**

Jahr	primärer Sektor Beschäftigte (in 1.000)	%	sekundärer Sektor Beschäftigte (in 1.000)	%	tertiärer Sektor Beschäftigte (in 1.000)	%
1990	631	11,8	2.427	45,4	2.293	42,8
1992	425	8,6	2.206	44,8	2.296	46,6
1993	331	6,8	2.163	44,6	2.354	48,6
1994	338	6,9	2.064	42,3	2.483	50,8
1995	287	5,7	2.078	41,5	2.647	52,8

(1) Vorläufige Angaben aus dem Statistischen Jahrbuch 1994.
(Quelle: ČSÚ)

Die Verlagerung der Schwerpunkte bei den Wirtschaftssektoren und der Anteil des tertiären Sektors dürfen jedoch nicht überschätzt werden. Die Veränderungen müssen erst durch ein Ansteigen der Arbeitsproduktivität bestätigt werden.

Widersprüchlich ist die Tendenz zu Veränderungen in der Beschäftigung bei gleichzeitig niedriger Arbeitslosenquote. Letztere drückt zweifelsohne positive Möglichkeiten einer hohen sozialen Stabilität aus. Andererseits wirkt sich in der Phase einer Rezession bzw. am Beginn einer wirtschaftlichen Belebung eine niedrige Arbeitslosenquote negativ auf die notwendigen strukturellen Umwandlungen aus. Die für eine geringe Effektivität charakteristische Überbeschäftigung wird noch aufrechterhalten. Vor 1989 wurde die Überbeschäftigung auf etwa 20% der Gesamtbeschäftigung geschätzt.

Relativ am stärksten macht sich die strukturelle Mobilität in den traditionellen Arbeiterberufen, z.B. im Maschinenbau, in der Metallverarbeitung und in der Elektrotechnik, bemerkbar. Die allgemeinen Auswirkungen dieser Veränderungen weisen darauf hin, daß die Verlagerungen nicht nur in den mit dem Bergbau, dem Hüttenwesen und der Energiewirtschaft zusammenhängenden Berufen markant sind. Zu einer größeren Verschiebung kam es auch im Schulwesen und in der Verwaltung. Weniger deutlich sind noch immer die Veränderungen im Verkehrs- und Nachrichtenwesen.

Problematisch bleibt bei den bisherigen und zu erwartenden Veränderungen im Rahmen der Beschäftigung die Einstellung der Berufstätigen zu einer Anpassung an die geänderten Bedingungen. Bisher herrscht, besonders bei Personen über 40 Jahre, eher eine passive Einstellung vor. Jüngere Menschen sind eher bereit, sich den Anforderungen einer Requalifikation zu stellen. Nach einer Untersuchung des Instituts für Soziologie der Tschechischen Akademie der Wissenschaften im Jahr 1992 haben lediglich 10% der Befragten einen Umschulungskurs absolviert und nur 7% würden eine Umschulung begrüßen.

Die Lage auf dem Arbeitsmarkt wird durch eine Reihe von Faktoren beeinflußt. Dazu zählen

– die der Privatisierung vorausgegangene Erwartung der Betriebsleitungen, die Probleme von Beschäftigung und Löhnen durch Preiserhöhungen zu lösen;

– der Mangel an Bereitschaft, die Probleme der Zahlungsunfähigkeit der Betriebe zu lösen;

– der steigende Anteil des Privatsektors an der Gesamtbeschäftigung und die Unterstützung bei der Schaffung neuer Arbeitsplätze (v. a. durch die Steuer- und Kreditpolitik) sowie

– eine aktive Beschäftigungspolitik, die besonders von den Arbeitsämtern der Bezirke betrieben wird.

In Zusammenarbeit mit den Arbeitsämtern wurde eine soziologische Untersuchung durchgeführt, die sich auch mit der Frage befaßte, welche Qualifikationen und Berufe von den Arbeitgebern nachgefragt werden. Großes Interesse besteht v. a. an Wirtschaftsberufen. Stark ist auch die Nachfrage nach Berufen des Bauwesens und des Dienstleistungssektors sowie nach Krankenschwestern und Juristen. Die Nachfrage nach anderen Professionen ist nur schwach ausgeprägt; an letzter Stelle der Nachfrage stehen die Berufe in der Landwirtschaft und im Maschinenbau.

Die Verringerung der Beschäftigung im Hüttenwesen wird sich auf die Region von Ostrau, auf den Bezirk Frýdek-Místek und das Gebiet von Kladno konzentrieren. Eine Verringerung der Beschäftigung in den Sparten Starkstromtechnik und Investitionsgüter würde sich im Raum von Pilsen, in Brünn und in der Region von Ostrau bemerkbar machen. Für die Textil-, Strickwaren- und Konfektionsindustrie, die Lederverarbeitung sowie für die Bereiche Glas, Keramik und Porzellan bzw. für die betreffenden Regionen (Náchod, Trutnov und den Nordosten Böhmens insgesamt, die Gebiete von Jablonec, Karlovy Vary und Prostějov) war gleichfalls mit einer Reduktion der Beschäftigten zu rechnen. Seit 1994 hat sich die wirtschaftliche Situation bereits stabilisiert, so daß die für die Bezirke mit einem hohen Anteil an Leichtindustrie erwarteten Probleme nicht eingetreten sind. Für die Landwirtschaft wird eine (weitere) Verringerung der Beschäftigtenzahl auf 250.000 erwartet.

Die Auswirkungen der Transformation werden eine Verstärkung der aktiven Arbeitsmarktpolitik erfordern. Die Zusammenarbeit von Verwaltungsorganen und Arbeitsämtern in den Bezirken mit den Wirtschaftskammern und den auf die regionale Entwicklung und die Unterstützung von kleinen und mittleren Privatunternehmen spezialisierten Banken sollte verbessert werden. Die Unterscheidung zwischen konjunkturellen und strukturellen Ursachen der Probleme von Unternehmen an einem Ort bzw. in einer Region erfordert eine differenzierte Vorgangsweise. Bei strukturellen Ursachen sind Umschulungsprogramme vorzubereiten. Die Zuschüsse und Beiträge für sozial Schwache sollten z.T. durch Löhne für gemeinnützige Arbeiten ersetzt werden. Die Ausschreibungen für die Vergabe von vergünstigten Krediten sollten für die Schaffung verfügbarer Arbeitsstellen genützt werden; einem Unternehmen, das einen derartigen Kredit in Anspruch nimmt, könnte ein Teil der Rückzahlung erlassen werden.

In der Tschechischen Republik werden die Löhne auch weiterhin einen starken Einfluß auf die Beschäftigungspolitik haben. Der von den Unternehmen pro Produktionseinheit bezahlte Preis ist im Vergleich zum europäischen Niveau noch immer gering. Damit ist nicht nur ein größeres Interesse des ausländischen Kapitals verknüpft, sondern auch ein Impuls zur Steigerung der Arbeitsproduktivität.

2.2.2.2 Entwicklung der Arbeitslosigkeit

Nach Jahrzehnten einer starren Zuteilung von Arbeitskräften ist nun auch die Tschechische Republik mit dem Problem der Arbeitslosigkeit konfrontiert. Mit ihrer Ende 1996 im Durchschnitt 3,5% betragenden Arbeitslosenquote erfreut sich die Tschechische Republik jedoch des Rufs eines ungewöhnlich erfolgreichen Landes. Eine derart geringe Arbeitslosigkeit würde in den hochentwickelten Ländern in der Regel als Vollbeschäftigung gelten. In den EU-Staaten weist nur Luxemburg und weltweit nur Japan eine niedrigere Arbeitslosenquote auf als die Tschechische Republik.

Wichtiger als ein derartiger internationaler Vergleich ist jedoch die Tatsache, daß die niedrige Arbeitslosenquote nicht Ausdruck der sozialen Auswirkungen der ökonomischen Reformen ist, sondern eher auf die geringe Funktionstüchtigkeit des Arbeitsmarktes hinweist. In der Tschechischen Republik existieren heute schon Bezirke und v. a. Orte, wo sich eine Arbeitslosenquote von mehr als 5% bereits belastend auswirkt. Das betrifft v.a. die in den 50er Jahren und, in geringerem Maße, auch die später industrialisierten Gebiete mit einer überwiegend monostrukturellen Industrie sowie schwächer entwickelte Peripheriegebiete.

Die Gefahr steigender Arbeitslosigkeit droht v.a. Regionen mit traditionellen Industriezweigen, die jahrzehntelang nicht modernisiert wurden und die auch unter den Bedingungen eines begünstigten Exports nicht konkurrenzfähig sind. Im Falle einer Konkurswelle könnte sich die Arbeitslosenquote auch im gesamtstaatlichen Maßstab erhöhen. Die seit 1994 ausgewiesenen wirtschaftlichen Resultate zeigen jedoch, daß diese Situation wahrscheinlich nicht großflächig eintreten wird, da die Firmen ihre starke Verschuldung teilweise abgebaut haben.

Aus der Entwicklung der durchschnittlichen Arbeitslosenquote in der Tschechischen Republik (Abbildung 2.1) ist ersichtlich, daß die Arbeitslosigkeit trotz der tiefgreifenden Umwandlungen immer noch sehr gering ist. 1991 kam es zu einem raschen Anstieg der Arbeitslosenquote, der jedoch bereits im ersten Quartal des Jahres beendet war. Seither bewegt sich die Arbeitslosenquote in der Größenordnung von 2,5 bis 3,5%. Allmählich tritt auch das Argument, daß die geringe Arbeitslosigkeit v. a. auf der noch nicht beendeten Privatisierung basiert, in den Hintergrund. In diesem Kontext ist einerseits auf die hohe Absorptionsfähigkeit der neu entstandenen kleinen und mittleren Privatunternehmen hinzuweisen und andererseits auf die Kreditpolitik der Banken, die bei besonders stark verschuldeten Betrieben nur sehr zögernd von der Möglichkeit eines Konkurses Gebrauch machen.

Abbildung 2.1: **Entwicklung der Arbeitslosenquote in der ČR (1991–1996)**

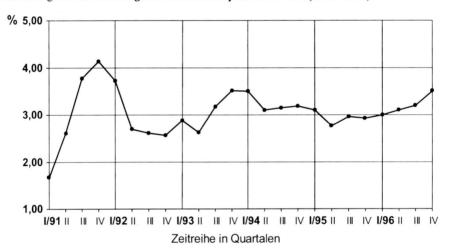

(Quelle: TERPLAN) (Grafik: TERPLAN, Georg C. Odehnal)

Obwohl die Arbeitslosigkeit in der Tschechischen Republik insgesamt gering ist, gibt es regionale Disparitäten. Bei einer durchschnittlichen Arbeitslosenquote von 3,5% für die Tschechische Republik betrug Ende 1996 diese Quote für den nordböhmischen Landkreis 5,8% und für den nordmährischen Landkreis 5,6%. Einen Überblick über die Situation in den Bezirken der Tschechischen Republik vermittelt die Karte 2.4.

Eine relativ hohe Arbeitslosenquote ist für die Bezirke in Nordböhmen ebenso wie für die Bezirke in Nordmähren abzulesen. Die Situation in Bezirken mit einer sehr niedrigen Arbeitslosenquote ist allerdings aufgrund des Überhangs der Nachfrage nach Arbeitskräften ebenfalls nicht unproblematisch. Ein Beispiel dafür ist die Entwicklung in der Hauptstadt Prag, wo sich die Arbeitslosigkeit in den letzten Jahren zwischen 0,2 und 0,4% bewegte. Die geringe Arbeitslosigkeit in der Hauptstadt verursacht einen starken Anstieg der Nominallöhne. In Prag ist ein Mangel an Arbeitskräften und ein großes Angebot an freien Arbeitsplätzen zu verzeichnen. Ähnlich ist die Situation im Bezirk Prag-Ost und Prag-West und in anderen Bezirken mit ähnlich niedrigen Arbeitslosenquoten.

Karte 2.4: **Arbeitslosenquote nach Bezirken der Tschechischen Republik (31. 12. 1996)**

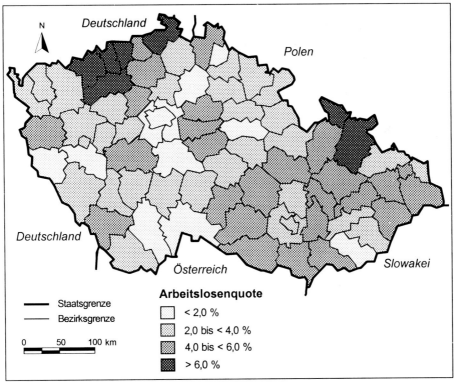

(Quelle: TERPLAN) (Grafik: TERPLAN, Georg C. Odehnal)

Generell sind in allen Bezirken der Tschechischen Republik weit mehr Frauen als Männer von Arbeitslosigkeit betroffen; die höchste Arbeitslosigkeit herrscht bei ungelernten Kräften oder Personen mit geringer Qualifikation. Äußerst ungünstig ist die Tatsache, daß der Anteil der Arbeitslosen in der Altersgruppe bis 30 Jahre sehr hoch ist. Die Langzeitarbeitslosigkeit mit einer Dauer von mehr als einem Jahr nimmt zu.

Für die nächsten Jahre wird mit einem Anstieg der durchschnittlichen Arbeitslosenquote in der Tschechischen Republik gerechnet. Gebiete mit einer dynamischen Entwicklung im Bereich der Dienstleistungen sollten diesen Anstieg unter der Voraussetzung einer aktiven Beschäftigungspolitik leicht absorbieren können. Das setzt jedoch auch eine größere Mobilität der Arbeitskräfte und eine Belebung des Wohnbaus voraus.

2.2.2.3 Die sozialen Auswirkungen der Transformation

In den sozialdemokratisch geprägten Staaten Europas regiert die Vorstellung von einer sozial gerechten Gesellschaft mit Umverteilung und Transfers von Einkommen. Mit dem Konzept des sozialen Wohlfahrtsstaates hat die Tschechische Republik Schwierigkeiten. Wie soll in einem Land vorgegangen werden, in dem sich im Verlauf von 40 Jahren das System der „sozialen Bequemlichkeit" etabliert hat, in dem die Unternehmen immer mehr zu Sozialinstitutionen degenerierten und in dem viele soziale Maßnahmen des Staates und der Betriebe nur einen pseudosozialen Charakter hatten. Es ist verständlich, daß soziale Fragen von der Ökonomie der Unternehmen getrennt werden müssen. Das darf jedoch nicht bedeuten, daß die soziale Seite der Entwicklung außer acht gelassen wird. Die einseitige Durchsetzung der Interessen eines Sozialpartners kann das Marktsystem aus dem notwendigen Gleichgewicht herausreißen und, nicht nur auf der lokalen Ebene, große Verluste verursachen.

Die Entwicklung nach 1989 ist gekennzeichnet durch
– das nach einzelnen Konsumgütern und Gebieten differenzierte Ansteigen der Konsumentenpreise,
– den nach Einwohnergruppen und Gebieten differenzierten Anstieg der Lebenshaltungskosten,
– den Anstieg der Ersparnisse der Bevölkerung,
– eine Eigentumsdifferenzierung sowie durch
– die Folgen der Veränderungen im Sozialwesen (konkrete Adressaten, differenzierte Leistungen usw.).

Seit 1994 hing die Preisentwicklung v. a. von der fortgesetzten Preisliberalisierung bei Strom, Wasser, Telekommunikationsgebühren, Fahrpreisen und Mieten ab. Am stärksten betroffen vom Anstieg der Lebenshaltungskosten sind die Pensionisten, junge Familien, Teilfamilien und selbstverständlich die Arbeitslosen. Bei einer detaillierteren Untersuchung wird ersichtlich, daß sich die ansteigenden Lebenshaltungskosten auch sehr stark bei den Berufseinsteigern, bei Alleinerziehern sowie bei allen ökonomisch schwächeren Bevölkerungsschichten bemerkbar machen, und das am deutlichsten in jenen Regionen, in denen der Anteil dieser Schichten am höchsten ist.

Der Anstieg der Löhne und v. a. die Entwicklung der Privatunternehmen haben zu einer wachsenden Differenzierung des Besitzes geführt. Eigentum im Wert von mehr als einer Mio. CZK besitzen laut einer im August 1993 durchgeführten Untersuchung 24% der Haushalte. Bei 40% der im eigenen Haus wohnenden Personen beträgt der Wert des Besitzes mehr als eine Mio. CZK. Über ein größeres Vermögen verfügen die Bewohner von Gemeinden bis 5.000 oder über 100.000 Einwohner. In den Gemeinden bis 2.000 Einwohner hat jedoch ein Teil der Bewohner (etwa 10%) große Probleme mit der Deckung der Ausgaben für Nahrungsmittel; bei den Familien in großen Städten (13 bis 16% der gesamten Einwohnerzahl) verursachen v. a. die Mietkosten einen hohen Aufwand.

Die Bevölkerung war bemüht, den Inflationsdruck durch eine Beschränkung des Verbrauchs auszugleichen. Im Vergleich zu 1989 hat sich der Einzelhandelsumsatz (auf Basis von konstanten Preisen) um ein Drittel verringert. Von Bedeutung war das

v. a. bei Fleisch, Fisch, Milchprodukten, Kartoffeln und Getreideprodukten. Die Bevölkerung reagierte interessanterweise auch durch eine stärkere Spartätigkeit, obwohl die Kaufkraft der Spareinlagen 1994 um ca. 30% gesunken ist.

Bis zum Ende des Jahrhunderts ist ein hoher Anstieg der bisher regulierten Mieten sowie der Energiepreise zu erwarten, wobei die Mieten bis um 400% ansteigen dürften. Daher müssen sich auch die staatlichen Wohnzuschüsse erhöhen.

Die Veränderungen der sozialen Struktur der Beschäftigten können auch an der Entwicklung der durchschnittlichen Monatslöhne in den wichtigsten Wirtschaftszweigen abgelesen werden. 1989 lagen die Löhne in der Industrie über dem gesamtstaatlichen Durchschnitt von 3.170 KCS (brutto). Im Handel, im Telekommunikationssektor sowie im Schul-, Gesundheits- und Bankwesen wurde dieser Durchschnitt nicht erreicht; die Differenzierung war hier jedoch gering. In der ersten Hälfte des Jahres 1993, als der Durchschnittslohn in der Tschechischen Republik 5.492 CZK betrug, lag die Landwirtschaft tief unter diesem Wert. Die staatliche Verwaltung (6.268 CZK) und v.a. das Geldwesen (9.943 CZK) verzeichneten weit höhere Durchschnittslöhne. Mitte 1994 stiegen z.B. die Lohneinkommen im Geldwesen auf fast 12.000 CZK an; in der Landwirtschaft betrugen sie hingegen maximal 5.500 CZK, im Bekleidungs- und Textilsektor 5.000 CZK und im Schulwesen 6.000 CZK. Diese Unterschiede haben sich mittlerweile noch stärker ausgeprägt.

Die Finanzlage der Haushalte hängt in bedeutendem Maß auch vom Wohnort ab. Die Lohnschere zwischen den einzelnen Regionen öffnet sich immer stärker. Der durchschnittliche monatliche Bruttolohn betrug im Jahr 1995 8.170 CZK. Drei Viertel der Bezirke und sieben von acht Kreisen blieben unter diesem Wert. Der Durchschnitt wird sehr stark von Prag beeinflußt (10.520 CZK), was z.B. bewirkt, daß keiner der Bezirke des ost- und südböhmischen sowie des südmährischen Kreises den gesamtstaatlichen Durchschnitt erreichte.

Die schärfere Differenzierung der Lohnzuwächse in den Kreisen und besonders in den Bezirken bedeutet, daß die einkommensschwächeren Raumeinheiten weiter zurückfallen. Die niedrigsten Durchschnittseinkommen wurden 1995 für Ostböhmen (7.376 CZK), Südmähren (7.613 CZK) und Südböhmen (7.635 CZK) ausgewiesen. Zu den Bezirken mit den niedrigsten Durchschnittslöhnen – zwischen 6.840 und 6.994 CZK – gehörten 1995 die Bezirke Bruntal, Znojmo, Blansko, Pelhřimov, Vyškov, Chrudim und Semily.

Aufgrund dieser Angaben kann auf die sozialen Folgen der Lohnentwicklung in den Bezirken mit einem höheren Anteil von Beschäftigten in der Landwirtschaft (Senkung des Lebensstandards) sowie auf die Entwicklung in den Bezirken mit größeren Stadtzentren und mit dem größten Anteil an Beschäftigten in Verwaltung, Geld- und Bauwesen geschlossen werden.

Insgesamt haben sich die Löhne in der Tschechischen Republik 1995 auf das 2,6-fache des Wertes von 1989 erhöht. Wenn wir aber den Anstieg der Lebenshaltungskosten um ca. das 2,8fache berücksichtigen, dann lag das Realeinkommen etwa um 7% niedriger. Erst im Jahr 1996 waren die Reallöhne ein wenig höher als im Jahr 1989.

Eine weitere indirekte Kennziffer ist die Entwicklung der Konsumentenpreise für Nahrungsmittel. Neben der größeren lokalen Nachfrage in den Bezirken mit größeren

Städten (und höherer Kaufkraft) macht sich in den Regionen mit einem attraktiven Fremdenverkehrsangebot eine geringere Auswirkung der Marktregulierung bemerkbar. Die höchsten Preise für Nahrungsmittel (der Index liegt hier über dem Wert von 204) werden in Prag und in den Bezirken Cheb (Eger), Most, Ústí nad Labem, Děčín und Jablonec verzeichnet. Zu den Bezirken mit hohen Preisen (Index 201–204) gehören auch Pilsen-Stadt, Sokolov, Karlovy Vary, Chomutov, Teplice, Liberec und die meisten Bezirke in den südlichen und südwestlichen Grenzgebieten Böhmens. In allen Bezirken Mährens sind die Preise niedriger, besonders in Südwest- und Nordwestmähren.

Die sozialen Auswirkungen der Transformation haben sich auch im Wohnungsbereich bemerkbar gemacht. Die Liberalisierung der Mieten wird seit 1997 schneller fortgesetzt, sodaß sie bis 2000 beendet sein wird. Dasselbe gilt für die Energiepreise. Um diese Entwicklung sozial verträglicher zu gestalten, bekommen die einkommensschwachen Bevölkerungsschichten Wohnzuschüsse und außerdem werden den Wohnbau stimulierende Maßnahmen eingeführt (Bausparen, diverse Wohnungsdarlehen für Bauherren, Förderung des Mietwohnungsbaus durch gemeinnützige Wohnungsgenossenschaften usw.).

Tabelle 2.3: **Anzahl und Struktur der in der Tschechischen Republik in Bau gegangenen Wohnungen (1990–1996)**

Jahr	insgesamt		kommunale [1]		genossenschaftliche		Einfamilienhäuser	
	Zahl d. W.	Index	Zahl d. W.	Index	Zahl d. W.	Index	Zahl d. W.	Index
1990	61.004	100,0	11.225	100,0	17.159	100,0	32.620	100,0
1991	10.899	17,9	2.229	19,9	2.314	13,5	6.356	19,5
1992	8.429	13,8	1.959	17,4	561	3,3	5.909	18,1
1993	7.454	12,2	280	2,5	350	2,0	6.824	20,9
1994	10.964	18,0	1.754	15,5	401	2,3	8.809	27,0
1995	16.548	27,1	4.950	44,1	57	0,3	11.541	35,4
1996[2]	20.894	34,2	6.973	62,1	168	1,0	13.753	42,2

(1) Einschließlich von Betriebs- und Dienstwohnungen. (2) Vorläufige Daten.
(Quelle: ČSÚ)

Die Milderung sozialer Probleme, die vorwiegend bei einkommensschwachen Gruppen entstehen, ist nur eine Seite der Wohnungspolitik. Weitere Faktoren sind die wichtige Rolle des Wohnbaus bei der Belebung der Ökonomie sowie, im öffentlichen Sektor, die Bereitstellung von billigen Wohnungen, die für die räumliche Mobilität und den Ausgleich der regionalen Unterschiede auf dem Arbeitsmarkt erforderlich sind. Sich auf die „unsichtbare Hand" des Marktes zu verlassen, würde bei einem so spezifischen Gut, wie es Wohnungen sind, den Interessen der ökonomischen Transformation entgegenwirken.

Die Reproduktion des Wohnungsbestandes ist eine langfristige Zielsetzung. Ebenso wie bei anderen Faktoren der langfristigen Entwicklung (Demographie, Ökologie, Grundausstattung im Schul- und Gesundheitswesen usw.) kommen die Folgen von Schwankungen zwar erst nach längerer Zeit zum Vorschein, sind jedoch kurzfristig

Arbeitsmarkt und regionale Disparitäten in der Tschechischen Republik   57

dann umso schwerer zu beseitigen. Aus den nachfolgenden Angaben (vgl. Tabelle 2.3) ist ersichtlich, daß infolge der Reduktion des Wohnbaues bereits sehr gravierende soziale Auswirkungen feststellbar sind.

Der zwischen 1991 und 1994 bei allen Bauformen verzeichnete reale Rückgang des Wohnbaus (v.a. im kommunalen und genossenschaftlichen Wohnbau, der der Bereitstellung billiger Wohnungen dienen sollte) bedeutet, daß in den nächsten vier bis fünf Jahren ein Mangel an fertiggestellten Wohnungen mit starken Jahrgängen im heiratsfähigen Alter zusammentreffen wird. Daher muß mit einer Steigerung der sozialen Spannungen gerechnet werden. Der Einwand, daß der Markt diese Aufgabe erst bei einer tatsächlich kaufkräftigen Nachfrage übernehmen wird, ist aus sozioökonomischer Sichtweise falsch.

Der Rückgang bei der Neuerrichtung von Wohnungen wird sich v.a. in jenen Bezirken negativ auswirken, in denen bereits Wohnungsmangel herrscht, weiters in jenen Regionen, die eine wachsende Zuwanderung verzeichnen. Näheres darüber ist der Karte 2.5 zu entnehmen.

Karte 2.5: **Neubegonnener Wohnbau (1991–1995)**

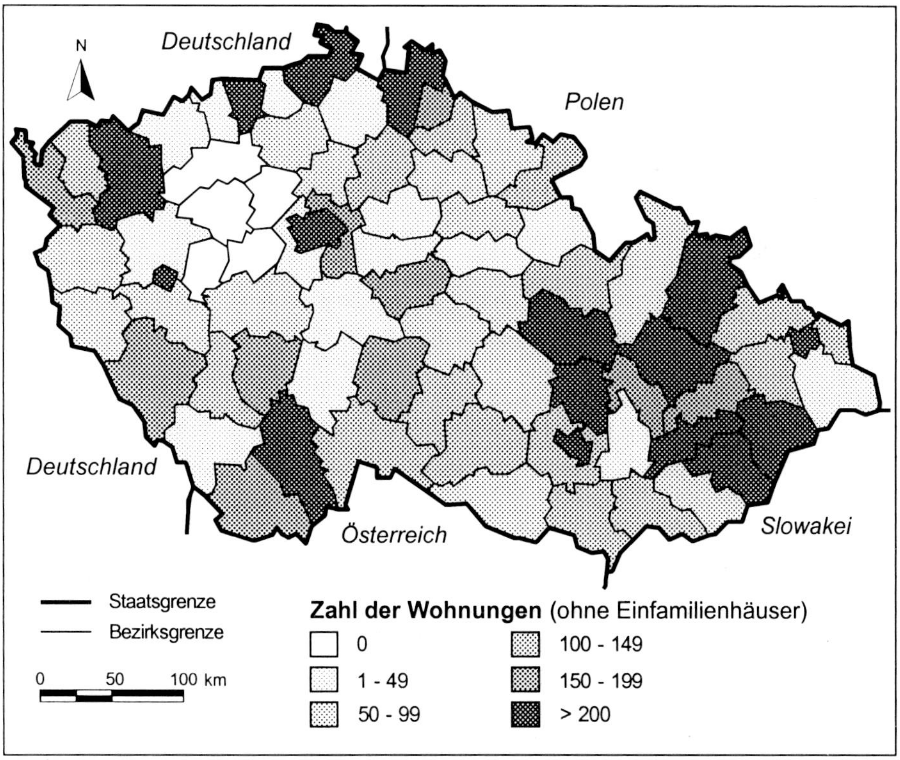

(Quelle: TERPLAN)   (Grafik: TERPLAN, Georg C. Odehnal)

Aus dieser kurzen Beschreibung der sozialen und demographischen Folgen der Transformation und der Anforderungen an einen ausgeglichenen Arbeitsmarkt geht hervor, daß v.a. auf der Ebene der Städte eine aktive Politik betrieben werden muß. Auf der Ebene der Regionen und besonders auf gesamtstaatlicher Ebene kommen diese Probleme nicht klar genug zum Ausdruck. Die aktive Regionalpolitik muß jedoch durch eine rechtzeitige Lösung der makroökonomischen Fragen unterstützt werden, wobei starke soziale Akzente in den Bereichen Sozialfürsorge, Wohnen und Förderung der Infrastruktur zu setzen sind.

2.3 Regionalpolitik und Krisenmanagement

2.3.1 Veränderungen im Rahmen der Regionalpolitik

Die Verknüpfung der staatlichen Regionalpolitik mit der Politik des Krisenmanagements in den Bezirken und Gemeinden wird seit 1992 intensiver betrieben. In der Gegenwart steht jedoch v.a. die unvollendete Etappe der Restrukturierung, die mit Konkursen und Abfindungen bei einigen größeren Industriebetrieben verbunden ist, der Regionalpolitik im Wege.

Wie viele Arbeitslose es nach der Liquidierung der stark verschuldeten Unternehmen, d.h. nach der Anwendung des Bankrottgesetzes (Gesetz Nr. 328/1991) im Sinne seiner späteren Ergänzung, geben wird, ist eine der offenen Fragen des Krisenmanagements auf gesamtstaatlicher Ebene, die Auswirkungen auf die einzelnen Regionen hat. Als größte Investoren werden dabei die großen Banken (in erster Linie die Komerční banka und die Investiční banka) eine entscheidende Rolle spielen. Bisher sind die großen Banken bei der Einleitung von Konkursen sehr vorsichtig vorgegangen. Keine der Banken veröffentlicht Informationen über den Anteil der mit einem Risiko verbundenen Anleihen am Gesamtumfang der gewährten Kredite (ca. 130 Mrd. CZK). In Bankkreisen wird angedeutet, daß die Risikofonds kaum die Hälfte der offensichtlich uneinbringbaren Kredite decken werden. In Kombination mit weiteren Rettungsaktionen könnte dies jedoch ausreichend sein.

Die Entwicklung im Jahr 1994 und die Tendenzen in den darauffolgenden Jahren zeigen, daß es gelungen ist, einige Strukturveränderungen durchzuführen, ohne daß Konkursverfahren nötig gewesen wären. Anstelle von umfangreichen Konkursverfahren erfolgten Reduktionen der Beschäftigten, Gründungen von Tochtergesellschaften sowie Änderungen der Produktionsprofile. Das Ausmaß der Zahlungsunfähigkeit der Betriebe sank 1994 gegenüber dem Jahr 1993 um 5 Mrd. CZK. Die Gewinne der Unternehmen stiegen auf das Doppelte an, die Anzahl der Kredite hat sich um 16% erhöht, die Einlagen sind um 31% gestiegen.

Schlechter als eine verspätete Lösung des Problems der hohen Verschuldung wäre jedoch eine Stagnation der Beschäftigtenzahlen der kleinen und mittelständischen Privatunternehmen. Im Rahmen der Budgets für 1994 und 1995 wurden deshalb Maßnahmen für eine Senkung der Steuerbelastung und für Staatsgarantien bei der Kreditvergabe vorgesehen. Dieser Schritt hat bereits positive Auswirkungen gezeigt. Ebenso werden Maßnahmen einer aktiven Arbeitsmarktpolitik (Umschulung, Qualifizierung usw.) gesetzt.

Gemäß den Erfahrungen der Arbeitsämter können die Gesamtergebnisse positiv bewertet werden. Die Arbeitslosenquote ist in der Tschechischen Republik auch dank der guten Arbeit der Bezirksarbeitsämter niedrig. Bis zum 31. 12. 1992 haben die Arbeitsämter mit mehr als einer halben Million Arbeitsuchender zusammengearbeitet. Zwischen 1993 und 1996 ist die erste Welle des Andrangs jedoch bereits wieder zurückgegangen. Umschulungen werden nicht großflächig, sondern nach Bedarf eingesetzt. Das bedeutet, daß nicht „auf Vorrat" umgeschult wird. Die Erfolgsquote bei der Umschulung (d. h. in Hinblick auf die Erlangung einer neuen Beschäftigung) beträgt etwa 60 bis 70%, was weit über dem europäischen Durchschnitt liegt. Dennoch muß betont werden, daß auch in der Tschechischen Republik die Arbeitsuchenden nur unter Schwierigkeiten wieder eingestellt werden können. Die Vorstellung einer Berufsveränderung in Anpassung an die konkrete Marktlage ist der Denkweise der Tschechen heute noch ziemlich fremd.

Verbessert werden muß auch die Einstellung mancher Unternehmer zur Regionalpolitik. Im Rahmen einer Untersuchung, die von den Universitäten Ústí nad Labem und Göttingen in den Bezirken Děčín und Ústí nad Labem bei 293 Privatfirmen durchgeführt wurde, antworteten 64% der Befragten, daß generell nur zukunftsorientierte Wirtschaftssektoren oder bestimmte Unternehmenstypen (z.B. kleine und mittlere Unternehmen) in der ganzen Tschechischen Republik unterstützt werden sollten. Spezifische Entwicklungsprogramme für bestimmte Gebiete sollten nicht gefördert werden. Soweit mit der Betonung des Spezifischen die früheren Formen unwirksamer Subventionen und Dotationen gemeint sind, sind diese Befürchtungen verständlich. Wenn jedoch die Entwicklung der Problemgebiete vorwiegend durch Marktinstrumente unterstützt werden soll (Kreditgarantien, günstigere Steuerbedingungen usw.), so ist die Betonung der Regionalentwicklung völlig richtig. Hinsichtlich der Bewältigung von Problemen des sogenannten Krisenmanagements verläuft die Zusammenarbeit der Bezirksarbeitsämter mit den Unternehmern gut. Das beweisen auch die Ergebnisse einer Umfrage in den Bezirken.

In Zusammenarbeit mit den Bezirksarbeitsämtern wurde auch eine Umfrage durchgeführt, die auf die Schaffung von Arbeitsplätzen für Arbeitsuchende allgemein und für Schulabgänger im besonderen ausgerichtet war. 1991 und 1992 wurden zu 95% neue Arbeitsplätze im Privatsektor geschaffen, davon etwa ein Drittel im Handel, ein Viertel im Bauwesen und fast ein Fünftel in der Kleinproduktion. Der Rest entfällt auf Hotels, Restaurants und verschiedene Dienstleistungen. Im Kontext der Unterstützung der Schaffung eines neuen Arbeitsplatzes gehen die Arbeitsämter von den Fragen aus, ob es sich wirklich um einen neuen Arbeitsplatz handelt und ob dieser den Einsatzmöglichkeiten von Arbeitsuchenden eines bestimmten sozialen Typus entspricht. Weitere Kriterien sind, ob dadurch die Arbeitslosigkeit bei bestimmten schwer vermittelbaren Bewerbern sinken wird und wie stark die lokale Nachfrage im Hinblick auf den betreffenden Beruf und die gegebene Qualifikation ist.

In diesem Auswahlprozeß werden in erster Linie prioritäre Gruppen von Arbeitsuchenden (Jugendliche, Schulabsolventen, schwangere Frauen, Frauen mit kleinen

Kindern, unqualifizierte und sozial wenig anpassungsfähige Personen sowie Bewerber mit längerer Dauer der Arbeitslosigkeit) berücksichtigt. Gleichzeitig ist man auch bemüht, den Erfordernissen lokaler Firmen nachzukommen.

Die Höhe der Zuschüsse (Dotationen) für die Schaffung neuer Arbeitsstellen hängt vom Ausmaß der Arbeitslosigkeit in dem jeweiligen Bezirk ab. Je geringer die Nachfrage nach Arbeitskräften ist, desto höher ist das Ausmaß der Unterstützung und umgekehrt. Es ist die Frage, ob die Ergebnisse der Bezirksarbeitsämter bei der Stimulierung neuer Arbeitsplätze als gut oder als unbedeutend betrachtet werden sollen. Es ist verständlich, daß die Arbeitsämter bei einer 5% überschreitenden Arbeitslosenquote intensiver um die Schaffung von Arbeitsplätzen bemüht sind als in den Bezirken, in denen das Angebot freier Arbeitsstellen die Nachfrage übersteigt.

Bei den Ausgaben für eine aktive Beschäftigungspolitik sind in der Tschechischen Republik die Kosten der Schaffung von Arbeitsplätzen und der Umschulung inkludiert. Aufgrund der äußerst niedrigen Arbeitslosigkeit sind die Ausgaben im Vergleich zu anderen Ländern recht gering. Wichtig ist, daß der Anteil der aktiven Maßnahmen an den Gesamtausgaben für Arbeitslose ausreichend hoch ist (54%). In vergleichbaren hochentwickelten Ländern ist dieser Anteil mit 55% nur in Schweden etwas höher. In einer Reihe von Ländern (Frankreich, Deutschland, Großbritannien, Holland, Spanien usw.) bewegt sich dieser zwischen 30 und 45%.

In das aktive Krisenmanagement sollten auch verbesserte Methoden zur Feststellung von Ursachen und Tendenzen der Beschäftigungsentwicklung einbezogen werden. Zu den Indikatoren der Beschäftigungsentwicklung sind z.B. die langfristige Arbeitslosenquote, die Anzahl der Personen, die arbeitslos geworden sind (Erfassung des Verlaufs der Arbeitslosigkeit), der Anteil der Entlassungen an der Gesamtarbeitslosigkeit, die Arbeitslosenquoten von Erwachsenen bzw. Jugendlichen sowie der Anteil der Personen mit ökonomisch bedingter Kurzarbeit zu zählen. Eine wirksame Regionalpolitik erfordert genaue, hinreichend belegte Informationen. Darum ist es auch sehr wichtig, bei allen Indikatoren, die auf der Grundlage der gegenwärtigen Erhebungsmethoden (Anteil der Arbeitssuchenden an den disponiblen Arbeitskräften des Bezirkes zu Monatsende) ermittelt werden, auch die Verzerrung in Betracht zu ziehen, die aus den Unterschieden zwischen dem Ein- und Auspendeln entsteht. Bei stärkerem Auspendeln erhöht sich die Arbeitslosenquote im Bezirk sehr stark, bei starkem Einpendeln sinkt diese tendenziell. Dadurch kommen z.B. die Bezirke mit hohem Auspendleranteil (das gilt für alle Bezirke in der Nähe von großen Städten) bezüglich der Arbeitslosenquote in eine schlechtere Kategorie. Im Gegensatz dazu haben ausgesprochene Einpendlerbezirke (v.a. die Stadtbezirke) realiter eine höhere Arbeitslosenquote.

Beim Krisenmanagement ist die Aufmerksamkeit auf die Kernpunkte der Regionalentwicklung gerichtet. Dadurch tritt automatisch die Frage der Arbeitslosigkeit in den Vordergrund. Die Programme der Regionalentwicklung müssen zur Überwindung von Krisenerscheinungen auch Maßnahmen enthalten, die der Unterstützung unternehmerischer Tätigkeiten dienen. Dazu zählen z.B. die Schaffung materieller Bedingungen (technische Infrastruktur, Weiterbildungseinrichtungen usw.), finanzielle Instrumente wie Steuerbegünstigungen, Anleihen, Kreditgarantien und teilweise Zinserstattung sowie die Zuteilung von Grundstücken, Gebäuden und anderem Eigentum für Unternehmenszwecke (auch für Joint-ventures). Weiters sind Abkommen zwischen dem öffentlichen und dem privaten Sektor, ein kostenloses (oder verbilligtes) Angebot von Schulungs-, Beratungs- und Informationsdiensten sowie die vergünstigte Werbung für Erzeugnisse und Dienste lokaler Unternehmer zu nennen.

In Zusammenfassung dieses einführenden Abschnitts zur Problematik der Regionalpolitik und des Krisenmanagements muß folgendes angemerkt werden: Aus den langjährigen Erfahrungen verschiedener Länder geht hervor, daß starke Disparitäten bzw. Tendenzen zur Verstärkung der Unterschiede zwischen den Regionen schwer zu lösende Probleme für die ökonomische Gesamtentwicklung mit sich bringen, im Fall der Tschechischen Republik auch Probleme beim Transformationsprozeß.

Im Rahmen der Regionalpolitik der Tschechischen Republik sind v.a. folgende Probleme zu überwinden:

– Die sozialen Aspekte der regionalen Ungleichheiten werden unterschätzt.

– In der Tschechischen Republik fehlen immer noch die Basissubjekte der Regionalentwicklung, d.h. die Selbstverwaltungsorgane. Das bedeutet, daß es bisher zu keiner Dezentralisierung der politischen und ökonomischen Macht gekommen ist und auch noch keine Verlagerung der Verantwortung begonnen hat, die mit einer verstärkten Aktivierung der Bevölkerung bei der Lösung regionaler Fragen verbunden ist.

– Die Barrieren für die Mobilität von Kapital und Arbeitskräften erhöhen sich. Die Migrationsbarrieren können nicht ohne eine Belebung des Baus von erschwinglichen Mietwohnungen, d.h. ohne Intervention auf dem Wohnungsmarkt, abgebaut werden.

Erst im Rahmen einer derartigen umfassend konzipierten Regionalpolitik kann auch mit größeren Erfolgen bei den konkreten Maßnahmen zur Unterstützung der Problembezirke gerechnet werden.[7]

2.3.2 Entwicklung des Bezirks Mladá Boleslav

Der Bezirk Mladá Boleslav[8] kann als Beispiel dafür dienen, wie die wirtschaftliche Situation eines Unternehmens mittels Einbeziehung von ausländischem Kapital verbessert wird. Die Verhandlungen zwischen der Škoda AG und der Firma Volkswagen wurden vor fast sechs Jahren eingeleitet. Gleichzeitig fanden Diskussionen über die Interpretation der ökonomischen Umwandlung statt. Die Absicht von VW, ca. 140 Mrd. CZK (9 Mrd. DM) zu investieren, war ein Ausdruck des Vertrauens in die künftige ökonomische Entwicklung und diente als wichtiges Signal für andere ausländische

---

[7] 1994 wurden vier Formen von Unterstützung gewährt: Unterstützung für kleine und mittelständische Unternehmen, Entwicklung der technischen Infrastruktur, Lösung der mit der Arbeitslosigkeit verknüpften Probleme und Unterstützung durch legislative Maßnahmen. Auch in den folgenden Jahren werden diese Formen weiter entwickelt.

[8] Die Analyse der Bezirke Mladá Boleslav und Jindřichův Hradec wurde bewußt auf die Jahre 1992–1993 orientiert, da zu dieser Zeit die größten Schwierigkeiten vorhanden waren und es interessant ist zu zeigen, wie diese gelöst wurden.

Investoren, ihre Aktivitäten in der Tschechoslowakei zu verstärken. Dieses Engagement bleibt auch heute von großer Bedeutung und übt nicht nur auf die Wirtschaftslage der Stadt und des Bezirkes positiven Einfluß aus, sondern auch auf die Ökonomie der mittelböhmischen Region und der ganzen Tschechischen Republik.[9]

Mit 111.700 Einwohnern (1991) zählt Mladá Boleslav zu den einwohnerstärksten Bezirken der Tschechischen Republik. Hinsichtlich des Bildungsniveaus gehört Mladá Boleslav zu den Bezirken mit einem überdurchschnittlichen Anteil von Einwohnern mit Mittelschulbildung, jedoch einem unterdurchschnittlichen Anteil an Hochschulabsolventen (1991). Ungefähr drei Viertel des Produktionsvolumens der Industrie entfallen auf den Maschinenbau. An der lokalen Produktion sind weiters die Textil-, Papier- und Nahrungsmittelindustrie sowie elektrotechnische und andere Zweige beteiligt.

Im Lauf des Jahres 1992 ist im Bezirk Mladá Boleslav die Zahl der in der Landwirtschaft Beschäftigten um 24,2% gesunken. Das entspricht dem Durchschnitt des ehemaligen mittelböhmischen Kreises. Die Industrieunternehmen im Bezirk verzeichneten eine beträchtlich unter dem Kreisdurchschnitt liegende Abnahme der Beschäftigten. Die Zahl der bei den Bauunternehmen des Bezirks Beschäftigten hat sich seit 1992 vergrößert. Seit 1991 sind in allen angeführten Sektoren die Löhne stärker angestiegen als im Durchschnitt Mittelböhmens.

Von den Bezirken der Tschechischen Republik wies Mladá Boleslav 1995 mit 9.129 CZK den höchsten durchschnittlichen Monatslohn auf (Prag 10.520 CZK). In den vergangenen vier Jahren kam es im Bezirk (auch bei konstanten Preisen) zu einer bedeutenden Erhöhung der Kraftwagenproduktion; gleichzeitig war in diesem Bereich eine Steigerung der Beschäftigung zu verzeichnen. Hinsichtlich des Produktionsvolumens können neben der Automobilerzeugung auch die Nahrungsmittelindustrie, die Papierproduktion und die Metallverarbeitung als prosperierend bezeichnet werden. Produktionsrückgänge verzeichneten in den vergangenen Jahren die Holzverarbeitung und die Steinindustrie, aber auch die Erzeugung von Instrumenten und die Elektrotechnik. Mit Ausnahme der Kraftwagenerzeugung ist vorübergehend in allen Industriezweigen die Anzahl der Beschäftigten gesunken. Zusammenfassend kann festgestellt werden, daß sich im Zeitraum von 1992 bis 1995 die Dominanz der Automobilindustrie sowohl in der Produktion als auch bei der Zahl der Beschäftigten weiter verstärkt hat.

Gemessen an der Industrieproduktion pro Einwohner rangiert der Bezirk an zweiter Stelle der 76 Bezirke der Tschechischen Republik. Aus Konjunkturuntersuchungen geht hervor, daß die Geschäftsleitungen der einzelnen Industrieunternehmen den gegenwärtigen Stand wie auch die kurzfristige Perspektive als stabil bewerten und gute Chancen für ein Anwachsen der Beschäftigtenzahl, der Löhne und der Produktionskapazitäten sehen. Im Bezirk Mladá Boleslav gibt es praktisch kein großes Unternehmen, dem Produktionsausfälle oder Entlassungen drohen würden.

---

[9] Im Jahr 1995 betrug der Anteil der Škoda-Volkswagen AG am BIP der Tschechischen Republik über 4%.

Arbeitsmarkt und regionale Disparitäten in der Tschechischen Republik 63

Die allgemeine Investitionstätigkeit hat auch die Entwicklung im Bauwesen günstig beeinflußt. Die im Bezirk ansässigen Bauunternehmen weisen nach einer vorangegangenen Senkung der Beschäftigtenzahl schon 1991 und 1992 sichtbare Beschäftigtenzuwächse auf.

Die Arbeitslosenquote im Bezirk Mladá Boleslav hat Ende 1991 die Hälfte des Durchschnittswertes der Tschechischen Republik betragen und fast die Hälfte des Wertes des früheren mittelböhmischen Kreises erreicht. Im Fall von Mladá Boleslav kann kaum von Arbeitslosigkeit gesprochen werden, da die Zahl der freien Arbeitsstellen per 31. März 1995 fast doppelt so hoch war wie die Zahl der Arbeitssuchenden.

Überraschenderweise übertrug sich das hohe Lohnniveau des Bezirkes nicht auf die Konsumentenpreise. Der gesamte Preisindex war 1993 niedriger als in der Tschechischen Republik, und das vorwiegend durch die niedrigen Preise für Nahrungsmittel und in der Gastronomie. Die Preise für Dienstleistungen und andere Waren sind jedoch hier im Vergleich zum gesamtstaatlichen Durchschnitt merklich gestiegen.

In Mladá Boleslav trat aufgrund der günstigen ökonomischen Entwicklung bereits 1990 eine Veränderung bei der Migration auf. Möglichkeiten für die Zuwanderung sind v.a. durch die bessere Entlohnung und durch das Vorhandensein von Wohnungen gegeben. Der Bezirk wies bereits seit 1989 eine hohe Zahl von pro Jahr fertiggestellten Wohnungen auf, deren Anteil am früheren mittelböhmischen Kreis aufgrund der Stagnation des Wohnbaues in den anderen Bezirken steigt.

Situation und Entwicklungsvoraussetzungen des Bezirks Mladá Boleslav können folgendermaßen charakterisiert werden: Aufgrund der erfolgreichen Restrukturierung und Privatisierung des dominanten Industrieunternehmens in dieser Region ist die ökonomische Situation als hervorragend zu beurteilen. Arbeitslosigkeit ist praktisch nicht existent,[10] das Lohnniveau hoch; die Kaufkraftparitäten liegen weit über dem Landesdurchschnitt. Um die Abhängigkeit von dem monopolhaften Arbeitgeber (VW-Konzern) zu mildern, wäre es vorteilhaft, auch den Beschäftigtenanteil jener Aktivitäten zu stimulieren, die nicht unmittelbar an die Škoda-Werke gebunden sind. Diese Aktivitäten sollten weitgehend in ein Programm für eine ausgeglichenere Regionalentwicklung und für einen stärker diversifizierten Arbeitsmarkt eingegliedert werden.

2.3.3 Entwicklung in einem peripheren Gebiet – der Bezirk Jindřichův Hradec

Im Vergleich zu Mladá Boleslav ist der Bezirk Jindřichův Hradec industriell schwächer entwickelt – mit einer in den vergangenen Jahren (bis 1989) nicht sehr günstigen Lage und bedeutenden Mängeln in der Verkehrs- und technischen Infrastruktur.

Mit 1.944 Quadratkilometern ist Jindřichův Hradec der zweitgrößte Bezirk in der Tschechischen Republik und besitzt 93.000 Einwohner. Mit 47,9 Einwohnern pro Quadratkilometer steht dieser Bezirk nach Český Krumlov, Prachatice, Tachov und Klatovy, die ebenfalls Grenzbezirke sind, an fünfter Stelle der dünnbesiedelten Bezir-

---

[10] Die Arbeitslosenquote betrug zum 31. 12. 1996 1,4%.

ke der Tschechischen Republik. Schwach besiedelt sind v.a. die beiden Grenzgebiete des Bezirkes um Slavonice und Nový Bydžov. Da diese beiden Randgebiete ebenso wie der Raum von Dačice von allen größeren Siedlungszentren abgeschnitten sind, existieren hier keine höherrangigen Verkehrswege. Es ist daher verständlich, daß dieser östliche Teil des Bezirkes in bezug auf die Migration Verluste aufweist.

Nach 1989 haben sich jedoch die Ausgangsbedingungen des Bezirkes stark verändert. Der Bezirk benötigt dringend eine Restrukturierung des Agrarsektors. Im Rahmen der Volkszählung 1991 wurde festgestellt, daß 25,1% der wirtschaftlich aktiven Einwohner auf den Primärsektor entfallen, was den höchsten Anteil aller Bezirke der Tschechischen Republik darstellt. In der Landwirtschaft arbeiten 6.810 Dienstnehmer in Organisationen mit mehr als 25 Beschäftigten. In der Industrie, die 1993 9.091 Beschäftigte verzeichnete, überwiegen Unternehmen der Textil- und Nahrungsmittelbranche.

Im Vergleich zu 1991 ist die Anzahl der in der Industrie Beschäftigten nur um 0,7% gesunken; markanter war der Beschäftigtenrückgang in der Landwirtschaft (–18,7%). Eine ansteigende Tendenz gibt es mit +11,9% im Bauwesen. In der Industrie waren insgesamt 22 Unternehmen mit mehr als 25 Beschäftigten registriert, davon sieben Aktiengesellschaften, fünf Erzeugergenossenschaften, vier GesmbHs und zwei Privatfirmen (im Besitz von physischen Personen). Der Warenausstoß dieser Unternehmen erhöhte sich im Vergleich zum 30. 6. 1992 um 10,5%. Von der Gesamtproduktion wurde ein Viertel exportiert, womit sich die Ausfuhr um ein Fünftel erhöhte. Alle Angaben weisen darauf hin, daß der geringe Beschäftigungsrückgang in der Industrie sicherlich keine „Vorprivatisierungsagonie" bedeutet, sondern durch die gute Arbeit der Unternehmen bedingt ist.

Die gesamte Organisationsstruktur der Unternehmen (nach der Eigentumsform) zeigt, daß 1993 im Bezirk 4.450 Privatunternehmer (davon 4.327 nicht im Handelsregister registrierte), 944 Privatlandwirte, 258 GesmbHs, 21 AGs, 25 Staatsunternehmen (davon vier in der Landwirtschaft) sowie 41 Genossenschaften (davon 27 Agrarunternehmen) registriert wurden.

In der Landwirtschaft bebauten 1993 etwa 1.000 Privatlandwirte 13% des Ackerbodens im Bezirk. Der Rest entfiel vor der Privatisierung in AGs und GesmbHs auf vier staatliche Landgüter. Seit 1990 hat sich der Anteil des Ackerbodens verringert und die Struktur der Bebauungsflächen geändert (größerer Anteil an Ölpflanzen, weniger Getreide und Kartoffeln). Der Gesamtrückgang der Agrarproduktion von 21% bis 1991 (v.a. in der Viehzucht) ist der Ausdruck des Kostenanstiegs und des Strebens nach Verbrauchssenkung. In der Landwirtschaft muß mit weiteren Entlassungen von Arbeitskräften gerechnet werden.

Durch einen Vergleich der Arbeitslosigkeit im Bezirk Jindřichův Hradec mit der in den übrigen Bezirken des ehemaligen südböhmischen Kreises bzw. mit der in der ganzen Tschechischen Republik (per 31. 10. 1993) können charakteristische Entwicklungen hinsichtlich des sozialen Aspekts der ökonomischen Transformation beschrieben werden. Die Zahl der Arbeitssuchenden pro freiem Arbeitsplatz betrug im Bezirk Jindřichův Hradec 1,85, im südböhmischen Kreis 2,08 und in der Tschechischen Republik insgesamt 2,8. Die Arbeitslosenquote beträgt im Bezirk Jindřichův Hradec 2,27%, in Südböhmen 2,53% und in der Tschechischen Republik 3,22%. Bei beiden Kennziffern sind die Werte für den Bezirk Jindřichův Hradec günstiger.[11] Der durchschnittliche Monatslohn nach Wirtschaftssektoren weist auch für den Bezirk darauf hin, welche Berufe bessere Einkommenschancen bieten und welche unter dem Einkommensdurchschnitt liegen und in Hinblick auf Stabilität und Nachfrage gefährdet sind. Mit Ausnahme der Agrargüter weist Jindřichův Hradec generell ein niedriges Lohnniveau und, im Vergleich zu den übrigen Bezirken des südböhmischen Kreises, einen langsamen Lohnanstieg auf. Am besten bezahlt wird die Arbeit in der Fischzucht, im Bau- und Verkehrswesen, in der Lagerung und im Nachrichtenwesen. Die Löhne in der Industrie und v.a. bei den Agrargenossenschaften liegen unter dem Lohndurchschnitt des Bezirks.

Das Lohnniveau ist im Bezirk Jindřichův Hradec niedriger als in der Tschechischen Republik, wird jedoch interessanterweise von einem relativ hohen Preisniveau begleitet. Der Preisindex der Nahrungsmittel hat (im Vergleich zum Jänner 1989) im Dezember 1993 für Jindřichův Hradec 184,7 betragen, für die Tschechische Republik 186,7; für andere Warengruppen liegen die Vergleichszahlen bei 216,7 bzw. 220,7. Etwas günstiger sind die Relationen bei Dienstleistungen und gastronomischen Einrichtungen. Zu den höheren Preisen trägt jedoch teilweise auch der Fremdenverkehr bei.

Im Unterschied zu Mladá Boleslav sind die Startbedingungen des Bezirkes Jindřichův Hradec aufgrund der bisherigen Entwicklung, der peripheren Lage und der Wirtschaftslage ungünstig. Eines der Grundprobleme ist die Restrukturierung der Landwirtschaft. Die Investitionstätigkeit ist bisher niedrig; besonders kostenintensiv werden Infrastrukturinvestitionen in den Bereichen Telekommunikation und Verkehr sein. Bezüglich des ganzjährigen Reiseverkehrs ist der Bezirk wenig profiliert. Dennoch überrascht die Entwicklung. Die Arbeitslosigkeit ist niedrig, die Industrie entwickelt sich positiv. Es besteht ein günstiges Angebot an Liegenschaften und Grundstücken. So wie es scheint, findet auch ein peripherer Bezirk seinen neuen regionalökonomischen Standort.

2.4 Entwicklungsperspektiven der regionalen Restrukturierung

2.4.1 Gesamtwirtschaftliche Rahmenentwicklung

In der Zeit zwischen den beiden Weltkriegen gehörte die Tschechoslowakei zu den zehn industriell am stärksten entwickelten Staaten. In den 50 Nachkriegsjahren verlor das Land diese Position; der Privatsektor wurde völlig ausgelöscht. Die Aktivitäten des Mittelstandes waren für lange Zeit vollständig unterbunden. Daraus folgt, daß in der Tschechischen Republik immer noch Grundlagen fehlen, auf die Firmen im We-

---

[11] Die Arbeitslosenquote zum 31. 12. 1996 sank absolut wie auch relativ und betrug per 31. 3. 1996 1,5% im Bezirk, 2,5% im südböhmischen Kreis und für die Tschechische Republik 3,5%.

sten ganz selbstverständlich zurückgreifen können, z.B. Marketing, das Anstreben höchster Qualität, die Einhaltung fixer Liefertermine und eine gute Arbeitsdisziplin.

Nach sechs Jahren der wirtschaftlichen Reformen ist das deutlichste Entwicklungskennzeichen die relative Stabilität des Landes, ausgedrückt durch die überwiegend freie Preisgestaltung, die geringe Auslandsverschuldung, ein ausgeglichenes Budget, die Konvertibilität der Währung und die Höhe der Devisenreserven. Es etablierten sich aber auch neue Problembereiche. Im Jahr 1996 war es vor allem die passive Außenhandelsbilanz, in erster Linie bedingt durch die Schwierigkeiten hinsichtlich des Exports, die mit der sehr langsamen Restrukturierung der Industrie im Zusammenhang stehen.

Allmählich verlangsamte sich der Rückgang des Bruttoinlandsproduktes: 1991 betrug dieser Rückgang noch 14,2%, 1992 7,2% und in der ersten Hälfte des Jahres 1993 1%. 1994 wuchs das BIP erstmals um 3,3%, 1995 waren es 4,8% und im Jahr 1996 lagen die Erwartungen bei 5,4%, in Wirklichkeit wuchs das BIP aber nur um 4,4%, was selbstverständlich zu einer gewissen Beunruhigung geführt hat. Für das Jahr 1997 rechnet man deshalb mit einem bescheideneren Anstieg um 4,5%. Den stärksten Rückgang verzeichnete der öffentliche Sektor, der in direktem Zusammenhang mit der Regionalentwicklung steht (Investitionslimits für den öffentlichen Sektor). Der private Verbraucher hat den Schock der Preisliberalisierung relativ gut überstanden, wenn auch mit einer deutlichen Reduktion des realen Werts seiner Ersparnisse. Die Auslandsverschuldung ist im internationalen Maßstab recht niedrig (17% des BIP). Die Inflation ist im Jahr 1993 angestiegen, und das nicht nur infolge saisonaler Einflüsse. Die Konsumentenpreise sind im Oktober 1993 im Vergleich zum Vorjahr um 19,9% angestiegen. Seit 1994 weist die Inflationsrate eine sinkende Tendenz auf. Im Jahr 1996 bewegte sie sich bei 8,8%, war damit aber immer noch zu hoch (zweimal höher als in den EU-Staaten).

Ohne größere Erschütterungen ist es eindrucksvoll gelungen, die Territorialstruktur des Außenhandels zu verändern und zu 60% auf die hochentwickelten Märkte umzustellen. Das mikroökonomische Gleichgewicht liegt in den Händen von Tausenden neuen Unternehmern. Alle Unternehmer, v.a. jene aus der jüngeren Generation, wollen sich auf dem Markt durchsetzen und ihre finanzielle Situation verbessern. Dies ist das wichtigste Merkmal der gegenwärtigen wirtschaftlichen Entwicklung.

1993 trafen verschiedene Auswirkungen der ökonomischen Transformation zusammen. Zum einen waren das die Folgen der Aufteilung der ČSFR in zwei selbständige Staaten, die in der Währungstrennung, der Abnahme der Devisenreserven, dem Austausch von Münzen und Banknoten und der Senkung des gegenseitigen Warenaustausches Ausdruck fanden. Zu Beginn des Jahres 1994 erfolgte nach Einführung der Mehrwertsteuer ein jäher Preisanstieg. Die notwendige Erhöhung der Mieten und der Preise von Elektrizität, Gas und Heizung wurde aber aufgeschoben. Die Probleme waren im Jahr 1996 außerordentlich stark und werden sich in den folgenden Jahren bis 2000 weiter fortsetzen.

Zur Unterstützung des Exports hat sich die Regierung 1994 vorwiegend in Fragen der Abschreibungssätze für Steuerzwecke, der Abschreibung bestimmter Investitionen von der Steuergrundlage, der Einbeziehung uneinbringlicher Guthaben im Ausland in die Abschreibungskosten sowie der Senkung der Mehrwertsteuer engagiert. 1994 wurden auch die Einkommensteuersätze für Firmen von 45% auf 42% herabgesetzt.

Alle diese Maßnahmen zur Unterstützung des Exports haben sich als wenig wirksam erwiesen und konnten die ungünstige Veränderung der Außenhandelsbilanz nicht verhindern. Das Defizit der Handelsbilanz setzte im Mai 1994 ein. Wegen dieser ungünstigen Entwicklung rechnet man 1997 mit einem Zahlungsbilanzdefizit in der Höhe von 150 bis 200 Mrd. CZK. Dies ist sicherlich ein schwerwiegendes Problem im Rahmen der ökonomischen Entwicklung der Tschechischen Republik.

Die günstigeren Bedingungen für die Exporteure sollten auch durch ein erneuertes Interesse an den ehemaligen Märkten ergänzt werden. Davon zeugt auch die Rückkehr auf die Märkte der Entwicklungsländer, aber auch auf den Markt Rumäniens und anderer Länder des ehemaligen RGW. In der GUS und in weiteren osteuropäischen Ländern wird tschechische Technologie in bedeutendem Umfang genutzt; das gilt für Verkehrsmittel, Chemieanlagen sowie Textil-, Werkzeug- und Baumaschinen. Das gilt jedoch auch umgekehrt. Für diese Märkte wird heute auch anderswo in der Welt Interesse gezeigt. So hat z.B. Österreich in den letzten Jahren seinen Export in diese Länder pro Jahr um 10% erhöht. Das Angebot des Warenaustauschs ist von Kreditbeteiligungen begleitet. Für die tschechische Wirtschaft ist es nicht einfach, weitere Anleihen anzubieten; ein möglicher Weg ist die Kapitalisierung der Guthaben.

Die Entwicklung in den Wirtschaftssektoren wirkte sich besonders in den vergangenen Jahren negativ auf die regionale Umwandlung aus. Der im Zeitraum 1990 bis 1992 verzeichnete Rückgang der Industrieproduktion um 40% könnte eventuell als ein Restrukturierungsprozeß betrachtet werden. Nach 1992 kam es zu einer Stagnation und erst im Jahr 1995 wieder zu einem Anwachsen. Leider ist der Anstieg im Jahr 1996 bereits niedriger und das Gleiche ist im Jahr 1997 zu erwarten. Es entstand eine komplizierte und spezifische Situation im Zusammenhang mit der nicht beendeten Transformation in einigen wichtigen Bereichen (z.B. Wohnbau, Transport, Gesundheitswesen u.a.).

Die Investitionsnachfrage in der Industrie ging zuerst zurück, und zwar trotz Abschluß der ersten Privatisierungswelle. Zum Ausdruck kommt dies auch in der ungenügenden Nutzung der Baukapazität. Der Import von Investitionsgütern konzentriert sich weiterhin auf den Verkehr und auf Anlagen für die Nahrungsmittelindustrie. Diese Investitionen sind jedoch für eine Belebung der Wirtschaft nicht entscheidend. Das Bauwesen ist eng mit dem Wohnbau verknüpft, was signalisiert, daß es in diesem wichtigen Sektor bisher noch zu keiner Dynamisierung der Entwicklung gekommen ist.

Ähnlich wie die Industrie mußte auch die Landwirtschaft einen starken Produktionsrückgang hinnehmen. Häufig haben sich die Rinderbestände bis auf die Hälfte verringert. Ein Vergleich der Preisindizes von Agrarerzeugnissen mit den Einkaufspreisen der in der Landwirtschaft eingesetzten Industrieprodukte beweist, daß die Landwirte maßgeblich die Kosten des Transformationsprozesses übernehmen müssen. Die Preise für Agrarprodukte wuchsen deutlich langsamer als die Preise der in der Landwirtschaft eingesetzten Industrieprodukte.

1992 wurden insgesamt 5,5 Mrd. KCS an Agrarförderungen ausbezahlt, und zwar vorwiegend an Privatlandwirte, die auf dem durch die Restitution rückerstatteten Boden wirtschaften.[12]

Die Regionen der Tschechischen Republik sind sehr ungleichmäßig durch Kosten belastet, die bereits jetzt und v.a. in der Zukunft zur Beseitigung der früher verursachten Umweltschäden aufgewendet werden müssen. Die ökologischen Probleme kumulieren besonders in den großen Industriezentren und Agglomerationen. Die Emissionen von Schadstoffen und Abfall wirken auch auf großen Flächen, so daß stark betroffene Gebiete entstehen, deren Aufgliederung aus der Karte 2.6 ersichtlich ist. In den betroffenen Gebieten hat sich die Umweltqualität seit dem Ende der 80er Jahre eher noch verschlechtert. Dieser Zustand hat sich allerdings seit 1994 deutlich gebessert.

Karte 2.6: **Gebiete mit kritischer Umweltqualität**

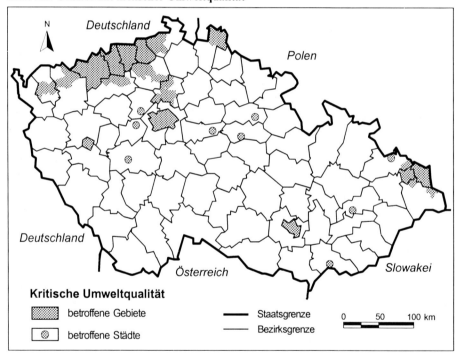

(Quelle: TERPLAN) (Grafik: TERPLAN, Georg C. Odehnal)

---

[12] Derzeit wirtschaften in der Tschechischen Republik etwa 9.000 private Landwirte auf 405.000 Hektar Ackerboden. Der größere Teil des rückerstatteten Bodens wird von den Besitzern an die Agrargenossenschaften verpachtet. Diese Genossenschaften sind auch weiterhin die Hauptproduzenten. Das Flächenausmaß eines derartigen Betriebes beträgt durchschnittlich 1.875 Hektar Ackerboden.

Die Etappe bis zum Ende des 20. bzw. bis zum Beginn des 21. Jahrhunderts wird durch große Infrastrukturbauten charakterisiert sein, die zweifelsohne die Regionalentwicklung, die Kapitalallokation und die Arbeitsaktivitäten stark beeinflussen werden. Neben dem beschleunigten Ausbau der Autobahnen und Schnellstraßen Richtung Westen ist für die Zeit nach dem Jahr 2000 auch mit dem Ausbau von raschen Eisenbahnfernverbindungen zu rechnen.

Die Erhaltung und der Ausbau des Verkehrsnetzes, die Verknüpfung der Regionen und die allgemein erwartete höhere Investitionstätigkeit im Tertiärsektor werden sich sowohl im internationalen als auch im nationalen Reiseverkehr bemerkbar machen, dessen regionale Bedeutung in den vergangenen Jahrzehnten sichtlich unterschätzt wurde. Der Reiseverkehr kann nicht nur zur gesamten Volkswirtschaft, sondern auch zur Stabilisierung mancher ländlicher Regionen beitragen.

2.4.2 Demographische Entwicklung

Im Kontext der zukünftigen ökonomischen und sozialen Entwicklung der Regionen kommt den demographischen Faktoren, der Siedlungsstruktur, den Migrationsbewegungen sowie den Ein- und Auspendlerströmen eine wichtige Rolle zu. Die jüngsten Prognosen deuten darauf hin, daß die natürliche Bevölkerungsbewegung bereits ab dem Jahr 1995 zu einer Bevölkerungsverringerung führen wird (1991 hatte die Tschechische Republik 10,3 Mio. Einwohner). Damit einhergehen wird der Prozeß der Alterung der Bevölkerung; etwa in den nächsten 10 bis 15 Jahren wird jeder vierte Einwohner der Tschechischen Republik über 65 Jahre alt sein.[13]

Eine solche demographische Entwicklung führt zu der Befürchtung, daß der ökonomische Aufschwung durch eine Knappheit an Arbeitskräften gestoppt werden könnte. Gerade in einzelnen Regionen kommt es zu einem raschen Absinken der Einwohnerzahl. Aus diesen Gründen können daher Überlegungen über die Notwendigkeit einer Zuwanderung aus dem Ausland angestellt werden, insbesondere eventuell aus der Slowakei.[14]

In regionaler Hinsicht wird der demographischen Situation besonders in jenen Bezirken Aufmerksamkeit geschenkt werden müssen, in denen die bisherige Entwicklung (einschließlich der Migration) eine starke Abnahme der Einwohnerzahl signalisiert und wo im Rahmen der zukünftigen Entwicklung auch ökonomische Schwierigkeiten zu erwarten sind (z.B. bei der Restrukturierung der Industrie oder im Falle eines niedrigen Entwicklungsgrades der Wirtschaft mit einem hohen Anteil von Beschäftigten im primären Sektor).

---

[13] 1994 wurden die wenigsten Kinder seit 1785 geboren. Zum ersten Mal lag die Zahl der Geburten unter jener der Todesfälle.

[14] Eine Nettoreproduktionsrate von 0,75 (1994) bedeutet, daß die Bevölkerung im Verlauf einer Generation ohne Zuwanderung um rund 25% sinken könnte.

Karte 2.7: **Bevölkerungsentwicklung (1991–1995)**

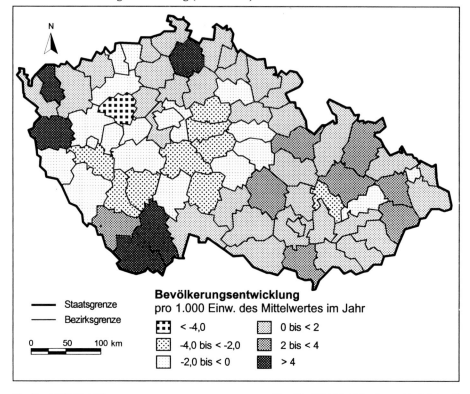

(Quelle: TERPLAN) (Grafik: TERPLAN, Georg C. Odehnal)

Die Bevölkerungsentwicklung der Bezirke im Zeitraum von 1991 bis 1995 weist die demographisch problematischen Bezirke, die stagnierenden Gebiete und die Einheiten mit einer gemäßigten bzw. dynamischen Entwicklung aus. Als demographisch problematisch sind Bezirke mit einem Einwohnerverlust von mehr als 5% einzustufen. Wie aus der Karte 2.7 hervorgeht, liegen diese Bezirke im wesentlichen im Gravitationsfeld großer Städte bzw. an der Grenzlinie zwischen großen Städten, also dort, wo sich die Anziehungskraft zweier (konkurrierender) Zentren auswirkt.

Änderungen sind v.a. in Bezirken mit einer komplizierten Umwandlung der Industrie (Verringerung der Förderung von Hüttenwerken und von weiteren Branchen der Schwerindustrie), in Bezirken im westlichen Grenzgebiet mit einer vorher „gebundenen" und jetzt offenen Ökonomie sowie in Bezirken in der Nähe von Agglomerationen mit einer starken Entwicklungstendenz zu erwarten. Zum Beispiel beginnen die früher rückständigen Bezirke in der Umgebung von Prag, Brünn und Pilsen von der Nähe zur Metropole bzw. zu den anderen großen Städten zu profitieren.

Die demographische Entwicklung wird direkt durch die Migration und indirekt durch die Pendelwanderung beeinflußt, die v.a. auf ökonomische Umwandlungen reagieren. Die Tschechoslowakei und besonders die Tschechische Republik haben einige historische Migrationswellen erlebt. Die größte Bevölkerungsbewegung in der Tschechischen Republik war mit der Aussiedelung der Sudetendeutschen in der Nachkriegszeit und der darauf folgenden Besiedelung der Grenzgebiete verbunden. Insgesamt wurden mindestens 2,1 Mio. Deutsche ausgesiedelt, also mehr als ein Siebentel der Gesamtbevölkerung. Die Neubesiedelung dieser Grenzlandkreise verlief ungleichmäßig und wurde eigentlich nie beendet.

Eine weitere selbständige Migrationswelle und eine Steigerung des Pendelverkehrs wurden durch die Industrialisierung hervorgerufen. In der ersten Hälfte der 50er Jahre haben etwa 450.000 Einwohner der Tschechischen Republik ihren ständigen Wohnsitz gewechselt. Auch aus entfernten Gebieten sind Menschen nach Ostrau, Ústí nad Labem-Chomutov und in einige andere Gebiete mit einer raschen Industrialisierung umgesiedelt. Darüber hinaus haben sich hier viele Slowaken angesiedelt; das Pendleraufkommen aus den nahe gelegenen slowakischen Gebieten verstärkte sich.

Die großen Emigrationswellen nach 1948 und 1968 wurden durch die bekannten politischen Umwälzungen ausgelöst. Insgesamt verließen 485.000 Personen das Gebiet der Tschechischen Republik. Die letzte politisch motivierte Migration ereignete sich nach der Auflösung der Tschechoslowakei; zum Glück verlief diese ohne quantitativ nennenswerte Wohnsitzveränderungen. Etwa 160.000 Slowaken haben ein Ansuchen zur Erlangung der tschechischen Staatsbürgerschaft eingereicht. Die neue Grenze zwischen der Tschechischen und der Slowakischen Republik wird sich wahrscheinlich durch eine zeitlich begrenzte Migration sowie durch eine beschränkte Pendelwanderung aus der Slowakei bemerkbar machen.

Im Zeitraum von 1961 bis 1991 ist das Ausmaß der Binnenwanderung geringer geworden. Seit der Mitte der 70er Jahre betrug dieses im Jahresdurchschnitt 2,5% der gesamten Bevölkerung. Das verweist auf eine durch den nicht vorhandenen Arbeits- und Wohnungsmarkt bedingte geringe Bevölkerungsmobilität. In vergleichbaren Staaten ist im selben Zeitraum ein größerer Teil der Bevölkerung umgesiedelt; für Holland beträgt der entsprechende Prozentsatz 4%, für Belgien 4,5%, für Dänemark 6% und für Schweden 8%. Das Ausmaß der Binnenmigration wird unter den in der Tschechischen Republik gegebenen neuen Bedingungen zweifelsohne in gewissem Ausmaß ansteigen. Das muß jedoch nicht augenblicklich der Fall sein, und die Migration wird bestimmt nicht in großen Wellen verlaufen.[15]

Die Migration reagiert stets sehr direkt auf den Wohnungsbau, der wiederum mit der ökonomischen Entwicklung zusammenhängt und mit der gestiegenen Attraktivität der Zuwanderungsgebiete. Bis 1989 folgte die Migration der Wohnbauzuweisung, was zur Folge hatte, daß präferierte Gebiete wie z.B. das nordwestböhmische Braunkohlebecken (Bezirke Chomutov, Most, Teplice, Ústí nad Labem) einen Überschuß an Wohnungen aufwiesen, während andere Bezirke vernachlässigt wurden. Die Disparitäten im Wohnungswesen waren eine der wichtigsten Ursachen der Binnenwanderung aus den Bezirken an der Westgrenze und der allgemeinen Verringerung der Besiede-

---

[15] Ein Hindernis wird v.a. der Rückgang bei der Errichtung von Mietwohnungen in der ersten Hälfte der 90er Jahre sein.

Karte 2.8: **Migrationssaldo in Tschechien nach Bezirken (1991–1995)**

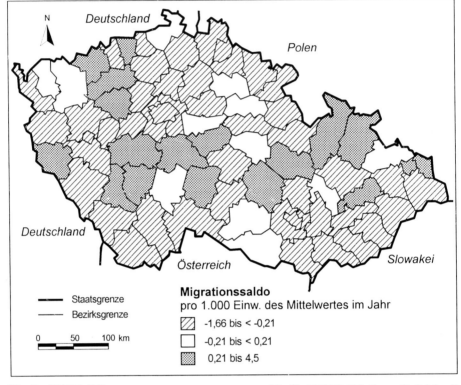

(Quelle: TERPLAN)   (Grafik: TERPLAN, Georg C. Odehnal)

lungsstabilität. Der auf den Tendenzen in den Jahren 1991 bis 1995 basierende Einfluß der Migration wird in den Karten 2.8 und 2.9, die sowohl die Immigrationsbezirke wie auch die Emigrationsbezirke umfassen, dargestellt.

Aus der Karte 2.8 geht hervor, daß v.a. die Bezirke in Nordost- und Nordmähren sowie eine ganze Reihe von Bezirken an der Grenzlinie zwischen Böhmen und Mähren (Böhmisch-mährische Hochebene) zu Emigrationsbezirken werden. In den Bezirken Nordwestböhmens verstärkt sich der Emigrationscharakter noch weiter. Mit Ausnahme des Bezirkes Domažlice verlieren die Bezirke im westlichen Grenzgebiet ihren Emigrationscharakter. Auch die in einem Kranz um Prag gelegenen Bezirke sind von der Emigration betroffen. Die unmittelbar an Prag angrenzenden Bezirke (Prag-východ und Prag-západ) haben sich jedoch zu Immigrationsbezirken entwickelt. Die Städte mit Bezirkscharakter (Prag, Brünn, Pilsen, Ostrau) und die Bezirke, in denen sich die ehemaligen Kreisstädte befinden, sind für die Zuwanderung attraktiv.

Ein räumliches Gesamtbild des Zusammenhangs zwischen der demographischen Struktur und der Arbeitslosenquote (potentielle Migration) bietet die Karte 2.9.

Bezirke mit wachsender Bevölkerung und relativ hoher Arbeitslosigkeit können für die nächste und eventuell auch für die spätere Zukunft als potentielle Emigrations-

Arbeitsmarkt und regionale Disparitäten in der Tschechischen Republik 73

Karte 2.9: **Potentielle Migrationsströme in den Bezirken (1991–1995)**

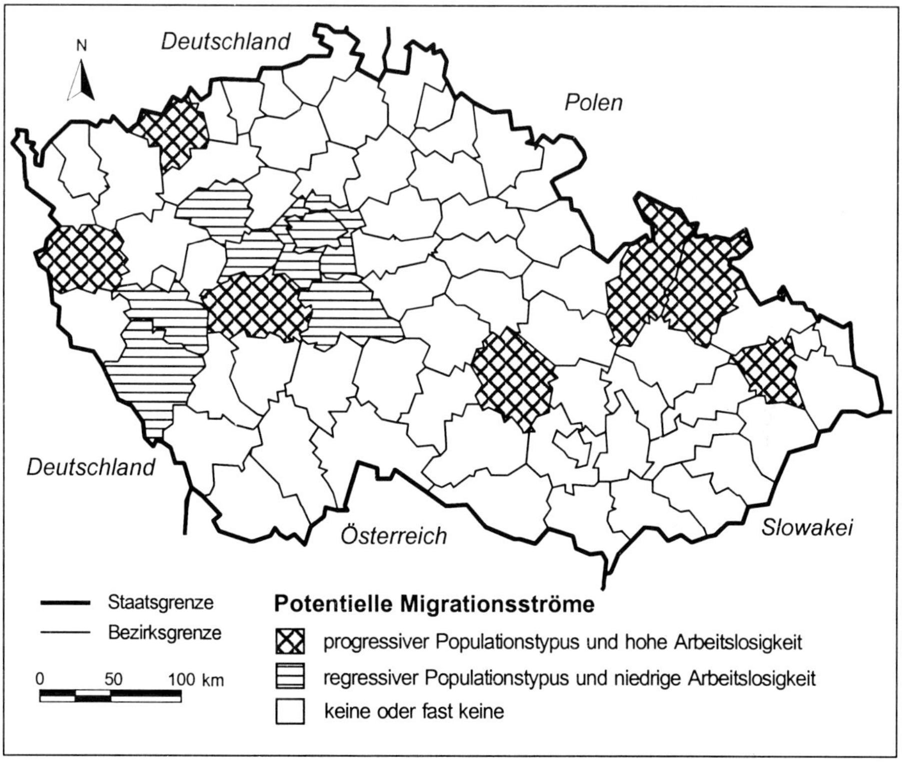

[Map of Czech Republic showing potential migration flows by district, with legend:
— Staatsgrenze
— Bezirksgrenze
0 50 100 km

Potentielle Migrationsströme
⊠ progressiver Populationstypus und hohe Arbeitslosigkeit
☰ regressiver Populationstypus und niedrige Arbeitslosigkeit
☐ keine oder fast keine

Neighboring countries labeled: Deutschland, Polen, Österreich, Slowakei]

(Quelle: TERPLAN) (Grafik: TERPLAN, Georg C. Odehnal)

bezirke eingestuft werden. Dagegen haben Bezirke mit sinkender Bevölkerung und niedriger Arbeitslosenquote zweifellos Immigrationscharakter. Die Karte umfaßt nicht alle Bezirke, sondern berücksichtigt nur jene, die bei der Kombination aller Faktoren in charakteristischer Weise hervortreten. Typisch ist z.B., daß keiner der mährischen Bezirke eine sinkende Bevölkerung und geringe Arbeitslosigkeit aufweist. Aus der Darstellung kann auch die Gefahr abgelesen werden, die für eine Reihe von bedeutenden Städten und Bezirken in Böhmen bestünde, wenn es nicht zu einer Zuwanderung im erforderlichen Ausmaß käme.

In bezug auf die Pendelwanderung unterscheidet sich die Tschechische Republik keineswegs von den westlichen Industriestaaten. Hier wie dort pendelt etwa ein Drittel der Erwerbstätigen zu den Arbeitsstätten. Die Pendelwanderung wird auch in Hinkunft eine praktikable Lösung räumlicher Arbeitsmarktungleichgewichte darstellen.

1991 konnten v.a. jene Bezirke als Zielgebiete der Pendelwanderung bezeichnet werden, die den Kern der Agglomerationen bilden. Das sind v.a. Prag, České Budějovice, Pilsen-Stadt, Ústí nad Labem, Liberec-Jablonec, Hradec Králové-Pardubice, Brünn-Stadt (mit einem besonders starken Pendelverkehr auf größere Entfernungen), Zlín, Olmütz und Ostrau-Stadt sowie auch die Städte in den Bergbaugebieten.

In bezug auf die Transformationsauswirkungen sind jedoch die Städte und Bezirke mit einer höheren Quote von Auspendlern interessanter. Hierzu gehören alle Bezirke um große Städte wie Prag, Brünn, Pilsen, Ostrau, Hradec Králové, České Budějovice und Pardubice. Eine höhere Auspendlerquote weisen nicht in erster Linie die kleinen Gemeinden, sondern eher die kleineren Städte in annehmbarer Entfernung von den großen Zentren auf. Kleine Städte mit hohem Auspendleranteil sind durch erhebliche Probleme bezüglich Arbeitslosigkeit und geringen Beschäftigungsmöglichkeiten charakterisiert, die durch die geringe Attraktivität der Orte hervorgerufen werden. In kleineren Gemeinden kann der Verlust eines Pendlerarbeitsplatzes (in einer anderen Gemeinde) wenigstens teilweise dadurch kompensiert werden, daß ein Teil der Auspendler vermehrt in der Landwirtschaft arbeitet.

Bei der Pendelwanderung sind jedoch Veränderungen der bisherigen Tendenzen zu erwarten. Frühere Auspendlerbezirke wandeln sich jetzt durch die gegenwärtige Konjunktur zu Einpendlergebieten, die sogar neue Zuzüge aufweisen. Das bedeutet jedoch nicht, daß die Pendelwanderung hier sehr stark abgenommen hätte, vielmehr wandelte sich diese zu einer Arbeitsmigration in das Ausland, besonders in die nahe gelegenen Städte und Bezirke in Deutschland und Österreich.

Zur Verdeutlichung des Einflusses des Auspendelns auf die demographische Entwicklung können einige Beispiele angeführt werden. Im Bezirk Cheb (Eger) hat das Arbeitsamt per 31. 8. 1993 585 Ausländern Arbeitsbewilligungen für das Bauwesen und die Landwirtschaft erteilt. Hier ist es für eine lokale Firma praktisch unmöglich, Maurer, Zimmerleute, Tischler und Installateure, d.h. gelernte Facharbeiter, zu finden. Der Bezirk Cheb (Eger) verzeichnet 1.420 freie Arbeitsstellen und nur 287 Arbeitsuchende. Im Rahmen der Pendelwanderung in die Bundesrepublik Deutschland sind 3.500 Personen, also 10% der Personen im produktiven Alter, registriert. Auch im Raum von Sokolov ziehen die gelernten Bauarbeiter eine Anstellung in Deutschland vor, an ihre Stelle treten Ukrainer.

Das Ministerium für Arbeit und Sozialfragen der Tschechischen Republik schätzt die Gesamtzahl der in das Ausland Pendelnden auf 16.000 Personen. Seit 1. 1. 1994 hält der deutsche Partner und Arbeitgeber diese Personen in Evidenz (es traten Fälle auf, in denen diese Personen in der Tschechischen Republik Arbeitslosenunterstützung bezogen haben).

2.4.3 Regionale Restrukturierung

2.4.3.1 Kategorisierung der Bezirke

In den Untersuchungsergebnissen der Kapitel 1 und 2 wurde auf die einzelnen Entwicklungsaspekte in ausgewählten Städten und Bezirken der Tschechischen Republik hingewiesen. An dieser Stelle wird die Analyse durch eine zusammenfassende Charakteristik des regionalen Entwicklungspotentials ergänzt. Ein Bezirk wird als problematisch eingestuft, wenn nachgewiesen werden kann, daß die langfristigen Tendenzen aus einer unzureichenden Anpassung an die Erfordernisse der Transformation resultieren oder wenn ersichtlich ist, daß die Situation instabil ist und im Verlauf des Reformprozesses mit einer weiteren Verschlechterung zu rechnen ist. Schwieriger ist es zu beurteilen, welche Maßnahmen getroffen werden sollen und ob die ausgearbeiteten Programme tatsächlich realisierbar sind.

Karte 2.10: **Wirtschaftliche Problemregionen in der Tschechischen Republik (1995)**

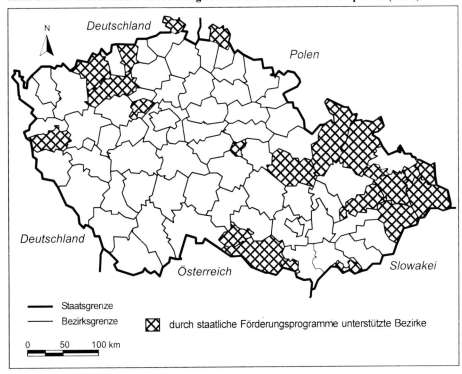

(Quelle: TERPLAN)   (Grafik: TERPLAN, Georg C. Odehnal)

Zur Bestimmung der Problemgebiete wurden vom Wirtschaftsministerium der Tschechischen Republik 15 Indikatoren herangezogen, die den Arbeitsmarkt, die demographischen Strukturen, den Lebensstandard und die Wirtschaftsstruktur charakterisieren. Festgehalten wurde der Stand 1995. Die Problembezirke der Jahre 1992 und 1994 sind in der Karte 2.10 angeführt.

Im Hinblick auf die ausgewählten Indikatoren können die Bezirke in vier Gruppen gegliedert werden:
1. Bezirke mit guten Voraussetzungen für eine dynamische Entwicklung;
2. durchschnittliche Bezirke mit ausreichenden Voraussetzungen für eine stabile Entwicklung;
3. Bezirke mit strukturellen Hindernissen und
4. problematische Bezirke.

Wie die Karte 2.11 zeigt, gehören zu den Bezirken mit dynamischen Entwicklungsvoraussetzungen (1) Prag und die beiden Umlandbezirke Prag-západ und Prag-východ, Mladá Boleslav im Nordosten der Hauptstadt (Mittelböhmen), Hradec Králové und Pardubice in Ostböhmen, Olmütz in Nordmähren, Brünn und Zlín in Südmähren, České Budějovice an der Grenze zu Österreich (Südböhmen), Pilsen-Stadt (Westböhmen) sowie Karlovy Vary und Cheb (Eger) an der Grenze zu Deutschland (Westböhmen). Die Problembezirke (4) sind hingegen, mit Ausnahme von Louny, Chomutov und Tachov (Nordböhmen) in Mähren konzentriert. Zu dieser Gruppe zählen Šumperk, Bruntál und Nový Jičín in Nordmähren sowie Vyškov, Znojmo und Třebíč in Südmähren.[16]

Karte 2.11: **Regionales Potential in den Bezirken der Tschechischen Republik (eigene Schätzung)**

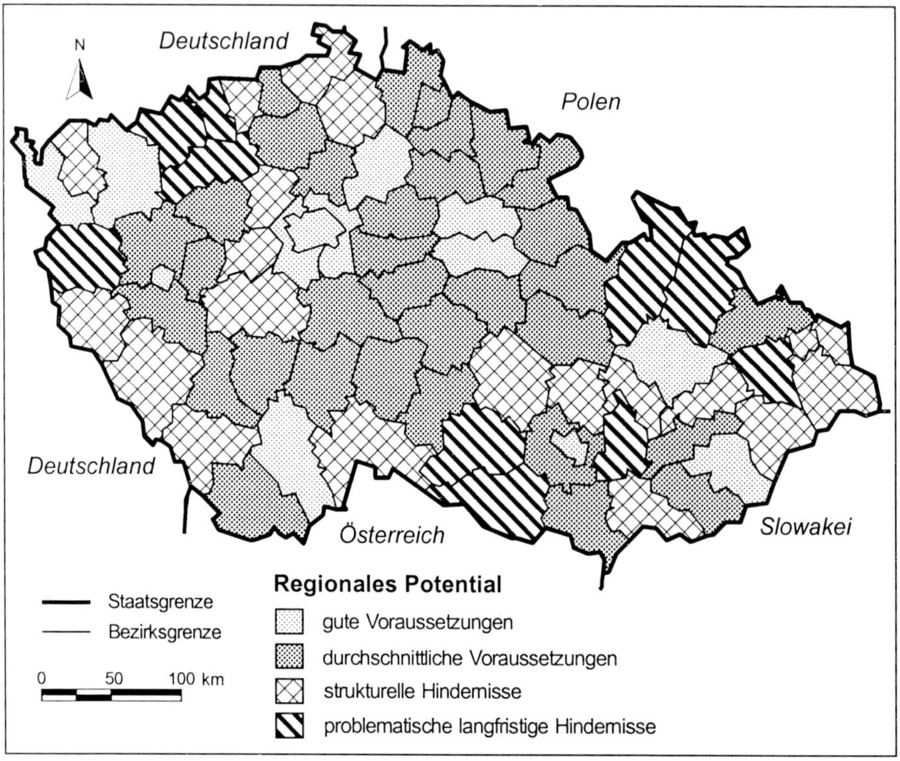

(Quelle: TERPLAN) (Grafik: TERPLAN, Georg C. Odehnal)

---

[16] Der Großteil der durchschnittlichen Bezirke (2) entfällt auf Ost-, Süd- und Mittelböhmen sowie Südmähren. Die Bezirke mit strukturellen Defiziten (3) sind v.a. in Nord- und Mittelböhmen sowie in Nord- und Südmähren situiert.

2.4.3.2 Gliederung der Gebietsverwaltung

Eine bisher noch nicht gelöste institutionelle Voraussetzung der Regionalentwicklung ist die Ordnung der Gebietsverwaltung der Tschechischen Republik. Seit der Beschlußfassung des Gesetzes über die Gemeinden im Jahr 1990, durch das die früheren Kreise aufgelöst und die Städte mit einem speziellen Statut ausgestattet wurden, ist diese Frage offen. Daran ändert auch der Umstand, daß die Gebietsanordnung (Länder, Kreise) in der Verfassung verankert ist, nichts.[17] Ein Teil der Kreisbefugnisse (einschließlich der Hauptstadt Prag bestanden 8 Kreise) wurde 1990 den Bezirken als Organen der Staatsverwaltung übertragen, der übrige Teil von den Zentralorganen der Ressorts übernommen.

Wenn die Zeitfrage der Festlegung der höherrangigen Gebietsverwaltungsorgane beiseite gelassen wird, ist für die regionale Wirtschaftspolitik die Antwort auf die Frage, welches Modell für die Tschechische Republik am günstigsten sei, von entscheidender Bedeutung. Unter den in der Tschechischen Republik gegebenen Bedingungen würde sich das Modell, das in den meisten westeuropäischen Ländern angewendet wird, sehr gut eignen. Das Siedlungssystem und die Tradition schließen für die Tschechische Republik eine starke räumliche Mobilität der Arbeitskräfte aus.

Damit die Frage der Gebietsverwaltung unter den Bedingungen der laufenden ökonomischen Transformation abgeschlossen werden kann, muß sie entpolitisiert werden. Es muß festgelegt werden, welche Investitionen aus dem breiten Spektrum öffentlicher Mittel von der Regierung und welche von den Regionalverwaltungen bzw. den Gemeinden übernommen werden sollen. 1991 wurden in der Tschechischen Republik neue Richtlinien für die Finanzierung der Gemeinden und Städte eingeführt. Diese Richtlinien räumen den Gemeinden größere Rechtsbefugnisse bei der Verteilung der Mittel für die dringendsten Erfordernisse in dem jeweiligen Gebiet ein.

Das Fehlen von lokalen Steuerbehörden in der Tschechischen Republik ist ein wichtiger Gesichtspunkt bei der Schaffung höherer Selbstverwaltungsorgane. Das Prinzip der lokalen Steuern besteht darin, daß sie auf einem Übereinkommen zwischen der Bevölkerung und der jeweiligen Verwaltungsbehörde beruhen. Unter der Bedingung, daß ihnen die Verwaltungsbehörde die vereinbarten Dienste des öffentlichen Sektors gewährt, sind die Einwohner bereit, die gegebenen Steuern zu zahlen. Die Behörde ist verpflichtet, die Steuererträge nach den Wünschen der Bewohner effektiv einzusetzen.

Im Rahmen des derzeitigen Finanzierungssystems der örtlichen Haushalte entspricht den lokalen Steuern am ehesten die Immobiliensteuer. Grundlage und Tarife dieser Steuer werden jedoch von der Regierung festgelegt. Mit Ausnahme der Kapitalrenditen wird der volle Ertrag der Einkommensteuer physischer Personen auf die Gemeinde- und Bezirksämter aufgeteilt. Verteilt wird der Ertrag nach dem Gebiets-

---

[17] In Artikel 99 wird angeführt, daß die Tschechische Republik in Gemeinden gegliedert ist, die als Basiseinheiten der Gebietsverwaltung dienen. Als höherrangige Verwaltungseinheiten sollen Länder oder Kreise bestimmt werden.

prinzip: Die auf der Bezirksebene eingenommenen Summen verbleiben im Bezirk. Neben den Steuern werden jedoch auch eventuelle Steuererleichterungen von der Regierung bestimmt. Die Organe der Selbstverwaltung haben keine direkte Möglichkeit, den Steuerertrag zu beeinflussen. Die Steuern können nicht im Übereinkommen mit den Bürgern festgelegt werden.

Es sollte Aufgabe der Zentralverwaltung sein, den Städten und Gemeinden bei der Analyse ihrer Aktivitäten zu helfen und ihr Interesse an der Herausbildung einer regionalen Gliederung in die richtigen Bahnen zu lenken – dies auch durch die Ausarbeitung eines den Bürgern zur Beurteilung vorgelegten Lösungsvorschlages. Die Gemeinden und Städte haben meist einen guten Einblick in das Gebiet von zwei bis vier weiteren Bezirken, mit denen sie in gewissem Maße regional verbunden sind (durch kulturelle Zusammengehörigkeit, Migration, Verkehrsnetz usw.). Es können jedoch auch größere Gebiete einbezogen werden, sofern das Programm einer solchen Region auf eine größere Anzahl von Siedlungen, Bezirken und Interessengruppen anziehend wirkt.

Es geht daher vorrangig um eine Bezirksgruppierung, die von der Analyse ausgewählter Städte und von der Intensität des Einflusses traditioneller Grenzen ausgeht. Grundlage dafür sind allgemeine Ziele und Teilziele, die unter den gegebenen Voraussetzungen in einer gewissen Zeitspanne erreicht werden könnten. Dabei handelt es sich um die bereits bewährte Klassifikation stimulierender Eingriffe, die im Rahmen der EU unter der Bezeichnung LEDA („Local Employment Development Association") geführt wird.

Die Regionalgliederung wurde in der Tschechischen Republik bereits vorbereitet, jedoch in der bisher ungewohnten Form der sogenannten Euroregionen und in Form von gemeinsamen Projekten der grenzüberschreitenden Zusammenarbeit. Die Euroregionen können v.a. in jenen Fällen eine positive Rolle spielen, in denen sich infolge der früheren Isolierung von Gebieten auf beiden Seiten große Probleme angehäuft haben. Aber auch Euroregionen an der Grenze zur ehemaligen DDR (dazu gehört Böhmen), Polen und der Slowakei können einen positiven Einfluß auf die ganze Binnenregion ausüben.[18]

Die EU legt bei der Entwicklung und Realisierung der Regionalpolitik großes Gewicht auf die regionale Selbstverwaltung. Langjährige Erfahrungen zeigen, daß Regionalentwicklung die besten Erfolgschancen hat, wenn die Anregungen in hohem Maß aus den Regionen selbst kommen.

---

[18] Egrensis, Erzgebirge, Elbe, Neisse (das „schwarze Dreieck"), gemeinsame Projekte Böhmerwald, Mühlviertel, böhmisch-polnischer Grenzraum usw.

2.5 Zusammenfassung

Die Transformation in der Tschechischen Republik hat die Regionalentwicklung verändert und neue Disparitäten geschaffen. Die westlichen Grenzgebiete und Gebiete mit traditionellen Industriezweigen bilden die Pole einer ungleichen Entwicklung. Gleichzeitig verbleiben jedoch die von den großen Zentren und Agglomerationen weiter entfernten Peripheriegebiete weiterhin in einem „ökonomischen Schatten". Dadurch bleiben die unterschiedlichen Ausgangsbedingungen des Übergangs zur Marktwirtschaft auf regionaler Ebene weiter bestehen.

Einen Impuls für die weitere Entwicklung der Siedlungsstruktur und der Regionen stellt die Beseitigung des Eisernen Vorhanges dar. Die früheren schwach entwickelten Gebiete wandeln sich heute infolge der bedeutenden unternehmerischen Aktivitäten. Im Rahmen einer steigenden Intensität der Kapitalzuwendung ist auch die Attraktivität der Hauptstadt Prag und des Gebietes Mittelböhmen stark gestiegen.

Die neuen Tendenzen der Regionalentwicklung manifestieren sich in Form von drei Regionstypen, die folgendermaßen zusammengefaßt werden können:
– dynamische Entwicklung in den großen Städten und in den westlichen Grenzgebieten, die bis 1989 durch eine starke Abwanderung gekennzeichnet waren;
– Stagnation in den übrigen peripheren Gebieten, wobei jedoch in den an die Zentren der großen regionalen Agglomerationen anschließenden Gebieten bereits eine sichtbare positive Entwicklung eingesetzt hat;
– Verschlechterung der Situation in den traditionellen Industriegebieten mit einer steigenden Unausgeglichenheit des Arbeitsmarktes.

Eine neu entstandene Problematik betrifft die Gründung von zwei Republiken, der Tschechischen Republik und der Slowakischen Republik, und die Beibehaltung der früheren Arbeitsmöglichkeiten für Slowaken in der Tschechischen Republik und für Tschechen in der Slowakischen Republik. Eine größere Pendelwanderung war im Gebiet von Ostrau vorhanden, wo die gegenwärtige ökonomische Krise eine höhere Arbeitslosigkeit hervorruft. Durch dieses Problem entsteht eine noch höhere Arbeitslosigkeit in den Auspendlergebieten der Slowakischen Republik. Nur eine Verstärkung der Binnenmobilität in der Tschechischen Republik bzw. eine Umwandlung der täglichen Pendelwanderung aus der Slowakischen Republik könnten dazu beitragen, die nicht diskriminierenden Arbeitsbeziehungen zwischen der Tschechischen und der Slowakischen Republik beizubehalten.

Eine aktive Regionalpolitik geht von der Fähigkeit aus, rechtzeitig und an konkreter Stelle die Ansätze ökonomischen Wachstums zu erkennen und die entsprechenden Maßnahmen zu seiner Förderung zu treffen. Bisher ist die regionale Wirtschaftspolitik jedoch ausschließlich auf die Zentralebene begrenzt. Die Mittel zur Förderung der Regionalentwicklung können nur für Projekte verwendet werden, die langfristig auch ohne weitere Unterstützung arbeiten können bzw. die die wirtschaftlichen Aktivitäten einer Region anregen. Die Förderung muß stets zeitlich begrenzt sein und unter Teilnahme und Mitverantwortung von Unternehmern, Regionen und Gemeinden eingesetzt werden. In den von den strukturellen Umwandlungen stark betroffenen Gebieten können ausnahmsweise auch große Firmen Unterstützung erhalten. Eine stärkere Wirkung dieser Maßnahmen kann jedoch erst nach der Übertragung der Kompetenzen auf die Organe der Selbstverwaltung erwartet werden.

2.6 Summary

The transformation in the Czech Republic changed the regional development and caused new disparities. The new tendencies of the regional development appear in the form of three regional types which can be summarized as follows:
— dynamic development in the western frontier areas that were characterized by a strong emigration until 1989;
— stagnation in the other peripheral areas, although a visible positive development has already begun in regions next to the big regional agglomerations;
— deterioration of the situation in the traditional industrial areas with a growing unbalance of the labour market.

An active regional policy proceeds from the ability to recognize growth chances in time and at the place concerned and to place adequate supporting measures. Until now however the regional economic policy is exclusively restricted to the central level. A further demand is that regional support is only granted to those projects which in the long run can work without further aid and can stimulate the economic activity of a region respectively. The support must be temporal limited and the participation and joined responsibility of entrepreneurs, regions and communities should be a requirement. Big enterprises might exceptionally get support in regions which are very heavily affected by structural changes. However a stronger effect of these measures can only be expected after the competences have been transferred to the authorities of the self-government. In how far these measures suffice to lessen the new polarity of an unequal development remains to be seen.

Bibliographie

1. STATISTISCHE QUELLEN

ČESKÝ STATISTICKÝ ÚŘAD (ČSÚ) (Hg.), 1993a. Vývoj hospodářství v okresech ČR v roce 1992 (Wirtschaftliche Entwicklung in den Bezirken der ČR im Jahr 1992). Statistické informace – řada 22, regionální statistika. Prag.

ČSÚ (Hg.), 1993b. Zaměstnanost a nezaměstnanost v ČR podle výsledků výběrového šetření – jaro 1993 (Beschäftigung und Arbeitslosigkeit in der ČR nach dem Mikrozensus, Frühjahr 1993). Prag.

ČSÚ (Hg.), 1993c. Statistické přehledy 8 (Statistischer Überblick 8). Aktuality ČSÚ. Prag.

FEDERÁLNÍ STATISTICKÝ ÚŘAD (FSÚ) (Hg.), 1990. Československo 1989 v číslech (Die Tschechoslowakei 1989 in Zahlen). Prag.

OKRESNÍ ÚŘAD PRÁCE (OÚP) (Hg.), 1993. Statistický přehled okresu Jindřichův Hradec (Statistischer Überblick des Bezirkes Jindřichův Hradec). Jindřichův Hradec.

SOCIOLOGICKÝ ÚSTAV AV ČR (Hg.), 1992. Sociologické šetření zaměstnanosti (Soziologische Untersuchung der Beschäftigung). Prag.

2. ALLGEMEINE LITERATUR

ANDRLE, A., 1990. Die Problematik der Regionalplanung unter den Bedingungen des Übergangs zur Marktwirtschaft. ÖIR, Wien.

ANDRLE, A. et al., 1993. Obyvatelstvo, bydlení, bytový fond v uzemích ČR, svazky: ČR, okresy, města – analýza 1961–1991 (Bevölkerung, Wohnen, Wohnungsfonds in der ČR: ČR, Bezirke und Städte – Analyse für 1961–1991). TERPLAN, Prag.

ANDRLE, A. u. J. DUPAL, 1991. Aktuální otázky bydlení v ČR (Aktuelle Fragen des Wohnens in der ČR). TERPLAN, Prag.

ANDRLE, A. u. V. SRB, 1988. Územní aspekty industrializace Československa (Räumliche Aspekte der Industrialisierung in der Tschechoslowakei). TERPLAN, Prag.

BARTUŠEK, O., 1991. Problémové oblasti ČR (Problemgebiete der ČR). TERPLAN, Prag.

CSÉFALVAY, Z., H. FASSMANN u. W. ROHN, 1993. Regionalstruktur im Wandel – das Beispiel Ungarn. ISR-Forschungsbericht 11. Wien.

DMITRIJEVA, O. G., 1992. Regionalnaja ekonomiceskaja diagnostika (Regionale ökonomische Diagnose). St. Petersburg.

FARSKY, M., 1993. Potřebujeme regionální politiku? (Brauchen wir eine Regionalpolitik?). Ekonom 47. Prag.

FASSMANN, H. u. R. MÜNZ, 1995. Einwanderungsland Österreich? Historische Migrationsmuster, aktuelle Trends und politische Maßnahmen. Wien: Jugend & Volk, Edition Wien, Dachs-Verlag.

HANA, W. et al., 1992. Euroregion Nisa. TERPLAN, Prag.

HORÁLEK, M. et al., 1993. Zaměstnanost a nezaměstnanost v ČR 1991–1993 (Beschäftigung und Arbeitslosigkeit in der ČR 1991–1993). Nadace Fr. Eberta, Prag.

HRŮZA, J. u. A. ANDRLE, 1993. Osídlení České republiky (Besiedelung der Tschechischen Republik). Územní plánování a urbanismus 2. Prag.

KAMENÍČKOVÁ, V., 1993. Jakou územní správu potřebujeme? (Welche Landesverwaltung brauchen wir?). Ekonom 25. Prag.

KLAUS, V., 1993. Konstanty a proměny vládní hospodářské politiky vůči podnikové sféře (Persistenz und Veränderung der Wirtschaftspolitik gegenüber den Unternehmen). Ekonom 39. Prag.

LUX, J., 1993. Strukturální změny v zemědělství (Strukturveränderungen in der Landwirtschaft). Ekonom 16. Prag.

MAIER, K., 1993. Operační prostor člověka ve venkovském osídlení (Aktionsräume der Menschen in den ländlichen Siedlungen). Územní plánování a urbanismus 2. Prag.

MICHAL, I., 1989. Postižené oblasti z hlediska životního prostředí (Geschädigte Gebiete und Lebensraum). TERPLAN, Prag.

MÜLLER, J. u. M. KÖRNER, 1993. Zásady prostorového uspořádání ČR (Grundsätze der räumlichen Gliederung der ČR). TERPLAN, Prag.

OSWALD, E., 1993. Podnikatelská mapa okresu Jindřichův Hradec (Unternehmenskarte des Bezirkes Jindřichův Hradec). Ekonom 38. Prag.

PAVLÍNEK, P., 1993. Globální restrukturalizace: regionální dopady a reakce regionální politiky (Globale Restrukturierung: regionale Auswirkungen und Reaktionen der Regionalpolitik). Sborník české geografické společnosti, sv. 98. Prag.

SAUBERER, M., F. SCHINDEGGER u. F. TÖDTLING, 1989. Strategien für entwicklungsschwache Problemgebiete. ÖROK, Wien.

SCHMIED, O., 1993. Obchodní vztahy ČR a ES (Handelsbeziehungen zwischen der ČR und der EU). Ekonom 32. Prag.

SWEENY, G. P., 1987. Innovation, Entrepreneurs and Regional Development. London: Francis Pinter.

TUREK, O., 1992. Zamyšlení nad strategií transformace (Überlegungen zur Transformationsstrategie). Unveröffentlichtes Manuskript, PU ČSAV, Prag.

VODŇANSKÝ, J. et al., 1992. Regionální potenciál z hlediska terciárních aktivit (Regionales Potential der Aktivitäten im tertiären Sektor). TERPLAN, Prag.

3. Regionale Disparitäten und Arbeitsmarkt in der Slowakischen Republik

Vera Mayer

3.1 Einleitung

Der Übergang von der Plan- zur Marktwirtschaft gestaltet sich in der Slowakei äußerst schwierig. Dies ist sowohl auf externe als auch auf interne Faktoren zurückzuführen. Die externen, schockartig wirkenden Faktoren – u.a. der Zusammenbruch des RGW-Marktes sowie die politische und wirtschaftliche Entwicklung in Europa und in der Welt am Anfang der 90er Jahre – haben alle postkommunistischen Länder betroffen, jedoch mit unterschiedlichen Auswirkungen. Die internen Faktoren hängen mit den spezifischen politischen und wirtschaftsräumlichen Ausgangsbedingungen der Slowakei zusammen. Zunächst wurde hier der Transformationsprozeß durch die nachteilige Ausgangsbasis einer ungünstigen Wirtschaftsstruktur erschwert. Dazu kamen die wirtschaftlichen Folgen der Landesteilung vom 1. Jänner 1993, die für die neue Slowakische Republik schwerwiegender waren als für die Tschechische Republik.

Die Zielsetzung dieser Studie ist es, die Auswirkungen der Transformationsprozesse auf der regionalen Ebene vor allem im ökonomischen Bereich zu analysieren und deren Konsequenzen für den Arbeitsmarkt und für den sozialen Bereich darzulegen. Nach der Phase des kommunistischen Zentralismus, als in erster Linie versucht wurde, die Unterschiede zwischen den Makroregionen – dem tschechischen und slowakischen Landesteil – zu nivellieren, kam es in der Slowakei zu einer „Rückkehr der Regionen" im sozial- und wirtschaftsräumlichen Sinne und gleichzeitig zu einer regionalen Polarisierung.

Diese Studie geht von der polarisationstheoretischen Annahme aus, daß sich die regionalen Disparitäten in der Slowakei während des Transformationsprozesses vertieft haben: Die alten regionalen Disparitäten, die das paternalistische zentrale Planwirtschaftssystem zu minimieren versuchte, traten nach der Wende erneut zutage. Dazu kamen aber auch solche, die durch die zentralistische Politik der Planwirtschaft verursacht worden waren. Schließlich entstanden durch die sozioökonomische Transformation der Wirtschaft und Gesellschaft auch ganz neue Ungleichheiten. Die großen Agglomerationen Bratislava und Košice und einige Zentralregionen entwickelten sich zu den Wachstumspolen der nationalen Wirtschaft, im Gegensatz zu den langsam wachsenden, stagnierenden und peripheren Regionen.

Der Regionsbegriff ist – wie in den anderen Beiträgen dieses Sammelbandes auch – auf eine subnationale Mesoebene bezogen, die mit den politisch-administrativen Einheiten, den Bezirken, gleichzusetzen ist. Die Bezirke stellen auch die einzige Aktionsebene dar, auf der politische Entscheidungen getroffen werden können. Darüber hinaus werden auch die Makroregionen – die ehemaligen Kreise – in Betracht gezogen, um größere räumliche Zusammenhänge feststellen zu können. Die Regionalanalysen wurden auf der Grundlage der bis Juli 1996 geltenden administrativen Gliederung der Slowakei in 38 Bezirke durchgeführt. Seit diesem Zeitpunkt wurde in der Slowakei eine neue räumliche und administrative Gliederung eingeführt, die insgesamt 8 Makroregionen (Kreise) und 79 Bezirke umfaßt. Dadurch wurden ganz neue Voraussetzungen für die Regionalentwicklung und Regionalpolitik, aber auch für die Regionalforschung geschaffen, deren siedlungs- und wirtschaftsstrukturelle Veränderungen jedoch erst in einigen Jahren zu beobachten sein werden.

3.2 Alte und neue regionale Disparitäten

3.2.1 Charakteristik der slowakischen Regionen bis 1989

3.2.1.1 Verwaltungsstruktur

Die Slowakei war in den vergangenen elf Jahrhunderten Bestandteil mehrerer Staatsgebilde; dennoch kam es hier zur Entstehung historisch gewachsener Regionen. Die im Rahmen der österreichisch-ungarischen Monarchie entstandene Gliederung in insgesamt 16 Komitate (župy) bestand bis 1922. Infolge der Eingliederung der Slowakei in den tschechoslowakischen Staat wurde diese Kontinuität der territorialpolitischen und administrativen Gliederung unterbrochen.

Nach einer Übergangsphase (1923-1928) wurde im Jahr 1928 infolge der Bemühungen um die Stabilisierung des zentral geregelten Verwaltungssystems eine neue administrative Regelung eingeführt: Die Tschechoslowakei wurde in vier Bundesländer (Böhmen, Mähren und Schlesien, Slowakei und Karpato-Rußland) und in Bezirke gegliedert.[19] Seit dem 1. Jänner 1949 bestanden in der ČSR Landkreise, in der Slowakei insgesamt sechs. Im Jahr 1960 faßte die staatliche Verwaltung die sechs Landkreise zu lediglich drei Landkreisen (West-, Mittel- und Ostslowakei) zusammen. In der Zeit zwischen 1968 und 1970 wurde den Bestrebungen der Slowakei nach einer eigenen Verwaltung durch eine Föderation Rechnung getragen. Die bisherige dreistufige Verwaltung (Kreis – Bezirk – Gemeinde) wurde abgeschafft und auf Bezirke und Gemeinden reduziert. Diese wurden jedoch keine autonomen Organe, sondern sie fungierten als Organe der staatlichen Verwaltung.

Nach der Zerschlagung der Reformen des Prager Frühlings wurden infolge der erneuten Stärkung des Zentralismus im Jahr 1971 die Landkreise wieder eingeführt

---

[19] Gemäß dem Münchener Abkommen kam es im Oktober 1938 zur Trennung der Tschechoslowakei. Während einerseits das Protektorat Böhmen und Mähren entstand, wurde die Slowakei am 6. 10. 1938 zu einem autonomen faschistischen Staat. Karpato-Rußland wurde am 8. 10. 1938 autonom und am 23. 3. 1939 an Ungarn angeschlossen. Nach dem Krieg kam es zur Wiedererrichtung der Tschechoslowakei; Karpato-Rußland wurde ein Teil der UdSSR.

Karte 3.1: **Verwaltungsgliederung der Slowakei nach Bezirken (1995)**

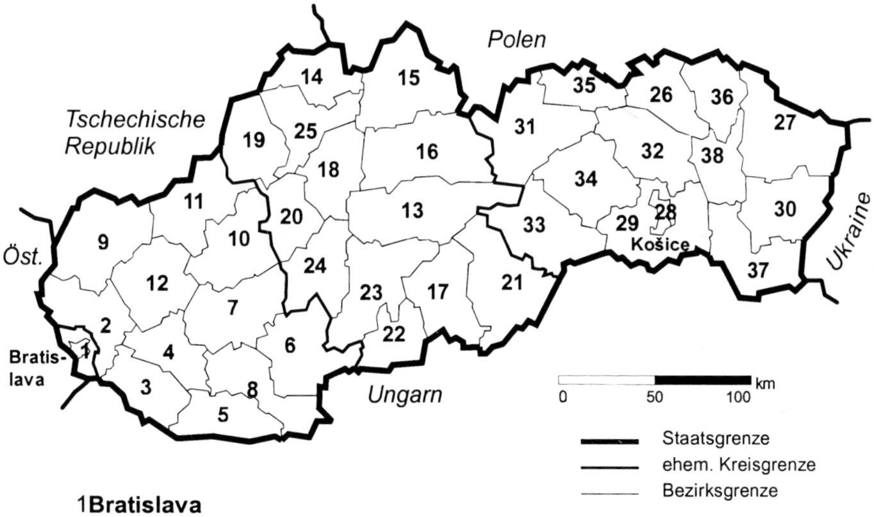

1 Bratislava

Westslowakei
2 Bratislava-Land
3 Dunajská Streda
4 Galanta
5 Komárno
6 Levice
7 Nitra
8 Nové Zámky
9 Senica
10 Topoľčany
11 Trenčín
12 Trnava

Mittelslowakei
13 Banská Bystrica
14 Čadca
15 Dolný Kubín
16 Liptovský Mikuláš
17 Lučenec
18 Martin
19 Považská Bystrica
20 Prievidza
21 Rimavská Sobota
22 Veľký Krtíš
23 Zvolen
24 Žiar nad Hronom
25 Žilina

Ostslowakei
26 Bardejov
27 Humenné
28 Košice
29 Košice-Land
30 Michalovce
31 Poprad
32 Prešov
33 Rožňava
34 Spišská Nová Ves
35 Stará Ľubovňa
36 Svidník
37 Trebišov
38 Vranov nad Topľou

(Quelle: ŠÚ SR) (Grafik: Klaus Kraß, Vera Mayer)

(Bratislava, West-, Mittel- und Ostslowakei); diese existierten bis zum Jahr 1992 (vgl. Karte 3.1). Nach einem halben Jahrhundert entstand 1990 die örtliche Selbstverwaltung wieder; bis zu diesem Zeitpunkt wurden die Gemeinden (z.B. hinsichtlich der Budgetaufteilung) von den Bezirksämtern verwaltet. Die ersten Gemeindewahlen erfolgten im November 1990.[20] Was die Frage der Autonomie auf der Gemeindeebene anbelangt, so laufen derzeit Diskussionen zwischen den Gemeinden und den staatlichen Organen bezüglich der Aufteilung ihrer Kompetenzen (etwa im Falle des Gesundheits- und Schulwesens).

---

[20] Zur Formierung der lokalen Selbstverwaltung und deren Perspektiven vgl. FALŤAN 1993.

Karte 3.2: **Die neue Verwaltungsgliederung nach Kreisen und Bezirken in der Slowakei (seit Juli 1996)**

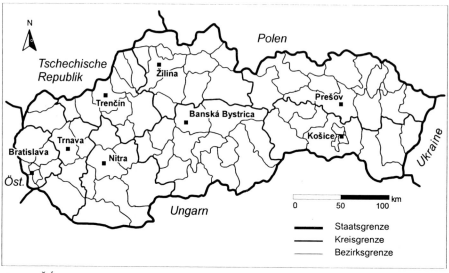

(Quelle: ŠÚ SR) (Grafik: Vera Mayer, Georg C. Odehnal)

Die bis zum Sommer 1996 ungelösten Fragen der neuen räumlichen Administrationsstruktur behinderten bislang eine wirksame Regionalpolitik. Die 38 Bezirke waren auf der regionalen Ebene bis zu diesem Zeitpunkt die einzigen Organe der öffentlichen Verwaltung (vgl. Karte 3.1). Die Fragen einer neuen Regionalisierung wurden jedoch bereits seit einigen Jahren diskutiert. Politische Brisanz erhielt dieses Thema durch die Ansprüche der ungarischen Minderheit auf eine eigene Verwaltungseinheit, die allerdings in der neuen administrativen Gliederung nicht berücksichtigt wurden. Das Gesetz (NR SR Nr. 221) über eine neue räumliche und administrative Aufteilung wurde im Juli 1996 vom Parlament ratifiziert. Auf der Basis dieses Gesetzes sind insgesamt acht große regionale Verwaltungseinheiten – Kreise – entstanden, mit den Regionalzentren Bratislava, Trnava, Nitra, Trenčín, Žilina, Banská Bystrica im westlichen und mittleren Teil des Landes sowie Košice und Prešov im östlichen Teil des Landes. Gleichzeitig hat sich die Zahl der neuentstandenen Bezirke fast verdoppelt, von den bisher 38 auf 79. Aufgrund dieser neuen Situation, die zunächst eine Reorganisierung der Organe der staatlichen Verwaltung auf der zentralen Ebene sowie auf der Kreis- und Bezirksebene erforderlich macht, existiert noch keine gezielte und umfassende Regionalentwicklungspolitik. Auf der ehemaligen Bezirksebene sind bereits einige für die Regionalentwicklung notwendige Institutionen entstanden. Diese Institutionen dienten als staatliches Organ der Regionalentwicklung, hatten aber keine Kompetenzen hinsichtlich der Durchführung einer autonomen Regionalpolitik (TVRDOŇ et al. 1994, S. 40). Über die Kompetenzen der neuen Bezirke wird derzeit diskutiert.

3.2.1.2 Wirtschaftsräumliche Gliederung

Der Industrialisierungsprozeß des 19. Jahrhunderts hinterließ in der Slowakei nur wenige Spuren. Während der Ersten Republik (1918–1938) blieb die Slowakei weiterhin ein Agrarland mit wenig Industrie und einer unterentwickelten Verkehrsinfrastruktur. Der Anteil der Slowakei an der Industrieproduktion der Tschechoslowakei betrug damals nur 8%. Der Anteil der in der Slowakei ökonomisch aktiven Bevölkerung in der Landwirtschaft erreichte 1930 einen Wert von 56,8%, in der Industrie waren nur 16,2% beschäftigt. Im Jahr 1950 schwankte in 21 der damals 35 slowakischen Bezirke der Anteil der in der Landwirtschaft tätigen ökonomisch aktiven Bevölkerung zwischen 63,5% und 85,7%.

Bereits der erste „Fünfjahresplan" 1948–1953 für die „volkswirtschaftliche Entwicklung der Tschechoslowakei" setzte sich die Nivellierung ökonomischer und sozialer Differenzen zwischen den wirtschaftlich entwickelten und unterentwickelten Regionen zum Ziel. Dies bedeutete vor allem die ökonomische Angleichung der Slowakei an das Niveau der tschechischen Länder und in der Folge eine extensive Industrialisierung.

Bestimmend für die Industrialisierung der Slowakei waren v.a. die starke Förderung und der Ausbau der Schwerindustrie (Elektrizitätserzeugung, Bergbau, Eisenerzeugung und Stahlbauindustrie) – mit einem überproportional hohen Anteil der Grundstoff- und Rüstungsindustrie. Die Maschinenbau- und die chemische Industrie wurden stark gefördert. Ein weiteres Ziel war die Industrialisierung der landwirtschaftlichen Produktion und der Bauwirtschaft.

Die Industrialisierung konzentrierte sich, abgesehen von Bratislava, auf die traditionellen Siedlungsgebiete im nördlichen Teil der West- und Mittelslowakei (entlang der Flüsse Váh, Nitra und Hron), wo bedeutende Industriezentren (u.a. in Trnava/Tyrnau, Trenčín/Trentschin, Považská Bystrica, Žilina/Sillein, Nitra/Neutra und Banská Bystrica/Neusohl) entstanden. In der Mittelslowakei, im Bezirk Prievidza/Privitz, wurde weiters der Bergbau (Handlová – Braunkohle, Nováky – Lignit) stark gefördert und Žiar nad Hronom wurde zum Zentrum der Aluminiumerzeugung. In der Ostslowakei wurde der Ausbau des Industriezentrums Košice forciert, bedeutende Industrien entstanden weiters in Poprad und Humenné. Vor allem die Industriezentren im traditionellen Siedlungsgebiet der West- und Mittelslowakei weisen eine differenzierte Wirtschaftsstruktur auf (Bratislava, Senica, Trnava, Nitra, Žilina, Banská Bystrica), in der Ostslowakei gehört Poprad zu dieser Gruppe.

Eine weitere Gruppe repräsentieren Regionen mit einer spezialisierten Wirtschaftsstruktur. Aus der Sicht der heutigen Regionalentwicklung erweist sich dort der frühere Ausbau von Monoindustrien als Fehler, da bei konjunkturellen Schwankungen und Produktionsrückgängen eine ganze Region davon betroffen ist, wie z.B. im Falle der Rüstungsindustrie (Martin, Považská Bystrica/ Dubnica nad Váhom). Aber auch in der Holz- und Leichtindustrie entstanden in den letzten Jahrzehnten Unternehmensgiganten mit zwei- bis fünffachen Überkapazitäten und einem auf die RGW-Staaten begrenzten Absatzmarkt. Beispiele dafür sind die Schuhfabrik in Partizánské (Bezirk Topolčany/Topolscan) in der Westslowakei mit früher 14.000 Mitarbeitern, davon

90% Frauen (im Jahr 1995 betrug die Zahl der Mitarbeiter nur noch weniger als die Hälfte – 5.600 Mitarbeiter), oder die Schuhfabrik in Bardejov/Bartfeld (Ostslowakei) mit 9.000 Mitarbeitern (hier wurde die Zahl der Mitarbeiter auf 4.700 im Jahr 1995 reduziert).

Karte 3.3: **Industrieproduktion nach Bezirken in der Slowakei in Mio. SKK (1994)**

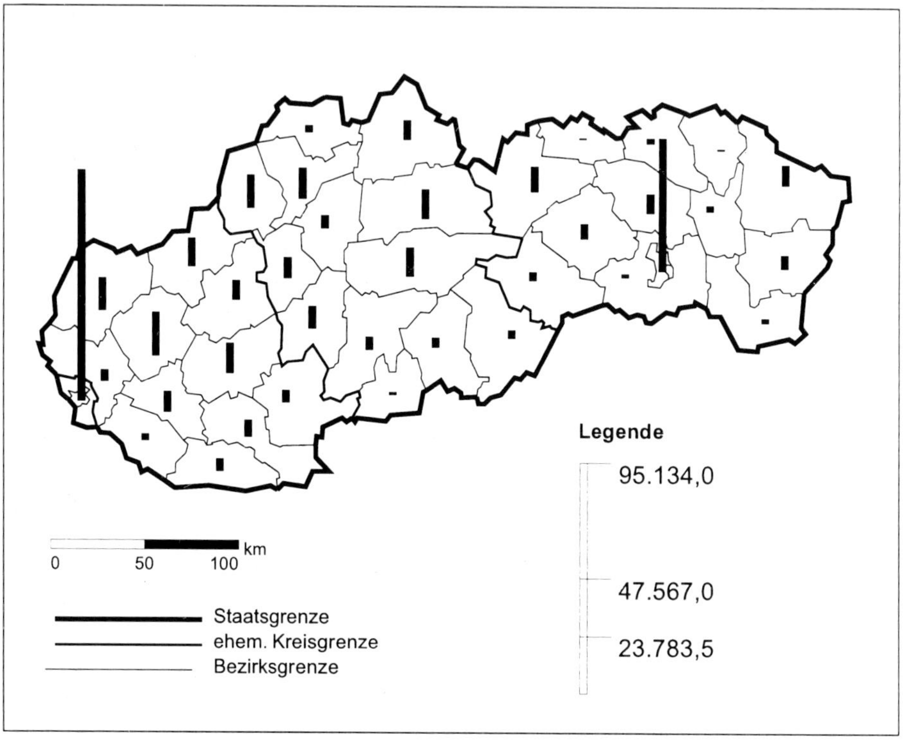

Legende
95.134,0
47.567,0
23.783,5

Staatsgrenze
ehem. Kreisgrenze
Bezirksgrenze

(Quelle: ŠÚ SR) (Grafik: Klaus Kraß, Vera Mayer)

Die räumliche Industriestruktur zeigt eine dominante bipolare Stellung der zwei Industrieagglomerationen Bratislava und Košice und ein starkes West-Ost-Gefälle. Dies läßt sich sowohl an der Höhe der Industrieproduktion (vgl. Karte 3.3) als auch an der Zahl der Beschäftigten in der Industrie ablesen. So befinden sich die meisten Regionen mit mehr als 50% Beschäftigten in der Industrie im westlichen und mittleren Teil des Landes (vgl. Karte 3.6).

Ein Begleitphänomen der Industrialisierung war die Migration der Bewohner aus den strukturschwachen ländlichen Regionen in die neuentstandenen Industriezentren. Vor allem im Zeitraum von 1960 bis 1990 bedeutete dies eine starke Verschiebung der Arbeitskräfte aus der Landwirtschaft in die Industrie.

Die Stadt Košice/Kaschau ist ein klassisches Beispiel für die starke sozialistische Urbanisierung. Košice war seit dem 14. Jh. die zweitwichtigste Stadt der Slowakei. Noch kurz nach dem Zweiten Weltkrieg war Košice eine Stadt der Geschäftsleute und

Handwerker mit einer schwach entwickelten Industrie. Von Bedeutung war lediglich die Lebensmittelindustrie, wo 6,5% der Beschäftigten arbeiteten. 1959 wurde zehn Kilometer von Košice entfernt, auf einer Fläche von 1.300 ha, der Industriekomplex der Ostslowakischen Eisenwerke gegründet. Im Jahr 1973 arbeiteten hier bereits 22.640 Mitarbeiter; die Industrieproduktion der Eisenwerke betrug 78% des gesamten Produktionsvolumens der Stadt. Die Zahl der Bewohner Košices hat sich zwischen 1945 und 1973 verdreifacht und stieg im Jahr 1973 bereits auf 185.000. 1976 arbeiteten in Košice 40.000 Mitarbeiter in der Industrie und über 25.000 im Bauwesen – das waren 72% aller erwerbstätigen Personen. Zwischen 1945 und 1973 wurden insgesamt 44.000 neue Wohnungen für zirka 135.000 Bewohner errichtet.

Die südlichen Regionen der Slowakei sind traditionell landwirtschaftlich geprägt, mit einer hohen Beschäftigung in der Landwirtschaft (vgl. Karte 3.6). In bezug auf Bodenbonität, Produktivität und Intensität der Landwirtschaft existiert auch innerhalb dieser Gruppe der landwirtschaftlich geprägten Regionen ein West-Ost-Gefälle. Die Zentren der landwirtschaftlichen Produktion befinden sich in der Südwestslowakei (in den Grenzbezirken Bratislava-Land, Dunajská Streda, Galanta, Komárno/Komorn und Nové Zámky/Neuhäusel); stark landwirtschaftlich geprägt sind weiters Trnava/Tyrnau, Nitra/Neutra und Levice. Gleichzeitig konzentrierte sich in diesen Regionen die Lebensmittelindustrie; es erfolgte auch der Ausbau des Maschinenbaus und der chemischen bzw. Pharmaindustrie (Galanta, Trnava und Nitra). Auch im Osten des Landes weisen manche Bezirke einen hohen Landwirtschaftsanteil auf; die Naturgegebenheiten sind dafür jedoch ungünstig und die Produktivität bleibt niedrig (z.B. die Bezirke Rimavská Sobota und Veľký Krtíš in der Zentralslowakei sowie Svidník und Trebišov in der Ostslowakei). Diese Polarisierung zwischen den landwirtschaftlichen Regionen drückt sich u.a. in dem Indikator „Landwirtschaftsproduktion pro ha" aus, der 1990 im Bezirk Dunajská Streda 34.818 KCS (3.134 DM) und im Bezirk Svidník nur 11.759 KCS (1.058 DM) betrug. Es ist anzunehmen, daß die u.a. durch Bodenbonität verursachten Differenzen weiterhin bestehen werden. Im Jahr 1995 betrug z.B. die landwirtschaftliche Getreideproduktion pro ha im Bezirk Dunajská Streda 5,35 Tonnen und im Bezirk Svidník nur 2,31 Tonnen. Darüber hinaus spielt in einigen Bezirken der Fremdenverkehr eine wichtige Rolle. Abgesehen von Bratislava sind dies die Bergregionen von Malá Fatra und Velká Fatra sowie die Niedrige Tatra in der Zentralslowakei und weiters das Gebiet der Hohen Tatra (Bezirk Poprad). Dazu kommen einige Kleinregionen mit signifikanter Kulturgeschichte und Natursehenswürdigkeiten (z.B. Svidník und Spišská Nová Ves, Orava) sowie einige Regionen mit bedeutenden Kurorten.

3.2.2 Regionale Disparitäten nach 1989

3.2.2.1 Der makroökonomische Rahmen

Auf den Weg in die Selbständigkeit nahm die Slowakei eine im Vergleich zur Tschechischen Republik nicht nur unterschiedliche Auffassung von ökonomischen Reformen, sondern auch eine unterschiedliche Effektivität der nationalen Ökonomie mit. Zwischen dem tschechischen und dem slowakischen Teil der Republik bestand eine starke, aber ungleiche wirtschaftliche Verflechtung.[21] Die Wirtschaftsproduktivität war in der Slowakei um 7,8% niedriger als in der ČR; der durchschnittliche Lohn lag aber in der Slowakei nur um 1,7% unter demjenigen in der ČR (HORÁLEK et al. 1993, S. 9). Der Anteil der Slowakei am Verbrauch, an den Investitionen und Ausgaben der öffentlichen Hand sowie am Import war höher als jener am BIP, am Export und an den Regierungseinnahmen. Die Transferzahlungen der Tschechischen Republik von jährlich 0,6 bis einer Milliarde USD ermöglichten es der slowakischen Wirtschaft, mehr zu verbrauchen als zu produzieren.[22]

Zwischen 1989 und 1993 und verstärkt seit dem Beginn des Transformationsprozesses im Jahr 1991 war ein starker Rückgang der Produktion, der Arbeitsproduktivität und des BIP zu vermerken. 1993 sank das reale BIP im Vergleich zu 1989 um mehr als ein Viertel (vgl. Tabelle 3.1). Diese Situation wurde durch mehrere externe bzw. interne Schockereignisse ausgelöst. Die Desintegration und der daraus resultierende Verlust des RGW- und v.a. des ehemaligen UdSSR-Marktes waren für die Slowakei schwerwiegender als für die tschechischen Länder. Negativ wirkten sich weiters die Kriege am Persischen Golf und im ehemaligen Jugoslawien aus sowie die allgemeine wirtschaftliche Rezession in Europa. Die internen Faktoren sind auf den Transformationsprozeß, die ungünstige wirtschaftliche Ausgangsbasis und teilweise auf die politischen Entscheidungsprozesse (langsames Privatisierungstempo) zurückzuführen. Im Verlauf des Transformationsprozesses sind aber auch unüberlegte Entscheidungen zu beklagen – etwa der allzu rasche Abbau der Rüstungsindustrie, der auch als politische Geste der damaligen ČSFR-Regierung galt. Es muß aber auch erwähnt werden, daß sich die Rüstungsindustrie am Anfang der 90er Jahre weltweit in einer Rezessionsphase befand.

Der massive Produktionsrückgang im Jahr 1991 führte zur Reduktion der Investitionen und des Konsums und zu einer steigenden Arbeitslosigkeit. Die im ersten Transformationsjahr 1991 eingeführte Preisliberalisierung und die dreifache Devaluation der KČS verursachten eine „explosionsartige" Steigerung der Inflationsrate auf 61,2% (vgl. Tabelle 3.1). Dies führte u.a. zum Ansteigen der Lebenshaltungskosten sowie zur Reduktion der Kaufkraft und der Investitionen. 1992 schien sich die Situation leicht zu stabilisieren: BIP, Industrieproduktion und Inflation hatten sich im Vergleich zu 1991 verbessert; die Bauwirtschaft und die Investitionen wiesen positive Zahlen auf.

---

[21] Laut Angaben des WIIW (Juni 1992) haben sich die Bewohner der ČR (66,1% der gesamten Population der ČSFR) mit 70,8% am BIP beteiligt. Das tschechische BIP machte im Jahr 1991 pro Kopf 43.994 KČS (1.493 USD) und das slowakische 35.424 KČS (1.202 USD) aus – das slowakische BIP war also um 20% geringer.

[22] Im Jahr 1992 betrugen die Transferzahlungen 28 Mrd. KČS, d.h. eine Milliarde USD. Zwischen 1950 und 1988 waren es 339 Mrd. KČS. Zur Verteilung des Nettonationaleinkommens in der ehemaligen Tschechoslowakei siehe KŘOVÁK 1993, S. 2–6.

Tabelle 3.1: **Slowakei – makroökonomische Indikatoren (1990–1995)**

	1990	1991	1992	1993	1994	1995[x]
BIP*	–2,5	–14,5	–6,5	–3,7	4,9	7,4
Industrieproduktion*	–4,0	–19,4	–9,0	–3,8	4,9	8,3
landwirtschaftliche Produktion*	–7,2	–7,4	–13,9	–8,1	9,1	4,4
Prod. d. Bauwirtschaft*	–5,5	–30,5	6,0	–32,3	–6,8	4,3
Warentransport*	–14,4	–22,7	–0,3	–34,0	–14,6	6,4
Bruttoanlageinvest.*	4,8	–27,3	11,4	2,3	1,1	9,4
Beschäftigte, 31. 12.**[(1)]	2.459	2.152	2.175	2.118	2.110	.
Beschäftigte im Jahresdurchschnitt**	.	.	2.013	2.012	1.978	2.020
Beschäftigte in der Industrie zum 31. 12.**	.	707	657	626	617	.
Beschäftigte in der Industrie (Jahresdurchschnitt)**	.	711	649	609	597	621
Arbeitslose, reg.**	39,6	302,0	260,3	368,1	371,5	333,3
Arbeitslosenquote*	1,6	11,8	10,4	14,4	14,8	13,1
Durchschnittslohn in SKK [(2)]	3.217	3.770	4.543	5.379	6.294	7.195
Inflationsrate*	10,6	61,2	10,0	23,2	13,4	9,9
Export [(3)]	.	.	.	5.447,4	6.690.9	8.545,5
Import [(3)]	.	.	.	6.334,3	6.610,8	8.485,3
Budgetbilanz (SKK, Mrd.)	–0,5	–10,8	–9,3	–23,0	–22,9	–8,3
Leistungsbilanz [(4)]	–612	–815	–3	–601	665	646
Bruttoauslandsverschuldung [(4)]	.	.	2.981	3.626	4.310	5.800
durchschnittl. Wechselkurs SKK/USD	17,98	28,29	30,79	30,79	32,04	29,74

x Vorläufige Werte.
* Jahresänderung in %.
** In 1.000.
(1) Ohne Frauen im Karenzurlaub, inklusive von haupt- und nebenberuflich Beschäftigten und Selbständigen. (2) 1991 ohne LPG. (3) In Mio. USD; seit 1993 inklusive des Handels mit der Tschechischen Republik. (4) In Mio. USD.
(Quellen: ŠÚ SR, WIIW (März, Oktober 1996).)

Durch die Teilung der Republik im Jahr 1993 wurde die Kontinuität vieler Wirtschaftsabläufe und Beziehungen unterbrochen. Die Etablierung neuer Institutionen und Instrumente der staatlichen Macht erforderte zusätzliche Ausgaben. Eingeführt wurden eine neue Währung, ein neues Steuersystem, ein Aktienmarkt und ein Sozialfonds. Das Tempo der Privatisierung der großen und mittleren Unternehmen hat sich verlangsamt; das Privatisierungkonzept wurde geändert und es wurde mehr Gewicht auf die Standardmethoden und weniger auf die Kuponprivatisierung gelegt.

Die geringen Devisenreserven und die schlechte Handelsbilanz führten am 10. Juli 1993 zu einer Abwertung der Slowakischen Krone um 10%; dadurch hat die SKK gegenüber der CZK ein Fünftel an Wert eingebüßt. Dies geschah auf Verlangen des Internationalen Währungsfonds und trotz des starken Widerstandes der Mečiar-Regierung (ursprünglich hatte der Währungsfonds eine Devaluation von 30% verlangt). Die relative makroökonomische Stabilität wurde durch die neutrale Währungspolitik und die restriktive Budgetpolitik erzielt. Die Einführung des neuen Steuersystems und die Abwertung der Krone haben sich 1993 auf den Anstieg der Inflationsrate (23,2%) ausgewirkt. Die Adaptationsrezession und die allgemeine wirtschaftliche Rezession in Westeuropa bewirkten einen weiteren Produktionsrückgang. Stark betroffen waren die Bauwirtschaft (–32,3%) und der Warentransport (–34,0%); die Arbeitslosenquote stieg Ende 1993 auf 14,4%. Im Vergleich zum Jahr 1992 ist es jedoch gelungen, die Verringerung des BIP auf –3,7% zu reduzieren.

Bereits in den letzten Monaten des Jahres 1993 zeigten sich die ersten Anzeichen einer wirtschaftlichen Erholung. 1994 kam es zu einer unerwarteten Wende und zu einer Belebung der wirtschaftlichen Situation, die sich im Wachstum des BIP und der Industrieproduktion, in einer niedrigeren Inflationsrate sowie in einer positiven Zahlungs- und Außenhandelsbilanz widerspiegelte. Das Wirtschaftswachstum wurde durch die Umstrukturierung der BIP-Einnahmen, die Intensivierung des Exports (dazu trug auch die Konjunkturbelebung in der Weltwirtschaft bei) und durch die Steigerung des Privatverbrauchs erzielt. Weitere Beiträge leisteten staatliche Schutzmaßnahmen wie etwa die Einführung einer zehnprozentigen Importzulage und der Lebensmittelzertifikate. Die Aktivitäten des Privatsektors haben positiv zu diesem Wachstum beigetragen. Bereits in der ersten Hälfte des Jahres 1994 erfolgte im Vergleich zum Vorjahr eine Steigerung der Industrieproduktion und Ende des Jahres 1994 wies die Industrieproduktion gegenüber dem Vorjahr eine Steigerung um 4,9% auf (vgl. Tabelle 3.1). Am Wachstum des BIP im Jahr 1994 war v.a. der Dienstleistungssektor sehr stark beteiligt. Der Anteil des Dienstleistungssektors am BIP hat sich in den ersten drei Quartalen des Jahres 1994 auf 57,0% erhöht. Dies ist auf die positive Entwicklung im Geld- und Versicherungswesen, bei Beratungs- und Vermittlungsdiensten usw. zurückzuführen.

Das starke Wirtschaftswachstum im Jahr 1995 basiert auf einer breiteren wirtschaftlichen Wiederbelebung in der Slowakei. Dazu trug neben den Exporten und der erhöhten Binnennachfrage (Erhöhung des privaten Konsums und des Investitionsvolumens) die Industrieproduktion bei. Die Industrieproduktion verzeichnete 1995 eine starke Steigerung auf 8,3% gegenüber dem Vorjahr. Aber auch die in vergangenen Jahren schwer angeschlagene Bauwirtschaft konnte eine leichte Produktionssteigerung um 2,7% erzielen. Der Privatsektor beteiligte sich 1995 bereits mit 64,6% an der Industrieproduktion und mit 81,5% an der Bauproduktion. Der Privatsektor ist daher 1995 mit einer Steigerung der Industrieproduktion von 21,9% gegenüber dem Jahr 1994 zu einer treibenden Kraft der wirtschaftlichen Wiederbelebung geworden. Der öffentliche Sektor verzeichnete 1995 weiterhin einen Rückgang der Industrieproduktion um 9,8%. Mitte 1996 betrug der Anteil des Privatsektors (inklusive Genossenschaften) am gesamten BIP bereits mehr als 65%.

Eine deutliche Verbesserung gegenüber den Jahren 1993 und 1994 verzeichnete im Jahr 1995 auch die Budgetbilanz. Auf den Staatshaushalt haben sich die Teilung der ČSFR und die Adaptationsrezession in Form einer Steigerung des Budgetdefizits ausgewirkt, das im Jahr 1993 auf 23 Mrd. SKK (1,2 Mrd. DM) anstieg (7% des BIP). Überschritten wurden v.a. die Sozial- und Pensionsausgaben und die Ausgaben für die Rückzahlung der Staatsschulden. Die steigende Verschuldung des Staatssektors bei den Banken[23] ist ein Hindernis für die Vergabe von Krediten an die Firmen, wodurch seitens der Banken keine deutlichere Unterstützung der Restrukturierungsvorhaben gewährt werden kann (OKÁLI et al. 1994, S. 22). Trotz der restriktiven Finanzpolitik blieb im Jahr 1994 das Budgetdefizit bei 22,9 Mrd. SKK (5,7% des BIP); die Einnahmen waren zwar um 3,3% höher als geplant, die Gesamtausgaben jedoch um 8,5% höher als erwartet.[24] Für das Jahr 1995 wird ein deutlich niedrigeres Budgetdefizit prognostiziert (8,3 Mrd. SKK). Die Staatsverschuldung bleibt aber weiterhin ein großes Problem; die Schulden bei den inländischen Banken erreichten 1994 bereits eine Höhe von 73,6 Mrd. SKK (3,7 Mrd. DM).

Positiv für die Slowakei ist (ähnlich wie im Fall der ČR) im Jahr 1994 und 1995 ein Aktivsaldo in der Leistungsbilanz, während Ungarn und Polen einen Passivsaldo aufweisen. Positiv für die Slowakei ist weiters die relativ geringe Auslandsverschuldung. Nach der Teilung im Jahr 1993 hat die Slowakei 2,3 Mrd. USD (in konvertibler Währung) der Schulden der ehemaligen ČSFR übernommen; das waren 21,5% des BIP des Jahres 1992. Ende 1995 erhöhte sich die Verschuldung auf (vorläufig) 5,8 Mrd. USD. Die Erhöhung wurde hauptsächlich durch die Gewährung von Krediten des Internationalen Währungsfonds verursacht. Die im Vergleich zu den anderen Višegrad-Staaten geringe Auslandsverschuldung ist jedoch ein Hinweis auf die geringen Auslandsinvestitionen, die eine weitere Belebung und Entwicklung der Ökonomie bewirken hätten können (OKÁLI et al. 1994, S. 22). Was die Auslandsinvestitionen betrifft, steht die Slowakei nach Ungarn, Tschechien und Polen (mit Abstand) an der vierten Stelle.

Aufgrund der niedrigeren Exporteffizienz der slowakischen Wirtschaft und ihrer markanten Ausrichtung auf den RGW-Markt war der slowakische Außenhandel schwer vom Zusammenbruch des RGW-Marktes betroffen. Im Jahr 1991 verzeichnete die ČSFR eine aktive Handelsbilanz in der Höhe von 10,5 Mrd. KCS. Die Handelsbilanz der SR war, wie auch in den Jahren 1992 und 1993, passiv.[25] Die steigende Ausfuhr in die EU- und EFTA-Länder hat für die Slowakei teilweise die negativen Auswirkungen des Verlustes des RGW-Marktes kompensiert; dies signalisiert die tiefgreifende Änderung der Außenhandelsverflechtung. 1994 erhöhte sich die Ausfuhr in die OECD-Staaten um 3,3%, davon in die EU- und EFTA-Staaten um 2,1%. Zugleich sank die Ausfuhr in die Reformstaaten (inklusive des europäischen Teils der ehemaligen UdSSR) um 5,6%; dies ist v.a. auf die Reduzierung des Handels mit der Tschechischen Republik um 5,7% zurückzuführen (die Importe sanken um 6,6%). Damit erreichte das Außenhandelsvolumen mit der Tschechischen Republik Ende 1994 nur mehr 66% des Volumens im Jahr 1992. Dennoch ist die Tschechische Republik wei-

---

[23] Laut Schätzung erreichte die reine Verschuldung des Staates 1993 eine Summe von 61 Mrd. SKK (3,3 Mrd. DM), das sind 18,4% des BIP.
[24] Inklusive des Clearings mit der Tschechischen Republik, das für die Slowakei 14 Mrd. SKK Nettozahlungen ausmachte.
[25] Im Jahr 1991 betrug der Anteil der SR am gesamten Export der ČSFR 26,6% und derjenige am Export in die westeuropäischen Länder nur 25%.

terhin der wichtigste Handelspartner der Slowakei. Zwischen 1993 und 1995 wurde die Handelsbilanz gegenüber der Tschechischen Republik mit einem Aktivsaldo (1995 waren es 682 Mio. USD) abgeschlossen. Zu einer gewissen Belebung des Außenhandels kam es 1994 dagegen mit weiteren osteuropäischen Ländern, etwa mit dem europäischen Teil der ehemaligen UdSSR; im Jahr 1995 erhöhten sich weiters die Exporte und Importe in die Länder der EU und OECD.

Das Jahr 1995 wurde mit einer mäßig aktiven Handelsbilanz in der Höhe von 1.788 Mio. SKK abgeschlossen. Die Exporte haben sich um 18,5% gegenüber dem Vorjahr erhöht. 1995 bildeten die Exporte nach Tschechien 35,2% und diejenigen in die EU-Staaten 37,4% des gesamten Exportvolumens. Gleichzeitig stiegen auch die Importe um 19,1%.

Trotz der positiven Handelsbilanzen der Jahre 1994 und 1995 bleibt v.a. bei Exporten die Warenstruktur ungünstig. Den höchsten Anteil bildeten 1995 – wie auch in den Jahren zuvor – die Halbprodukte (mit einem niedrigen Finalisierungsgrad). Der höchste Anteil von 40,5% entfiel auf die bearbeiteten Waren (SITC 6), davon auf Eisen und Stahl 16,3%; weiters folgten chemische Erzeugnisse (13,2%). Im Sektor Maschinen und Fahrzeuge (18,8%) beteiligten sich die Atomkraftwerke sowie der Bereich Maschinen und Geräte mit 7,8% am Export. Der Anteil der Rohstoffe und Energie am Export betrug 9,2%. Die höchste Steigerung von 31,7% des Exportvolumens gegenüber dem Jahr 1994 notierte die Warengruppe Nahrungsmittel, aufgrund der höheren Einfuhren in diesem Teilbereich war allerdings die Handelsbilanz in dieser Gruppe weiterhin rückläufig.

Dieses Ungleichgewicht bei den Importen und Exporten, weiters die Annahme, daß eine Konjunkturbelebung eher den Import als den Export fördern wird, sowie die Tatsache, daß die protektionistischen Maßnahmen nicht durch Programme zur Erhöhung der Konkurrenzfähigkeit der betroffenen Betriebe ergänzt werden, stellen für den slowakischen Außenhandel Gründe für einen nicht übertriebenen Optimismus dar (OKÁLI et al. 1994, S. 21).

3.2.2.2 Produktion

Der starke Rückgang der Industrieproduktion in den ersten drei Transformationsjahren 1991 bis 1993 wurde v.a. durch die Senkung der Nachfrage nach slowakischen Produkten und die geringe Konkurrenzfähigkeit derselben auf einheimischen wie ausländischen Absatzmärkten, durch Strukturveränderungen in der Industrie, Firmenadaptationen und -auflösungen, die Konversion der Rüstungsindustrie, den Abbau von Subventionen und durch einen Mangel an Investitionskapital verursacht (vgl. Tabelle 3.1). Die Insolvenzen und die Kreditverschuldung vieler Firmen sind dramatisch angestiegen; ein großes Problem ist die gegenseitige Firmenverschuldung.

Mit –19,4% verzeichnete die Industrieproduktion im Jahr 1991 den stärksten Rückgang. Stark betroffen waren die Leicht- und die Rüstungsindustrie. Die Bekleidungs- und Lederindustrie sowie die Schuhindustrie verzeichneten einen Produktionsrückgang um 30%; die Betriebe der Elektro- und Hüttenindustrie hatten 1991 um ein Drittel weniger Ausstoß als 1990. Auch 1992 und 1993 erfolgte ein weiterer Produktionsrückgang. 1993 sank auch die Arbeitsproduktivität deutlich, v.a. in der verarbeitenden Industrie; davon waren die Maschinenbau- und die Nahrungsmittelindustrie stark betroffen. Die Maschinenbauindustrie erreichte 1993 nur 30% der Produktion des Jahres 1989. Extrem war 1993 der Produktionsrückgang in der Erdölindustrie. Insgesamt hat sich jedoch 1993 der Trend zur Stärkung der Energie- und Halbfertigwarenproduktion fortgesetzt: Die Branchen Bergbau und Energie (Verringerung um 8,4%) sowie die chemische Industrie und die Hüttenindustrie verzeichneten einen geringeren Produktionsrückgang als die verarbeitende Industrie (18,6%).

Der starke Rückgang der Industrieproduktion hat sich auf regionaler Ebene v.a. in Bezirken mit einer Konzentration bestimmter Branchen ausgewirkt: Zwischen 1990 und 1992 war der stärkste Produktionsrückgang in der Ostslowakei mit −37,4% im Bezirk Košice (Eisen- und Stahlindustrie) zu verzeichnen, in der Zentralslowakei mit −38,8% im Bezirk Považská Bystrica (Maschinenbau und Rüstungsindustrie) und in der Westslowakei mit −42,9% im Bezirk Topolčany/Topolcsan (Leder- und Textilindustrie, Schuherzeugung). Der einzige Bezirk, der eine Produktionssteigerung aufwies, war mit +12,6% Bratislava (vgl. FIDRMUC et al. 1994, S. 48ff.). Relativ gering blieb mit −3,0% der Produktionsrückgang im Bezirk Trenčín, der von der Textilindustrie, dem Maschinenbau sowie von der elektrotechnischen und metallverarbeitenden Industrie geprägt ist. Dies ist offensichtlich auf den größeren Branchenmix und auf die Flexibilität einiger Erzeuger bei der Umstellung auf die marktwirtschaftlichen Bedingungen zurückzuführen.

Der starke Produktionsrückgang in der Rüstungsindustrie hat v.a. die Bezirke Považská Bystrica und Martin sowie den Industriestandort Detva stark betroffen und verursachte eine hohe Arbeitslosigkeit. Die ČSFR war bis 1989 der siebentgrößte Waffenlieferant der Welt. In den Jahren 1987 und 1988 entfielen dabei auf die Slowakei, wo v.a. Panzer und schwere Waffen produziert wurden, über 60% der Produktion. Nach der Wende im Jahr 1989 reduzierte sich die Waffenproduktion innerhalb kurzer Zeit um 90%.

Die 1991 und 1992 geplanten Konversionsprogramme wurden bis Mitte 1993 nur zu 50% realisiert. Ende Juli 1993 befanden sich zirka 100 Projekte von insgesamt 32 Organisationen im Stadium der Ausarbeitung. Die Gesamtkosten für Investitionen und Entwicklung betrugen zirka 19 Mrd. SKK (1 Mrd. DM); 30% der Konversionskosten (Investitionskosten) sollten durch den Staat beglichen werden. Da jedoch die Konversionsprogramme wegen des Kapitalmangels nicht zufriedenstellend verliefen, war für 1995 vorgesehen, die Waffenproduktion wieder zu erhöhen.[26] Ein bedeutender Schritt war die Gründung einer staatlichen Holding-Gesellschaft im Jahr 1995, die insgesamt 26 waffenproduzierende Firmen vereint.

Vom Produktionsrückgang stark betroffen war auch die Elektronikindustrie (Produktion von Fernsehgeräten und Telefonanlagen), die mit der billigeren Elektronik aus dem Westen nicht konkurrieren konnte. Dies betraf z.B. den Bezirk Dolný Kubín in

---

[26] Zur Rüstungsindustrie in der Slowakei und deren Konversion vgl. KOMÍNKOVÁ u. SCHMÖGNEROVÁ 1993.

der Nordwestslowakei, wo der tschechoslowakische Generalerzeuger von Fernsehgeräten angesiedelt war. Produktionsrückgang und Entlassungen waren hier die Folge.

Das Jahr 1994 brachte eine Wende mit sich: Bereits in der ersten Hälfte des Jahres 1994 erfolgte im Vergleich zum Vorjahr eine Steigerung der Industrieproduktion um +4,5%, und insgesamt 25 Regionen verzeichneten eine Produktionssteigerung (z.B. Bratislava um +12,2% und Humenné um +24,0%). Unter diesen Regionen befinden sich auch einige Krisengebiete, z.B. Dolný Kubín mit einer Erhöhung der Industrieproduktion um 45%. Ende 1994 konnte die Industrieproduktion gegenüber dem Vorjahr eine Steigerung um +4,9% ausweisen (vgl. Karte 3.3). Die größte Produktionssteigerung erfolgte in den Bereichen Elektrizitätserzeugung sowie Energie-, Gas- und Wasserversorgung. Der Maschinen- und Anlagenbau verzeichnete dagegen in den ersten elf Monaten des Jahres 1994 weiterhin einen hohen Produktionsrückgang von –15,1%. Ein bedeutendes wirtschaftliches Wachstum erzielten die kleinen Betriebe und die Gewerbetreibenden (+44,0%); bei den mittelgroßen und großen Betrieben betrug die Produktionssteigerung nur +2,9%.

In den Jahren 1995 und 1996 wurde dieser Trend fortgesetzt. Insgesamt stieg die Industrieproduktion im Jahr 1995 um immerhin +8,3 % gegenüber dem Vorjahr an. Von den insgesamt 38 Bezirken verzeichneten alle (mit Ausnahme von drei Bezirken) eine Produktionssteigerung, die sich zwischen +1,6 und +26,8% bewegte. Das Ausmaß der Produktionssteigerung in den wichtigen Industriezentren betrug in Bratislava +7,2%, in Liptovský Mikuláš +8,2%, in Považská Bystrica +15,5 und in Trnava +9,9%. Die finanzielle Lage einiger Betriebe hat sich verbessert; die finanzielle Verschuldung vieler Betriebe bleibt aber weiterhin das Hauptproblem.

Für die von der Adaptationsdepression besonders schwer betroffene Bauwirtschaft brachte das Jahr 1994 einen geringeren Rückgang der Bauproduktion um –6,8% (gegenüber dem Vorjahr) mit sich. 1995 verzeichnete die Bauproduktion zum ersten Mal seit Beginn der Transformation einen leichten Anstieg und in der Hälfte der Bezirke stieg das Volumen der Bauproduktion gegenüber dem Vorjahr leicht an. Insgesamt handelt es sich jedoch um ein kleines Volumen. Von den großen Industriezentren mit einem größeren Bauvolumen konnte lediglich Bratislava eine Steigerung um +10,3% und Žilina einen Anstieg um +7,4% verzeichnen. Die Hauptprobleme in der Bauwirtschaft sind weiterhin das fehlende Investitionskapital, der schlechte Zugang zu den Krediten und die Stagnation im öffentlichen Wohnungsbau. Insgesamt wurden 1995 in der Slowakei 6.357 Wohnungen fertiggestellt, also um 5,2% weniger als im Jahr 1994. Der Bauwirtschaft ist es jedoch gelungen, eine Belebung im Ausland herbeizuführen. Das Volumen der von slowakischen Firmen durchgeführten Bauarbeiten im Ausland erhöhte sich 1994 um +28,0% und 1995 um +31,3%, der Anteil am Gesamtvolumen liegt somit bei 14%.

Der Warentransport befand sich 1994 weiterhin in einer schlechten Position (–14,6%), was v.a. auf das Einfrieren des Warenaustausches mit Tschechien zurückzuführen ist. Die Situation verbesserte sich 1995, indem eine Steigerung um +6,4% gegenüber dem Vorjahr erzielt wurde.

Der Produktionsrückgang in der Landwirtschaft hat sich auf der regionalen Ebene bereits Ende 1989 angekündigt: Obwohl die landwirtschaftliche Produktion insgesamt einen Zuwachs von ca. 310 Mio. KCS (28 Mio. DM) aufwies, verzeichneten bereits 17 von 36 Bezirken einen Produktionsrückgang, v.a. jene mit einem geringen Anteil der Landwirtschaft und Bezirke mit einem niedrigen Produktionsniveau. Stark betroffen von dem drastischen Subventionsabbau war die Landwirtschaft; zwischen 1991 und 1993 fielen die Subventionen um zirka 55% niedriger aus als im Jahr 1989. Die Preisliberalisierung und daraus folgende, oft unrealistische Preiserhöhungen führten 1991 weiters zur Einschränkung des Lebensmittelverbrauches. Die Preissteigerungen konnten durch die Preisregulierung für Lebensmittel gebremst werden; die Produktionskosten für die Landwirte erhöhten sich jedoch beträchtlich.

Einen starken Produktionsrückgang, eine Verringerung der Beschäftigung und eine Reduktion des Viehbestandes verzeichneten seit 1989 auch Bezirke mit einem hohen Anteil der Landwirtschaft, darunter auch alle „Hochproduktionsbezirke" der West- und Mittelslowakei. Von den landwirtschaftlichen „Hochproduktionsbezirken" verzeichneten zwischen Ende 1989 und Anfang März 1993 etwa die Bezirke Bratislava-Land, Dunajská Streda, Galanta, Komárno und Nové Zámky insgesamt einen Rückgang der Bruttolandwirtschaftproduktion um –23,2% (Bratislava-Land sogar um –28% und der Bezirk Galanta um –25%). Noch stärker betroffen waren die „Niedrigproduktionsbezirke" mit Rückgängen von –38% in Svidník und –35% in Veľký Krtíš.

Karte 3.4: **Anteile der Bezirke am BIP in der Slowakei in % (1995)**

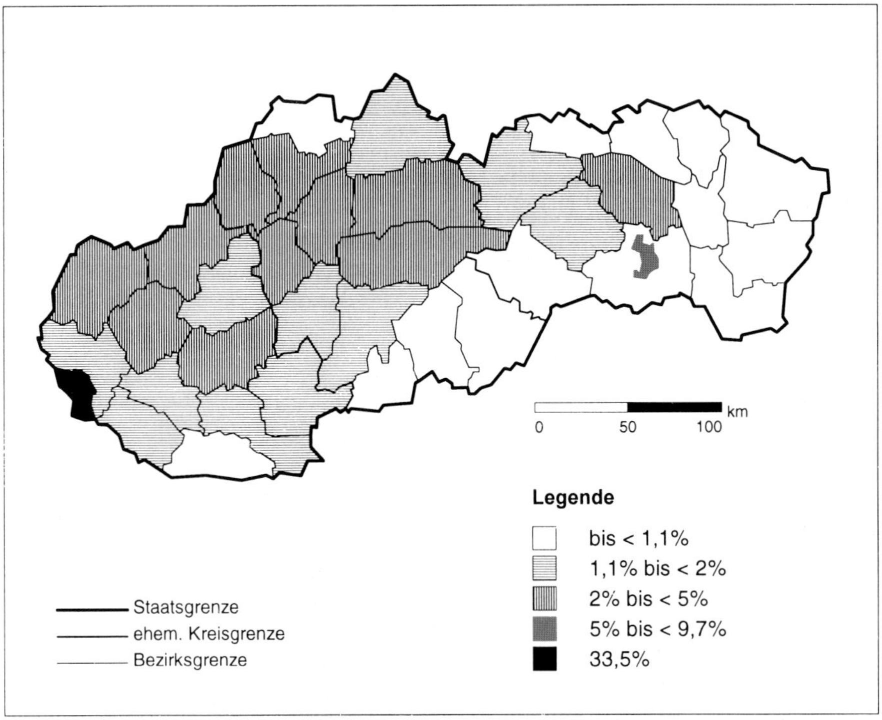

(Quelle: ŠÚ SR) (Grafik: Klaus Kraß, Vera Mayer)

1994 hat sich die Situation im landwirtschaftlichen Sektor stabilisiert. Über 50% der Betriebe konnten wieder Gewinne erzielen. Ende 1994 verzeichnete die Landwirtschaft eine relativ starke Produktionssteigerung von +9,1%, was auf die Belebung der Wirtschaft, eine günstige Preisentwicklung, eine größere Kaufbereitschaft sowie auf die staatlichen Subventionen zurückzuführen war. Im Jahr 1995 sank aber die landwirtschaftliche Produktion auf 4,4%, und der Privatsektor beteiligte sich mit 81,8% an den Gesamteinnahmen. Auch für das Jahr 1996 wird ein weiterer Produktionsrückgang prognostiziert.

Die Krise in der Landwirtschaft scheint trotz der positiven Ergebnisse der Jahre 1994 und teilweise auch 1995 noch nicht ganz überwunden zu sein. Einer der Gründe ist die immer noch geringe Kaufbereitschaft der Slowaken bei Fleisch und anderen Lebensmitteln. Ein weiterer Grund ist die Tatsache, daß sich die Betriebsorganisation trotz der Transformation der Genossenschaften nicht allzuviel verändert hat und die Restrukturierungsmaßnahmen in vielen landwirtschaftlichen Betrieben noch nicht durchgeführt wurden.

Es ist kurz zusammenzufassen: Signifikant für das wirtschaftliche Potential ist die bipolare Stellung von Bratislava und Košice. Zirka ein Drittel des Bruttoinlandsproduktes der Slowakei werden in der Hauptstadt Bratislava erwirtschaftet (vgl. Karte 3.4). Nach Bratislava leistete 1995 das Stahl- und Eisenindustriezentrum Košice mit 9,7% den höchsten Beitrag zum BIP; die Anteile weiterer Industrieregionen liegen zwischen 2% und 4%. Am unteren Ende der Skala (weniger als 1%) rangieren die landwirtschaftlichen „Niedrigproduktionsbezirke", die Bezirke mit industrieller Monostruktur bzw. unzureichender Industriestruktur sowie die peripheren Regionen – die meisten davon befinden sich in der Ostslowakei und im südlichen Teil der Mittelslowakei.

3.2.2.3 Privatisierung

Die 1991 gestartete Privatisierung ist in der Slowakei durch ein langsames Tempo bzw. durch eine gewisse Stagnation gekennzeichnet. Hinzu treten ein Mangel an langfristigen Konzepten und politische Prämissen, die häufigen Änderungen unterworfen sind und eine geringe Transparenz aufweisen. 1994 erfolgte ein zweimaliger Regierungswechsel und dadurch auch eine zweimalige Änderung des Privatisierungskonzeptes. Von der alten wie auch der neuen Mečiar-Regierung werden die Standardmethoden bevorzugt.[27] Nach der Abberufung der Mečiar-Regierung im März 1994 hat sich das neue Moravčík-Kabinett von diesem Konzept abgewandt und die Kuponprivatisierung bevorzugt, worauf im Herbst des Jahres die neue Mečiar-Koalitionsregierung ihr ursprüngliches Konzept wieder einführte. Einige strategisch wichtige Firmen (zumeist jene des Energiesektors) wurden im Dezember 1994 von der neuen Mečiar-Regierung aus der von der früheren Regierung erstellten Liste für die Kuponprivatisierung gestrichen und manche Privatisierungsbeschlüsse annulliert.

---

[27] Die Kuponprivatisierung hat gewiß auch Nachteile, weil dadurch die Investmentfonds (denen die Bürger ihre Kuponbücher anvertraut haben) in manchen Betrieben eine zu starke Position erreichten (vgl. ANDRLE und DUPAL in diesem Band).

Schließlich wurde im September 1995 die zweite Welle der Kuponprivatisierung durch ein vom Parlament verabschiedetes Gesetz für ungültig erklärt. Als Kompensation für die Kuponprivatisierung hat der Fonds für das Nationaleigentum die Kuponbücher in Obligationen mit einem Nominalwert von SKK 10.000 umgewandelt. Jeder Bürger, der im Rahmen der 2. Welle der Kuponprivatisierung registriert wurde, kam automatisch in den Besitz solcher Schuldscheine, deren Auszahlung jedoch erst im Jahr 2001 erfolgen sollte. Von der Regierung wird derzeit der Direktverkauf der Firmen bevorzugt; über den Verkauf entscheidet der von der Regierung kontrollierte Fonds für das Nationaleigentum. Es ist dabei offensichtlich, daß bisher die einheimischen Käufer bevorzugt wurden. Im Jahr 1995 wurden im Rahmen von insgesamt 371 Direktverkäufen 366 Organisationen an einheimische Käufer veräußert (KISZTNER @PUSR.SANET.SK 1986).

Im Februar 1997 hat das slowakische Parlament die bereits angekündigte Privatisierung der Banken blockiert, indem es die vier größten slowakischen Banken bis zum Jahr 2003 zu strategisch wichtigen Firmen erklärte, deren Aktien nicht privatisiert werden können (Gesetz Nr. 92/1991) (TREND, 19. 2. 1997). Die erste Welle der „großen Privatisierung", vorwiegend als Kuponprivatisierung und nur zu einem geringen Teil über direkten Verkauf bzw. Tender-Verfahren abgewickelt, wurde 1991 noch im gemeinsamen Staat durchgeführt. Die räumliche Aufteilung der privatisierten Firmen (das sind v.a. große Industrieunternehmen und Banken) entspricht dem wirtschaftlichen Potential der Hauptstadt Bratislava und des industrialisierten Westens – im Gegensatz zum strukturschwachen Osten und zum landwirtschaftlichen Süden. An der ersten Privatisierungswelle haben sich (gemäß dem Stand in der ersten Hälfte des Jahres 1991) 580 slowakische Firmen beteiligt, die meisten davon in Bratislava (118). Mit deutlichem Abstand folgten weitere Bezirke wie etwa Košice-Stadt (32); die wenigsten Unternehmen wurden mit 2 bis 4 Firmen in der Ostslowakei angeboten (z.B. in Bardejov und Svidník).

Mitte 1993 wurde in der Slowakei die „kleine Privatisierung" (kleine Gewerbe- und Dienstleistungsbetriebe) abgeschlossen. Auch hier zeigen sich hinsichtlich der Zahl der verkauften Betriebseinheiten deutliche regionale Unterschiede. Die meisten und die teuersten Betriebe der „kleinen Privatisierung" sind in den großen Industriestädten und Regionalzentren konzentriert, z.B. in Bratislava (554) und Košice (355) sowie in der West- und Mittelslowakei (in Nitra etwa 278 Einheiten). Über den direkten Verkauf wurden in den infrastrukturschwachen Bezirken der Ostslowakei nur wenige Firmen privatisiert.

Ende 1992 war der Anteil des Privatsektors an der Industrieproduktion, dem langsamen Tempo der Privatisierung entsprechend, sehr gering. In der Slowakei belief sich dieser auf zirka 2%, in der Tschechischen Republik bereits auf 14%. Der Anteil des Privatsektors am BIP des Jahres 1992 betrug in der Slowakei rund 20,5%, in Tschechien 25%.

In den letzten Jahren hat sich das Privatisierungstempo beschleunigt. Ende 1995 waren insgesamt 96% aller gewinnorientierten Organisationen (insgesamt 43.636) privatisiert. Der Anteil des Privatsektors am BIP betrug im ersten Quartal 1996 (inklusive Genossenschaften) bereits 65%. Der Anteil des Privatsektors an der Industrie-

Tabelle 3.2: **Wandel der Eigentümerstruktur in der Wirtschaft der Slowakei (1991–1995) nach ausgewählten Rechts- und Eigentumsformen**

Rechtsform	1991	1992	1993	1994	1995
Organisationen					
(jurist. Pers.) insgesamt	23.985	34.534	45.265	55.565	67.892
davon gewinnorientierte Org. insg.	k.A.	k.A.	k.A.	36.187	43.636
davon Staatsunternehmen	1.668	1.173	1.049	1.082	1.030
Genossenschaften	1.807	1.931	1.922	1.988	2.081
Gesellschaften [1]	5.614	12.779	20.705	28.333	k.A.
davon Aktiengesellsch.	520	1.450	1.691	2.117	k.A.
nicht gewinnorientierte Org. insgesamt	k.A.	k.A.	k.A.	19.378	24.256
davon aus dem Staatsbudget finanzierte Organisationen [2]	4.867	3.737	4.690	4.240	4.118
Selbständige (phys. Pers.)	203.983	305.287	286.895	287.002	248.204
davon im Handelsregister	2.060	4.650	4.001	*	*
Eigentumsform					
Organisationen insgesamt	23.985	34.534	45.265	**	**
davon öffentlicher Sektor	k.A.	k.A.	10.128	**	**
davon staatlich	10.602	6.549	***	**	**
kommunal	161	3.586	***	**	**
Privatsektor [3]	6.219	13.939	25.851	**	**
davon ausländisch	453	794	1.821	**	**
international	1.107	2.028	3.358	**	**
genossenschaftlicher Sektor	1.807	1.879	****	**	**
andere	3.606	5.759	k.A.	**	**

(1) GesmbHs, Offene Handelsgesellschaften, Kommanditgesellschaften und Aktiengesellschaften. (2) Beinhaltet aus dem Staatsbudget finanzierte Organisationen, deren Kosten zu 100% aus dem Staatsbudget gedeckt werden, und sog. Zuschußorganisationen (eine Mischform, das Staatsbudget bildet hier nur einen Teil der Finanzierung). (3) Für das Jahr 1991 auch im Firmenregister registrierte Selbständige.
* Für das Jahr 1994 und 1995 sind im Handelsregister erfaßte Selbständige bereits unter den juristischen Personen erfaßt.
** Für die Jahre 1994 und 1995 stehen die Daten für die Organisationen insgesamt nicht zur Verfügung, sondern die Statistik enthält nur die gewinnorientierten Organisationen. Aufgrund der veränderten Methodik des ŠÚ SR seit dem 1. 7. 1994 beinhaltet der öffentliche Sektor staatliches und kommunales Eigentum sowie das internationale Eigentum mit einem überwiegenden Anteil des öffentlichen Sektors. Das Privateigentum beinhaltet privates inländisches Eigentum, genossenschaftliches Eigentum, ausländisches und internationales Eigentum mit einem überwiegenden Privatanteil u.a.
*** Seit 1993 beinhaltet der öffentliche Sektor die staatlichen und kommunalen Wirtschaftsorganisationen.
**** Seit 1993 gehört der genossenschaftliche Sektor dem Privatsektor an.
(Quelle: ŠÚ SR)

produktion stieg 1995 auf 64,6% und war v.a. in der bauwirtschaftlichen Produktion (81,5%) und im Binnenhandel (92,3%) besonders hoch (vgl. Abbildung 3.1 und Tabelle 3.2).

Abbildung 3.1: **Produktion und Eigentumsstruktur in der Slowakei in SKK (*in t) (1995)**

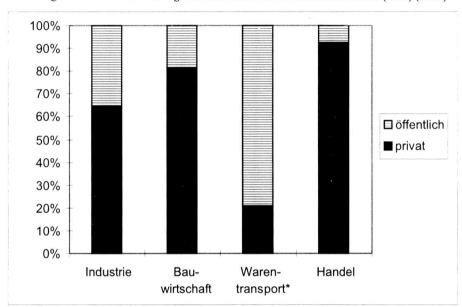

(Quelle: ŠÚ SR) (Grafik: Klaus Kraß, Vera Mayer)

Während die Privatisierung der früheren landwirtschaftlichen Genossenschaften bereits abgeschlossen ist, hat die Privatisierung der Staatsgüter erst 1995 begonnen und war Anfang 1997 noch nicht abgeschlossen (vgl. Tabelle 3.3). In der Landwirtschaft haben sich zwar die Organisationsstruktur und die Rechtsform der Betriebe durch die Privatisierung und die Restitutionen geändert, die Umstrukturierung der Landwirtschaft bzw. die Betriebsführung zeigten in den ersten Transformationsjahren nur mäßige Fortschritte.

Die Privatisierung der LPGs wurde durch die Tatsache erschwert, daß die Mitglieder der Genossenschaften nur etwa 28,4% des von ihnen bearbeiteten Bodens besitzen. Den Nichtmitgliedern gehören zirka 42% des genossenschaftlichen Eigentums. Die unklaren Besitzverhältnisse schlugen sich in den ersten Jahren der Transformation u.a. in der Senkung von Produktivität und Effektivität nieder. Legistisch wurde dieses Problem 1995 durch die Novellierung (Nr. 264/1995) des Gesetzes Nr. 42/1992 über die Transformation der Genossenschaften geregelt: Die durch die Privatisierung entstandenen Verbindlichkeiten werden in die sog. „Genossenschaftlichen Partizipationsscheine" umgewandelt, die auf dem Kapitalmarkt evidiert sind (TREND 19. 2. 1997, 18A).

Ein weiteres Problem ist die erhebliche Zersplitterung des landwirtschaftlichen Bodens in der Slowakei; es gibt zirka 13 Mio. Parzellen und 3 Mio. Besitzer. Private bäuerliche Betriebe entstehen nur langsam und haben nur einen geringen Anteil an der landwirtschaftlichen Produktion (vgl. Tabelle 3.3). Das Hauptproblem ist, daß die meisten Privatbauern nur eine landwirtschaftliche Fläche von 5 bis 10 ha besitzen. Die Zahl der Privatbauern ist rückgängig, sie reduzierte sich im Jahre 1995 um 5,7% gegenüber dem Vorjahr.

Tabelle 3.3: **Struktur der Landwirtschaft nach der Rechtsform (Stand 1. 2. 1994)**

Rechtsform	Gesamtfläche[1]	Ackerland[1]	Weingärten[1]	Rinder	Schafe
landw. Genossenschaften	1.575.004	983.996	15.065	671.771	188.673
staatl. Unternehmen	407.297	250.768	2.408	165.198	45.698
Aktiengesellschaften	25.005	20.531	279	11.648	1.080
GesmbHs	18.412	11.377	301	5.582	3.754
Offene Handelsgesellschaften	699	522	0	460	0
Organis. im Staatsbudget	1.396	561	63	503	0
weitere staatl. Organis.	56.152	40.353	318	22.990	6.660
Privatbauern u. phys. Pers.	45.154	33.828	149	9.886	10.720
insgesamt	2.129.119	1.341.936	18.583	888.038	256.585

(1) In ha.
(Quelle: ŠÚ SR)

Die Entstehung der neuen selbständigen Unternehmerschicht stellt ein wichtiges Segment der regionalen Ökonomie dar und ist in der Slowakei im Vergleich zu Polen oder Ungarn ein völlig neues Phänomen. Für dieses Segment ist gegenwärtig vor allem eine starke Fluktuation (Entstehung und Schließung von Firmen) charakteristisch, wobei die Zahl der Selbständigen insgesamt abnimmt (vgl. Tabelle 3.2). Im Zeitraum zwischen 1990 und Ende 1994 stieg die Zahl der neu registrierten Selbständigen (inkl. Landwirtschaft) am stärksten an und sank in den darauffolgenden Jahren. Zwischen 1990 und 1994 haben 140.704 Selbständige ihre Tätigkeit wieder beendet.

Im Jahr 1995 gab es 248.204 Gewerbetreibende und 19.599 Privatbauern. Die räumliche Verteilung dieser Selbständigen verweist auf die beträchtlichen räumlichen Differenzen hinsichtlich der Entstehung einer neuen Unternehmerschicht. Das Ausmaß der unternehmerischen Aktivitäten nimmt dabei von Westen nach Osten ab und variiert gemäß der Funktion und Größe des Ortes. Zum 30. 9. 1994 entfielen im slowakischen Durchschnitt 11,2 Privatunternehmer auf 100 ökonomisch aktive Personen, in Bratislava lag die entsprechende Zahl bei 14,1. Relativ stark ausgeprägt sind die unternehmerischen Aktivitäten in den großen Industriezentren und in den landwirtschaftlich geprägten Bezirken: Ein hoher Anteil an Selbständigen existiert in Bratislava-Land (21,5), in Dunajská Streda (16,9) sowie in den Regionalzentren; am niedrigsten ist er in den östlichsten peripheren Bezirken, in Veľký Krtíš etwa liegt der Anteil der selbständig Beschäftigten bei 6,9.

3.2.2.4 Direkte Auslandsinvestitionen

Die politische Instabilität des Landes, das langsame Tempo der Privatisierung (mehrmalige Änderung des Privatisierungskonzeptes) und die Bevorzugung inländischer Käufer sind die wichtigsten Ursachen für die geringen Auslandsinvestitionen. Weitere Gründe liegen in den unzureichenden Informationen potentieller Auslandsinvestoren über den neuen Staat sowie in der fehlenden Attraktivität, geringen Weltmarktfähigkeit und mangelnden Transparenz slowakischer Betriebe. Bereits vor der Teilung der Tschechoslowakei zeigte sich die schwächer ausgeprägte Bereitschaft ausländischer Firmen zu Investitionen in der Slowakei; nur etwa 10% des Auslandskapitals flossen in die Slowakei.

In den vergangenen drei Jahren intensivierte sich der Zufluß von direkten Auslandsinvestitionen. Ende 1994 wurden in der Slowakischen Republik insgesamt 7.207 Firmen mit Beteiligung von Auslandskapital registriert; das Gesamtvolumen der direkten Auslandsinvestitionen betrug dabei 16,5 Mrd. SKK (551,7 Mio. USD). 79,3% dieser Firmen waren Kleinunternehmen (mit einem Kapital bis 100.000 SKK und einem Anteil am Gesamtvolumen von 1,3%). Die ausländischen Investoren haben 1994 v.a. ihren Kapitaleinsatz in den bereits existierenden Unternehmen erhöht (z.B. bei KMART SR, Coca-Cola Amatil Slovakia und Shell Slovakia); in neue Firmen wurde weniger investiert.

Ende des Jahres 1995 erreichten die direkten Auslandsinvestitionen die Höhe von 21,9 Mrd. SKK (732,9 Mio. USD). Zu diesem Zeitpunkt befanden sich unter den fünf größten Investoren in der Slowakei Österreich (4,7 Mrd. SKK), Deutschland (3,8 Mrd. SKK), die Tschechische Republik (3,6 SKK), die USA (2,5 Mrd. SKK) und Großbritannien (1,6 Mrd. SKK), die insgesamt 74% des Fremdkapitals stellten.

Was die räumliche Verteilung des Auslandskapitals betrifft, so befand sich 1995 wie auch in den früheren Jahren der Großteil in der Hauptstadt Bratislava: Im Jahr 1994 handelte es sich um insgesamt rund 61% des gesamten ausländischen Kapitals, Ende 1995 hatte sich der Anteil Bratislavas weiter auf 62,1% erhöht (vgl. Karte 3.5). Die Unternehmen KMART SR (USA), Volkswagen Bratislava (D), Pepsi-Cola SR (Niederländische Antillen), Henkel-Palma (Österreich), Kablo Bratislava-Siemens Austria u.a., aber auch vor allem die Banken, z.B. die Citibank (Großbritannien), Bank Austria (Österreich), Komerční Banka (Tschechien), die Creditanstalt und Volksbank aus Österreich sowie Credit Lyonnais Bank Slovakia (Frankreich) haben alle ihren Sitz in Bratislava.

Weitere wichtige Wirtschaftsstandorte, deren Anteile am ausländischen Kapital Ende 1995 aber weit unter demjenigen von Bratislava lagen, waren in vier Bezirken lokalisiert: in Žiar nad Hronom (4,4%) und Prievidza (4,1%) in der Mittelslowakei sowie in Poprad/Deutschendorf (4,1%) und Humenné/Homenau (3,7%) in der Ostslowakei (vgl. Karte 3.5). Die hohen Investitionen in der Ostslowakei konzentrieren sich auf die zwei Regionen bzw. Städte Humenné (die Firma Rhone-Poulenc & Chemlon Humenné ist der drittgrößte ausländische Investor) und Poprad (die Investition in die Firma Tatranský Permon ist die fünftgrößte Investition in der Slowakei und nach Nováky die zweitgrößte Investition der Tschechischen Republik in der Slowakei). Auf der Ebene der Makroregionen (ehemalige Kreise) entfallen die höchsten Auslandsinvestitionen auf Bratislava, während die Mittelslowakei (16,1%), die Ostslowakei (11,9%) und die Westslowakei (9,9%) die geringsten Anteile am Auslandskapital aufweisen. Die relativ hohe Zahl an Firmen in der Westslowakei deutet darauf hin, daß die meisten Investitionen (mit Ausnahme der Bezirke Nitra, Trnava und Senica) von Kleininvestoren getätigt wurden. Die hohen Investitionen im Bezirk Trnava gehen auf die 1994 getätigten Investitionen der australischen Firma Coca-Cola Amatil (200 Mio. SKK/10 Mio. DM) zurück.

Karte 3.5: **Direkte Auslandsinvestitionen nach Bezirken in der Slowakei (Stand 31. 12. 1995)**

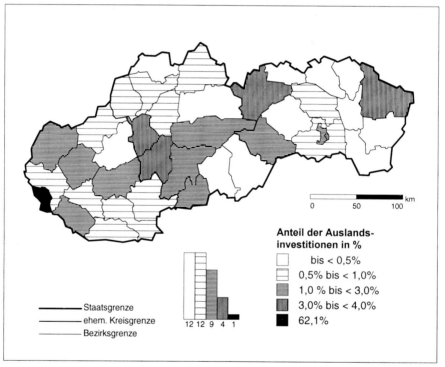

(Quelle: ŠÚ SR) (Grafik: Klaus Kraß, Vera Mayer)

Gemessen an der Höhe des Auslandskapitals befinden sich unter den ersten zehn Bezirken auch drei mit Zentralen Orten (Nitra/Neutra, Banská Bystrica/Neusohl und Trnava/Tyrnau). Der Umstand, daß diese Gemeinden im Vergleich auch eine hohe Zahl an Firmen aufweisen (Nitra 240, Banská Bystrica 355 und Trnava 316), zeigt, daß die Regionalzentren viele mittelgroße und kleine Investoren anlocken.

Das Auslandskapital und die regionale Verteilung desselben sind Barometer für die gesamte wirtschaftliche Situation und spiegeln auch die wirtschaftlich-geographische Bedeutung der jeweiligen Region, bzw. eines Ortes oder Betriebes wider. Es zeigte sich z.B., daß die von der Regierung für die Krisengebiete gewährte Steuerbefreiung für Großinvestoren keinen starken Anreiz darstellt. Was die Branchen betrifft, wurde zum Ende des Jahres 1995 der größte Teil des Auslandskapitals (9,5 Mrd. SKK) in die verarbeitende Industrie investiert, Handel und Reparatur stehen mit 7 Mrd. SKK, jedoch mit wesentlich mehr Firmen (5.457), an der zweiten Stelle (vgl. Tabelle 3.4).

Tabelle 3.4: **Direkte Auslandsinvestitionen nach ausgewählten Wirtschaftsklassen in der Slowakei (31. 12. 1994/1995)**

Wirtschaftsklassen	Firmenzahl		Mio. SKK	
	1994	1995	1994	1995
verarbeitende Industrie	878	1.079	7.758,8	9.494,2
Bauwesen	275	324	227,0	237,6
Handel und Reparatur	4.472	5.457	5.155,7	7.090,7
Beherbergungs- und Gaststättenwesen	106	124	534,1	535,6
Verkehr und Nachrichtenübermittlung	179	225	80,3	85,0
Geld-, Kredit- und Versicherungswesen	94	114	1.818,1	3.429,6
Realitätenwesen, Forschung u. Entwicklung	1.018	1.194	819,5	745,3
andere	185	223	148,9	263,7
insgesamt	7.207	8.740	16.542,4	21.881,7

(Quelle: ŠÚ SR)

Im Vergleich mit den anderen Višegrad-Staaten liegt die Slowakei hinsichtlich der Gunst der ausländischen Investoren an der letzten Stelle. Im Gegensatz zur Slowakei liegen die Vorteile der Tschechischen Republik in der etablierten Infrastruktur, den Erfahrungswerten erster erfolgreicher Betriebe, den für die Zulieferfirmen attraktiven Großprojekten und nicht zuletzt in der politischen Stabilität. Die Slowakei bleibt jedoch ein wichtiger Standort für die auf den europäischen Markt hin orientierten Unternehmer. Die Vorteile liegen derzeit in den billigen Arbeitskräften und der geringeren Konkurrenz der ausländischen Investoren, wodurch ein niedriger Preis beim Kauf einer Firma erzielt werden kann. Längerfristig ist die Slowakei ein guter Standort für strategische Investitionen in Richtung auf den osteuropäischen Markt. Darin liegt auch die Zukunftschance für die heute von den ausländischen Investoren noch weitgehend vernachlässigte Ostslowakei, vorausgesetzt, der Ausbau der Infrastruktur (in erster Linie der Verkehrs- und Telekommunikationsinfrastruktur) wird hier vorangetrieben.

3.2.3 Entwicklung des Arbeitsmarktes

3.2.3.1 Veränderungen der Beschäftigtenstruktur

Zur Zeit der Planwirtschaft gab es in der Tschechoslowakei keinen Arbeitsmarkt im westlichen Sinne, der sich nach Angebot und Nachfrage richtete. Es bestand nicht nur das Recht auf Arbeit, sondern sogar die Verpflichtung zur Arbeit. Das Phänomen der Arbeitslosigkeit war unbekannt; der staatliche Paternalismus garantierte Vollbeschäftigung auf Kosten der Produktivität. Die hohe Frauenbeschäftigung war ein markantes Kennzeichen dieses Systems. Im Jahr 1989 stellten die Frauen 45,5% aller Beschäftigten; in der Landwirtschaft waren es 38,5%, in der Industrie 40,8%, im Binnenhandel 77,0%, im Außenhandel 63,0% und im Finanzwesen sogar 81,7%.[28]

Mit der Industrialisierung kam es in der Slowakei zu einer Expansion des Arbeitsmarktes von zirka 1,5 Mio. Beschäftigten im Jahr 1950 auf 2,5 Mio. Beschäftigte im Jahr 1989; das ist eine Steigerung um 65,0%. Im Vergleich dazu wuchs die Beschäftigtenzahl im tschechischen Teil der Republik im selben Zeitraum lediglich um 35%; in Österreich stieg die Zahl der unselbständig Beschäftigten zwischen 1960 und 1980 nur um 25%. Gleichzeitig kam es in der Slowakei bei der Beschäftigtenstruktur zu einer deutlichen Verschiebung zwischen den Bereichen Landwirtschaft und Industrie. Der Anteil der Beschäftigten in der Landwirtschaft ist von 33,7% im Jahr 1960 auf 12% im Jahr 1990 geschrumpft, in der Industrie dagegen im selben Zeitraum von 26,7% auf 33,1%, also um ca. 400.000 Personen, angestiegen.[29]

Der Kulminationspunkt wurde in der Industrie im Jahr 1988 mit 843.000 Industriebeschäftigten (im Jahresdurchschnitt) erreicht. Verglichen mit den westlichen Industrieländern war der Anteil der Beschäftigten in Landwirtschaft und Industrie zu hoch, der Anteil der Beschäftigten des Dienstleistungssektors zu niedrig. 1990 waren im Industriesektor in der Slowakei 43,3% und in der damaligen EG lediglich nur 32,5% der Berufstätigen beschäftigt.[30] In der Slowakei hat sich etwa die Zahl der im Fremdenverkehr Beschäftigten zwischen 1960 und 1991 prozentuell nur unwesentlich verändert; im Finanz- und Versicherungswesen ist diese gleichgeblieben. Das Transportwesen verzeichnete im selben Zeitraum sogar eine Abnahme um 0,2% und der Bereich Nachrichtenübermittlung lediglich einen Zuwachs um 0,1%. Zum Vergleich: In Österreich wurden zwischen 1970 und 1991 im tertiären Sektor 648.000 neue Arbeitsplätze geschaffen.

Mit dem Beginn der Transformation von der Plan- zur Marktwirtschaft im Jahr 1991 begann sich in der Slowakei ein neuer Arbeitsmarkt zu formieren. Die Entwicklung des neuen Arbeitsmarktes, der sensitiv auf die Transformationsprozesse auf der makro- und mikroökonomischen Ebene reagiert, unterscheidet sich dabei sowohl räumlich als auch innerhalb einzelner Wirtschaftssektoren und -klassen sowie auf der

---

[28] Im Vergleich dazu lag 1990 in der EG die durchschnittliche Beschäftigungsquote der Frauen bei 39,3%, am höchsten war sie in Dänemark, wo die Frauen 45,7% aller Beschäftigten stellten.

[29] Ohne Frauen im Karenzurlaub und einschließlich von Beschäftigten mit einem zweiten Erwerb.

[30] In Österreich waren 1991 von den gesamten Berufstätigen 7,2% in der Landwirtschaft, 28,3% in der Industrie, 8,7% in der Bauwirtschaft und 54,7% im Dienstleistungssektor tätig. Die in den westlichen Marktwirtschaften bereits in den 70er Jahren und Anfang der 80er Jahre einsetzende Entindustrialisierung bedeutete in Österreich zwischen 1980 und 1991 einen Verlust von zirka 85.000 Industriearbeitsplätzen.

Mikroebene. Generell wird die Entwicklung des neuen Arbeitsmarktes durch folgende Phänomene charakterisiert:

1. Der Prozeß der Entindustrialisierung: Die Reduzierung der Beschäftigung im primären und sekundären Sektor und der Anstieg der Beschäftigung im tertiären Sektor ist ein Prozeß, der in den westeuropäischen Ländern bereits seit Jahrzehnten im Gange ist. Die Dynamik und Radikalität dieses Prozesses in der Slowakei bringt aber harte soziale Konsequenzen mit sich. So ist hier innerhalb von vier Jahren (zwischen 1990 und 1994) die Zahl der Beschäftigten um fast 400.000 gesunken. Die meisten Arbeitsplätze wurden in der verarbeitenden Industrie, im Bereich Energie und Wasserversorgung (216.000), im Bauwesen (142.000) und in der Landwirtschaft (155.000) abgebaut (vgl. Tabelle 3.5). Der tertiäre Sektor entwickelte sich am Beginn des Transformationsprozesses (1990–1991) nur langsam. Zwischen 1991 und 1994 verzeichneten vor allem der Handel, Geld- und Kreditwesen sowie Wirtschaftsdienste ein dynamisches Beschäftigungswachstum.

Tabelle 3.5: **Beschäftigte nach Wirtschaftsabteilungen zum 31. 12. d. J. (in Tausend)**

	1989	1990	1991	1992	1993	1994*
insgesamt**	2.504	2.459	2.152	2.175	2.118	2.110
davon in Land- u. Forstw.	343	327	272	256	206	187
Industrie	835	813	707	658	626	617
davon: Bergbau	–	–	37	32	26	25
verarbeitende Industrie	–	–	625	579	548	540
Energie- u. Wasserversorgung	–	–	45	47	52	52
Bauproduktion	258	251	241	198	170	168
Handel, Auto- u. Gebrauchsgüterreparatur	–	–	186	227	298	300
Verkehr, Lagerung u. Nachrichtenübermittlung	–	–	169	161	167	173
Schulwesen	176	173	159	203	179	178
Gesundheits- u. Sozialwesen	135	135	129	128	129	130
Geld- u. Versicherungswesen	9	12	15	19	23	28
Immobilien, Handel, Dienstleistungen, Forschung u. Entwicklung	–	–	109	151	146	147

* Vorläufige Zahlen.
**Ohne Frauen im Karenzurlaub, inklusive von haupt- und nebenberuflich Beschäftigten und Selbständigen. Seit 1991 Systematik nach NACE. Die Zahlen der mit „–" angeführten Wirtschaftssparten sind aufgrund der veränderten Systematik nicht ermittelbar.
(Quelle: ŠÚ SR)

Mit der Belebung des Wirtschaftswachstums im Jahr 1994 hat sich die Situation auf dem Arbeitsmarkt etwas stabilisiert. Der Beschäftigungsrückgang war nicht mehr so stark wie in den vergangenen Jahren. Im Jahr 1995 ist die Beschäftigtenzahl sogar um 1,9% angestiegen und erreichte somit den Stand von 1993. Die Verschiebung der Beschäftigtenzahlen zwischen den einzelnen Sektoren und Branchen entwickelt sich dabei in Richtung einer Annäherung an den Arbeitsmarkt der westlichen hochentwickelten Industrieländer.

2. Dezentralisierung und Demonopolisierung der Wirtschaftsstruktur: Dieser Prozeß wird durch eine Abnahme der Beschäftigten in den Großbetrieben und durch die Zunahme der Beschäftigung in den Kleinbetrieben begleitet. Die Entwicklung der kleinen und mittelgroßen Betriebe genießt im wirtschaftlichen Transformationsprozeß der Slowakei Priorität. Die Phase der Industrialisierung während der Planwirtschaft war dagegen die Ära der großen Betriebe. Im Jahr 1980 existierten im ganzen Land lediglich 236 Industriebetriebe, 60 davon waren große Industrieunternehmen mit mehr als 2500 Beschäftigten. Die gegenwärtige Dezentralisierung ist durch eine Reduktion der Zahl der Großbetriebe (über 500 Beschäftigte) und eine Zunahme der kleinen (bis 25 Beschäftigte) und mittelgroßen (25–499 Beschäftigte) Unternehmen charakterisiert.

Abbildung 3.2: **Beschäftigte nach ausgewählten Wirtschaftsklassen und Sektoren (1995)**

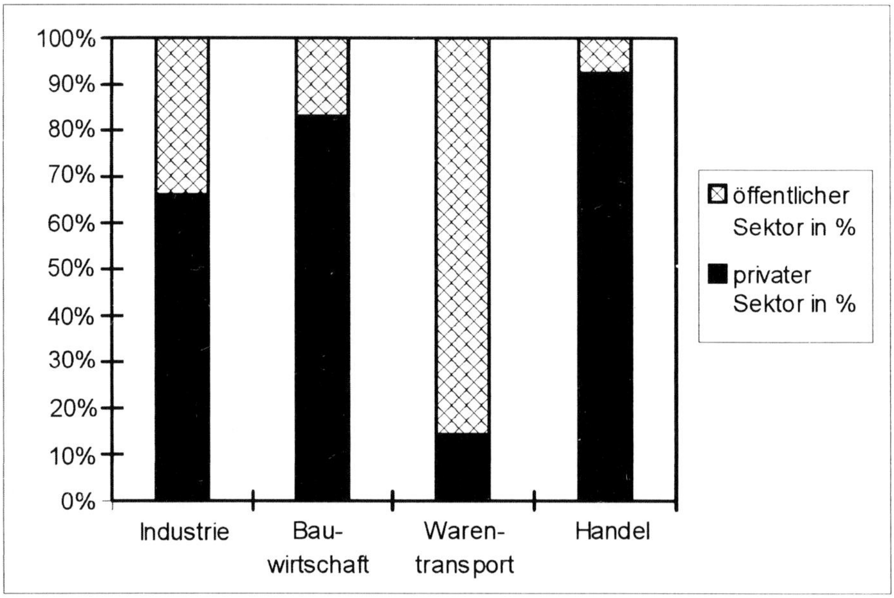

(Quelle: ŠÚ SR) (Grafik: Vera Mayer, Georg C. Odehnal)

3. Die Liberalisierung des Arbeitsmarktes und die Entstehung des Privatsektors: Im Zeitalter der Planwirtschaft war ein privater Wirtschaftssektor nicht existent. Es gab lediglich die Gruppe der freischaffenden Künstler und Schriftsteller. Mit der Privatisierung und Liberalisierung des Arbeitsmarktes kam es zum Rückzug des Staates als Unternehmer und zu einer Verschiebung der Beschäftigten aus den staatlichen Unternehmen in die privaten. Aufgrund des langsamen Privatisierungstempos beschäftigten aber im Jahr 1994 die staatlichen Unternehmen weiterhin die überwiegende Mehrheit der Arbeitnehmer – von insgesamt 2.110.000 Beschäftigten arbeiteten 55,0% in staatlichen Unternehmen bzw. in staatlichen Aktiengesellschaften und 45,0% (950.000) in privaten Firmen. Die jeweiligen zahlenmäßigen Relationen der Beschäftigten in privaten und öffentlichen Firmen sind dabei in einzelnen Wirtschaftssektoren

und -klassen unterschiedlich. Ende 1995 war der Anteil der Beschäftigten im öffentlichen (staatlichen) Sektor in der Industrie (33,9%) und im Dienstleistungsbereich, etwa im Warentransport (vgl. Abbildung 3.2), noch relativ hoch. Die slowakische Eisenbahn (ca. 53.000 Beschäftigte) ist weiterhin der größte Arbeitgeber des Landes, gefolgt von der Post (ca. 19.000 Beschäftigte) und von den Telekommunikationsgesellschaften (15.000 Beschäftigte).

4. Die Internationalisierung des Arbeitsmarktes: Die Beschäftigten in Firmen mit ausländischer Beteiligung bzw. in solchen, welche sich im Besitz von ausländischen Unternehmern befinden, bilden ein neues Segment des Arbeitsmarktes. Laut Betriebsstatistik (gewinnorientierte Unternehmen ohne Finanzwesen, Stand März 1996), gehört die Mehrheit der Betriebe (91%) mit ausländischer Beteiligung der Kategorie der Kleinbetriebe mit weniger als 10 Angestellten an (vgl. Tabelle 3.6). Mit zunehmender Firmengröße verringert sich der Anteil der im ausländischen Besitz befindlichen Unternehmen. Ähnliches gilt auch für die Firmen im internationalen Besitz (d.h. mit inländischer und ausländischer Beteiligung). Bei der Betrachtung des Investitionsvolumens fällt auf, daß zirka 80% aller in ausländischem Besitz befindlichen Unternehmen kleine Firmen mit einem Investitionskapital von höchstens 100.000 SKK sind.

Tabelle 3.6: **Unternehmen in der Slowakei nach Eigentumsformen und Größe*** (März 1996)

		Zahl der Beschäftigten				
	gesamt	bis 10	11–24	25–99	100–499	über 500
Zahl der Betriebe	45.724	36.489	3.687	3.306	1.922	320
		%	%	%	%	%
öffentl. Sektor	1.580	30,3	12,8	20,4	27	9,4
privater Sektor	44.144	81,6	7,9	6,8	3,4	0,4
davon in ausländ. Besitz	4.359	90,8	4,3	3,3	1,4	0,2
in internat. Besitz	5.584	87,7	6	4,2	1,8	0,4

* Als Indikator fungiert die Zahl der Beschäftigten.
(Quelle: ŠÚ SR)

Die direkten Auslandsinvestitionen besitzen, längerfristig gesehen, meist einen positiven Beschäftigungseffekt, obgleich die Übernahme einer Firma durch einen ausländischen Unternehmer und die folgende Restrukturierung in der Initialphase eher Arbeitsplätze abbaut als neue schafft. Die Präsenz ausländischer Investoren im Land ist im Fall der Slowakei auch insofern wichtig, da sie nicht nur neue Technologien und neue Formen des Managements mitbringen, sondern auch helfen, eine neue Unternehmenskultur zu entwickeln.

Die Herausbildung neuer Strukturen des Arbeitsmarktes wird durch mehrere Faktoren erschwert: Einerseits führte der Zusammenbruch der alten planwirtschaftlich organisierten Wirtschaftsstruktur zu struktureller Arbeitslosigkeit, andererseits besitzt der Produktionsrückgang in der Slowakei noch keinen Restrukturierungscharakter; d.h. der Privatsektor ist noch zu schwach, um die Arbeitsplatzverluste in den Firmen, die sich bereits im Umstrukturierungsprozeß befinden oder Konkurs anmelden mußten, auszugleichen. Dazu kommt, daß in vielen Unternehmen in den Führungspositionen noch die alten Strukturen aufrecht sind, wodurch die Umstrukturierung oft gebremst wird. Die alte Führung kann sich auch behaupten, weil ein Mangel an Fachleuten und Managern herrscht. Die Mentalität vieler Arbeitnehmer ist noch von den Prinzipien der Planwirtschaft geprägt (z.B. geringe Selbstverantwortung, mangelnde Arbeitsmoral).

Karte 3.6: **Beschäftigte in der Industrie und Landwirtschaft nach Bezirken (nur Betriebe mit über 25 Beschäftigten; 31. 12. 1995)**

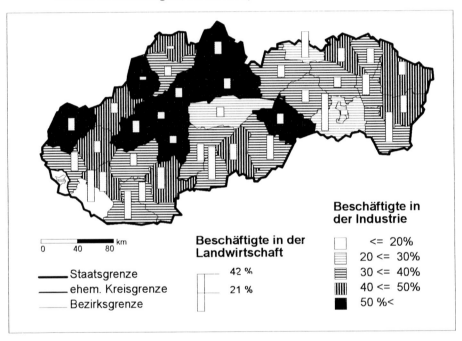

(Quelle: ŠÚ SR) (Grafik: Vera Mayer, Georg C. Odehnal)

Im Zusammenhang mit der Wirtschaftspolitik und der Entstehung eines neuen Arbeitsmarktes plädieren manche slowakische Ökonomen und auch die Regierung für das Modell einer „sozial orientierten Marktwirtschaft" (MIHÁLIK et al. 1994, S. 36f.). Der Staat sollte dabei Instrumente zur makroökonomischen Regulierung der Wirtschaftsentwicklung anwenden. Dazu zählen z.B. eine restriktive Inflationspolitik sowie eine expansive Politik zur Entwicklung staatlicher Programme für die Nutzung brachliegender Kapazitäten, bei Strukturänderungen und für die Unterstützung unterentwickelter Regionen. Ein wichtiges Instrument ist in diesem Zusammenhang die Budgetpolitik.

Einen wesentlichen Schritt stellt hier die Ausarbeitung einer neuen Arbeitsmarktkonzeption und Arbeitsmarktpolitik dar. Im Bereich der passiven Arbeitsmarktpolitik war die Verabschiedung des Gesetzes über die Finanzierung der Arbeitslosigkeit von

Bedeutung. Die Arbeitslosenunterstützung wurde anfangs aus dem Budget finanziert. 1993 wurde eine Arbeitslosenversicherungssteuer zur Finanzierung der Arbeitslosenunterstützung gesetzlich festgelegt. Der Anfang 1994 ins Leben gerufene Beschäftigungsfonds verwaltet die Einnahmen aus der Arbeitslosenversicherung und finanziert damit die Maßnahmen im Bereich der passiven wie auch der aktiven Beschäftigungspolitik.

Als ein Instrument der aktiven Beschäftigungspolitik hat die slowakische Regierung bereits 1991 (auf Basis der Regierungserklärung 390/1991 zu den Grundlagen der regionalen Wirtschaftspolitik) ein Programm zur Einrichtung von regionalen Unternehmensberatungszentren (PPS[31]) ins Leben gerufen. Dies mit dem Ziel, die unternehmerischen Aktivitäten und die selbständige Erwerbstätigkeit zu fördern. Die PPS wurden durch die Bezirksämter verwaltet. Ein Teil dieser Unternehmensberatungszentren wurde in die RPIC[32] und BIC[33] umgewandelt (vgl. NARMSP[34], S. 93)

Der Bereich der aktiven Arbeitsmarktpolitik war in den ersten Jahren der Transformation (1991–1994) noch unterentwickelt, seit 1995 trägt dieser allerdings bereits zur Senkung der Arbeitslosenquote bei. Das wichtigste Instrument der aktiven Beschäftigungspolitik waren bisher verschiedene Programme zur Schaffung von „gesellschaftsdienlichen Arbeitsplätzen".[35] Das Programm zur Durchführung von „gemeinnützigen Arbeiten" ist ebenfalls ein Instrument der aktiven Beschäftigungspolitik und v.a. für Langzeitarbeitslose und Arbeitskräfte mit einer niedrigen Qualifikation bestimmt. Dabei handelt es sich jedoch in der Regel um kurzfristige Arbeiten, so daß die Schaffung von dauerhaften „gesellschaftsdienlichen Arbeitsplätzen" gerade für Regionen mit hoher Arbeitslosigkeit vorteilhafter erscheint. Im Bereich der Requalifikation bestehen bereits ein Netzwerk von Requalifikationszentren und verschiedene Programme, die hauptsächlich auf Fragen der Firmengründung und der marktwirtschaftlichen Betriebsführung zugeschnitten sind (Buchhaltung, Management usw.). Was fehlt, sind auf die zukünftige sektorale und Beschäftigungsstruktur bezogene systematische Requalifikationsprogramme. In Hinblick auf die Arbeitslosenzahlen ist das Quantum an Requalifikationen bisher unzureichend. Seit August 1994 wird deshalb verstärktes Gewicht auf die Förderung der Beschäftigung von Schulabsolventen, Jugendlichen und Langzeitarbeitslosen gelegt.

---

[31] Poradensko-podnikateľské stredisko.
[32] Regionálne poradenské a informačné centrum = Regionales Beratungs- und Informationszentrum.
[33] Business Innovation Centre.
[34] Národná agentúra pre rozvoj malého a stredného podnikania = Nationale Agentur für die Entwicklung der kleinen und mittelgroßen Unternehmen.
[35] Für die Schaffung eines „gesellschaftsdienlichen Arbeitsplatzes" („spoločensky účelné pracovné miesto") erhält der Unternehmer eine staatliche Subvention.

3.2.3.2 Arbeitslosigkeit

Bis 1990 war Arbeitslosigkeit in der Slowakei ein unbekanntes Phänomen; seit dem Beginn des Reformprozesses im Jahr 1991 ist sie ein Barometer wirtschaftlicher Entwicklungen und einer der wichtigsten Indikatoren der regionalen Polarisierung. Die Adaptationsrezession hat alle Regionen erfaßt, jedoch mit einer unterschiedlichen Intensität, die v.a. durch das sozioökonomische Entwicklungsniveau der einzelnen Bezirke bestimmt wird.

Die Ursachen der Arbeitslosigkeit sind dabei struktureller und konjunktureller Natur. Die Arbeitslosigkeit geht v.a. auf den Produktionsrückgang und die Überbeschäftigung sowie auf zahlreiche Firmenauflösungen zurück. Darüber hinaus beeinflußt auch die demographische Struktur (die Zahl der Bevölkerung im produktiven Alter und die Zahl der ökonomisch aktiven Bevölkerung) die Beschäftigung und somit die Arbeitslosigkeit in den einzelnen Regionen.

Seit dem Beginn der Wirtschaftsreformen nahm die Arbeitslosigkeit in der Slowakei einen dramatischen Verlauf und erreichte Ende 1991 bereits eine Quote von 11,8%. Im Jahr 1992 wurde der Anstieg der Arbeitslosigkeit gebremst; die Arbeitslosenquote war in 29 Bezirken niedriger als im Vorjahr. Die Trennung der Republiken brachte 1993 erneut eine Verschlechterung mit sich. Im Jahr 1994 stieg die Arbeitslosenquote auf 14,8% (371.481 Arbeitslose) und erreichte ihren bisherigen Höhepunkt. Ende 1995 sank die Arbeitslosenquote auf 13,1%, aufgrund des wirtschaftlichen Wachstums und einer aktiven Beschäftigungspolitik. Es gibt aber keinen Grund für einen übertriebenen Optimismus: Die Arbeitslosenquote vermittelt nur die Zahl der registrierten Arbeitslosen, die tatsächliche Zahl der Beschäftigungslosen ist jedoch höher, weil in vielen Betrieben, die noch nicht restrukturiert wurden, weiterhin Überbeschäftigung herrscht.

Was die sektorale Verteilung der Arbeitslosen betrifft, so stammten 1996 54,2% derselben aus den Bereichen Industrie, Bauwirtschaft, Landwirtschaft, Handel, Gastgewerbe und Hotellerie. Dies waren um 3,4% weniger als ein Jahr zuvor.[36]

Beunruhigend ist die hohe Arbeitslosigkeit unter den Jugendlichen (zwischen 15 und 24 Jahren), die 1996 bereits ein Drittel (31,2%) aller Arbeitslosen stellten. Dies war allerdings um 1,4 Prozentpunkte weniger als im Jahr davor. Besonders schwierig ist die Situation der noch nicht in den Arbeitsprozeß integrierten Personen, meist Schulabgänger, deren Anteil an den Arbeitslosen 1996 20,3% (zirka 60.600 Personen) erreichte.

---

[36] Die Daten wurden nach der Methodik VSP (ausgewähltes Verzeichnis der Arbeitskräfte) ermittelt. Die Berechnung der Arbeitslosigkeit nach dieser Methodik erfolgt durch eine Befragung von 10.000 Respondenten, die in jedem Quartal (eine Woche lang) durchgeführt wird. Arbeitnehmer sind dabei alle Personen, die in der Untersuchungswoche arbeiten. Arbeitslose sind Personen, die in der Untersuchungswoche keine bezahlte Beschäftigung aufweisen, die jedoch aktiv Arbeit suchen und jene, die innerhalb der nächsten zwei Wochen eine Stelle antreten. Diese Personen können, müssen aber nicht am Arbeitsamt erfaßt sein.

Ein wachsendes Problem sind die Langzeitarbeitslosen (Arbeitslosigkeit von mehr als einem Jahr), deren Anteil an der Gesamtarbeitslosigkeit ansteigt und 1996 bei 50,7% lag. Die steigende Arbeitslosigkeit betrifft v.a. unqualifizierte und wenig qualifizierte Arbeitnehmer. Die Personen mit abgeschlossener Lehre, mit Mittelschulausbildung (ohne Matura), mit einem Grundschulabschluß bzw. ohne Ausbildung stellten 1996 78,4% der Langzeitarbeitslosen bzw. 72,9% aller Arbeitslosen.

Auch die Frauenarbeitslosigkeit ist im Ansteigen. Ende 1993 lag der Anteil der Frauen an den registrierten Arbeitslosen bei 45,7%, Ende 1994 bei 48,8% (zirka 180.000 Personen) und Ende 1995 bereits bei 49,9%. Bei der Frauenarbeitslosigkeit in Bratislava (58,9%) und in der Westslowakei (51,0%) handelt es sich um die Auswirkungen der Rezession und der Restrukturierung der Leichtindustrie (v.a. Textil-, Schuh- und Nahrungsmittelindustrie), aber auch um die Folgen des Verlusts von Arbeitsplätzen im Dienstleistungssektor (Kleinhandel, Schulwesen und Kultur). Auch die Frauen in der Landwirtschaft zählen aufgrund ihrer geringeren Mobilität und der geringeren Arbeitsmöglichkeiten zu den Verlierern der Transformation. Der südwestliche Grenzbezirk Komárno wies 1994 mit 63,8% die höchste Frauenarbeitslosigkeit auf. Für die südlichen landwirtschaftlichen Bezirke, die eine große Zahl von Privatbauern aufweisen, kann jedoch angenommen werden, daß die arbeitslos gemeldeten Frauen im Familienbetrieb ihres Mannes weiterarbeiten. Auch in der Hauptstadt Bratislava arbeiten wahrscheinlich manche Frauen, die offiziell arbeitslos gemeldet sind, im Privatbetrieb ihres Mannes mit.[37]

Die regionalen Differenzen der Arbeitslosigkeit sind zwischen 1990 und 1995 gemäß dem Variationskoeffizienten von 25,1% auf 33,7% angestiegen. Erst Ende 1995 begannen sich die regionalen Unterschiede im Niveau der Arbeitslosigkeit um 0,8 Prozentpunkte, im Vergleich zum Ende des Jahres 1994, zu reduzieren. Eine Analyse auf der Ebene der Bezirke ergibt, daß sich die Arbeitslosenquote zwischen 1991 und 1995 in 15 Bezirken bereits reduzierte, in 23 Bezirken ist sie jedoch um 0,1 bis 11,7 Prozentpunkte angestiegen (vgl. Karte 3.8). Es lassen sich dabei regionale Unterschiede feststellen, wobei ein deutliches Nord-Süd- und Süd-Ost-Gefälle existiert: Am stärksten von Arbeitslosigkeit betroffen sind jene Regionen, in denen eine Akkumulation mehrerer negativer Faktoren, von denen einige bereits vor der Wende existierten, vorliegt: Zu diesen zählen eine schwache Wirtschaftsstruktur (monostrukturelle Konzentration auf ein oder zwei Großbetriebe, hoher Anteil der Landwirtschaft mit niedriger Produktionsleistung), schlechte Infrastruktur, periphere Lage, starkes Bevölkerungswachstum sowie ein niedriges Qualifikationsniveau der Arbeitslosen.

Das Problem der Arbeitslosigkeit erfaßte in den ersten Jahren der Transformation (1991–1994) aber auch wichtige Industrieregionen, die entweder Monoindustrie (d.h. einen oder zwei tragende Betriebe in der Region, die zwischen 40% und 60% aller

---

[37] Vor allem in den südlichen, an Ungarn und Österreich angrenzenden Bezirken muß auch damit gerechnet werden, daß arbeitslos gemeldete Personen (beiderlei Geschlechts) illegal in Österreich als Bedienerin, Serviererin, Kellner, Maurer oder Hilfsarbeiter in der Landwirtschaft arbeiten. Es ist allerdings kaum möglich, die Zahl der Schwarzarbeiter abzuschätzen.

Karte 3.7: **Arbeitslosenquote nach Bezirken in der Slowakei (Stand 31. 12. 1995)**

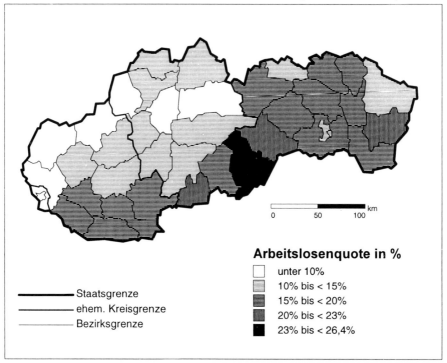

(Quelle: ŠÚ SR) (Grafik: Klaus Kraß, Vera Mayer)

ökonomisch Aktiven beschäftigen) oder eine ungünstige Industriestruktur aufwiesen. Von struktureller Arbeitslosigkeit waren v.a. Bezirke mit einem hohen Anteil an Bergbau-, Maschinen-, Gebrauchsgüter-, Nahrungsmittel-, Papier- und Holzindustrie sowie an chemischer Industrie betroffen. In der Westslowakei sind dies u.a. die Bezirke Levice (Maschinen-, Textil- und Bekleidungsindustrie) und Topolčany (Partizánské – Schuhindustrie) sowie in der Mittelslowakei Lučenec (Textil-, Nahrungsmittel-, Holz-, Maschinen-, Elektroindustrie und Baumaterialienerzeugung), Považská Bystrica (Rüstungsindustrie), Žiar nad Hronom (Aluminiumerzeugung), Rožňava (Eisenhütten- und Nahrungsmittelindustrie) und Svidník (Elektroindustrie). Mit Ausnahme des Bezirkes Považská Bystrica zeigte die Arbeitslosigkeit in allen diesen Bezirken eine steigende Tendenz.

Von struktureller Arbeitslosigkeit waren in der ersten Transformationsphase aber auch die städtischen Agglomerationen und die Zentralen Orte betroffen. Ende 1991 überschritt die Arbeitslosenquote in den Bezirken Nitra, Trenčín, Trnava, Banská Bystrica, Žilina, Poprad und Prešov die Zehn-Prozent-Marke. Den stärksten Beschäftigungsrückgang verzeichneten dabei die zwei ostslowakischen Industriezentren Poprad und Prešov. Zu den Bezirken, in denen sich die Arbeitslosigkeit seit 1994 stabilisierte, bzw. sogar zu sinken begann, gehören neben Bratislava und Košice die Bezirke

Karte 3.8: **Arbeitslosenquote nach Bezirken in der Slowakei, Index 1991/1995**

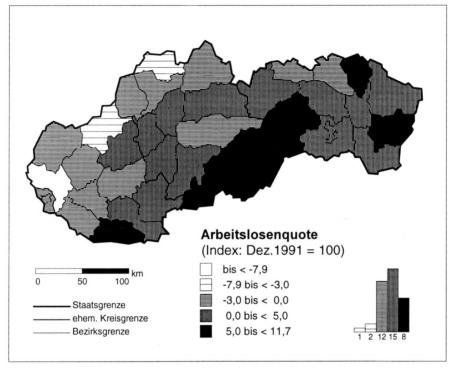

(Quelle: ŠÚ SR) (Grafik: Vera Mayer, Georg C. Odehnal)

Trenčín, Trnava, Banská Bystrica und Žilina. Ende 1995 lag die Arbeitslosenquote in diesen Bezirken deutlich unter dem slowakischen Durchschnitt (13,1%). Insgesamt betrug sie Ende 1995 in 7 Bezirken weniger als 10 Prozent. Der Bezirk Trenčín liegt mit einer kontinuierlich sinkenden Arbeitslosenquote (Ende 1995 betrug diese 6,6%) nach Bratislava (4,7%) an der zweiten Stelle der Bezirke mit niedriger Arbeitslosigkeit, gefolgt von Bratislava-Land (7,4%) an der dritten Stelle (vgl. Karte 3.7).

Generell kann man sagen, daß Bezirke mit Zentralen Orten bzw. regionalen Zentren aufgrund der dynamischeren Entwicklung des tertiären Sektors und des privaten Unternehmertums, teils aber auch durch den Branchenmix in der Industrie, größere Chancen haben, neue Arbeitsplätze zu schaffen.

Im Regionalvergleich ist, abgesehen von der Bipolarität (Bratislava und Košice), ein West-Ost- und Nord-Süd-Gefälle in der räumlichen Verteilung der Arbeitslosigkeit festzustellen. Es besteht dabei ein direkter Zusammenhang zwischen dem Niveau der Arbeitslosigkeit und der Wirtschaftsstruktur der Region. Die Zahl der Bezirke mit unterentwickelter Wirtschaftsstruktur und einer hohen Arbeitslosenquote nimmt von Westen nach Osten zu. Betrachtet man die Makroregionen (Kreise), so befanden sich Ende 1994 die meisten Bezirke (insgesamt 11) mit einer Arbeitslosenquote über 20% in der Ost- und in der Mittelslowakei. In der Westslowakei sind durch eine hohe Arbeitslosigkeit von über 20% lediglich drei Bezirke mit einem starken Anteil der Landwirtschaft gekennzeichnet.

Im Jahr 1995 verbesserte sich die Situation wesentlich (vgl. Karte 3.7). Mit Ausnahme von Bratislava, Košice und Banská Bystrica war die Arbeitslosigkeit in allen Bezirken rückläufig. Lediglich vier Bezirke, alle in der Ostslowakei liegend, weisen eine Arbeitslosenquote von mehr als 20% auf (Michalovce, Rimavská Sobota, Rožňava und Veľký Krtíš). Eine deutliche Reduzierung der Arbeitslosenquote ist vor allem in den von Arbeitslosigkeit besonders schwer betroffenen Bezirken zu beobachten.

Zum Ost-West-Gefälle der Arbeitslosigkeit trägt in hohem Maße die Arbeitslosigkeit der Romabevölkerung im Osten des Landes bei. Ende 1994 stellten die arbeitslosen Roma in der Westslowakei 3,9%, in der Mittelslowakei 8,5% und in der Ostslowakei, wo die meisten Roma leben, fast ein Viertel aller Arbeitslosen (insgesamt 31.914 Personen). Ende 1994 war in 10 von insgesamt 14 Bezirken der Ostslowakei der Anteil der Roma an den Arbeitslosen höher als 20%; am stärksten waren die Bezirke Spišská Nová Ves (37,5% bzw. 5.520 Personen), Stará Ľubovňa (36,4%), Michalovce (33,6% bzw. 3.755 Personen), Vranov nad Topľou (32,8%) und Trebišov (30,5%) betroffen. In der Zentralslowakei tragen die Roma lediglich im Bezirk mit der höchsten Arbeitslosenquote, in Rimavská Sobota, mit 25,5% (3.240 Personen) zur Arbeitslosigkeit bei. Die Arbeitslosigkeit der Romabevölkerung entwickelt sich zu einem schwer lösbaren sozialpolitischen Problem. Dafür sprechen ihre fehlende Qualifikation und die geringe Vermittelbarkeit auf dem Arbeitsmarkt.

3.2.4 Soziale und ethnische Auswirkungen

3.2.4.1 Lebensstandard und Lohneinkommen

Der Transformationsprozeß wird im sozialen Bereich durch den Anstieg der Konsumentenpreise und der Lebenshaltungskosten, das Sinken des Lebensstandards und die Entstehung neuer sozialer Ungleichheit begleitet. Die sich öffnende „soziale Schere" trägt zum Entstehen einer neuen Klassengesellschaft bei. Fast „über Nacht" kam es zur Bildung neuer Sozialschichten, d.h. der Unternehmer auf der einen und der Arbeitslosen bzw. der sozial Schwächeren auf der anderen Seite. Die Sozialsphäre wurde zum „neuralgischen Punkt" des Transformationsprozesses in der Slowakei. Im Sozialbereich ist die Bevölkerung mit einer Reihe von Neuerungen konfrontiert. Ein neues soziales Netz, bestehend aus dem System der Sozialversicherung und der Arbeitslosenunterstützung, wurde geschaffen. Seit Jänner 1995 wird die Reform mit der Einführung eines neuen Krankenversicherungssystems fortgesetzt.

Die sozialen Auswirkungen der Transformation fielen nachhaltiger aus als erwartet: Die Abwertung der KCS im Jahr 1990 und 1993, die Preisliberalisierung im Jahr 1991 und die Steuererhöhungen haben sich auf Preise und Mieten ausgewirkt. Die Inflationsrate stieg 1991 „explosionsartig" um 61,2% an. Nach einem nochmaligen starken Anstieg um 23,2% im Jahr 1993 scheint sich die Inflation Ende 1994 bei 13,4% zu stabilisieren und erreichte Ende 1995 ein Niveau von 9,9%.

Der Verbraucherpreisindex (auf Basis der Preise von Jänner 1989) ist Ende 1994 auf 289,2 angestiegen (vgl. Abbildung 3.3). Die stärksten Preissteigerungen betrafen seit 1989 Milch und Milchprodukte (420,6), Kartoffeln (616,9) und Backwaren sowie Baumaterialien (408,9) und Brennstoffe (557,8). Dem Inflationsdruck folgte eine Einschränkung des Konsums, v.a. bei Fleisch, Milch und Milchprodukten.

Abbildung 3.3: **Entwicklung des Verbraucherpreisindex März 1994 bis Februar 1995**

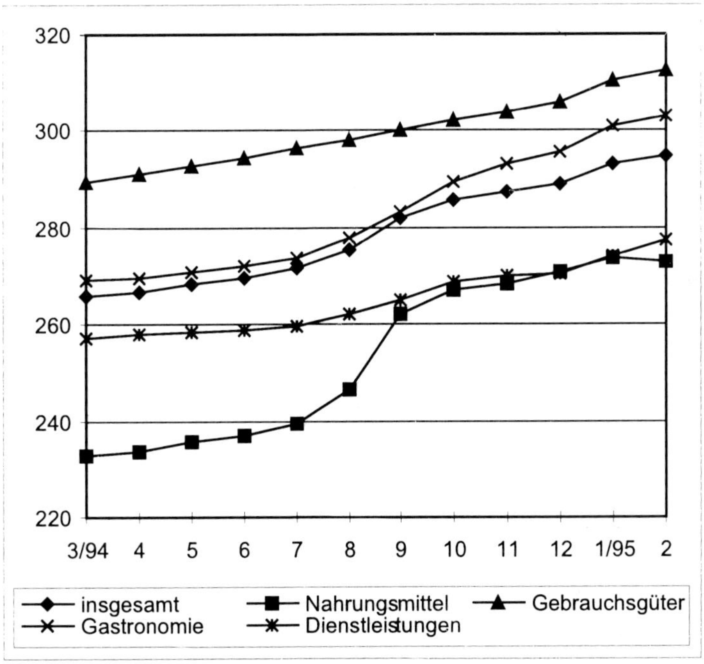

(Quelle: ŠÚ SR) (Grafik: Vera Mayer, Georg C. Odehnal)

Der Index der Lebenshaltungskosten (1989 = 100) ist Ende 1995 auf das Dreifache des Jahres 1989 (301,4) angestiegen. Aus der Perspektive der einzelnen sozialen Gruppen sind die Landwirte am stärksten von dieser Entwicklung getroffen. Ihre Lebenshaltungskosten sind von 1989 bis Ende 1995 auf einen Indexwert von 307,7 angestiegen, gefolgt von den Angestellten (301,3) und Pensionisten (296,6).

Demgegenüber ist das reale Lohneinkommen Ende 1993 auf 62,7% des Wertes von 1989 gesunken. Nur der nominale Durchschnittslohn erhöhte sich seit 1989 um mehr als 100% und erreichte 1994 bereits 6.160 SKK (312 DM). Die niedrigsten Löhne wurden 1994 im Schulwesen (5.157 SKK/261 DM), in der Landwirtschaft (5.191 SKK) sowie im Hotel- und Gastgewerbe (5.192 SKK) verzeichnet. Auf einem mittleren Niveau bewegten sich die Löhne in der Industrie (6.464 SKK) und im Bauwesen (6.502 SKK); am höchsten waren sie im Finanz- und Versicherungswesen (11.770 SKK/596 DM).

Im Jahr 1995 stieg der nominale Durchschnittslohn auf 7.144 SKK mit einem Index von 116,0 gegenüber dem Vorjahr, wobei die höchsten Jahreszuwächse in der Industrie (15,2%), in der Bauwirtschaft (14,9%), im Handel (13,2%) und im Transportwesen (17,9%) erzielt wurden.[38]

Karte 3.9: **Durchschnittlicher Monatslohn nach Bezirken in der Slowakei (1995)**

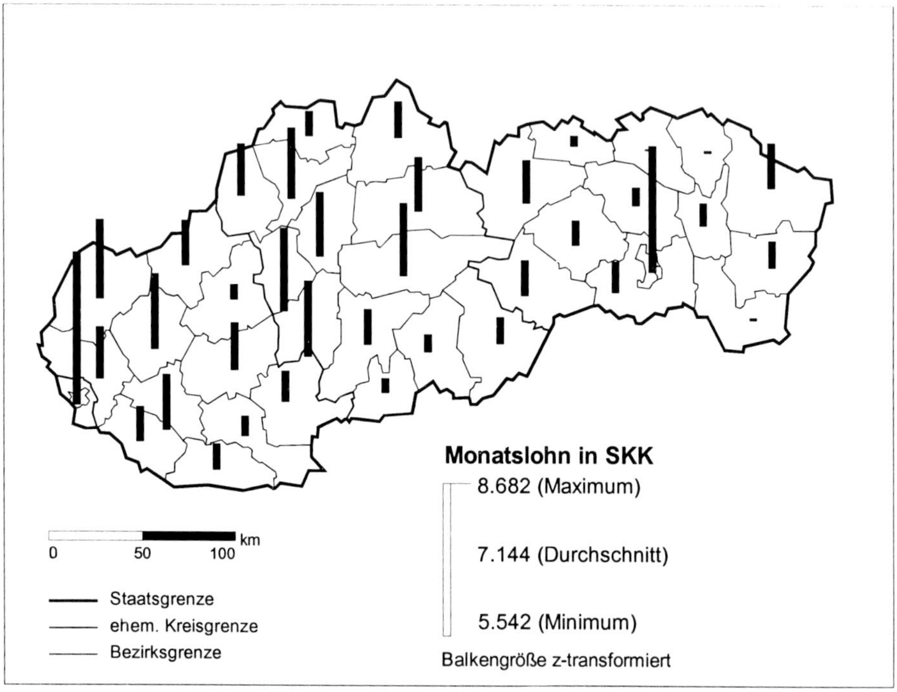

(Quelle: ŠÚ SR) (Grafik: Klaus Kraß, Vera Mayer)

Bei den Löhnen besteht ein deutliches West-Ost- und Nord-Süd-Gefälle, das von der Wirtschaftsstruktur der Regionen bestimmt ist (vgl. Karte 3.9). 1995 waren die meisten Bezirke mit einem monatlichen Durchschnittslohn über 7.000 SKK in der West- und Mittelslowakei situiert, wobei das höchste Lohnniveau in Bratislava und in Košice zu finden ist. Niedrige Löhne (unter 7000) sind vor allem für die landwirtschaftlich geprägten südlichen Grenzbezirke sowie die strukturschwachen Bezirke des Ostens typisch. Von den insgesamt neun Bezirken mit den niedrigsten Durchschnittslöhnen (unter 6.000 SKK) befinden sich fünf in der Ostslowakei. Der Unterschied zwischen dem landesweit höchsten Durchschnittseinkommen in Bratislava (8.682 SKK) und dem niedrigsten im ostslowakischen Bezirk Trebišov (5.542 SKK) erhöhte

---

[38] Die Lohnangaben beziehen sich auf Firmen ab 25 Mitarbeitern und inklusive der nicht gewinnorientierten Organisationen.

sich 1995 auf 36,2%. Löhne und Preise werden derzeit teilweise wieder staatlich reguliert. Dies betrifft sowohl die Löhne in defizitären Firmen als auch in Unternehmen mit überdurchschnittlichen Lohnsteigerungen (Finanz- und Versicherungswesen, Energiewirtschaft usw.).

Die sozialen Auswirkungen der Transformation manifestieren sich auch im Bereich des Wohnens. 1992 wurden die Mieten um zirka 100% erhöht, danach folgten noch weitere Erhöhungen. Es ist allerdings zu bedenken, daß die Durchschnittsmiete einer Gemeindewohnung im Jahr 1990 nur zwischen 124 und 152 KCS betrug (das entsprach etwa 11 bis 14 DM). Schrittweise erfolgt nun eine Liberalisierung von Heiz- und Energiekosten, Wasser- und Kanalgebühren usw. Die geplante Liberalisierung der Mietpreise soll den Wohnbau ankurbeln.

3.2.4.2 Ethnische Struktur

Die politische Situation wurde während der Transformation durch die Problematik der ungarischen Minderheit[39] komplexer (Diskussion über zweisprachige Ortstafeln und Schulen, Verwendung der ungarischen Namen, Restitutionsansprüche usw.). Vor allem aber die bis 1996 nicht geklärte Frage der administrativen Gliederung war eines der Hindernisse auf dem Weg zu einer Konsolidierung. Es handelte sich dabei vor allem um die Frage, inwieweit bei der neuen administrativen Gliederung die historischen und ethnischen Gegebenheiten berücksichtigt werden sollten. Wie man aufgrund der neuen administrativen Gliederung sieht, wurde die Forderung der ungarischen Gemeinden nach einer eigenen Verwaltungseinheit mit dem Zentrum Komárno (in diesem Bezirk befindet sich der höchste Anteil an ungarischer Bevölkerung) nicht erfüllt, da sie von den Slowaken bereits als Vorstufe zur Autonomie bewertet wurde. Das historische Komitat Komárno wurde gemäß der neuen administrativen Gliederung in den Kreis Nitra eingegliedert, in dem die Slowaken die Mehrheit bilden. Wirtschaftsgeographisch gesehen, spielt bei der hohen Arbeitslosigkeit in den von Ungarn bewohnten Bezirken nicht der ethnische Faktor, sondern die Tatsache, daß diese südlichen Bezirke landwirtschaftlich geprägt sind, eine wichtige Rolle.

Nach den Ungarn sind die Roma die zweitstärkste Minderheit in der Slowakei. 1989 wurden in der Slowakei laut den Angaben des Ministeriums für Gesundheit und soziale Angelegenheiten insgesamt 254.000 Roma gezählt.[40] Die Romabevölkerung (vgl. Karte 3.11) ist v.a. in der Ostslowakei konzentriert (55,2%); geringere Anteile entfallen auf die Mittel- (22,6%) und die Westslowakei (19,7%).

---

[39] 10,8% der Bevölkerung gehören der ungarischen Minderheit an, die in den südlichen Bezirken konzentriert ist (vgl. Karte 3.10).
[40] Diese Zahl ist verläßlicher als die der Volkszählung 1991, bei der sich nur 1,4% der Bevölkerung (75.802 Personen) als Roma deklarierten; die Mehrheit gab die slowakische Nationalität an.

Karte 3.10: **Ungarische Bevölkerung in der Slowakei (März 1991)**

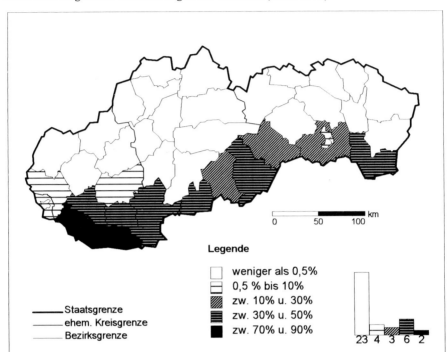

(Quelle: ŠÚ SR) (Grafik: Klaus Kraß, Vera Mayer)

Die Roma sind besonders stark von den Auswirkungen der Transformation betroffen, da von den Betrieben in erster Linie unqualifizierte Arbeiter entlassen wurden. Von der Sozialhilfe und an der Armutsgrenze lebend, gehören sie heute zu den schwächsten Sozialschichten. Die Problematik der Roma ist dabei sehr konfliktgeladen. Zur politischen Brisanz trägt der Umstand bei, daß einige der von der ungarischen Minorität bewohnten Bezirke und auch die Bezirke mit hohem Roma-Anteil eine besonders hohe Arbeitslosigkeit aufweisen (vgl. dazu die Karten 3.7, 3.8 und 3.11).

Darüber hinaus lebt in der Ostslowakei eine ukrainische (0,25%) und eine russinische Minderheit (0,33%). Potentielle ethnische Konflikte mit ökonomischen Kausalfaktoren könnten in diesen östlichen, an die Ukraine angrenzenden Bezirken durch ein bislang neues Phänomen ausgelöst werden: die v.a. im Baugewerbe tätigen billigen „Gastarbeiter" aus der benachbarten Ukraine. Dies ist umso problematischer, da es sich hier um Bezirke handelt, die ohnehin bereits einen ausgeprägten Arbeitsplatzmangel aufweisen.

Karte 3.11: **Die Zahl der Roma pro 1.000 Einwohner in der Slowakei (1989)**

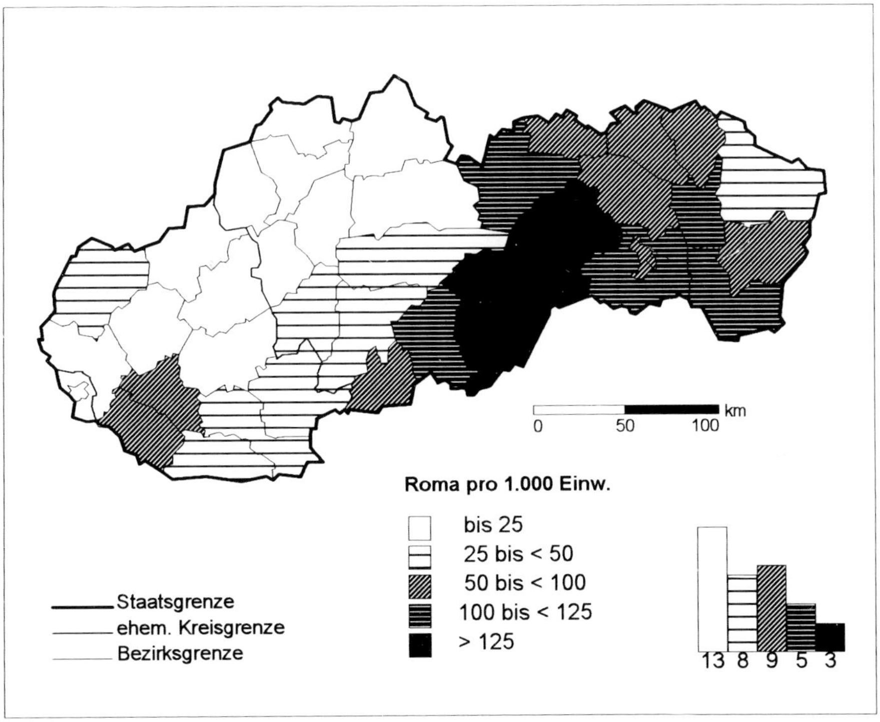

Roma pro 1.000 Einw.
- bis 25
- 25 bis < 50
- 50 bis < 100
- 100 bis < 125
- > 125

Staatsgrenze
ehem. Kreisgrenze
Bezirksgrenze

13 8 9 5 3

(Quelle: FIBINGEROVÁ 1992) (Grafik: Vera Mayer, Georg C. Odehnal)

3.3 Regionalpolitik und Krisenmanagement

3.3.1 Slowakische Regionalpolitik im Verlauf der Transformation

Die Regionalpolitik reduziert sich derzeit vor allem auf die Ansiedelung und Förderung von kleinen und mittleren Unternehmen. Von der slowakischen Regierung wird die Förderung von kleinen oder mittelgroßen innovativen Betrieben im Bereich der Industrie oder der Dienstleistungen als Schlüssel der Regionalentwicklung angesehen. 1993 und 1995 beschloß die Regierung entsprechende Förderungsprogramme im Bereich des Fremdenverkehrs, Förderungsprogramme für die Entwicklung der Industrieproduktion auf der Basis einheimischer Rohstoffe, die Förderung ökonomischer Aktivitäten im Bereich des Energiesparens und der Senkung des Rohstoffimports sowie ein Programm, das Projekte zur Senkung der Energiekosten im Wohnbau- und Wohnungsbereich fördern soll, weiters Förderungsprogramme im Bereich der Entwicklung des kombinierten Verkehrs sowie Förderungen für den Bereich der Landwirtschaft. Im Zeitraum 1991–1994 wurden bereits 3,8 Mio. SKK an Förderungen für derartige Projekte zur Verfügung gestellt, wobei durch diese Aktivitäten im gleichen Zeitraum 2.694 neue Arbeitsplätze entstanden sind (NARMSP, S. 45f., 80ff.).

Ein wichtiger Schritt war dabei die Gründung der Nationalen Agentur für die Entwicklung der Klein- und Mittelbetriebe (NARMSP), die alle Aktivitäten auf der lokalen, nationalen und internationalen Ebene koordiniert. NARMSP ist zuständig für die Koordination aller das EU-PHARE-Programm betreffenden Aktivitäten.

Die NARMSP koordiniert weiters mehrere Programme der bilateralen Zusammenarbeit mit Deutschland, den Niederlanden, Frankreich, Japan und mehreren Organisationen aus den USA (vgl. NARMSP, S. 70ff.). Der Slowakisch-Amerikanische Unternehmensfonds (SAEF) ist z.B. die Tochterfirma des Tschechisch-Slowakisch-Amerikanischen Unternehmensfonds (CSAF), deren Ziel die Förderung der Entwicklung der klein- und mittelgroßen Unternehmen durch die Gewährung von Krediten und Kapitalbeteiligungen ist.

Im Rahmen des PHARE-Programms, des EU-Regionalförderungskonzeptes und des European Business and Innovation Centre Network (EBN) wurde ein sogenanntes Business Innovation Centre (BIC) in Bratislava gegründet, mit Regionalstellen in Košice, Spišská Nová Ves und Prievidza. Die Tätigkeit des BIC-Managements besteht in der systematischen Suche nach und der Bewertung von neuen Unternehmensprojekten, die innovative Produkte oder Technologien einführen wollen. Die Firmen erhalten Unterstützung bei der Suche nach Finanzmitteln, bei der Anmietung notwendiger Räumlichkeiten und bei Schulungen für Buchhaltung, Fremdsprachen und neue Technologien.

Eine weitere Maßnahme der Regionalförderung besteht in der Steuerbefreiung für Unternehmen, die in Regionen mit schlechter Wirtschaftsstruktur und mit hoher Arbeitslosenquote tätig sind. Wie sich jedoch zeigte, bilden die Steuerbefreiungen keinen allzu großen Anreiz für die ausländischen Investoren.

Unabhängig vom Standort gewährt die Slowakei ausländischen Investoren in Schlüsselbranchen (Energiewirtschaft, Konversion der Rüstungsindustrie und Infrastrukturausbau) Steuerbefreiungen für zwei bis fünf Jahre; für die Banken beträgt dieser Zeitraum bis zu zehn Jahre. Im Fall der Rüstungsindustrie etwa kann diese Maßnahme auch als Regionalförderung betrachtet werden; die Anziehungskraft und Wirksamkeit dieser Steuerbefreiungen muß jedoch ebenfalls angezweifelt werden.

Der Ausbau des Fremdenverkehrs könnte in der Slowakei zu einem wichtigen Steuerungsinstrument für die Regionalentwicklung werden. Nach dem Umbruch hat die Slowakei die traditionelle Gästeklientel aus der ehemaligen DDR und aus Tschechien verloren; nach 1989 setzte jedoch ein Gästezuwachs aus Westeuropa ein. 1993 betrugen die Deviseneinnahmen aus dem Tourismus bereits 400 Mio. USD (4% des BIP).

Es wäre jedoch falsch zu behaupten, daß der Tourismus für alle Regionen zum Rettungsanker werden kann. Zu einem Tourismusland auf westeuropäischem Niveau ist es noch ein weiter Weg: Mit Ausnahme der Hauptstadt Bratislava, der Tatra, des Fatra-Gebirges und internationaler Kurorte wie Piešťany, Trenčianské Teplice und Sliač fehlt der Slowakei eine Tradition des Fremdenverkehrs. Unzureichend ist darüber hinaus die Infrastruktur (Pensionen, Gastronomie, Kanalisations- und Warmwassernetz, Telekommunikation, Banken, Reisebüros, unzureichendes Schnellstraßen-

und Autobahnnetz, Netz von Tankstellen mit bleifreiem Benzin, Autowaschanlagen und Reparaturservice für ausländische Kraftfahrzeuge).
Wichtig für die Regionalentwicklung wäre der Ausbau des regionalen bzw. kommunalen Bankwesens, das seine Dienste dem kommunalen Sektor der jeweiligen Region zur Verfügung stellt. Ende 1994 gab es in der Slowakei nur in Žilina eine auf die Regionalproblematik ausgerichtete Bank (Erste Kommunalbank AG). Nach Meinung von Experten finden sich in der Slowakei auch weitere Regionen mit ausreichendem ökonomischem Kapital (Bratislava, Košice, Banská Bystrica, Zvolen, Poprad und die Südslowakei), die Aktionsfelder für weitere klassische Regional- bzw. Kommunalbanken darstellen könnten (TREND, 3. 11. 1994, S. 4f.). Darüber hinaus orientieren sich viele Banken (u.a. auch zwei ausländische Banken und EXIM Bank of Japan) auf die Kreditvergabe an kleine und mittelgroße Unternehmen (NARMSP, S. 84ff.).
Neue Möglichkeiten für die Förderung der Regionalentwicklung bilden die Überlegungen im Rahmen der grenzüberschreitenden Makroregionen. Drei Projekte befinden sich in Diskussion:
1. die Transborder-Region Bratislava–Wien–Győr,
2. die Euroregion „Carpathians" (Košice–Rzeszów–Užgorod–Miskolc) und
3. die Tourismusregion „Tatry" (Poprad–Kežmarok–Zakopane–Nowy Targ).
Der Transborder-Region Bratislava–Wien–Győr (und eventuell Brünn) werden die größten Chancen zugeschrieben, sicherlich auch durch die Partizipation der Region Wien, die hier gewiß eine treibende Kraft ist. Die Tourismusregion „Tatry" besitzt ebenfalls eine gute Ausgangsposition. Am problematischsten scheint aus innenpolitischen Gründen die Euroregion „Carpathians" zu sein.

3.3.2 Krisenmanagement in einer Problemregion – das Beispiel des Bezirks Spišská Nová Ves (Zips)

Von der neuen Entwicklung nach 1989 sind jene Regionen besonders stark betroffen, in denen es zu einer Kumulation negativer Auswirkungen des Transformationsprozesses gekommen ist. Zu den am stärksten durch die Adaptationsrezession betroffenen Bezirken gehört Spišská Nová Ves (Zipser Neudorf) in der Ostslowakei (vgl. Karte 3.1). Mit seinen 1.529 km^2 liegt Spišská Nová Ves an elfter Stelle der insgesamt 38 Bezirke; mit einer Einwohnerzahl von 147.000 und einer Bevölkerungsdichte von 96 Einwohnern/km^2 bewegt sich der Bezirk im Mittelfeld. Der Bezirk umfaßt insgesamt 88 Gemeinden.
In bezug auf das wirtschaftliche Potential trug 1994 der Bezirk Spišská Nová Ves mit zirka 1% zum BIP der Slowakei bei und lag damit deutlich unter dem slowakischen Durchschnitt. 1995 stieg der Anteil am BIP auf 1,4% leicht an und der Bezirk Zips lag somit an der 18. Stelle (zusammen mit Topolčany) (vgl. Karte 3.4). Die Arbeitsproduktivität ist im Vergleich zum slowakischen Durchschnitt in diesem Bezirk ebenfalls niedrig.
Der Bezirk Spišská Nová Ves gehört auch zu den durch das Auslandskapital weniger begünstigten Bezirken und lag Ende 1995, was die Höhe der direkten Auslandsinvestitionen anbelangt, im letzten Drittel aller Bezirke an der 29. Stelle (vgl. Karte 3.5).

Zwischen 1993 und 1995 hat sich die Situation weiter verschlechtert. Ende 1995 befanden sich im Bezirk insgesamt 60 Firmen mit einer Beteiligung von ausländischem Kapital in der Höhe von 27,3 Mio. SKK, das entsprach einem Anteil von 0,1% am gesamten Auslandskapital in der Slowakei. Auch der Zuwachs an den Gesamtinvestitionen um 2,9 Prozentpunkte Ende 1995 bewegte sich weit unter dem slowakischen Durchschnitt (Index 120,0).

Auch weitere Indikatoren weisen darauf hin, daß Spišská Nová Ves einer der am stärksten von der Transformation betroffenen Bezirke ist. Zwischen 1991 und 1995 ist die Zahl der Beschäftigten von 45.701 auf 27.205 gesunken. Die Arbeitslosenquote war hier Ende 1994 mit 25,3% eine der höchsten in der Slowakei. Von den insgesamt 14.703 Arbeitslosen waren 1994 die meisten Arbeiter (zirka 70%). Der Anteil der Industriearbeiter an den Arbeitslosen liegt bei zirka 60%. Sehr hoch ist in diesem Bezirk die Arbeitslosigkeit der Roma (rund 35% aller Arbeitslosen). Auffallend ist die geringe Arbeitslosigkeit der Frauen, die 1995 lediglich einen Anteil von 7% an den insgesamt 13.025 Arbeitslosen bildeten. Dies steht in einem deutlichen Gegensatz etwa zu den westlichen Bezirken, wo der Anteil der arbeitslosen Frauen bei 50% und mehr liegt, und ist auf die traditionell geringe Beschäftigung der Roma-Frauen zurückzuführen.

Die mangelhafte Industriestruktur, die nach Marktverlusten am Beginn der Transformation zu einem hohen Produktionsrückgang führte, ist einer der wichtigsten Gründe für die hohe Arbeitslosigkeit in Spišská Nová Ves. Im industriellen Sektor dominiert die Metall- und Metallwarenindustrie (36,4%); es folgen die Nahrungs- und Genußmittelindustrie (22,7%), der Bergbau (nicht energetische Rohstoffe, Erz- und Steingewinnung mit insgesamt 16,8%), die Erzeugung elektrischer und optischer Geräte (6,4%) sowie die Textil- und Bekleidungsindustrie (4,9%).

Eine unvorteilhafte Ausgangsbasis für unternehmerische Aktivitäten bietet die Infrastruktur: Der Bezirk ist durch einen schlechten Straßenzustand und ein unzureichendes Telefon- und Telekommunikationsnetz (0,07 Telefonanschlüsse pro Einwohner) gekennzeichnet. Von den insgesamt 89 Gemeinden weisen nur 39 eine Wasserleitung, 18 ein Kanalisationssystem und nur 14 Gemeinden Gasversorgung auf. Weitere Nachteile des Bezirks sind der Mangel an Banken, die schlechte Qualität der Fremdenverkehrseinrichtungen, ein unzureichender und qualitativ unterentwickelter Dienstleistungssektor, die Umweltverschmutzung, ein negativer Migrationssaldo, geringe Kaufkraft usw.

Gemäß einer Regionalanalyse im Auftrag des Wirtschaftsministeriums der Slowakischen Republik wurden die wichtigsten Schwerpunkte für die Weiterentwicklung der Region bereits festgelegt (TVRDOŇ et al. 1994, Beilage S. 1ff.). Die Möglichkeiten für die Regionalentwicklung liegen dabei in der

– Förderung des Fremdenverkehrs,
– Entwicklung der Holzverarbeitung,
– Forcierung der Bauwirtschaft in bezug auf den Tourismus (Stadterneuerung, Sanierungen, Bau moderner Fremdenverkehrseinrichtungen usw.),
– Entwicklung neuer maschineller Technologien unter Beteiligung des Auslandskapitals,

- Nutzung von freien Kapazitäten und freien Flächen für die Entwicklung ökologisch vertretbarer Produktionszweige,
- Entwicklung der Landwirtschaft mit Betonung jener Produkte, die den klimatischen und Bodenbedingungen entsprechen, und Förderung der Finalproduktion,
- Nutzung der Mineralquellen für den Kurtourismus sowie
- in der Nutzung alternativer Energiequellen, dem Bau kleiner Wasserkraftwerke und der Nutzung von Holz- und Biomasse.

Für die Unterstützung einzelner Entwicklungsprogramme muß jedoch zuerst eine Basis von Institutionen und legislativen Maßnahmen geschaffen werden. Die Regional- und Kommunalpolitik sollte dabei Bedingungen für die Entwicklung des Unternehmertums, die Entwicklung kleiner und mittelgroßer Betriebe als Grundlage der regionalen Wirtschaftsstruktur, die Entwicklung neuer Produktionszweige und Technologien sowie für die Infrastrukturentwicklung schaffen.

Wie sich die Veränderungen der Wirtschaftsstruktur auf die Beschäftigung auswirken, ist schwer abzuschätzen, denn es zeigen sich hier gegensätzliche Entwicklungen. Einerseits erfolgt durch die Schließung vieler ineffektiver Produktionszweige eine Abnahme der Beschäftigtenzahlen, andererseits sollte durch die neuen Unternehmen und die daraus folgende höhere Arbeitsproduktivität die Beschäftigung in den kleinen und mittelgroßen Unternehmen, im Bereich des Tourismus und im Dienstleistungssektor ansteigen.

Generell kann man daher sagen, daß die Umsetzung des dargelegten Maßnahmenkataloges, ihre Auswirkungen in der Praxis, wenn auch nur in einem geringem Ausmaß, gezeigt hat. Wichtig ist in diesem Zusammenhang die Tätigkeit der BIC-Außenstelle in Zipser Neudorf (Unternehmens-Innovationszentrum), die sich auf Konsultationen, die Erstellung und Begutachtung der Firmenpläne, Schulungen, die Gewährung von Krediten usw. spezialisiert hat. Durch diese Tätigkeit wurden 1995 insgesamt 5 neue Betriebe gegründet und 24 neue Arbeitsplätze geschaffen. Dies ist im Vergleich zu den verlorengegangenen Arbeitsplätzen nichts anderes als der berühmte Tropfen auf den heißen Stein. Das Beispiel Spišská Nová Ves belegt sehr deutlich, daß Regionen, die sich auf dem Pfad „nach unten" befinden, nur mit großen Anstrengungen und Investitionen geholfen werden könnte.

3.4 Regionale Restrukturierung

3.4.1 Demographische Entwicklung

Die demographische Entwicklung der Slowakei weist für die letzten Jahrzehnte einen dynamischen Anstieg der Bevölkerungszahl aus. Zwischen 1970 und 1991 ist die Bevölkerungszahl von 4.537.290 auf 5.274.335 angestiegen. Im Zeitraum 1970 bis 1980 betrug der Zuwachs +10%; zwischen 1980 und 1991 verringerte sich dieser auf +5,7%.

Den Bevölkerungsprognosen nach werden Bevölkerung und Arbeitskräftepotential in der Slowakei weiterhin eine steigende Tendenz aufweisen. Infolge der hohen Geburtenraten in den 70er Jahren wird der Bevölkerungszuwachs seinen Höhepunkt zwischen 2001 und 2005 erreichen. Erst ab 2005 wird die Bevölkerungszahl sinken und zwischen 2016 und 2020 ihren Tiefstand erreichen (TERPLAN 1993, S. 12). Laut der Prognose des ŠÚ SR werden sich im Jahr 2000 bereits 61,2% der Bevölkerung im produktiven Alter befinden, dies sind um rund 328.700 Personen mehr als im Jahr 1991 (vgl. Tabelle 3.7).

Tabelle 3.7: **Prognose der Entwicklung der Altersstruktur der Bevölkerung (ohne Migration/in absoluten Zahlen)**

	vorproduktiv 0 bis 14	produktiv Alter 15 bis 54/59	postprod. über 54/59	insgesamt
1991	1.313.961	3.046.154	914.220	5.274.335
Prognose: 1995				
TERPLAN	1.226.805	3.224.657	943.419	5.394.881
ŠÚ SR	1.218.583	3.224.734	940.602	5.383.919
2000				
TERPLAN	1.195.451	3.365.586	962.675	5.523.712
ŠÚ SR	1.172.002	3.374.892	967.572	5.514.466
2005	1.238.173	3.410.571	1.011.563	5.660.307
2010	1.283.848	3.383.997	1.113.180	5.781.025
2020	1.230.933	3.395.051	1.271.486	5.897.470

(Quellen: TERPLAN, ŠÚ SR)

Hinsichtlich des Bevölkerungswachstums und des Arbeitskräftepotentials bestehen in der Slowakei auf der Ebene der Makroregionen regionale Differenzen (Ost-West-Gefälle). Auf der Makroebene der Regionen wird die Bevölkerungsentwicklung laut Prognose des ŠÚ SR bis zum Jahr 2000 in der Ostslowakei (+7,2%) und in der Mittelslowakei (+4,5%) am dynamischsten verlaufen (vgl. Tabelle 3.8).

Tabelle 3.8: **Bevölkerungszuwachs zwischen 1991 und 2000**

	Bevölkerungszuwachs		Bevölkerungszuwachs im produkt. Alter	
	absolut	in %	absolut	in %
Bratislava	15.193	3,4	33.722	12,9
Westslowakei	43.636	2,5	89.541	9,0
Mittelslowakei	72.489	4,5	96.197	10,3
Ostslowakei	108.813	7,2	109.278	12,7

(Quelle: ŠÚ SR)

Gemessen an den Absolutzahlen, nimmt dementsprechend auch die Bevölkerung im produktiven Alter in der Ostslowakei und in der Mittelslowakei am deutlichsten zu. In der Ostslowakei bedeutet dies zwischen 1991 und 2000 einen Zuwachs von ca. 110.000 Personen im produktiven Alter. In der Region Bratislava ergibt sich zwar prozentuell der höchste Zuwachs, in absoluten Zahlen (vgl. Tabelle 3.8) handelt es sich jedoch im Vergleich zu den weiteren Makroregionen um eine wesentlich geringere Zunahme (34.000).

In der Ostslowakei (vgl. Karte 3.12) liegen die meisten Bezirke mit einem hohen „Vitalitätsindex" (Bezirke Poprad und Stará Ľubovňa sowie ein Teil des Bezirkes Spišská Nová Ves).[41] In manchen Bezirken trägt die hohe Geburtenrate der Romabevölkerung dazu bei. In der West- und auch in der Mittelslowakei befinden sich die meisten Bezirke mit einem sich stabilisierenden Populationstypus; in den südlichen landwirtschaftlichen Bezirken wiederum dominiert der regressive bzw. zumindest der stagnierende Populationstypus (vgl. Karte 3.12).

Karte 3.12: **Vitalitätsindex und Populationstypus in der Slowakei (1991)**

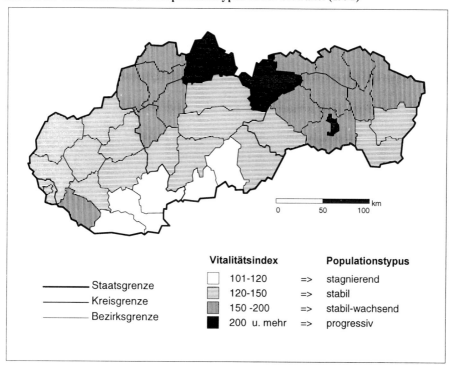

(Quelle: FIBINGEROVÁ 1992) (Grafik: Klaus Kraß, Vera Mayer)

Typisch ist dabei, daß v.a. die strukturschwachen Bezirke keine stabile, sondern entweder eine progressive oder eine regressive Bevölkerungsentwicklung aufweisen. Der demographische Faktor wird hier die problematische wirtschaftliche Situation

---

[41] Vitalitätsindex = Bevölkerung im vorproduktiven Alter (0 bis 14 Jahre) mal 100, dividiert durch die Zahl der Bevölkerung im postproduktiven Alter (Männer ab 60 Jahren, Frauen ab 55 Jahren).

noch zusätzlich verschärfen. In den Bezirken mit einem progressiven Populationstypus könnte dies die ohnehin hohe Arbeitslosenquote noch weiter verstärken. Falls es nicht gelingt, in den Bezirken dieser beiden Populationstypen genügend neue Arbeitsplätze zu schaffen, könnte es zu einer intensiven Abwanderung kommen.

Die regionalen Disparitäten der demographischen Entwicklung werden noch deutlicher, wenn diese auf der Stadt-Land-Ebene untersucht werden. Der massive Industrialisierungs- und Verstädterungsprozeß nach 1945 hat in der Slowakei zu markanten Stadt-Land-Unterschieden beigetragen. Im Zuge von Industrialisierung und Konzentration der wirtschaftlichen Produktion kam es durch Geburten und Migration zur Konzentration der Bevölkerung in Ballungsräumen und Zentralen Orten. Im Jahr 1970 lebten 36,1% der Bevölkerung in Städten über 10.000 Einwohner, im Jahr 1991 waren es bereits 49,5%. Das heißt, daß fast die Hälfte der Gesamtbevölkerung der Slowakei in 72 Siedlungseinheiten über 10.000 Einwohner konzentriert war. In den restlichen 2.762 Siedlungseinheiten wohnten 50,5% der Einwohner der Slowakei, insgesamt 2.661.010 Personen. Mit Abstand die größten Agglomerationen stellen Bratislava (ca. 440.000 Einwohner) und Košice (235.000 Einwohner) dar. Neun Städte haben zwischen 99.999 und 50.000 Einwohner: Das sind Nitra, Trenčín und Trnava in der Westslowakei, Banská Bystrica, Žilina, Martin und Prievidza in der Mittelslowakei sowie Poprad und Prešov in der Ostslowakei.

Die Binnenmigration und das Pendelwesen belegen die oben erwähnte Entwicklung und die daraus resultierende Polarisierung zwischen dem urbanen und ländlichen Raum sehr deutlich. Dies wird vor allem an der Stellung Bratislavas als das wichtigste Zuzugsgebiet in der Slowakei und der kontinuierlichen Abwanderung aus dem östlichen Teil des Landes klar. Die stärksten Binnenmigrationsströme erfolgen, gemessen nach Kreisen, von der Ost- in die Mittelslowakei, von der Mittel- in die Westslowakei und von der Westslowakei nach Bratislava. Innerhalb der Kreise verzeichnete allein Bratislava zwischen 1981 und 1990 einen Migrationszuwachs von 41.050 Personen.

Die Förderung der Wirtschaft in den wichtigsten Agglomerationen und Industriezentren hatte auch eine dynamische Entwicklung des Pendelwesens zur Folge. Zu den Auspendlerbezirken mit dem höchsten Anteil an Gemeinde-Auspendlern gehörten 1991 die Bezirke im Umland von Bratislava und die nördlichen Regionen der Mittelslowakei – dies sind die Zuzugsgebiete für wichtige Industriezentren wie etwa Žilina, Martin, Považská Bystrica, Trnava und Nitra sowie auch für die nordmährische Industrieregion um Ostrava. Infolge des in der Ostslowakei häufigen Phänomens von Monoindustriebetriebe gehören hier alle Bezirke, mit einer Ausnahme, zur Gruppe mit mehr als 40% bzw. über 50% Gemeindeauspendlern.

Bratislava war 1991 die Stadt mit den zahlenmäßig meisten Einpendlern (73.726); diese stellten 33% der ökonomisch aktiven Bevölkerung Bratislavas.[42] Das bedeutendste Einzugsgebiet Bratislavas war 1991 die Westslowakei (insgesamt 66.346 Einpendler nach Bratislava), fast die Hälfte der Pendler kamen aus dem Bezirk Bratisla-

---

[42] Im Vergleich dazu lag die Zahl der Einpendler nach Prag nur bei 18%.

va-Land (29.000), weitere aus den umliegenden Bezirken Dunajská Streda und Galanta (jeweils 9.000) sowie aus Trnava und Senica (insgesamt ca. 9.000).
Ein weiteres wichtiges Einzugsgebiet für Pendler ist die Stadt Košice. Der stärkste Auspendlerbezirk Richtung Košice ist Košice-Land mit 22.300 Auspendlern. Die Konzentration der Arbeitskräfte in den Agglomerationen und Industriezentren und die daraus entstehenden Stadt-Land-Gegensätze sind allerdings ein auch für die westlichen Industrieländer charakteristisches Phänomen. Für unsere Analysen ist die Betrachtung dieser Pendlerströme von Bedeutung, da es, abgesehen von der aus Bratislava stammenden größten Gruppe der Arbeitsmigranten, vor allem die Pendler aus der West- und Mittelslowakei, früher die stärksten Zuzugsgebiete nach Bratislava, sind, die jetzt Arbeit in Österreich suchen. Die Pendler aus der Ostslowakei tragen, wie auch schon früher zur Pendelwanderung in die Westslowakei und nach Bratislava, am wenigsten zur Pendelwanderung nach Österreich bei.[43]

3.4.2 Regionale Entwicklungspotentiale

Die regionale Polarisierung hat sich während des Transformationsprozesses vertieft; alte regionale Disparitäten wurden verstärkt, neue sind entstanden. Vom Institut für Regionale Ökonomie, Geographie und Umwelt an der TU Bratislava wurde für die Jahre 1991 und 1992 eine Regionalstudie durchgeführt, in deren Rahmen das regionale Entwicklungspotential durch eine Analyse von 20 (ökonomischen, sozialen und demographischen) Indikatoren ermittelt wurde.[44]

Gemäß dieser Analyse wurden drei Kategorien und sechs Untergruppen von Regionen gebildet (vgl. Karte 3.13):

Die erste Kategorie setzt sich aus „offenen" Regionen, die gute Voraussetzungen für eine erfolgreiche Transformation besitzen, zusammen. Die Untergruppe 1a) bilden Bratislava und Košice, die Gewinner der Transformation; diese besitzen eine ausgewogene Wirtschaftsstruktur sowie eine günstige geoökonomische und geopolitische Lage und sind daher die treibenden Regionen, die auch die Entwicklung in ihrem Hinterland forcieren. Bei der Untergruppe 1b) handelt es sich um Regionen mit einer relativ stabilen ökonomischen Entwicklung (Banská Bystrica, Nitra und Žilina); gute Voraussetzungen besitzen weiters Trnava, Trenčín, Poprad u.a.

Den zweiten Typus bilden Regionen, die stark von der Transformationsrezession betroffen sind und in denen eine Adaptation teilweise notwendig sein wird. Die Untergruppe 2a) bilden die von der Rezession betroffenen Monoindustrieregionen; zur Untergruppe 2b) gehören Gebiete mit unzureichender Infrastruktur.

Den dritten Typus bilden die unterentwickelten Regionen. Dazu gehören (Subtypus 3a) die peripheren Regionen, in denen auch in der Vergangenheit das ökonomi-

---

[43] Zur Pendelwanderung nach Österreich vgl. KOLLÁR (1997).
[44] Vgl. TVRDOŇ et al. (1994, S. 27ff.). Die weiteren Ausführungen in diesem Unterkapitel beziehen sich auf die genannte Studie.

sche, demographische und natürliche Potential nicht genügend genutzt wurde. Hier handelt es sich oft um das Hinterland von Industrieregionen. Die Untergruppe 3b) bilden die traditionell unterentwickelten Regionen (Bardejov, Stará Ľubovňa, Svidník und Vranov nad Topľou).

Karte 3.13: **Charakteristik ausgewählter Bezirke in der Slowakei nach ihrem Transformationspotential**

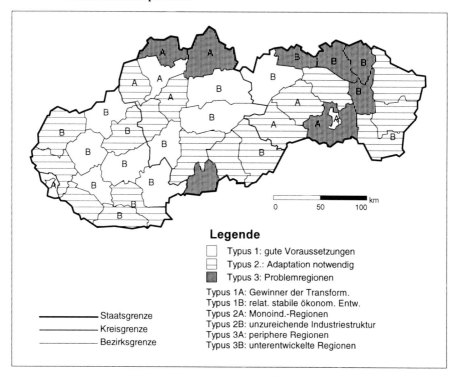

(Quelle: Wirtschaftsministerium der SR, Jozef TVRDOŇ (Bearb.))
(Grafik: Klaus Kraß, Vera Mayer)

Aus der Perspektive der Makroregionen (ehemalige Kreise) deutet auch diese Analyse auf ein West-Ost-Gefälle hin, das bereits aufgrund einzelner Indikatoren wie Arbeitslosigkeit, Löhne, Auslandsinvestitionen usw. konstatiert werden konnte. Mit Ausnahme von Košice und Poprad gehörten 1991 alle Bezirke in der Ostslowakei dem zweiten und dritten Typus an. Von den insgesamt 8 Bezirken des dritten Typus, d.s. unterentwickelte und periphere Bezirke, befanden sich 5 in der Ostslowakei. Von den insgesamt 13 ostslowakischen Bezirken gehören 9 Bezirke der Gruppe mit der geringsten Adaptabilität an die Strukturveränderungen an.

Für die Wirtschaftspolitik ergibt sich ein unterschiedlicher Handlungsbedarf, v.a. in den Problemregionen des zweiten und dritten Typus. Bei den schwer anpassungsfähigen Regionen des dritten Typus, wo es zu Rückschritten und einer Vertiefung der

Retardation kommt, die weiters durch hohe Arbeitslosigkeit und sinkende Produktion sowie durch geringere Unternehmeraktivitäten und Auslandsinvestitionen gekennzeichnet sind, ist ein aktives Eingreifen des Staates dringend erforderlich. Folgende Schlußfolgerungen der Studie sind als Grundlage für die Maßnahmen in der Industrie- und Regionalpolitik von Bedeutung:

– Die auf marktwirtschaftlichen Prinzipien basierende Politik der Regional- und Industrieentwicklung erfordert eine staatlich regulierte Bildungspolitik.

– Das Staatsprogramm für die Entwicklung der technischen Infrastruktur muß schnell realisiert werden; weiters ist es notwendig, ein ökonomisches und legistisches Netzwerk zu schaffen, um die Entwicklung der interregionalen Infrastruktur zu forcieren.

– Im Rahmen der Unterstützung des privaten Sektors soll eine Förderung von kleinen und mittleren Unternehmen erfolgen.

3.4.3 Die Slowakei – Quellgebiet der Ost-West-Wanderung

Bei der Betrachtung der regionalen Disparitäten in der Slowakei spielt die Arbeitsmigration eine wichtige Rolle. Die Slowakei ist ein traditionelles Auswanderungsland. Die massenhafte Auswanderung aus dem damaligen Österreich-Ungarn begann im vorigen Jahrhundert, nach der Wirtschaftskrise von 1873. Die meisten Auswanderer gehörten den sozial schwächsten Schichten an (Landarbeiter und Arbeiter ohne Qualifikation). Die stärksten Auswanderungsregionen befanden sich schon damals in der sozioökonomisch schwachen Ostslowakei. Diese Auswanderungswelle setzte sich bis in die Zwischenkriegszeit fort.

Nach 1945 bildete die Slowakei das demographische Hinterland für die tschechischen Länder; zwischen 1950 und 1992 betrug der Migrationssaldo 239.731 Personen zugunsten der tschechischen Länder (JEŘÁBEK o.J., S. 1). Die stärkste Zuwanderung in die tschechischen Länder erfolgte Anfang der 50er Jahre (Besiedelung der Grenzgebiete, massive Umsiedlung der Roma). Ende der 50er Jahre und in den 60er Jahren bewegte sich der positive Migrationssaldo (zugunsten der tschechischen Länder) zwischen 5.000 und 10.000 Personen pro Jahr; seit den 70er Jahren lag dieser dann unter 5.000 Personen pro Jahr. Dabei handelte es sich hauptsächlich um eine wirtschaftsbedingte „Binnenmigration".

Tradition hat in der Slowakei auch die landwirtschaftliche Saisonarbeit im Ausland. In der Zwischenkriegszeit wurde die Saisonarbeit durch Verträge zwischen der Slowakei und den jeweiligen Aufnahmeländern geregelt. Zwischen 1919 und 1938 hat das slowakische Arbeitsamt 221.853 Landarbeiter an die tschechischen Länder, Österreich, Frankreich, Deutschland u.a. vermittelt (BIELIK et al. 1980, S. 55). Die Zahl der Landarbeiter war in Wirklichkeit aber noch höher, da nicht wenige ohne Arbeitsvertrag arbeiteten. Die Landarbeiter rekrutierten sich v.a. aus den Regionen der Westslowakei. An dieser Tatsache hat sich nichts verändert, denn auch heute kommen die meisten in Österreich beschäftigten Landarbeiter aus der Westslowakei (KOLLÁR 1997). Seit der Grenzöffnung im Jahr 1989 begegnen wir also erneut den slowakischen landwirtschaftlichen Saisonarbeitern aus der Westslowakei, v.a. in den Bundesländern Niederösterreich und Burgenland.

Im Gegensatz zu vergleichbaren Studien über Ungarn und die Tschechische Republik deutet die Analyse der wichtigsten Indikatoren auf ein erhöhtes Migrationspotential in der Slowakei hin. Mittel- und längerfristig könnte die Slowakei, unter gewissen Voraussetzungen, zu den primären Quellgebieten der Ost-West-Migration zählen, und zwar aus mehreren Gründen:

– Trotz der 1995 und 1996 auf der makroökonomischen Ebene positiven Ergebnisse bleibt die wirtschaftliche Situation in einigen Regionen und auf der mikroökonomischen Ebene ernst. Die regionalen Disparitäten zwischen den wirtschaftlich adaptionsfähigen und den strukturschwachen Bezirken haben sich während der Transformation hinsichtlich der Arbeitslosigkeit, des Lohnniveaus, des wirtschaftlichen Wachstumspotentials und der Investitionstätigkeit verschärft.

– Die Adaptationsrezession hat auch den Wohnbau besonders stark betroffen, die Bauwirtschaft stagniert weiterhin. 1989 wurden noch ca. 22.100 neue Wohnungen errichtet, während es 1995 nur 6.357 waren. Aufgrund des Bevölkerungszuwachses wäre zwischen 1991 und 2000 der Bau von rund 155.000 neuen Wohnungen erforderlich (TERPLAN 1993). Falls dies nicht geschieht und es zu einer krassen Wohnungsnot kommt, wäre dies ein weiteres Motiv für eine eventuelle Arbeitsmigration ins Ausland.

– Als potentielle Arbeitsmigranten kommen die qualifizierten und unqualifizierten Arbeiter im Bau- und Gastgewerbe in Frage sowie qualifizierte Arbeiter und Angestellte, die bereit sind, im Ausland eine unqualifizierte Beschäftigung anzunehmen. Mittel- und längerfristig ist aber auch mit einem erhöhten Potential an hochqualifizierten Berufen zu rechnen. Die derzeitige politische Lage in der Slowakei könnte, v.a. bei Studenten, Akademikern und Intellektuellen, zu einem erhöhten Migrationspotential beitragen (vgl. dazu KOLLÁR 1997). War es bisher u.a. die Sprachbarriere, die für die Hochschulabsolventen ein mögliches Hindernis für einen Arbeitsaufenthalt im Ausland darstellte, so wird sich dies in der näheren Zukunft ändern. Der Wunsch, ins Ausland zu gehen, ist bereits heute sehr groß. Laut einer bei Studenten der ökonomischen Hochschulen durchgeführten Umfrage waren 84% der 815 Befragten bereit, eine Arbeit in Westeuropa, 72% in der Tschechischen Republik und 65% in anderen Ländern (v.a. in Kanada und in den USA), anzunehmen, falls die Bedingungen dort besser wären als in der Slowakei (TREND, 15. 2. 1995, S. 1 u. 10A). Wie die Studie von KOLLÁR zeigt, ist das Qualifikationsniveau der slowakischen Gastarbeiter in Österreich überraschend hoch und liegt weit über demjenigen der polnischen Arbeitsmigranten.

In bezug auf die Richtung der Arbeitsmigration ist anzunehmen, daß eine große Zahl von Arbeitssuchenden in die Tschechische Republik pendeln bzw. sogar auswandern wird. Die ähnliche Sprache und Mentalität sprechen dafür. Nach der Auflösung der Tschechoslowakei haben zirka 160.000 Slowaken die tschechische Staatsbürgerschaft angenommen; die meisten hatten bereits ihren Wohnsitz und einen Arbeitsplatz in Tschechien. Die demographische Entwicklung in der Tschechischen Republik läßt aufgrund der niedrigen Geburtenraten eine Abnahme der Bevölkerung im produktiven Alter und einen gewissen Arbeitskräftebedarf erwarten. Auf dem tschechischen Arbeitsmarkt, vor allem im Baugewerbe, haben allerdings die Slowaken eine neue Konkurrenz erhalten – „Gastarbeiter" aus der Ukraine. Man könnte daher annehmen, daß die noch billigeren ukrainischen Arbeitskräfte teilweise die slowakischen Arbeitssuchenden aus dem tschechischen Arbeitsmarkt verdrängen könnten. Die Entwicklung zeigt jedoch, daß die Zahl der in Tschechien beschäftigten Slowaken im Ansteigen ist; im März 1996 waren bereits rund 60.000 Slowaken in Tschechien beschäftigt.

Neben Deutschland ist Österreich, aufgrund der geographischen Nähe, ein bevorzugtes Land für die slowakischen „Gastarbeiter", deren Zahl seit 1989 deutlich angestiegen ist.[45] Während im Juni 1993 lediglich 811 beschäftigte Slowaken registriert wurden, waren es im April 1995 bereits 2.582 bewilligungspflichtig beschäftigte Slowaken; dies waren um 90% mehr als im Vorjahr.[46] Zu den offiziell beschäftigten Slowaken kommt noch die schwer abzuschätzende Zahl der Schwarzarbeiter (v.a. Bauarbeiter und Saisonarbeiter in der Landwirtschaft und im Gastgewerbe). Für die Beschäftigung der Slowaken in Österreich sprechen v.a. die niedrigen Löhne, die derzeit nur zirka 60% der Löhne der alteingesessenen Gastarbeiter (etwa aus dem ehemaligen Jugoslawien) betragen, die historisch bedingte kulturelle Verwandtschaft mit Österreich und die geringe räumliche Distanz, die ein ökonomisch vorteilhaftes Konzept des Lebens in zwei Gesellschaften erlaubt. Aufgrund der verschärften Aufenthalts- und Ausländerbeschäftigungsgesetze und der Quotenregelung kann es jedoch zu keiner massenhaften Arbeitsmigration nach Österreich kommen.

Eine mögliche Osterweiterung der EU und der Beitritt der Slowakischen Republik würden in der Zukunft völlig neue Voraussetzungen für die Arbeitsmigration schaffen.[47]

3.5 Zusammenfassung

Die problematische politische, gesellschaftliche und wirtschaftliche Situation der Slowakei seit dem Beginn der Transformation und wachsende regionale Disparitäten müssen im Kontext der historischen Siedlungs- und Wirtschaftsentwicklung dieses

---

[45] Die tatsächliche Zahl der Slowaken in Österreich vor 1993 ist schwer zu eruieren, da diese (etwa bei den Einbürgerungen) bis 1993 als Bürger der Tschechoslowakei registriert waren. Bei der Volkszählung 1991 (Wohnbevölkerung) haben sich in Österreich lediglich 2.210 und in Wien 1.132 Personen zur slowakischen Umgangssprache bekannt. Diese Zahl muß jedoch relativiert werden, da es für die slowakische Umgangssprache keine eigene Rubrik gab, man mußte diese unter „Sonstige" anführen.

[46] Auch die Statistik der in Österreich bewilligungspflichtig beschäftigten Ausländer ist bis 1993 wenig aussagekräftig, da sie ebenfalls nur die Bürger der ehemaligen Tschechoslowakei berücksichtigt.

[47] Das Volumen des Migrationspotentials ist schwer abzuschätzen. Laut einer Studie des Soziologischen Instituts der SAW würde eine mögliche Arbeitsmigration von zirka 150.000 Personen (in alle Länder) die Arbeitslosenquote in der Slowakei bis zum Jahr 2005 auf 9,0% senken (FALŤAN et al. 1993, S. 83.).

noch in der Zwischenkriegszeit agrarisch geprägten Landes gesehen werden. Unter den heute am stärksten betroffenen Regionen befinden sich auch diejenigen, die bereits vor 1945 zu den strukturschwächsten und ärmsten zählten. Die alten regionalen Disparitäten, die die paternalistische kommunistische Planwirtschaft zu minimieren versuchte, traten nach 1989 erneut zutage. Dazu kamen auch solche, die durch die zentralistische Planwirtschaft verursacht worden waren, und schließlich entstanden durch die Transformation ganz neue Ungleichheiten.

Die Industrialisierung nach 1945 brachte den Slowaken Beschäftigung und einen höheren Lebensstandard. Da es jedoch in der Planwirtschaft keine regionale, sondern eine zentralistische Politik gab und in der größeren Dimension der Makroregionen „um jeden Preis" ein ökonomischer Ausgleich der Slowakei mit dem tschechischen Teil des Landes angestrebt wurde, machen sich die Fehler der sozialistischen Planwirtschaft gerade heute in einer krassen regionalen Polarisierung bemerkbar.

Abgesehen von den zwei administrativen und wirtschaftlichen Zentren Bratislava und Košice konzentrierte sich der wirtschaftliche Aufbau in den Zentralen Orten, die, genauso wie in Ungarn, sowohl die Investitionen als auch die Arbeitskräfte an sich zogen. Die Errichtung von Monoindustriegiganten in den peripheren und strukturschwachen Gebieten hat nach dem Verlust des ehemaligen RGW-Marktes und dem daraus resultierenden Produktionsrückgang verheerende Auswirkungen auf die Beschäftigung ganzer Regionen.

Das zentralistisch-administrative Planungssystem berücksichtigte weder die regionalen Besonderheiten, noch setzte es wirtschaftliche Maßnahmen für eine flächendeckende Regionalentwicklung. Fatale Auswirkungen haben heute die vergleichsweise geringe Präsenz kleiner und mittelgroßer Betriebe, die jahrzehntelange Vernachlässigung des tertiären Sektors und das Verbot jeglicher Privatwirtschaft.

Dazu kommen weitere Hemmnisse, die eine rasche Transformation verhindern. Der Zusammenbruch des RGW-Marktes und die allgemeine wirtschaftliche Rezession in Europa Anfang der 90er Jahre haben die Slowakei mehr betroffen als die Tschechische Republik. Weiters sind die wirtschaftlichen Folgen der Teilung vom 1. Jänner 1993, die in der Slowakei schwerwiegender sind als in der Tschechischen Republik, anzuführen. Nicht nur die damalige slowakische Regierung, sondern auch die gesamte politische Szene war nicht ausreichend auf die Transformation, die Teilung der Republik und die staatliche Selbständigkeit vorbereitet.

Im Jahr 1994 ist es der Slowakei gelungen, die wirtschaftliche Talfahrt zu stoppen und eine Wachstumsphase einzuleiten. Seit der ersten Hälfte des Jahres 1995 scheint der Übergangsschock makroökonomisch überwunden zu sein. Trotz dieser positiven Ergebnisse zählen jedoch das geringe Tempo der Privatisierung und die daraus folgende Unsicherheit über die Zukunft vieler Betriebe weiterhin zu den größten Hindernissen einer fortgesetzten wirtschaftlichen Konsolidierung der Slowakei.

Aber auch die Tatsache, daß es in der Slowakei vor der kommunistischen Ära keine ausreichende Industriestruktur gab und daher auch keine fundierte Unternehmertradition existiert, erschwert den Transformationsprozeß. Es herrscht v.a. in der Führungsebene ein Mangel an kompetenten Fachleuten. Der in den ersten Transformationsjahren noch relativ geringe Bekanntheitsgrad des neuen Staates und die politische

Instabilität sowie die geringe Transparenz der Privatisierung sind Gründe für die Zurückhaltung bei ausländischen Investoren.

Die vorliegende Analyse belegt, daß sich die regionalen Disparitäten während des Transformationsprozesses vertieft haben. Seit dem Beginn des Transformationsprozesses 1991 ist neben dem Beitrag zum Bruttoinlandsprodukt, der Produktion, den direkten Auslandsinvestitionen, den Lohnkosten und den Indikatoren für die demographische Entwicklung vor allem die Arbeitslosigkeit ein wichtiger Indikator für die Regionalentwicklung. In den durch die Arbeitslosigkeit am schwersten betroffenen Regionen kam es im Zeitraum 1991–1995 zu einer Kumulation negativer Faktoren in Form struktureller und sektoraler Probleme. Diese Entwicklung betraf in erster Linie Monoindustrieregionen, Regionen mit unzureichender Industriestruktur, unterentwickelte Regionen und periphere Regionen sowie Regionen mit einem hohen Anteil an Landwirtschaft. Diese Regionen weisen auch einen geringen Beitrag zum BIP auf, die Auslandsinvestitionen sind hier gering und die Löhne niedriger als im slowakischen Durchschnitt. Aufgrund der siedlungs- und wirtschaftsräumlichen Struktur der Slowakei können wir räumliche Differenzierungsmuster feststellen: Die meisten von negativen Entwicklungen betroffenen Regionen befinden sich im östlichen und in den südlichen Teilen der Slowakei. Viele dieser Bezirke sind Grenzregionen, welche an Ungarn, die Ukraine oder Polen angrenzen und wo aufgrund des schwachen Wirtschaftspotentials der Nachbarregionen keine überzeugenden Wachstumseffekte erwartet werden können. Dies steht im Gegensatz zu den Regionen an der westlichen Grenze Tschechiens mit Deutschland, wo eine umgekehrte Entwicklung, eine Aufwertung dieses Raumes eingetreten ist. Eine Ausnahme könnte in der Slowakei die an Polen angrenzende Region der Hohen Tatra bilden, wo die Entwicklung des Fremdenverkehrs das regionale Wachstum beleben könnte.

Als mit Abstand erfolgreichster Gewinner der Transformation tritt die Hauptstadt Bratislava aufgrund ihrer geographischen Lage (der Nähe zu Wien), ihres sozioökonomischen Potentials (das höchste BIP, die höchsten Auslandsinvestitionen, das höchste Lohnniveau und die niedrigste Arbeitslosigkeit) und ihrer administrativen Funktionen hervor. Aber auch die im westlichen Landesteil liegenden Industrieagglomerationen und Zentralen Orte weisen aufgrund ihrer differenzierten Industriestruktur und der besser entwickelten Infrastruktur sowie einer dynamischen Entwicklung des tertiären Sektors gute Voraussetzungen für eine erfolgreiche Transformation, ein weiteres Wirtschaftswachstum und somit auch für die Schaffung neuer Arbeitsplätze auf. Darüber hinaus bringt die Aufwertung dieser Orte als Hauptstädte der neuen, im Juli 1996 eingeführten politisch-administrativen Einheiten, der Kreise, höchstwahrscheinlich neue Impulse für die Wirtschaftsentwicklung.

3.6 Summary

The problematic political, social and economical situation of Slovakia since the beginning of the transformation process and the growing regional disparities have to be looked at in the context of the historical settlement and economic development of this country – characterized by agriculture still during the time between World War I and World War II. Some of the structural weakest and poorest regions even before 1945 are also among the most affected regions today. The old regional disparities which the paternalistic communist planned economy tried to minimize, became again evident after 1989. In addition there are disparities caused by the centralistic planned economy and eventually completely new unbalances emerged from the transformation process.

An unfavourable regional economic development affected in the first place mono-industrial regions, areas with insufficient industrial structures, underdeveloped regions and peripheral areas as well as regions with a high agricultural part. These regions make also only a small contribution to the GNP, foreign investments are low here and the wages are below the Slovakian average. Most of the regions affected by these negative developments are situated in the eastern and southern parts of Slovakia. Many of these districts are frontier areas with borders to Hungary, the Ukraine or Poland where no compelling growth effects can be expected due to the weak economic potential of the neighbouring regions. This is in contrast with the regions on the western border of the Czech Republic with Germany where an opposite development, an upgrading of the area took place. The High Tatra – a bordering region to Poland – could be an exception in Slovakia. Here the development of tourism could stimulate the regional growth.

Most of the central towns and villages and industrial centres are situated in the western and central part of the country. Due to their differentiated industrial structure and the better developed infrastructure as well as a dynamic development of the third sector they have good preconditions for a successful transformation, further economic growth and therefore also for the creation of new jobs. Additionally the upgrading of these villages and towns to capitals of the new, in July 1996 adopted, political-administrative units – the districts – might probably bring about new stimuli for the economic development.

Bratislava profits most by the mentioned factors. Due to the geographical position (the proximity to Vienna), the socio-economic potential and the administrative function the city stands out by far as winner in the transformation process.

Bibliographie

1. STATISTISCHE QUELLEN

ARBEITSMARKTSERVICE ÖSTERREICH (Hg.), 1995. Bewilligungspflichtig beschäftigte Ausländer und Ausländerinnen. April 1995. Wien.

FEDERÁLNÍ STATISTICKÝ ÚŘAD (FSÚ), ČESKÝ STATISTICKÝ ÚŘAD (ČSÚ), SLOVENSKÝ ŠTATISTICKÝ ÚRAD (SŠÚ) (Hg.), 1991. Statistická ročenka České a Slovenské federativní republiky 1991 (Statistisches Jahrbuch der Tschechischen und Slowakischen Föderativen Republik 1991). Praha.

SLOVENSKÝ ŠTATISTICKÝ ÚRAD (SŠÚ) (Hg.), 1992. Medziokresné porovnania v SR za rok 1991 (Bezirksvergleiche in der SR für das Jahr 1991). Bratislava.

ŠTATISTICKÝ ÚRAD SLOVENSKEJ REPUBLIKY (ŠÚ SR) (Hg.), ab 1991. Slovenská štatistika (Slowakische Statistik). Bratislava.

ŠÚ SR (Hg.), 1993a. Štatistická ročenka SR 1992 (Statistisches Jahrbuch der SR 1992). Bratislava.

ŠÚ SR (Hg.), 1993b. Štatistická ročenka regiónov Slovenskej republiky. Za roky 1985–1990 (Statistisches Jahrbuch für die Regionen der Slowakischen Republik 1985–1990). Bratislava.

ŠÚ SR (Hg.), 1993c. Transformácia organizačných a vlastnickych vzt'ahov v SR 1992 (Transformation der Organisations- und Eigentumsverhältnisse 1992). Bratislava.

ŠÚ SR (Hg.), ab 1993d. Bulletin Štatistického úradu Slovenskej republiky (Bulletin des Statistischen Amtes der Slowakischen Republik). Bratislava.

ŠÚ SR (Hg.), ab 1993e. Štatistické čísla a grafy (Statistische Zahlen und Abbildungen). Bratislava.

ŠÚ SR (Hg.), ab 1993f. Monitor of the Economy of the Slovak Republic. Bratislava.

ŠÚ SR (Hg.), 1994a. Medziokresné porovnania v SR za rok 1993 (Bezirksvergleiche in der SR für das Jahr 1993). Bratislava.

ŠÚ SR (Hg.), 1994b. Štatistická ročenka SR 1993 (Statistisches Jahrbuch der SR 1993). Bratislava.

ŠÚ SR (Hg.), 1994c. Vybrané údaje o regiónov v Slovenskej republike za rok 1993 (Ausgewählte Regionaldaten für die Slowakische Republik 1993). 1994/3, Bratislava.

ŠÚ SR (Hg.), 1994d. Vybrané údaje o regiónov v Slovenskej republike za 1.-3. štrvt'rok 1994 (Ausgewählte Regionaldaten für die Slowakische Republik, 1.–3. Quartal 1994). 1994/12, Bratislava.

ŠÚ SR (Hg.), 1995a. Vybrané údaje o regiónov v Slovenskej republike za rok 1994 (Ausgewählte Regionaldaten für die Slowakische Republik 1994). 1995/3, Bratislava.

ŠÚ SR (Hg.), 1995b. Indexy spotrebitel'ských cien a životných nákladov v Slovenskej republike (Indizes der Verbraucherpreise und der Lebenshaltungskosten in der Slowakischen Republik). Štatistické čísla a grafy. Bratislava.

ŠÚ SR (Hg.), 1996a. Medziokresné porovnania v SR za rok 1995 (Bezirksvergleiche in der SR für das Jahr 1995). Bratislava.

ŠÚ SR (Hg.), 1996b. Vybrané údaje o regiónov v Slovenskej republike za rok 1995 (Ausgewählte Regionaldaten für die Slowakische Republik 1995). 1996/3, Bratislava.

2. ALLGEMEINE LITERATUR

BALÁZ, V., 1994. Tourism and Regional Development in the Slovak Republic. European Urban and Regional Studies 1: 171–177.

BIELIK et al., 1980. Slováci vo svete (Slowaken in der Welt). Bratislava.

BUSÍK, J., J. FIDRMUC, J. FOLTÍN, P. OCHOTNICKY u. A. WÖRGÖTTER, 1993. The Slovac Republic, Country Report. Bank Austria, May 1993, Wien.

CSÉFALVAY, Z., H. FASSMANN u. W. ROHN, 1993. Regionalstruktur im Wandel – das Beispiel Ungarn. ISR-Forschungsbericht 11. Wien.

FALŤAN, L., 1992. Rozvoj regiónov v prihraničných oblastiach Slovenska (Entwicklung der Grenzregionen in der Slowakei). Sociologický časopis 28, 4: 508–519.

FALŤAN, L., 1993. Formovanie perspektívy lokálnej územnej samosprávy (Entstehung der Perspektiven der lokalen und regionalen Selbstverwaltung). Sociológia 25: 371–388.

FAĽTAN, L. et al., 1993. Slovakia. Steps towards EC Membership. Institute for Sociology of the Slovak Academy of Sciences, Bratislava.

FASSMANN, H. u. Ch. HINTERMANN, 1997. Migrationspotential Ostmitteleuropa. Struktur und Motivation potentieller Migranten aus Polen, der Slowakei, Tschechien und Ungarn. ISR-Forschungsbericht 15. Wien.

FASSMANN, H. u. E. LICHTENBERGER (Hg.), 1995. Märkte in Bewegung. Metropolen und Regionen in Ostmitteleuropa. Wien–Köln–Weimar: Böhlau.

FATH, J., H. GABRISCH, F. LEVCIK, Z. LUKAS u. K. ZEMAN, 1994. Die Industrien Tschechiens und der Slowakei: Profile, Trends und Bezug zu Österreichs Industrie. WIIW-Forschungsbericht 201. Wien.

FAZ (Hg.), 1994. Tschechische Republik/Slowakische Republik. Länderanalysen der Frankfurter Allgemeine Zeitung GmbH Informationsdienste. Februar 1994, Frankfurt am Main.

FIBINGEROVÁ, V., 1990. Romské obyvateľstvo na Slovensku (Romabevölkerung in der Slowakei). Urbanita No. 67. Urbion, Bratislava.

FIBINGEROVÁ, V., 1992. Predbežné výsledky sčítania ľudu, domov a bytov r. 1991 a ich konfrontácia s výsledkami sčítania ľudu v r. 1970 a 1980 (Vorläufige Ergebnisse der Volkszählung: Bevölkerung, Häuser und Wohnungen im Jahr 1991 und Vergleich mit den Ergebnissen der Volkszählungen 1970 und 1980). Urbanita No. 72. Urbion, Bratislava.

FIDRMUC, J. et al., 1994. The Slovac Republic. After One Year of Independence. Bank Austria, Wien.

GROSSER, I. et al., 1993. Shared Aspirations, Diverging Results. The Economic Situation in Central and East European Countries and in Slovenia, Croatia, Russia and Ukraine at the Turn of 1992/1993. Part II – Country Reports. WIIW-Forschungsbericht 191. Wien.

HO. HOSPODÁRSKE NOVINY. Praha, Bratislava.

HORÁLEK, M. et al., 1993. Zaměstnanost a nezaměstnanost v České republice 1991–1993 (Beschäftigung und Arbeitslosigkeit in der Tschechischen Republik). Friedrich-Ebert-Stiftung. Prag.

JEŘÁBEK, J., o. J. Binnenwanderung in der ČR und SR. Unveröffentlichtes Manuskript.

KISZTNER@PUSR.SANET.SK, 1996. Slovak economic sheet. Review of the Slovak press, Issue No. 8/I, February 1996.

KOHÚTIKOVÁ, E., 1994. Banking in Slovakia. The Vienna Institute Monthly Report 2: 7–10.

KOLLÁR, D., 1997. Migration und Pendelwanderung: Die Slowakei als neues Herkunftsgebiet. Institut für Stadt- und Regionalforschung der Österreichischen Akademie der Wissenschaften, Wien. In Vorbereitung.

KOMÍNKOVÁ, Z. u. B. SCHMÖGNEROVÁ (Hg.), 1992. Czecho-Slovakia Towards EC (Economic Issues). Papers from the International Conference, Bratislava, May, 18–20, 1992. Friedrich Ebert Foundation and Institute of Economics of the Slovak Academy of Sciences, Bratislava.

KOMÍNKOVÁ, Z. u. B. SCHMÖGNEROVÁ (Hg.), 1993. Conversion of the Military Production. Comparative Approach. Papers from the International Conference, Bratislava, November, 16–18, 1992. Friedrich Ebert Foundation and Institute of Economics of the Slovak Academy of Sciences, Bratislava.

KŘOVÁK, J., 1993. Economic Aspects of the Czech-Slovak Split. A Survey. WIIW-Forschungsbericht 199: 1–25.

KŘOVÁK, J., F. LEVCIK, Z. LUKAS, M. PICK u. O. TUREK, 1993. The Czech and Slovak Economies after the Split. WIIW-Forschungsbericht 199. Wien.

LEVCIK, F., 1993. Economic problems of the Czech and Slovak Republics after the split. Kurswechsel 3: 51–60.
LUKAS, Z., 1993a. Slovakia: a difficult start. WIIW-Mitgliederinformation 4: 10–15.
LUKAS, Z., 1993b. Slovakia: setback after the split. WIIW-Mitgliederinformation 6: 15–17.
LUKAS, Z., 1993c. Slovakia: economic downturn after a painful split. WIIW-Mitgliederinformation 9: 36–41.
LUKAS, Z., 1995. Slovak Republic: strong upturn in the economy accompanied by political turbulances. The Vienna Institute Monthly Report 10: 24–30.
MAYER, V., 1995. Regional aspects of transition: development, problems and policies. Slovakia. The Vienna Institute Monthly Report 1: 29–36.
MAYER, V., 1997 (im Druck). Regional disparities and labour market in Slovakia. Geografický časopis. Bratislava.
MIHÁLIK, J., K. F. ACKERMANN, S. TYSON, H. THIERRY u. S. BORKOWSKA, 1994. Trh práce a sociálne dôsledky ekonomickej reformy v Slovenskej republike (Arbeitsmarkt und soziale Auswirkungen der ökonomischen Reform in der Slowakischen Republik). Bratislava.
MIKELKA, E. et al., 1994. Štruktúra trhu práce v Slovenskej republike (Die Struktur des Arbeitsmarktes in der Slowakischen Republik). Ökonomisches Institut der Slowakischen Akademie der Wissenschaften und Friedrich-Ebert-Stiftung, Bratislava.
NÁRODNÁ AGENTÚRA PRE ROZVOJ MALÉHO A STREDNÉHO PODNIKANIA (NARMSP) (Hg.), 1994. Stav malého a stredného podnikania. Bratislava.
OECD (Hg.), 1994. OECD Economic Surveys. The Czech and Slovak Republics. Paris.
OKÁLI, I., H. GABRIELOVÁ, E. HLAVATÝ, Z. KOMÍNKOVÁ u. R. OUTRATA, 1994. Hospodársky vývoj Slovenska v roku 1993 (Die wirtschaftliche Entwicklung in der Slowakei im Jahr 1993). Ökonomisches Institut der SAW, Bratislava.
OKÁLI, I., H. GABRIELOVÁ, E. HLAVATÝ u. R. OUTRATA, 1995. Hospodársky vývoj Slovenska v roku 1994 (Die wirtschaftliche Entwicklung in der Slowakei im Jahr 1994). Ökonomisches Institut der SAW, Bratislava.
OKÁLI, I., H. GABRIELOVÁ, B. SCHMÖGNEROVÁ, E. MIKELKA u. A. KLAS, 1992. Ekonomika Slovenska na začiatku transformačného procesu (Slowakische Wirtschaft am Anfang des Transformationsprozesses). Ökonomisches Institut der SAW, Bratislava.
TERPLAN (Hg.), 1993. Die Einwohnerprojektion in der ČR, SR und ČSFR bis in das Jahr 2020. TERPLAN, Prag.
TREND. Týždenník o hospodárstve a podnikaní (Trend. Wochenzeitschrift über Wirtschaft und Unternehmertum), 3. 11. 1994, 15. 2. 1995, 19. 2. 1997. Bratislava.
TVRDOŇ, J., M. HAMALOVÁ u. E. ŽARSKÁ, 1994. Transformácia hospodárskej a priemyselnej politiky do regiónov a ich aplikácia pri spracovaní regionálnych programov rozvoja (na príklade regiónu Spišská Nová Ves) (Transformation der Wirtschafts- und Industriepolitik in den Regionen und ihre Anwendung bei der Erarbeitung regionaler Programme am Beispiel der Region Spišská Nová Ves). Wirtschaftsministerium der SR, Bratislava.
VINTROVÁ, R., 1993. Macroeconomic Analysis of Transformation in the ČSFR. WIIW-Forschungsbericht 188. Wien.

4. Neue regionale Disparitäten in Ungarn

Zoltán Cséfalvay, Heinz Fassmann und Walter Rohn

4.1 Einleitung

Die Transformation von Ökonomie und Gesellschaft in Ungarn aktiviert „vorsozialistische" Disparitäten sowie andere Ungleichheiten, die zum Teil seit Jahrhunderten die regionale Struktur des Landes prägen. So lautet die Ausgangsthese der vorliegenden Studie. Als Beispiele für historische Ungleichheiten sind für Ungarn die Disparität zwischen den ehemals von den Türken besetzten Gebieten und den zur Donaumonarchie gehörenden Landesteilen bzw. eine generelle West-Ost-Differenzierung zu nennen. Polarisierung ist das verbindende Kennzeichen. Nach 40 Jahren einer „sozialistischen" Regionalpolitik, deren erklärtes Ziel in einer egalitären Entwicklung lag, gab es v.a. in der Anfangsphase der Transition nur schwach ausgeprägte regionalpolitische Initiativen, die dieser Polarisierung entgegensteuerten. Die Gesellschaft wird ungleicher hinsichtlich der räumlichen Verteilung der Wirtschaftsaktivitäten und der Polarisierung der sozialen Struktur.

In der Zeit nach dem Zweiten Weltkrieg wurde in Ungarn der bereits in der Zwischenkriegszeit eingeleitete Aufbau der neuen regionalen Zentren Győr, Miskolc, Szeged, Debrecen und Pécs (unter den Vorzeichen einer sozialistischen Wirtschafts- und Siedlungspolitik) fortgesetzt. Neu etabliert wurden hingegen die „sozialistischen Industriestädte" Dunaújváros, Oroszlány, Komló, Ajka und Ózd. In der „goldenen Zeit" des Kádár-Regimes, 1969 bis 1980, erfolgte eine Lockerung und Dezentralisierung der früheren direkten Machtausübung, was sich im Bereich der Regionalentwicklung in der Förderung der Mittelzentren (Komitatszentren) niederschlug. In den 80er Jahren wurde schließlich den Kleinstädten und den peripheren Regionen im Zuge einer weiteren Auflockerung des Systems ein etwas höherer Stellenwert eingeräumt (CSÉFALVAY 1992, S. 107f.).

Von einer realitätsverzerrenden Rückschau wird hier Abstand genommen. Neben den Zielen einer egalitären Regionalpolitik gab es auch eine empirische Realität. Diese war stets durch eine „zentralistische" Sichtweise geprägt. Die deutlichste Konsequenz dieser Tatsache war die Herausbildung eines mosaikhaften Musters regionaler Ungleichheiten, und zwar auf verschiedenen Stufen der Siedlungshierarchie (vgl. MIKLÓSSY 1990). Die höherrangigen Zentren zogen die Ressourcen der Zentren niedrigerer Rangstufe bzw. der Einzugsgebiete in Form von finanziellen Mitteln, Arbeitskräften und Infrastruktur an sich. So entfaltete sich eine mehrfache Struktur der Ungleichheit in den Ausprägungen Budapest versus Restungarn, Komitatszentren gegen Komitate und damit Städte versus Einzugsbereiche.

Die übergreifende Zielsetzung der vorliegenden Studie besteht in der Analyse der wichtigsten Phänomene der eingangs angesprochenen Polarisierung und damit in der Konturierung der neuen „territorialen Architektur" (REY 1990, S. 79) Ungarns.

4.2 Regionale Polarisierung Ungarns

Den Ausgangspunkt der Studie bildet ein Überblick über die gesamtwirtschaftliche Rahmenentwicklung in Ungarn. Daran anschließend wird die Entwicklung der ungarischen Regionen anhand von drei Fragestellungen dokumentiert: Welche Standorte werden bei neuen unternehmerischen Aktivitäten präferiert, welche räumliche Verteilung zeigt die Arbeitslosigkeit und welche Struktur dokumentieren Wohlstands- und Einkommensindikatoren?

4.2.1 Gesamtwirtschaftliche Rahmenentwicklung

Nach einem Rückgang des ungarischen Bruttoinlandsproduktes um rund 19% in den Jahren 1990 bis 1993 konnten mit 2,9% für 1994 und 1,5% für 1995 beim BIP wieder Zuwächse verzeichnet werden. Damit hat die ungarische Volkswirtschaft die seit dem Systemwechsel anhaltende Anpassungsrezession überwunden. Den Prognosen zufolge dürften die Wachstumsraten des BIP jedoch auch 1996 und 1997 nur bescheidene Ausmaße annehmen (RICHTER 1996a, S. 14; RICHTER 1996b, S. 13f.). Insgesamt ist die ungarische Wirtschaft im achten Jahr der Transition durch eine Kombination von positiven und negativen Tendenzen gekennzeichnet. Gelungen ist die Umwandlung bisher besonders auf der ökonomischen Mikroebene, d.h. im Bereich der Unternehmen. Problematisch bleibt hingegen – trotz gewisser Verbesserungen aufgrund des Austeritätsprogrammes – die Entwicklung auf der Makroebene.

Zu den positiven Faktoren der Transition der ungarischen Wirtschaft zählt die geglückte Umorientierung des Außenhandels. Die EU- und EFTA-Staaten vereinigten 1994 bereits 65,5% der ungarischen Exporte und 63,9% der Importe des Landes auf sich. Österreich, auf das 10,9% der ungarischen Ausfuhren und 12,0% der Einfuhren entfielen, war 1994 nach Deutschland der zweitwichtigste Handelspartner Ungarns. Der Anteil der früheren COMECON-Staaten lag in dem genannten Jahr nur mehr bei 23,1% der Exporte und 24,1% der Importe Ungarns (MAGYAR NEMZETI BANK 1995, S. 73; WIIW 1996, S. 309ff.).

Nach wie vor hoch ist (mit über 50%) der Anteil Ungarns an dem gesamten in den Višegrad-Staaten investierten Auslandskapital. Ende 1993 betrug das in Ungarn investierte Auslandskapital mit 558 Dollar per capita mehr als das Doppelte der Quote von 242 Dollar für die Tschechische Republik. Für die Slowakei wurden ausländische Investitionen im Umfang von 83 und für Polen von 28 Dollar pro Kopf ausgewiesen. Bis Ende 1995 erreichten die ausländischen Direktinvestitionen in Ungarn ein Ausmaß von rund 13 Mrd. Dollar (BOD 1995, S. 17; BROCLAWSKI u. HOLCBLAT 1995, S. 9; REISINGER-CHOWDHURY 1996, S. 20).

Deutlich verbessert zeigt sich auch die Situation in der Industrie. Der in den ersten Jahren der Transition konstatierte Rückgang der Industrieproduktion um etwa ein

Drittel wurde ab 1993 von einem Industriewachstum abgelöst. 1993 betrug die Zuwachsrate 4,0%, 1994 9,2% und 1995 4,8% (vgl. Tabelle 4.1). Hinter dem Rückgang und dem erneuten Wachstum der Industrieproduktion stehen beträchtliche Umstrukturierungen in der Industrie und die Etablierung neuer Wirtschaftszweige. In den vergangenen Jahren gelang es deshalb auch, die Exportstruktur zu verbessern. Im Rahmen der verarbeitenden Industrie, deren Output sich von 1994 auf 1995 um 5,3% erhöhte, verzeichnete v.a. der Maschinenbau eine hohe Zuwachsrate (20,5%). Festzuhalten ist, daß sowohl das Wachstum der Industrie als auch die etwas bescheidenere Erhöhung des ungarischen BIP gegenwärtig primär auf dem (1995 um etwa ein Fünftel) gesteigerten Export basieren. Die Zahl der Industriebeschäftigten geht hingegen in Ungarn weiter zurück, 1995 verringerte sich diese um 5,3%. Die Bauindustrie war in den vergangenen Jahren durch eine wechselhafte Entwicklung gekennzeichnet. Auf das Wachstum von 12,4% im Jahr 1994 folgte 1995 ein durch die verringerten Staatsausgaben verursachter Produktionsrückgang um 14,8%. Durchwegs positive Tendenzen zeichneten sich hingegen für den Wohnbau ab (HOLCBLAT 1996, S. 28f.; REISINGER-CHOWDHURY 1996, S. 9f.; RICHTER 1996a, S. 9ff.).

Tabelle 4.1: **Makroökonomische Indikatoren Ungarns (1990–1995)**

	1990 [1]	1991	1992	1993	1994	1995
BIP	–3,5	–11,9	–3,1	–0,6	2,9	1,5
Industrieproduktion	–10,2	–16,6	–9,7	4,0	9,6	4,8
Beschäftigung [2]	–5,5	–10,5	–13,1	–12,6	–6,8	–5,3
Arbeitsproduktivität	–5,0	–6,2	3,8	13,4	15,7	10,5
Bauindustrie	–13,8	–12,6	1,5	3,2	12,4	–14,8
landwirtschaftliche Produktion	–4,8	–6,2	–20,0	–9,7	3,2	0
Löhne und Gehälter (real)	–3,7	–7,0	–1,4	–3,9	7,2	–12,2
Inflationsrate	28,9	35,0	23,0	22,5	18,8	28,2
Arbeitslosenquote [3]	1,7	8,5	12,3	12,1	10,4	10,4

(1) Rate der Veränderung im Vergleich zum Vorjahr (in %). (2) Beschäftigte in der Industrie ab 1992 für Unternehmen mit mehr als 20, ab 1994 für Unternehmen mit mehr als 10 Beschäftigten. (3) Seit 1992 wird die Arbeitslosenquote in Ungarn nach einer neuen Methode (Quotient von registrierten Arbeitslosen und der wirtschaftlich aktiven Bevölkerung) berechnet. (Quellen: HAVLIK 1996, S. 8; RICHTER 1995, S. 20; RICHTER 1996a, S. 14; Daten von OMK.)

Die Privatisierung der staatlichen Unternehmen durchlief in Ungarn bisher zwei „Boomphasen". Die erste Phase der zügigen „Entstaatlichung" reichte vom Beginn der Umwandlung bis Ende 1993. In diesem Zeitabschnitt wurden primär die am einfachsten und raschesten zu privatisierenden Unternehmen verkauft bzw. umgewandelt. Beim Übergang zur Privatisierung der großen staatlichen Unternehmen trat hingegen 1994 und in den ersten drei Quartalen des Jahres 1995 eine deutliche Verlangsamung des gesamten Privatisierungsprozesses ein. Diese Verzögerung beruhte zum einen auf der Komplexität der Privatisierung von Großbetrieben und zum anderen auf der erneuten Debatte über die Zielsetzungen der „Entstaatlichung". Erst gegen Ende des Jahres

1995 begann in Ungarn mit dem Verkauf von Staatsanteilen an den Wirtschaftszweigen der Versorgung (Elektrizität, Erdgas und Erdöl), des Bankwesens und der Telekommunikation (z.B. Matáv) eine zweite Intensivphase der Privatisierung, die dem Staat Einnahmen in Rekordhöhe erbrachte. 1996 wurde u.a. mit den Vorbereitungen für die Privatisierung der staatlichen Unternehmen Ikarus (Autobusse), Taurus (Gummi) und Volán (Transport) begonnen (HOLCBLAT 1996, S. 30; TRANSITION 1996, 9-10, S. 24).

Nach einer Zunahme der Binnennachfrage um jeweils etwa 10% in den Jahren 1993 und 1994 blieb die Nachfrage in Ungarn 1995 und zu Beginn des Jahres 1996 gedämpft (RICHTER 1995, S. 12; WEIDMANN 1996, S. 59). Dazu ist jedoch festzuhalten, daß die numerische Bewertung der Binnennachfrage in Ungarn generell mit einer Reihe von Unsicherheiten behaftet ist. Die statistische Erfassung des privatwirtschaftlich organisierten Teils der ungarischen Volkswirtschaft ist mangelhaft. Erträge von kleineren Unternehmen werden erst schrittweise in der volkswirtschaftlichen Gesamtrechnung erfaßt. Ein Indiz für die unzureichende Erfassung der Produktionsleistung im BIP ist nicht nur der Eindruck, den Besucher Ungarns angesichts des Eigenheimbaues, der Ausstattung der Haushalte mit Konsumgütern und der zahlreichen westlichen Autos erhalten, sondern auch die Zunahme der Ersparnisse der privaten Haushalte. Bis 1995 stiegen die Spareinlagen der Bevölkerung brutto auf das 3,2fache des Wertes von 1990 an (KSH 1996a, S. 2). Ohne gestiegene Gewinne aus produktiven Tätigkeiten hätten diese Einkommen nicht entstehen können.

Trotz der angesprochenen positiven Tendenzen weist die ungarische Wirtschaft noch eine Reihe ungelöster Strukturprobleme auf. Besonders deutlich sichtbar wird dies am Beispiel des Agrarsektors. In den Jahren 1990 bis 1993 erlitt der Agrarsektor einen Produktionsrückgang von insgesamt 40,7%. Zu den Ursachen dieses Rückganges zählen die Veränderungen bei der Eigentumsstruktur der LPGs, der weitgehende Verlust der traditionellen Absatzmärkte in den osteuropäischen Staaten, die Öffnung des ungarischen Lebensmittelsektors für ausländische Unternehmen und die damit verbundene Verschlechterung der Absatzchancen von ungarischen Unternehmen auf dem heimischen Markt sowie die Beschränkungen für ungarische Agrarexporte in die EU. Während für 1994 eine Steigerung der landwirtschaftlichen Erträge um 3,2% registriert werden konnte, verblieb der Agrarsektor 1995 auf dem Produktionsniveau des Vorjahres (RICHTER 1996a, S. 9ff.). Der Strukturwandel der ungarischen Landwirtschaft, der die vergleichsweise geringe Produktivität dieses Sektors steigern und die noch zu geringe Konkurrenzfähigkeit der Agrarprodukte auf den westeuropäischen Märkten verbessern muß, ist jedenfalls noch im Gange.

Auch in den anderen Sektoren der ungarischen Wirtschaft wird die weiterhin notwendige Restrukturierung von Produktion und Vermarktung noch zu einem Rückgang von Output und Zahl der Beschäftigten der (früheren) staatlichen Unternehmen führen. Dennoch besteht Anlaß zu einem gewissen Optimismus. Wie bereits erwähnt, sind die wirtschaftlichen Erträge und die Zahl der Beschäftigten von kleineren Unternehmen nur teilweise in den Statistiken enthalten. Gerade in diesem Bereich ist jedoch der Anteil des privaten Sektors relativ hoch. Dies gilt in besonderem Maß für den Dienstleistungssektor (vgl. ECONOMIC COMMISSION FOR EUROPE 1995, S. 107f.). Im

Fremdenverkehr und im Rahmen des Außenhandels erzielen junge und tendenziell kleine Dienstleistungsunternehmen Erfolge. Ihr Anteil am BIP kann teilweise nur geschätzt werden. Die Erwartungen sind jedenfalls groß. Im Kleingewerbe und im Tourismus kann in den kommenden Jahren mit einer Fortsetzung des Booms gerechnet werden. Regional differenziert betrachtet, spricht dies für die Metropole Budapest, die Fremdenverkehrsregion am Balaton und für die Komitate an der Westgrenze Ungarns.

Unterschiedliche Tendenzen waren in den vergangenen Jahren bei der Inflation zu beobachten. Bis Ende 1994 war es der ungarischen Regierung gelungen, die Inflationsrate von 35,0% (1991) auf 18,8% zu verringern. Die im Rahmen des Austeritätsprogrammes getroffenen Maßnahmen führten jedoch 1995 zu einem erneuten Anstieg der Inflationsrate auf 28,8%. Für 1996 wurde mit einer Steigerung der Konsumentenpreise um etwa 20% gerechnet (HAVLIK et al. 1995, S. 362; HOLCBLAT 1996, S. 29ff.).

Aufgrund der hohen Auslandsverschuldung sowie der Budget- und Leistungsbilanzdefizite, den expliziten Schwachpunkten der ungarischen Wirtschaft, war die Regierung Anfang 1995 gezwungen, ein Austeritätsprogramm zu beschließen. Dieses Stabilisierungsprogramm umfaßt die geregelte schrittweise Abwertung des Forint („crawling peg"), eine zusätzliche Importabgabe im Ausmaß von 8%, die bis Mitte 1997 eingehoben werden soll, Preiserhöhungen (Energie etc.), Subventionskürzungen, Einschränkungen im Sozialbereich sowie die Einsparung von Planstellen im öffentlichen Dienst (OECD 1995, S. 3ff.; DER STANDARD, 30. 1. u. 14. 3. 1995; TRANSITION 1995, 3, S. 15ff.; WEIDMANN 1996, S. 56ff.). Auf Basis des Austeritätsprogrammes gelang es bis Ende des Jahres 1995 bei den angesprochenen makroökonomischen Ungleichgewichten eine Trendwende einzuleiten. Die Abwertung des Forint und die Importabgabe resultierten in einer Steigerung der Exporte und einer Verringerung der Importe. Das ungarische Leistungsbilanzdefizit konnte von 1994 auf 1995 von 3,9 auf 2,5 Mrd. Dollar abgesenkt werden. Das Budgetdefizit („general government deficit") verringerte sich von 8,3% des BIP (1994) auf 6,5% (1995). Die Nettoauslandsverschuldung Ungarns konnte von 18,9 Mrd. Dollar im Jahr 1994 auf 16,8 Mrd. Dollar für 1995 redimensioniert werden (RICHTER 1996a, S. 8ff.).

Aufgrund der Restrukturierungen in der Landwirtschaft und in der Industrie wird die Arbeitslosigkeit auch in der nahen Zukunft ein ernstes Problem bleiben. Ende 1995 waren in Ungarn rund 495.000 Personen arbeitslos gemeldet. Gegenüber den für 1992 und 1993 ausgewiesenen Arbeitslosenquoten von 12,3 bzw. 12,1% bedeutet die Quote von 10,4% für 1995 eine deutliche Verringerung, die jedoch auch auf statistischen Veränderungen basiert. Zum Beispiel ist in Betracht zu ziehen, daß bei den genannten 495.000 offiziell registrierten Arbeitslosen eine hohe Zahl von „passiv arbeitslosen" Personen bzw. Sozialhilfeempfängern unberücksichtigt bleibt, und somit die reale Arbeitslosenquote beträchtlich höher liegen dürfte (NATIONAL BANK OF HUNGARY 1996, S. 59). Darüber hinaus ist die Arbeitslosigkeit regional und kleinräumig sehr unterschiedlich ausgeprägt, was die Probleme noch beträchtlich verschärft.

Nach den starken Verlusten in den Jahren 1989 bis 1993 wächst die ungarische Wirtschaft wieder. Den positiven Tendenzen beim Bruttoinlandsprodukt, bei der Umstrukturierung des Außenhandels, bei der Industrieproduktion, im Dienstleistungssektor usw. stehen jedoch nach wie vor Defizite in den Bereichen Arbeitsmarkt, Regionalentwicklung, Budget, Leistungsbilanz und Auslandsverschuldung gegenüber. Somit werden die Transformation der ungarischen Wirtschaft und die Etablierung eines leistungsfähigen marktwirtschaftlichen Systems noch einen gewissen Zeitraum in Anspruch nehmen.

4.2.2 Wandel der regionalen Struktur der Ökonomie

Gegenwärtig sind in Ungarn zwei ökonomische Prozesse vorherrschend: die organische Entfaltung der ungarischen Unternehmerschicht – teilweise auch über die Umwandlung von früheren semiprivaten Wirtschaftsformen in moderne private Betriebe – und die Modernisierung des Landes durch große (und v.a.) ausländische Unternehmen. Diese beiden großen Sektoren der Wirtschaft beeinflussen sowohl die soziale als auch die regionale Entwicklung des Landes in starkem Maße. Ein Übergewicht der ungarischen Unternehmerschicht kann zur Herausbildung einer durch eine starke Mittelklasse geprägten Sozialstruktur führen. Eine Dominanz der großen ausländischen Unternehmen könnte hingegen in einer abhängigen Entwicklung resultieren. Die übergreifende Fragestellung lautet hier, ob es in Ungarn gelingt, die ökonomische Umstrukturierung mit einer zwischen Klein- und Großbetrieben ausgewogenen Unternehmensstruktur zu verbinden. Die Entwicklung der vergangenen fünf Jahre deutet auf die Entstehung eines Gleichgewichtes der beiden Sektoren hin.

Dem Verhältnis von ungarischem und ausländischem Kapital gemäß ist auf regionaler Ebene bereits eine deutliche Dreigliederung des Landes zu erkennen:

1. Die erfolgreichsten Regionen, das Zentrum und Nord-Transdanubien (Nordwesten),[48] sind durch beide genannten Prozesse gekennzeichnet. Großunternehmen und Kleinbetriebe formen sehr rasch die Ökonomie und das gesellschaftliche Leben dieser Regionen um und verstärken wechselseitig den Transformationsprozeß.

2. In den Großregionen Süd-Transdanubien (Südwesten) und Süd-Tiefebene (Süden) spielen die Großorganisationen eine geringere Rolle. Der Mangel an notwendiger Infrastruktur bedeutet hier eine gewisse Barriere für die Ansiedlung von kapitalkräftigen Joint-ventures. Im Süden muß v.a. der organische Aufbau der Privatwirtschaft die Entwicklung tragen.

3. Hingegen sind in Nord-Ungarn und in der nördlichen Tiefebene (Nordosten) die Ansätze einer endogenen Entwicklung nur schwach ausgeprägt. Die wirtschaftliche Umwandlung wurde durch die (teilprivatisierten) großen Unternehmen eingeleitet, die jedoch bis jetzt bloß separierte Inseln der Modernisierung dieser Regionen repräsentieren.

---

[48] Da die darzulegenden Trends teilweise auf der Makroebene besser diskutiert werden können, wurden die Metropole Budapest und die 19 Komitate Ungarns zu sechs Großregionen aggregiert. Diese sechs Großregionen sind Nord-Transdanubien (Nordwesten), Süd-Transdanubien (Südwesten), Zentrum (Budapest und das Komitat Pest), Süd-Tiefebene (Süden), Nord-Tiefebene (Nordosten) und Nord-Ungarn (Norden). Zu der räumlichen Gliederung Ungarns nach Komitaten und Großregionen vgl. Karte 4.1.

Karte 4.1: **Gliederung Ungarns nach Komitaten und Großregionen (1993)**

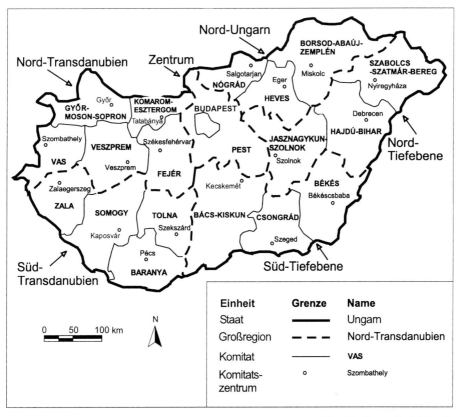

(Quelle: Arcworld) (Grafik: Georg C. Odehnal)

Insgesamt erlebt die ungarische Wirtschaft, wie die Tabelle 4.2 belegt, einen starken Zuwachs an Wirtschaftsorganisationen sowie eine starke Umschichtung innerhalb derselben. Der Anstieg der Zahl der Wirtschaftsorganisationen in Ungarn von rund 391.000 im Jahr 1989 auf fast 1,1 Mio. für 1995 beweist die Anpassungsfähigkeit der wirtschaftlichen Akteure an die Erfordernisse des Transformationsprozesses. Am markantesten ist hier der starke quantitative Zuwachs bei den GesmbHs, der beliebtesten Unternehmensform. Von 1990 bis 1995 stieg die Zahl der GesmbHs von rund 18.000 auf knapp 103.000 an. Die Zahl der Selbständigen war in Ungarn im Vergleich zu anderen früheren COMECON-Staaten bereits im Jahr 1989 hoch und erhöhte sich bis 1995 auf rund 791.000, d.h. auf fast das Zweieinhalbfache (KSH 1993, S. 65; KSH 1996a, S. 213).

Die Transformation der Unternehmensformen findet ihren Niederschlag in einem bereits mehrheitlich auf der Privatwirtschaft basierenden BIP. Nach Berechnungen des Wirtschaftsforschungsinstitutes in Budapest entfielen 1993 58% des (statistisch erfaßten) Bruttoinlandsproduktes auf den Privatsektor; der Anteil des einheimischen

Privatsektors betrug dabei 45% des BIP. Dieser Prozeß einer Verschiebung zu höheren Anteilen des Privatsektors setzt sich fort (ÁRVAY u. VÉRTES 1994, S. 219).

Tabelle 4.2: **Entwicklung der Zahl der Wirtschaftsorganisationen in Ungarn (1989–1995)**

Unternehmenstyp	1989	1990	1991	1992	1993	1994	1995
Organisationen mit juristischer Person	15.235	29.470	52.756	69.386	85.638	101.247	116.167
davon u.a.							
Staatsunternehmen	2.400	2.363	2.233	1.733	1.130	821	k.A.
Genossenschaften	7.546	7.641	7.766	8.229	8.668	8.778	8.321
Gesellschaften mit juristischer Person	5.191	19.401	42.695	59.363	75.654	91.229	106.245
davon u.a.							
GesmbHs	4.484	18.317	41.204	57.262	72.897	87.957	102.697
AGs	307	646	1.072	1.712	2.375	1.896	3.186
Organisationen ohne juristische Person	24.143	34.095	52.136	70.597	98.036	121.128	126.131
davon u.a.							
Wirtschaftsarbeitsgemeinschaften	15.976	20.600	19.999	17.595	15.323	k.A.	k.A.
Beteiligungsgesellschaften	1.162	5.789	22.977	41.218	67.301	89.045	102.560
Selbständige	320.619	393.450	510.459	606.207	688.843	778.036	791.496
Organisationen im Staatsbudget (1)	31.200	38.300	43.322	48.982	53.346	59.816	62.058
Summe (2)	391.197	495.315	658.673	795.172	925.863	1.060.227	1.095.852

(1) Darunter Non-profit-Organisationen (d.s. 75% aller Organisationen im Staatsbudget), Sozialversicherung usw. (2) Berechnung für 1995 ohne im Stadium der Umwandlung bzw. Auflösung befindliche Organisationen.
(Quellen: KSH 1993, S. 65; KSH 1994, S. 63 und KSH 1995c, S. 114 für 1989 bis 1994 sowie KSH 1996a, S. 213 für 1995).

4.2.2.1 Räumliche Verteilung der neuen Unternehmen und Standortpräferenzen der ausländischen Investoren

Einen allgemeinen Überblick über die ökonomische Entwicklung der ungarischen Regionen ermöglicht das Bruttoregionalprodukt (BRP) der einzelnen Komitate. Der Indikator BRP per capita (1994) bringt die Disparität zwischen Budapest und den anderen Landesteilen sowie das generelle West-Ost-Gefälle deutlich zum Ausdruck (vgl. Karte 4.2). Nach der Hauptstadt mit einem BRP per capita von 779.000 Ft erreichen die Komitate Győr-Moson-Sopron, Vas und Zala im westlichen Grenzgürtel, sowie weiters Fejér, Tolna und Csongrád die höchsten Werte. Das niedrigste Bruttoregionalprodukt verzeichnen hingegen die Komitate im Nordosten bzw. Norden Ungarns (KSH 1995c, S. 28f.; KSH 1996a, S. 249).

Gegenüber den bloßen wirtschaftlichen Ergebnissen der Unternehmen bzw. Regionen ist jedoch als Gradmesser für die Entwicklung neuer ökonomischer Trends, für

Neue regionale Disparitäten in Ungarn

das Innovationsklima und für die Anpassungsfähigkeit der Regionen („population-ecology") die Fähigkeit der Unternehmen zur Transformation in eine andere Organisationsform zu bevorzugen (vgl. DRUCKER 1985). Dies gilt besonders für den Übergang von der Plan- zur Marktwirtschaft. Deshalb können die dynamisch wachsenden Zahlen von GesmbHs und Selbständigen als aussagekräftige Indikatoren für die regional unterschiedlich ausgeprägte Umstrukturierung der Wirtschaft eingestuft werden.

Karte 4.2: **Bruttoregionalprodukt pro Kopf (1994)**

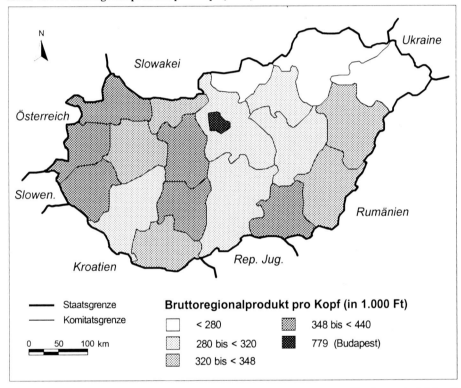

(Quellen: KSH 1995c, S. 28f.; KSH 1996a, S. 249.)   (Grafik: Georg C. Odehnal)

Die Quote von GesmbHs pro 1.000 Einwohner (1995) belegt die bereits angesprochene Polarisierung zwischen dem Zentrum und den anderen ungarischen Regionen bzw. zwischen dem westlichen und dem östlichen Landesteil (vgl. Karte 4.3).[49] Auf Komitatsebene verzeichnen Budapest und das Umland der Hauptstadt (Pest) mit 25

---

[49] Ergänzend soll darauf hingewiesen werden, daß neben der räumlichen Lage auch die Hierarchie des Siedlungssystems respektive die historischen und gegenwärtigen Funktionen einer Gemeinde die wirtschaftliche Entwicklung beeinflussen (vgl. dazu CSÉFALVAY, FASSMANN u. ROHN 1993, S. 13f.; NEMES NAGY 1994, S. 363f.).

bzw. 8,7 GesmbHs pro 1.000 Einwohner die höchsten Werte. Hohe Quoten werden weiters für Győr-Moson-Sopron und Komárom-Esztergom im Nordwesten, sowie Baranya, Bács-Kiskun und Csongrád im Süden ausgewiesen. Die Komitate im Norden bzw. Osten Ungarns sind hingegen großteils durch eine geringere Zahl von GesmbHs pro 1.000 Einwohner gekennzeichnet (KSH 1996a, S. 24 u. 222).

Karte 4.3: **GesmbHs und Selbständige pro 1.000 Einwohner (1995)**

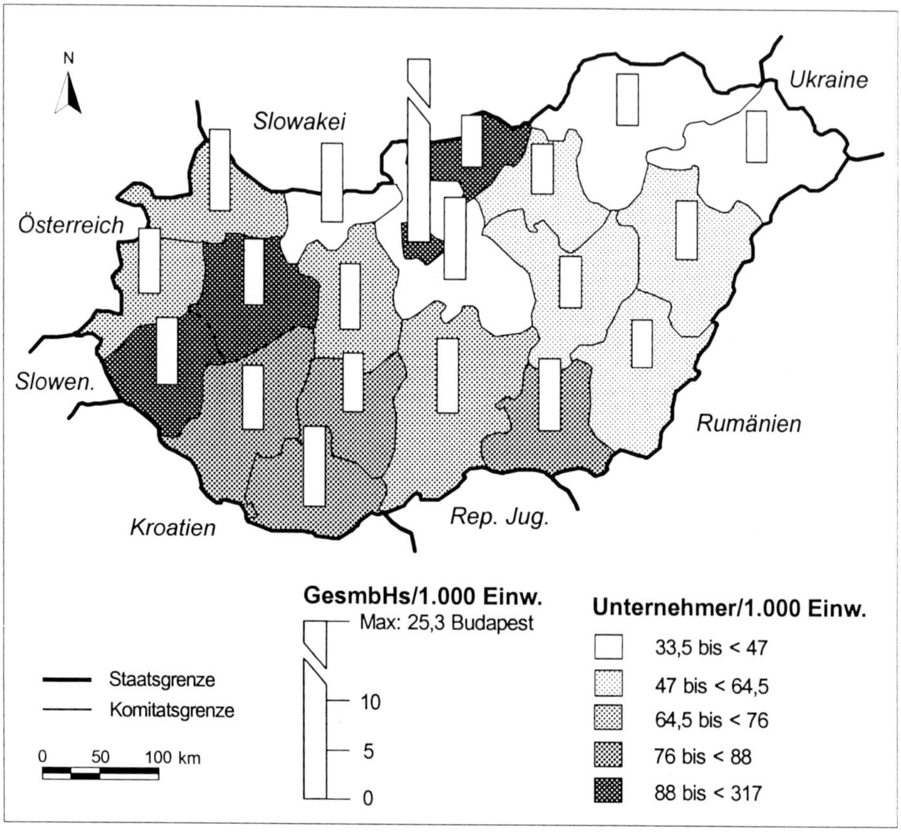

(Quelle: KSH 1996a, S. 24 u. 222.) (Grafik: Georg C. Odehnal)

Eine etwas differenziertere Ausprägung des West-Ost-Gefälles ist am Beispiel des Indikators Selbständige pro 1.000 Einwohner (1995) abzulesen (vgl. Karte 4.3). Auch hier sind Budapest und die Komitate in Nord- und Süd-Transdanubien sowie in der Süd-Tiefebene fast durchwegs durch höhere Werte gekennzeichnet als die Komitate im Osten des Landes. Pest und Komárom-Esztergom, die beiden Ausnahmen, liegen im Pendlereinzugsbereich der Hauptstadt und weisen deshalb eine niedrigere Quote von Selbständigen auf (KSH 1996a, S. 24 u. 222). An dieser Stelle ist anzumerken, daß die rund 790.000 Selbständigen in Ungarn nicht mit dem klassischen Bild eines Unternehmers gleichzusetzen sind. Vielmehr ist die Selbständigkeit hier als Form einer neuen kleinbetrieblichen Unternehmenskultur zu verstehen. Charakteristisch für diesen Typ von Erwerbstätigkeit sind Ein-Mann-Betriebe, der Nebenerwerb, Ausweichmechanismen gegenüber der Arbeitslosigkeit usw. Die hohe Quote an Selbständigen im Komitat Nógrád (Nord-Ungarn) dürfte z.b. auf einem derartigen Ausweichverhalten basieren.

Die Zahl der Joint-ventures (Unternehmen mit ausländischer Beteiligung) verzeichnete von 1990 bis 1995 einen rasanten Anstieg von 5.693 auf 24.950. 56,1% dieser 24.950 Joint-ventures verfügen über Stammkapital ungarischer und ausländischer Provenienz, 43,9% dieser Unternehmen befinden sich zur Gänze in ausländischem Besitz. Eine bemerkenswerte Veränderung vollzog sich beim Verhältnis von ungarischem und ausländischem Kapital in den Joint-ventures: Bei einem Anwachsen des Stammkapitals der Joint-ventures von 274,2 (1990) auf 1.973,0 Mrd. Ft (1995) erhöhte sich der diesbezügliche Anteil des Auslandskapitals von 34,0% im Jahr 1990 auf 66,3% für 1995. Bemerkenswert ist, daß auch im Rahmen der Unternehmen mit ungarischem und ausländischem Kapital letzteres mit 55,1% überwiegt. Der Anteil des Auslandskapitals am Stammkapital der Joint-ventures (66,3%) deutet auf eine Dominanz der ausländischen Investoren in diesem Bereich hin. Bei den in Ungarn gegründeten Joint-ventures ist zu beachten, daß eine sehr starke Konzentration des in diesen Unternehmen veranlagten Kapitals besteht: 5,7% der Joint-ventures, das sind jene mit einem Kapital von mehr als 100 Mio. Ft, vereinen 92,5% des gesamten Stammkapitals der Joint-ventures auf sich (KSH 1996a, S. 218).

Anhand der von den ausländischen Investoren bevorzugten Joint-venture-Standorte kann deutlich gezeigt werden, wie die ausländischen Investoren das Potential der einzelnen ungarischen Regionen in der Praxis bewerten. Dabei deutet die Zahl der Joint-ventures auf das Ausmaß der wirtschaftlichen Dynamik eines Raumes hin. Der Indikator Joint-ventures pro 1.000 Einwohner (1995) bringt die Bevorzugung der Regionen im Westen Ungarns gegenüber jenen im Osten klar zum Ausdruck (vgl. Karte 4.4). Auf Komitatsebene weist Budapest mit 6,4 Unternehmen mit ausländischer Beteiligung pro 1.000 Einwohner die höchste Dichte auf. Nach Budapest erreichen Győr-Moson-Sopron und Zala im westlichen Grenzgürtel sowie Csongrád im Süden die höchsten Werte (KSH 1996a, S. 24 u. 222).

Einen spezifischeren Gradmesser für das Entwicklungspotential eines Raumes repräsentiert das in den Joint-ventures investierte Auslandskapital (pro 1.000 Einwohner, 1995). Wie die Karte 4.4 zeigt, besteht eine starke Konzentration des ausländischen Joint-venture-Kapitals entlang der Achse Budapest/Komárom-Esztergom/Győr-Moson-Sopron/Vas. In dieser Konzentration kommt die „Toplage" der Großregionen Zentrum und Nord-Transdanubien besonders deutlich zum Ausdruck (KSH 1996a, S. 24 u. 222).

Bei der Provenienz des ausländischen Joint-venture-Kapitals waren in der ersten Hälfte der 90er Jahre beträchtliche Verschiebungen zu verzeichnen, die am Beispiel der Entwicklung in den Jahren 1992 bis 1994 dargelegt werden. Entfielen 1992 noch 25,1% des gesamten Auslandskapitals in den Joint-ventures (401,8 Mrd. Ft) auf Österreich sowie 18,5% auf Deutschland und 12,4% auf die USA, so fiel Österreich 1993 hinter Deutschland und die USA auf den dritten Platz zurück. 1994 rangierte Österreich wieder auf dem zweiten Platz der ausländischen Investoren. Das bis Ende 1994 in Ungarn investierte ausländische Joint-venture-Kapital (713,8 Mrd. Ft) stammte zu 22,3% aus Deutschland, zu 19,9% aus Österreich, zu 14,3% aus den USA und zu 11,1% aus den Niederlanden. Investitionen in geringerem Umfang wurden von Frankreich, Großbritannien, Italien und der Schweiz getätigt (KSH 1995b, S. 18; KSH 1996b, S. 133). Nach Staaten differenziert sind auch die Branchen, in die das ausländische Joint-venture-Kapital fließt. Unternehmen aus Deutschland investierten bis Ende 1993 vornehmlich in den Wirtschaftszweigen Verkehr/Kommunikation und verarbeitende Industrie (inklusive Lebensmittel), während das österreichische Kapital v.a. in der verarbeitenden Industrie, im Finanzwesen und im Handel veranlagt wurde (KSH 1995b, S. 41f.).

Karte 4.4: **Joint-ventures und ausländisches Kapital in Joint-ventures pro 1.000 Einwohner (1995)**

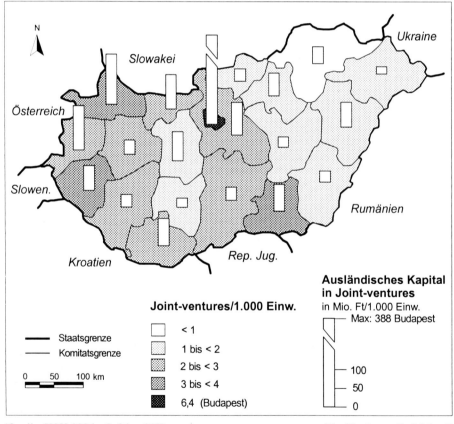

(Quelle: KSH 1996a, S. 24 u. 222)   (Grafik: Georg C. Odehnal)

Trotz des angesprochenen Anteils des Auslandskapitals an den Joint-ventures in der Höhe von knapp zwei Drittel (1995) gibt es keine statistische Grundlage für den von politischen Randgruppen in Ungarn immer wieder thematisierten „Ausverkauf des Landes". Bei einer für 1995 errechneten Gesamtzahl von 242.298 Gesellschaften mit juristischer Person bzw. ohne juristische Person ist ausländisches Kapital lediglich an 24.950 Betrieben (d.h. 10,3 % der genannten Unternehmen) beteiligt. Von 1989 bis 1993 erhöhte sich der Anteil des Auslandskapitals am Stammkapital aller ungarischen Unternehmen zwar von 1,7 auf 15,9%, blieb aber damit dennoch im Rahmen (KSH 1995b, S. 10; KSH 1996a, S. 213ff.).

Nach dem Anteil der Großregionen an den Joint-ventures und der Höhe des durchschnittlichen Stammkapitals dieser Unternehmen kann für Ende 1995 zusammenfassend folgendes festgestellt werden:

– Im Zentrum und in Nord-Transdanubien wurde eine Vielzahl von Joint-ventures mit über dem Landesdurchschnitt liegendem Stammkapital gegründet.

– In den nordöstlichen Teilen des Landes wurde eine vergleichsweise geringe Zahl von Joint-ventures gegründet. Die teilweise im Gefolge der Privatisierung von staatlichen Betrieben etablierten Joint-ventures wiesen jedoch ein relativ hohes Stammkapital auf.

– Im Süden Ungarns war die Zahl der Joint-ventures 1995 zwar höher als im Nordosten, aber das durchschnittliche Stammkapital sehr niedrig (KSH 1996a, S. 222).

4.2.2.2 Regionale Differenzierung des Abbaus des Staatseigentums

Neben der Gründung von neuen Unternehmen repräsentiert die Privatisierung der (großen) staatlichen Unternehmen einen der wesentlichsten Faktoren der wirtschaftsräumlichen Restrukturierung in Ungarn. Bei der konkreten Durchführung der Privatisierung blieben jedoch die räumlichen Implikationen dieses Prozesses, d.h. die Aufund Abwertung von Regionen, ausgeblendet und explizite regionalpolitische Zielsetzungen hintangestellt. Von besonderer Bedeutung ist in diesem Kontext, daß das Angebot an zu privatisierenden Unternehmen und die Nachfrage nach denselben durch unterschiedliche regionale Strukturen gekennzeichnet waren. Das Angebot war in erster Linie durch die vom alten Regime geprägte Regionalstruktur determiniert und nur in geringerem Maße durch die Privatisierungspolitik der Regierung gesteuert. Die Standortanforderungen der Nachfrage wurden hingegen durch den Markt, d.h. durch die in- und ausländischen Investoren geprägt.

Im Gegensatz zu anderen Reformstaaten war es in Ungarn aufgrund der früheren Herausbildung eines privaten Sektors und der dadurch erfolgten Kapitalakkumulation nicht erforderlich, eine breite künstliche Nachfrage nach Anteilen an den vormaligen staatlichen Unternehmen zu schaffen. Deshalb wurde in Ungarn, anders als z.B. in der Tschechischen Republik, keine Massen- bzw. Kuponprivatisierung durchgeführt. Die übergeordneten Zielsetzungen der Privatisierung bestanden darin, rasch Einnahmen für die Bedienung des Schuldendienstes zu erwirtschaften und gleichzeitig die Umstrukturierung der Unternehmen zu bewerkstelligen.

In der ersten Hälfte der 90er Jahre entwickelte sich in Ungarn ein breites Instrumentarium der Privatisierung. Dieses umfaßt u.a. den Verkauf von Unternehmen durch die Staatliche Privatisierungs- und Eigentumsagentur (ÁPV Rt.) bzw. ihre Vorläufer, die Vorprivatisierung, d.h. den Verkauf von staatlichen Betrieben im Bereich des Dienstleistungssektors, das Management-Buyout, Formen des Leasings, Belegschaftsbeteiligungen und Vergütungen.[50]

Einen generellen Überblick über die Größenordnung der Privatisierung in Ungarn geben die folgenden Daten: Bis zum Frühjahr 1994 wurde staatliches Eigentum im Umfang von 1.105 Mrd. Ft zur Privatisierung angeboten, wobei der Gesamtwert des staatlichen Vermögens (inkl. nicht privatisierbarer Einheiten) auf ca. 2.000 Mrd. Ft geschätzt wurde (1992). Von dem angebotenen staatlichen Eigentum konnten bis zu dem genannten Zeitpunkt Unternehmen im Umfang von 884 Mrd. Ft in verschiedene Formen der Privatisierung einbezogen werden (CSÉFALVAY 1994a, S. 219; FIGYELÖ, 10. 12. 1992).

Die Privatisierung der großen staatlichen Unternehmen erfolgt in Ungarn gemäß drei Grundformen:

Als Vorstufe einer echten Privatisierung ist, erstens, die Umwandlung von staatlichen Betrieben in Gesellschaften mit beschränkter Haftung oder Aktiengesellschaften einzustufen. Die Unternehmen bleiben vorerst im Besitz des Staates. Bereits in dieser Phase wird jedoch privates Kapital in- oder ausländischer Provenienz einbezogen. Die jeweilige Gesellschaft kann selbstverständlich zu einem späteren Zeitpunkt weiter privatisiert werden, indem der Staat zusätzliche Anteile veräußert.

Die zweite Vorgangsweise besteht darin, eine Tochtergesellschaft zu gründen. An dieser Tochtergesellschaft eines staatlichen Unternehmens partizipieren private Partner im Sinne einer Minderheits- oder Mehrheitsbeteiligung.

Eine dritte Form ist der direkte Verkauf von umgewandelten staatlichen Unternehmen bzw. von Teilen derselben (z.B. Werkstätten, Zweigbetriebe, Bürohäuser etc.).

Aus der Beteiligung der ausländischen Investoren an den drei Formen der Privatisierung resultiert (für Anfang 1993) die folgende Typisierung der Großregionen.[51]

Mit knapp 40% des an der Umwandlung in GesmbHs beteiligten ausländischen Kapitals entfiel ein beträchtlicher Anteil auf die östlichen Regionen und war hier v.a. auf die Großbetriebe konzentriert. Die Umwandlung der früheren Staatsbetriebe und die Hereinnahme von Auslandskapital repräsentierten für die nordöstlichen und östlichen Regionen einerseits eine Form des Krisenmanagements in Altindustriegebieten, andererseits die beste Möglichkeit der Einbindung ausländischer Unternehmen. Die

---

[50] Zu den wesentlichsten „Quellen", aus denen die Privatwirtschaft in Ungarn in toto hervorgegangen ist, zählen erstens die Privatisierung der früheren staatlichen Großbetriebe, zweitens die Gründung von Joint-ventures (inkl. 100-Prozent-Direktinvestitionen), drittens die frühere Zweite Wirtschaft, viertens die Vorprivatisierung und fünftens die Gründung von neuen privaten (Klein-)Betrieben durch Unternehmer bzw. in Form von GesmbHs. Während bei den ersten beiden Punkten ausländisches Kapital überwiegt, dominieren bei den weiteren Punkten die Investitionen der ungarischen Bürger.

[51] Zu beachten ist, daß in der Anfangsphase der Privatisierung überwiegend Titel aus der Konsumgüterindustrie verkauft und erst später verstärkt Unternehmen aus anderen Industriezweigen in den Privatisierungsprozeß einbezogen wurden.

regionalen Schwerpunkte der Partizipation ausländischen Kapitals an der Gründung von Tochtergesellschaften entsprachen den Standortvorteilen der entwickelten Regionen. Das Zentrum und Nord-Transdanubien vereinigten 67% des unter diesem Titel investierten ausländischen Kapitals auf sich. Bezüglich des direkten Ankaufs von Unternehmen bzw. Betriebsteilen durch ausländische Unternehmen war mit 84% beinahe eine Monopolposition des Zentrums zu konstatieren (Daten der Staatlichen Vermögensagentur).

Aus der Partizipation des ausländischen Kapitals an der Privatisierung resultiert insgesamt ein Raummuster, das sich relativ deutlich von den Schwerpunkten der Jointventures unterscheidet (vgl. die Karten 4.4 und 4.5). Wie bereits angesprochen, konnten im Rahmen der Privatisierung nicht nur die begünstigten Regionen Zentrum und Nord-Transdanubien, sondern auch die Komitate im Osten Ungarns in größerem Umfang ausländisches Kapital an sich ziehen. Im einzelnen bestehen nach der Verteilung des gesamten (bis März 1994) an der Privatisierung beteiligten Auslandskapitals folgende Schwerpunkte.[52] Neben der Hauptstadt Budapest (mit ausländischen Investitionen von 45,5 Mio. Ft pro 1.000 Einwohner) und Győr-Moson-Sopron im Westen weisen Heves (Nord-Ungarn) und Jásznagykun-Szolnok (Nord-Tiefebene) die höchsten Werte auf. Darüber hinaus verzeichnen auch die Komitate Borsod-Abaúj-Zemplen und Szabolcs-Szatmár-Bereg in den beiden genannten östlichen Großregionen noch vergleichsweise hohe Investitionen im Rahmen der Privatisierung (Daten der Staatlichen Vermögensagentur; KSH 1995c, S. 28f.). Durch die Partizipation des ausländischen Kapitals an der Privatisierung kommt es bei den Eigentumsverhältnissen teilweise zu starken Konzentrationen. Im Komitat Jásznagykun-Szolnok verfügt z.B. ein einziger ausländischer Investor über fast die Hälfte des privatisierten Eigentums (CSÉFALVAY 1994a, S. 222).

Für den Zeitraum 1990 bis 1995 sind folgende Schwerpunkte der Privatisierungsstrategie zu nennen:

Gegenüber anderen Methoden der Privatisierung gab die konservative Regierung (Antall) zu Beginn der 90er Jahre dem geregelten direkten Verkauf von staatlichen Unternehmen den Vorzug. Zur Durchführung der Privatisierung wurde 1990 die Staatliche Vermögensagentur (ÁVÜ) gegründet. In dieser Phase wurden v.a. Unternehmen der Konsumgüterindustrie privatisiert. Wie bereits thematisiert, stammte das Kapital für die Übernahme der Staatsbetriebe primär von ausländischen Investoren. 1993 erfolgte eine Festlegung bezüglich jenes Teils des staatlichen Vermögens, der in staatlichem Besitz verbleiben sollte. Die Verwaltung dieser Unternehmen wurde einer neuen Staatlichen Vermögensholding (ÁV Rt) übertragen.[53] In der zweiten Hälfte ihrer Amtszeit versuchte die konservative Regierung, die ungarischen Bürger (über Vergünstigungen für kleine/mittlere Investoren) verstärkt in die Privatisierung der

---

[52] Die weitere Privatisierung von Unternehmen in den Jahren 1994 und 1995 bewirkt hier keine grundlegende Veränderung des beschriebenen Musters.
[53] Ende 1994 wurden die beiden genannten Institutionen in der Staatlichen Privatisierungs- und Eigentumsagentur (ÁPV Rt.) vereinigt.

großen staatlichen Unternehmen einzubeziehen. Zu diesem Zweck wurde die Aufnahme zinsengünstiger Privatisierungskredite erleichtert und die Möglichkeit geschaffen, über die Restitution Anteile an privatisierten Unternehmen zu erwerben. Trotz dieser Maßnahmen blieb die Beteiligung einheimischer Investoren an der Privatisierung der großen Unternehmen relativ schwach.

Karte 4.5: **Ausländisches Kapital in privatisierten Betrieben pro 1.000 Einwohner (1994)**

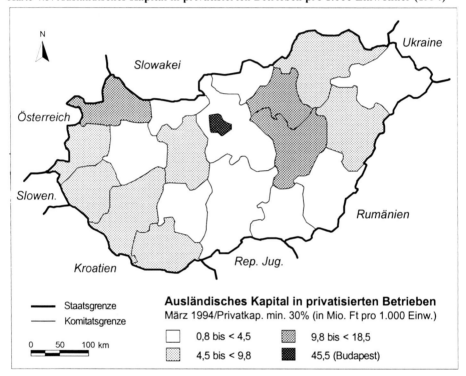

(Quellen: KSH 1995c, S. 28f.; 1995b, S. 38; Daten der Staatlichen Vermögensagentur.)
(Grafik: Georg C. Odehnal)

Nach dem im Frühjahr 1994 erfolgten Wechsel zu einer sozialliberalen Regierung (Horn) kam es (wie bereits am Beginn der Transition) zu einer Debatte über Ziele, Methoden und Präferenzen der Privatisierung. Aus diesem Grund ruhte die „Entstaatlichung" fast ein Jahr lang. Im Frühjahr 1995 verabschiedete das ungarische Parlament das erste umfassende Privatisierungsgesetz. Bis zu diesem Zeitpunkt gab es zwar rechtliche Regelungen für einzelne Privatisierungsformen wie die Vorprivatisierung, aber kein Gesetz für den gesamten Privatisierungsprozeß. Wegen der prekären Staatsfinanzen mußte dem Verkauf der staatlichen Unternehmen an zahlungskräftige ausländische Investoren weiter Priorität eingeräumt werden. Dies impliziert, daß es zu keiner wesentlichen marktwirtschaftlichen Erweiterung des an der Privatisierung beteiligten ungarischen Personenkreises kommt. Aufgrund der neuen Festlegungen wurden Ende 1995 Unternehmen(santeile) aus den Schlüsselbereichen Energie, Telekommunikation und Bankwesen verkauft, was sich in Rekordeinnahmen niederschlug (BUSINESS EASTERN EUROPE, 22. 5. 1995; DICZHÁZI 1996, S. 86ff.; HOLCBLAT 1996, S. 30; MIHÁLYI 1996, S. 205ff.).

Die dargelegte Entwicklung spiegelt sich in den Einnahmen aus der Privatisierung wider. Bis Ende 1995 betrugen die direkten Verkaufserlöse, die natürlich nur einen Teil des Ressourcentransfers repräsentieren, insgesamt 693,12 Mrd. Ft. In den einzelnen Jahren beliefen sich diese „Bargeldeinnahmen" auf 0,67 (1990), 29,42 (1991), 58,49 (1992), 128,22 (1993), 38,56 (1994) und 437,76 Mrd. Ft (1995). Besondere Beachtung verdient die Tatsache, daß allein im Jahr 1995 63,2% der gesamten direkten Verkaufserlöse erzielt wurden. Von den „Bargeldeinnahmen" in der Höhe von 693,12 Mrd. Ft entfielen 86,5% auf Devisen, d.h. auf ausländische Investoren (KSH 1996a, S. 335).

Die bereits angesprochene Partizipation der ungarischen Bürger an der neu entstehenden Privatwirtschaft ist v.a. auf die Gründung von neuen privaten (Klein-)Unternehmen, die Übernahme von früheren staatlichen Kleinbetrieben im Rahmen der Vorprivatisierung, die Restitution und auf verschiedene Formen von Belegschaftsbeteiligung, Leasing usw. konzentriert.

Im Zuge der 1990 eingeleiteten und heute bereits abgeschlossenen Vorprivatisierung wurden 10.700 staatliche Kleinbetriebe bzw. Filialen von staatlichen Unternehmen zum Kauf bzw. zur Pacht angeboten. Primär waren das Unternehmen in der Gastronomie, im Fremdenverkehr und im Handel. Die wirtschaftspolitische Zielsetzung der Vorprivatisierung lag bei der Verstärkung der ungarischen Eigentümerschicht. Im Verlauf der Vorprivatisierung traten gemäß dem Preis der Unternehmen und der Nachfrage große regionale Unterschiede auf. So z.B. wurden die preislich am günstigsten liegenden Betriebe in Nord-Ungarn rascher privatisiert als jene in anderen Regionen (Mitteilung aus der Staatlichen Vermögensagentur).

Im Rahmen des Systems der Vergütung (Restitution) ist es in Ungarn möglich, einen Teil des früheren Besitzes an landwirtschaftlichen Flächen, Häusern usw. rückerstattet zu bekommen, wobei insgesamt etwa 830.000 ungarische Staatsbürger anspruchsberechtigt sind. Die früheren Besitzer respektive deren Nachkommen erhalten zunächst einmal Wertpapiere ausgehändigt. Für diese können die früheren Eigentümer Aktien von privatisierten Unternehmen, landwirtschaftliche Grundstücke (über Versteigerungen), Bargeld oder eine kleine Zusatzpension (Verkauf der Wertpapiere) erhalten. Bei Grundstücken, Wohnungen usw. ist die Vergütung relativ weit fortgeschritten. Im allgemeinen kam es jedoch bei der Restitution ab 1994 zu einem Rückschlag. Der tatsächliche Marktwert der Wertpapiere bestimmt sich v.a. durch deren Gegenwert im Rahmen der Privatisierung. Da jedoch ab dem genannten Jahr kaum Aktien von Unternehmen für die Vergütung angeboten wurden, verfiel der gesamte „Kurs" der Wertpapiere. Somit sind jene Anspruchsberechtigten, die ihre Wertpapiere erst jüngst erhalten haben, gegenüber den Anspruchsberechtigten der ersten Jahre benachteiligt.

4.2.3 Regionale Disparitäten auf dem Arbeitsmarkt

Die Durchsetzung der Marktprinzipien in der ungarischen Wirtschaft wirft folgende Fragen auf: Erstens, wer wird aus dem Arbeitsmarkt gedrängt werden und welche Mobilitätsprozesse werden sich auf seiten der Arbeitnehmer als notwendig erweisen? Zweitens, werden die neue Privatwirtschaft und insbesondere der tertiäre Sektor in der nahen Zukunft imstande sein, die im staatlichen Bereich verlorengehenden Arbeitsplätze zu ersetzen?

4.2.3.1 Neue Mobilität auf dem Arbeitsmarkt

Durch den Wechsel zu einem marktwirtschaftlichen System wurden zwei arbeitsmarktspezifische Prozesse ausgelöst: Unabhängig vom Alter, der Qualifikation und dem Geschlecht werden Arbeitnehmer zur Mobilität zwischen den verschiedenen „Eigentumssektoren" der Wirtschaft, d.h. primär von der staatlichen in die private Wirtschaft, und zwischen den verschiedenen Wirtschaftssektoren gezwungen. Das Ausmaß dieser neuen Mobilität ist beachtlich.

Die Mobilität zwischen dem staatlichen und dem privaten Sektor kann anhand einer Untersuchung von TÁRKI, einem sozialwissenschaftlichen Institut der Ungarischen Akademie der Wissenschaften, dargelegt werden. Unter Einschluß der in GesmbHs umgewandelten Unternehmen weist diese Studie einen Anstieg der Beschäftigten im Privatsektor von 14% (1989) auf 36% (1992) aus. Von den im Rahmen der Enquete Befragten, die in dem genannten Zeitraum ihren Arbeitsplatz wechselten, traten 36% vom staatlichen in den privaten Sektor über. 1993 entfielen (auf Basis von Daten der Steuerbehörde und des Statistischen Zentralamtes) bereits 43% der Beschäftigten auf den Privatsektor (FÁBIÁN 1994, S. 365; KOLOSI u. SIK 1992, S. 7ff.). Diesen „Erfolgszahlen" muß folgendes relativierend hinzugefügt werden: In Westeuropa beträgt die Zahl der Beschäftigten im Privatsektor zwischen 60 und 70% der Gesamtbeschäftigung. In Ungarn wurden mit dem angeführten Beschäftigtenstand im Privatsektor von 43% etwa 60% der Marge der westeuropäischen Staaten erreicht. Womit nur die erste und im Hinblick auf die sozialen Konsequenzen einfachere Phase der Transition von Wirtschaft und Arbeitsmarkt bewältigt wurde.

Wie die Abbildung 4.1 zeigt, vollzog sich die Tertiärisierung der Beschäftigungsstruktur in Ungarn nicht durch die Umschichtung der Beschäftigten in Richtung auf den Dienstleistungssektor, sondern in erster Linie durch den starken Verlust an Beschäftigten im primären und sekundären Sektor. Die Zahl der Beschäftigten erfuhr dabei von 1990 auf 1994 eine Verringerung von 5.471.900 auf 4.136.400.[54] Bei einer relativ stabilen Zahl der Beschäftigten im tertiären Sektor von 2,5 (2,4) Mio. verringerte sich der Stand der Beschäftigung in den beiden anderen Sektoren um etwa 1,3 Mio. 1994 entfielen schließlich in Ungarn 9% der Beschäftigten auf den primären,

---

[54] Rezente Quellen gehen von einem vergleichsweise niedrigeren Stand der Beschäftigung aus. Die Gesamtzahl der in Ungarn beschäftigten Personen wird hier für 1994 mit 3.751.500 und für 1995 mit 3.678.800 angegeben (KSH 1996a, S. 68).

Abbildung 4.1: **Beschäftigung in Ungarn nach Wirtschaftssektoren (1990–1994)**

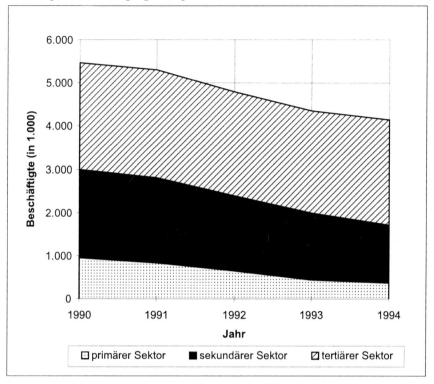

(Quellen: KSH 1994, S. 25; KSH 1995c, S. 26.)   (Grafik: Georg C. Odehnal)

32,4% auf den sekundären und 58,6% auf den tertiären Sektor. Für Österreich lauten die aus dem Mikrozensus vom September 1992 gewonnenen Vergleichszahlen 7, 36 und 57% (KSH 1994, S. 25; KSH 1995c, S. 26; Daten des ÖSTAT).

4.2.3.2 Arbeitslosigkeit

Nach Jahrzehnten einer weitgehenden Sicherung der Arbeitsplätze muß sich die ungarische Bevölkerung seit dem Systemwechsel wieder mit der Problematik der Arbeitslosigkeit auseinandersetzen. Ende 1992 war mit rund 660.000 offiziell arbeitslos gemeldeten Personen bzw. einer Arbeitslosenquote von 12,3% der bisherige Höchststand erreicht. In den darauffolgenden Jahren war (im wesentlichen) eine schrittweise Verringerung der Arbeitslosigkeit zu verzeichnen. Ende 1996 wurden in Ungarn 477.500 arbeitslos gemeldete Personen registriert, die Arbeitslosenquote betrug 10,5 % (Daten von OMK). Im Verlauf der Transition sind strukturelle Faktoren, konjunkturelle Ursachen sowie die Effekte der Modernisierung für Anstieg und Höhe der Arbeitslosigkeit verantwortlich (gewesen). In Anpassung an die jeweils dominierenden Faktoren erfuhren jedoch auch die Methoden der Bekämpfung von Transitionskrise und Arbeitslosigkeit eine Modifikation.

Die Entwicklung von Arbeitslosigkeit und gegensteuernden Maßnahmen kann in vier Phasen (vgl. auch CSÉFALVAY 1994b, S. 356) gegliedert werden:

1. Ein Ansteigen der Arbeitslosenquoten war 1989 erstmals in den industriellen Krisengebieten und peripheren Regionen zu verzeichnen. Gemäß dem bestimmenden Faktor, dem Abbau von Kapazitäten der Schwerindustrie, kann die Arbeitslosigkeit zu diesem Zeitpunkt als strukturell bedingt eingestuft werden. Das Instrumentarium der Krisenbekämpfung wurde räumlich konzentriert eingesetzt.

2. Im Jahre 1990 breitete sich die Arbeitslosigkeit von den östlichen Regionen in Richtung auf Westungarn und die Zentren aus. Die Hauptfaktoren waren dabei weiterhin die regionalen strukturellen Krisen der Industrie sowie die Entlassung der früheren „Arbeitslosen innerhalb der Fabrikstore". Kennzeichnend war zu diesem Zeitpunkt der nicht unbeträchtliche Anteil der ungelernten Industriearbeiter an den Arbeitslosen. Bei den Mitteln der Krisengegensteuerung war gemäß der Struktur der Arbeitslosen eine Verschiebung in Richtung auf die Umschulung zu beobachten.

3. Ab der Mitte des Jahres 1991 wurde der schnellste Anstieg der Arbeitslosigkeit in den hochentwickelten Regionen registriert, d.h., daß die räumlich-zeitliche Verbreitung ihre Sättigungsphase erreichte. Den Hauptfaktor dieser Entwicklung stellte der Zusammenbruch des RGW-Marktes dar. Die Arbeitslosigkeit wandelte sich dadurch von einem strukturellen zu einem konjunkturellen Phänomen. In der zweiten Hälfte des Jahres 1991 stieg der Anteil der Facharbeiter an den Arbeitslosen stark an (vgl. Abbildung 4.2), wobei sich die Zahl der Beschäftigungslosen im Agrar- und Dienstleistungssektor erhöhte. Die Arbeitslosigkeit wurde dadurch auch zu einem Massenphänomen. Infolge der Ausbreitung der Arbeitslosigkeit wurde kurzfristig die Schaffung von Arbeitsplätzen forciert. Die konjunkturelle Determiniertheit des Ausmaßes der Arbeitslosigkeit erstreckte sich bis Ende 1992.

4. 1993 setzte eine anfangs leichte, später stärkere Verringerung der Arbeitslosigkeit ein, die bis in die erste Hälfte des Jahres 1995 andauerte. Nach einem erneuten Anstieg der Arbeitslosenzahlen in der zweiten Hälfte des Jahres 1995 kam es 1996 wieder zu einer Verringerung der Arbeitslosigkeit. Anzumerken ist, daß die insgesamt zu konstatierende Reduktion der Arbeitslosenzahlen weniger mit der wirtschaftlichen Entwicklung zusammenhängt als mit der Ausgliederung von Arbeitslosen aus dem Kreis der Leistungsbezieher (Daten von OMK).

Waren es in den vorangegangenen Jahren v.a. strukturelle und konjunkturelle Faktoren, die die Arbeitslosigkeit bestimmten, so ist ab 1993 die Modernisierung als jener Faktor einzustufen, der die Arbeitslosigkeit stabilisiert. Die neuen Unternehmen in der Privatwirtschaft benötigen weniger Arbeitskräfte, es kommt zu Rationalisierungen im Zuge der Privatisierung usw.

Nach der Ausbildung respektive Tätigkeit waren im Mai 1996 34,8% der Arbeitslosen Facharbeiter, 25,0% angelernte Arbeiter, 22,0% Hilfsarbeiter und 18,2% nicht manuell Arbeitende (vgl. Abbildung 4.2). Die Zusammensetzung der Arbeitslosen nach der Qualifikation, d.h. der hohe Sockel von beschäftigungslosen Facharbeitern, blieb gegenüber Dezember 1992 weitgehend unverändert (NATIONAL BANK OF HUNGARY 1996, S. 59; Daten von OMK).

Neue regionale Disparitäten in Ungarn 161

Abbildung 4.2: **Anstieg und Strukturveränderung der Arbeitslosigkeit in Ungarn (1990–1996)**

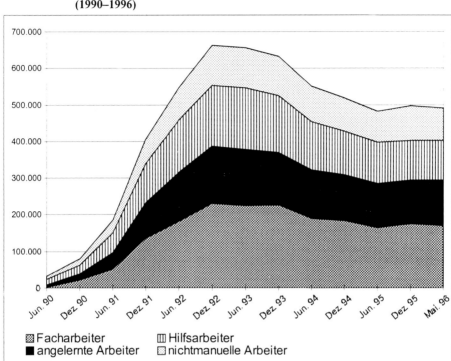

(Quellen: National Bank of Hungary 1996, S. 59; Daten von OMK.)
(Grafik: Georg C. Odehnal.)

Für die Reduktion der Langzeitarbeitslosigkeit besteht seit 1992 ein Programm, das eine Lohnförderung für Unternehmen, die Langzeitarbeitslose einstellen, vorsieht. In den Jahren 1992 bis 1995 konnten auf diese Weise insgesamt fast 30.000 Personen wieder in den Arbeitsprozeß eingegliedert werden. Im Rahmen der Bekämpfung der Arbeitslosigkeit werden darüber hinaus v.a. die Umschulung von Arbeitskräften, die Betriebsgründung durch Arbeitslose sowie die Einbeziehung von Beschäftigungslosen in „gemeinnützige Arbeiten" gefördert.

Räumlich ist, wie die Karte 4.6 für den Zeitpunkt Dezember 1996 zeigt, die Herausbildung einer stabilen und deutlichen West-Ost-Disparität hinsichtlich der Höhe der Arbeitslosigkeit festzustellen. Prägnant zum Ausdruck kommt diese Disparität in den absoluten Zahlen der Arbeitslosen für die Komitate im westlichen und östlichen Grenzgürtel. Auf die drei östlichen Komitate Szabolcs-Szatmár-Bereg, Hajdú-Bihar und Békés entfielen mit 135.200 Arbeitslosen fast viermal so viele Beschäftigungslose wie auf die drei westlichen Verwaltungseinheiten Győr-Moson-Sopron, Vas und Zala (34.900). Betrachtet man die Arbeitslosenquoten, so sind mit über 15,7% die höchsten Werte für Nógrád, Borsod-Abaúj-Zemplén, Szabolcs-Szatmár-Bereg und Hajdú-Bihar zu konstatieren. Die Gefahr der dauerhaften Konzentration eines beträchtlichen Teiles des Arbeitslosenheeres in dieser Region ist groß. Weniger als 6,9% betrug die Arbeitslosenquote im Dezember 1996 in den Komitaten Győr-Moson-Sopron, Vas und Pest sowie in der Hauptstadt Budapest (Daten von OMK).

Karte 4.6: **Arbeitslosigkeit in Ungarn (1996)**

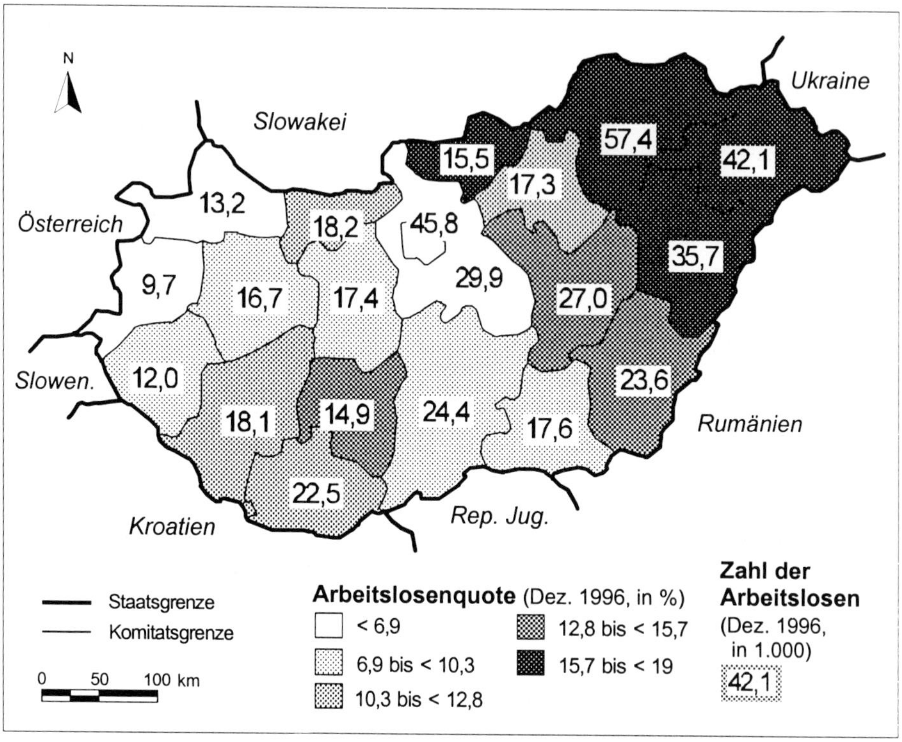

(Quelle: OMK) (Grafik: Georg C. Odehnal)

Auf der Komitatsebene kann die Persistenz der Arbeitslosigkeit deutlich nachvollzogen werden. Trotz der dargelegten Veränderungen der Arbeitslosenquote im Zeitraum Dezember 1990 bis Dezember 1996 veränderten sich die „Rangplätze" der Komitate mit den höchsten und niedrigsten Quoten in diesem Zeitraum kaum. Die Komitate Szabolc-Szatmár-Bereg, Borsod-Abaúj-Zemplen und Nógrád im Nordosten bzw. Norden verzeichneten im Dezember 1996 nach wie vor die höchsten Arbeitslosenquoten, Budapest sowie Győr-Moson-Sopron und Vas an der Westgrenze die niedrigsten (Daten von OMK).

Bezüglich der Merkmale Alter, Qualifikation und Geschlecht kann folgende weiter differenzierende Analyse der Verbreitung der Arbeitslosigkeit in Ungarn ausgeführt werden:

– Ende 1994 betrug der Anteil der Berufseinsteiger an den gesamten Arbeitslosen 11,7%, wobei dieser von 1993 auf 1994 sogar noch angewachsen ist. Über dem Landesdurchschnitt lagen mit 12 bis 15% die Anteile der Berufseinsteiger in Komitaten mit relativ niedriger Arbeitslosenquote, d.s. Győr-Moson-Sopron, Zala, Veszprém, Fejér, Budapest und Pest. Damit wird eine für entwickelte Regionen charakteristische Strategie der Abschottung des Arbeitsmarktes abgebildet: Die Erhaltung der Arbeitsplätze besitzt einen hohen Stellenwert, deswegen werden Berufseinsteiger benachteiligt. Hingegen lag der Anteil der Berufseinsteiger in Komitaten mit hoher Arbeitslosenquote, z.B. in Nógrád und Jásznagykun-Szolnok, unter 10% und somit auf einem vergleichsweise niedrigeren Niveau. Als ein die Jugendarbeitslosigkeit dämpfender Faktor kam in diesen Regionen die vorzeitige Pensionierung von Arbeitnehmern zum Tragen.

– Durch einen hohen Anteil von unqualifizierten Arbeitslosen sind primär Komitate mit hoher Arbeitslosenquote charakterisiert: Im Februar 1995 waren z.B. 37% der ungelernten Arbeitslosen in den vier östlichen Komitaten Szabolcs-Szatmár-Bereg, Borsod-Abaúj-Zemplen, Hajdú-Bihar und Jásznagykun-Szolnok konzentriert (IPARI ÉS KERESKEDELMI MINISZTÉRIUM 1995, Anhang 18).

– Bei den Arbeitslosen ist in Ungarn seit Beginn der Transformation ein (sich ganz leicht verringerndes) Übergewicht der Männer festzustellen: Im Dezember 1990 betrug der Anteil der Männer an den Arbeitslosen 60,5%, im Dezember 1992 58,8% und im April 1995 58,2%. Im allgemeinen werden in Krisenzeiten – wenn sich diese nicht auf die industrielle Produktion beziehen – eher Frauen als Männer aus dem Arbeitsmarkt gedrängt. In Ungarn wurden jedoch v.a. in jenen Industriezweigen Arbeitskräfte entlassen, in denen der Männeranteil hoch ist. Umgekehrt hat die Tertiärisierung der Wirtschaft positive Effekte auf die Frauenbeschäftigung (Daten von OMK).

Die wirtschaftliche Umwandlung in Ungarn „produziert" einen Sockel von 480.000 bis 500.000 (offiziell registrierten) Arbeitslosen, der ohne einen starken wirtschaftlichen Aufschwung nicht entscheidend zu verringern sein wird. Der Verlust an Stellen in den vormals staatlichen Betrieben ist aufgrund der von den neuen Unternehmen der Privatwirtschaft ausgehenden geringen Beschäftigungseffekte vorerst nicht auszugleichen. Negative Effekte auf die Beschäftigung hat auch das Austeritätsprogramm der Regierung. Regional betrachtet wird sich die Zahl der Arbeitslosen in Nord-Transdanubien und Budapest aufgrund der dort getätigten Investitionen u.U. weiter reduzieren, in den anderen Landesteilen ist jedoch kaum mit einer substantiellen Verringerung der Arbeitslosigkeit zu rechnen.

4.2.4 Regionale Dimensionen des sozialen Wandels

Es ist evident, daß die tiefgreifenden Änderungen im wirtschaftlichen und politischen System nicht ohne Folgen für die soziale Struktur der ungarischen Gesellschaft bleiben. Zwei Prozesse wurden hier ausgelöst. Zum einen ist eine zunehmende soziale Polarisierung der Bevölkerung zu beobachten. Diese findet ihren Ausdruck in einer durch Arbeits- und Obdachlosigkeit gekennzeichneten neuen Armut und in einem offen zur Schau gestellten neuen Wohlstand der „Transitionsgewinner". Zum anderen löst sich die frühere Mittelklasse auf und wird durch eine neue „gesellschaftliche Mitte" ersetzt.

4.2.4.1 Polarisierung und Auflösung der alten Mittelklasse

In bezug auf den erstgenannten Prozeß kann festgestellt werden, daß sich die „soziale Schere" als deutlichste Konsequenz des ökonomischen Wandels stärker öffnet: 1982 betrug der Anteil der wohlhabendsten 30% der Bevölkerung am gesamten Volkseinkommen 44%, 1992 bereits 49%. Besonders signifikant sind in diesem Kontext (vgl. Abbildung 4.3) die Anteile der drei obersten und der drei untersten Dezile der Bevölkerung: Gegenüber den knapp 50% des Volkseinkommens, über den die wohlhabendsten 30% der Bevölkerung verfügten, mußten sich die ärmsten Bevölkerungsschichten 1992 mit ca. 16% begnügen (GAZDASÁGKUTATÓ INTEZET 1992a, S. 29f.; GAZDASÁGKUTATÓ INTEZET 1992b, S. 30).

Abbildung 4.3: **Einkommensverteilung in Ungarn (1982/1992)**

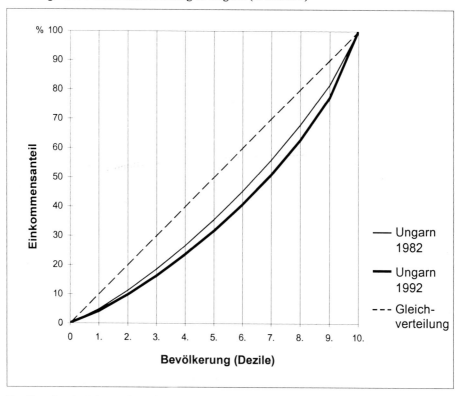

(Quellen: Gazdaságkutató Intezet 1992a, S. 92f.; 1992b, S. 30.)   (Grafik: Georg C. Odehnal)

Auch der zweite gesellschaftliche Vorgang, die Auflösung der ehemaligen, künstlich gebildeten Mittelschicht bzw. die Herausbildung einer neuen „gesellschaftlichen Mitte", erfaßt die einzelnen Bevölkerungsgruppen in unterschiedlichem Ausmaß: Ein kleiner Teil der ehemaligen Mittelklasse, z.B. Verwaltungsbeamte, Manager im staatlichen Bereich, Selbständige usw., konnte seine Position noch verbessern. Anderen

Angehörigen dieser Schicht wie den Lehrern war es hingegen nur zum Teil möglich, ihre gesellschaftliche Stellung zu behalten. Der größte Teil der früheren Mittelklasse wurde hingegen zum Verlierer der Umstrukturierung. Dies betrifft v.a. (gut) qualifizierte Facharbeiter, Personen, die nun bereits im Pensionsalter stehen, usw. Dabei ist darauf hinzuweisen, daß die Position eines erheblichen Teiles der früheren Mittelklasse auf den Aktivitäten im Rahmen der Zweiten Wirtschaft basierte. Diese Frühform der Privatwirtschaft in Ungarn war in komplexer Form in den staatlichen bzw. sozialistischen Sektor eingebettet (vgl. CSÉFALVAY u. ROHN 1991). Im Zuge der Restrukturierung der Ökonomie wurde die „Zweite Wirtschaft" allerdings ebenfalls aufgelöst. Ein Teil dieser Wirtschaftsformen wurde in die neue private Ökonomie eingegliedert, ein anderer (kleiner) Teil mutierte zur Schattenwirtschaft. In der Hauptsache konnten die Träger der Zweiten Wirtschaft jedoch ihre Tätigkeit nicht fortführen.

Gesamtstaatlich gesehen, steht der Prozeß der Herausbildung einer neuen „gesellschaftlichen Mitte" hingegen erst am Anfang. In der gegenwärtigen Phase rekrutieren sich die Angehörigen der neuen Mittelschichten (Selbständige, Beamte, freie Berufe etc.) zu einem Gutteil aus den Bevölkerungsgruppen mit guter fachlicher Qualifikation. Besonders signifikant ist das Überwechseln der „Intelligenz" in die Selbständigkeit. Im Rahmen der gegenwärtigen Marktsituation können ungarische Unternehmer, z.B. in den Branchen mit hohen Qualifikationsanforderungen (Software, neue Technologien usw.), gute Positionen auf dem Markt besetzen. Die zukünftige Herausbildung einer neuen „gesellschaftlichen Mitte" hängt davon ab, ob die gegenwärtig hohe Zahl der Selbständigen nur ein Übergangsphänomen repräsentiert oder ob die Selbständigen einen stabilen Teil der zukünftigen Mittelschicht bilden werden.

Die beiden angeführten Transformationsprozesse, die Polarisierung und die Auflösung der früheren Mittelklasse, sind durch eine prägnante sozialräumliche Selektivität gekennzeichnet. So ist z.B. in den entwickelten Regionen Zentrum und Nord-Transdanubien der Prozeß der Herausbildung neuer Mittelschichten bereits relativ weit fortgeschritten. Hingegen haben die genannten Auflösungstendenzen in den östlichen Regionen eine starke Verarmung der Bevölkerung zur Folge. Für die Darstellung dieser beiden tiefgreifenden sozialen Prozesse werden im folgenden Disparitäten des Einkommens und der Spareinlagen in Devisen als regionale Wohlstandsindikatoren herangezogen.

4.2.4.2 Einkommensindikatoren

Die Disparitäten des Einkommens bringen die dargelegte wirtschaftliche und soziale Entwicklung klar zum Ausdruck. Am Beispiel des Indikators für das einkommensteuerpflichtige Einkommen (pro Einwohner)[55] ist eine deutliche West-Ost-

---

[55] Die vorgelegten Daten beziehen sich auf den im Rahmen der Einkommensteuer erfaßten Teil unselbständiger und selbständiger Einkommen. Die tatsächlichen Einkommen sind jedoch aufgrund des hohen Anteils der Schattenwirtschaft am realen BIP und der verschiedenen Besteuerungsformen für Selbständige höher. Entscheidend ist hier die regionale Differenzierung und nicht die absolute Höhe.

Differenzierung abzulesen (vgl. Karte 4.7). Die höchsten Werte verzeichnen das Zentrum (Budapest und Pest) sowie die Komitate Győr-Moson-Sopron, Vas und Fejér in Nord-Transdanubien. Auch die Großregion Süd-Transdanubien ist überwiegend durch ein relativ hohes durchschnittliches Einkommen geprägt. Die Komitate in den anderen Großregionen, besonders jene im Nordosten bzw. Osten des Landes, gehören hingegen zumeist den niedrigsten Einkommensklassen an. Das geringste einkommensteuerpflichtige Einkommen pro Einwohner wird für Szabolcs-Szatmár-Bereg ausgewiesen (Daten des ungarischen Finanzministeriums; KSH 1995c, S. 28f.).

Karte 4.7: **Steuerpflichtiges Einkommen und Deviseneinlagen pro Einwohner (1994)**

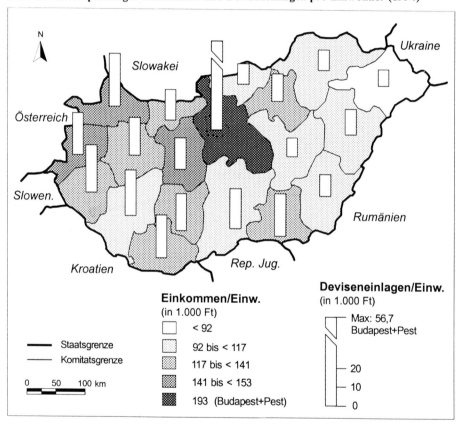

(Quellen: KSH 1995c, S. 28f.; ungarisches Finanzministerium und Ungarische Nationalbank.)
(Grafik: Georg C. Odehnal)

Gut zur Geltung kommt die angesprochene West-Ost-Abstufung der sozialen Lage der Bevölkerung durch den Indikator Spareinlagen in Devisen (vgl. Karte 4.7). Neben dem Zentrum sind mit Győr-Moson-Sopron, Zala und Somogy die Komitate an der westlichen und südwestlichen Grenze Ungarns durch die höchsten Deviseneinlagen per capita charakterisiert. Dieser Grenzgürteleffekt resultiert aus den günstigen Einkommenschancen im Rahmen der Pendelwanderung und des Tourismus. Etwas geringere Deviseneinlagen als die drei genannten Komitate, aber immer noch relativ hohe Werte weisen die im Süden situierten Verwaltungseinheiten auf. Hingegen verzeichnen die Komitate in den östlichen Krisenregionen großteils weit unter dem Landesdurchschnitt liegende Deviseneinlagen. Gemeinsam mit dem durch den niedrigsten Wert gekennzeichneten Szabolcs-Szatmár-Bereg sind dies Borsod-Abaúj-Zemplén, Nógrád, Jásznagykun-Szolnok und Békés (KSH 1995c, S. 28f.; Daten der Ungarischen Nationalbank). In einem weiteren Sinne repräsentieren diese regionalen Disparitäten einen Gradmesser der räumlich unterschiedlich ausgeprägten Innovationsfähigkeit der Bevölkerung. Neben der makroökonomischen Restrukturierung hängt der Erfolg des wirtschaftlichen Wandels in hohem Maße davon ab, inwieweit die Menschen bereit sind, ihre Mentalität und ihr Konsumverhalten den marktwirtschaftlichen Gegebenheiten anzupassen. Der Indikator Spareinlagen in Devisen zeigt somit, in welchen Regionen sich die Bevölkerung bei den alltäglichen Kontakten bereits an westlichen Verhaltensmustern orientiert.

4.3 Regionalpolitik und Krisenmanagement

Die ersten Jahre der Umstrukturierung waren in Ungarn durch das weitgehende Fehlen einer gezielten Regionalpolitik gekennzeichnet. Maßgeblich dafür waren die negativen Erfahrungen mit der Regionalpolitik des alten Systems sowie budgetäre Beschränkungen. Deshalb bestand Regionalpolitik hauptsächlich in einem Krisenmanagement in Industrieregionen (vgl. dazu das Beispiel Ózd) und arbeitsmarktpolitischen Maßnahmen. Das Fehlen einer regionalen Ordnungspolitik forcierte zwischen den Gemeinden einen chaotischen Wettbewerb um Standorte des Privatsektors, besonders um jene von Joint-ventures. Von staatlicher Seite her wurde kaum versucht, die Standortpräferenzen der privaten Investoren im Sinne einer Regionalpolitik zu beeinflussen. Eine Ausnahme bildete hier lediglich die Standortwahl für die neuen Unternehmen der Autobranche.

4.3.1 Regional- und Arbeitsmarktpolitik im Verlauf der Transformation

Bei den von der ungarischen Regierung in den ersten Jahren der Transformation gesetzten „raumwirksamen" Maßnahmen können drei Fehlentwicklungen diagnostiziert werden. Erstens: Die knappen finanziellen Ressourcen wurden nicht in jenen Krisenregionen eingesetzt, in denen sie möglicherweise einen höheren Output erbringen hätten können, sondern dort, wo die größten sozialen Spannungen drohten. Zweitens: Die Methoden der Regionalpolitik und des Krisenmanagements wurden mittels „learning by doing" entwickelt, was erhebliche soziale Kosten implizierte. Und drittens: Der Aufbau von Arbeitsmarktverwaltung, Umschulungszentren, Institutionen der Sozialpartner usw. war von beträchtlichen Verzögerungen gekennzeichnet. Rückblickend betrachtet muß festgestellt werden, daß der Schaffung von demokratischen und marktwirtschaftlichen Institutionen als einem übergeordneten Problem der Umwandlung mehr Aufmerksamkeit geschenkt hätte werden müssen.

Grundsätzlich ist festzuhalten, daß besonders in den ersten Jahren der Transition im Bereich der Arbeitsmarktverwaltung eher „indirekte" (Arbeitslosenunterstützung) als „direkte" Mittel (Schaffung von Arbeitsplätzen, Umschulung, „gemeinnützige Arbeiten" usw.) eingesetzt wurden. Für 1995 können die Größenordnungen dieser beiden Aktionsfelder der Arbeitsmarktpolitik grob in folgender Weise abgesteckt werden. In dem genannten Jahr waren in Ungarn durchschnittlich etwa 495.000 Personen arbeitslos gemeldet. Im Verlauf des Jahres 1995 konnten insgesamt rund 189.000 Personen in „direkte" arbeitsmarktpolitische Maßnahmen einbezogen werden. Zur Erklärung ist anzumerken, daß das Aktionsfeld der „direkten" arbeitsmarktpolitischen Maßnahmen einen Mischbereich darstellt, da unter diesem Titel Bezieher von Arbeitslosenunterstützung, Angehörige des „Zweiten Arbeitsmarktes" und in Beschäftigung stehende Personen subsumiert werden (KSH 1996a, S. 65; Daten von OMK).

Der Grundstock der Mittel für die Arbeitslosenunterstützung stammt aus dem „Solidaritätsfonds", in den Arbeitnehmer und Arbeitgeber ab 1993 einen gewissen Prozentsatz des Bruttolohnes der Beschäftigten einzuzahlen haben. Knapp 50% der für die Unterstützung der Arbeitslosen benötigten Ressourcen müssen jedoch aus dem Staatsbudget zugeschossen werden. Die für die Arbeitsmarktförderung erforderlichen Mittel werden über den „Beschäftigungsfonds" bereitgestellt, der zur Gänze aus dem Budget abgedeckt wird. Die Finanzierung und Verwaltung von „indirekten" und „direkten" Mitteln erfolgt weitgehend getrennt. In Ungarn kann nur ein geringer Teil der finanziellen Mittel für „direkte" Maßnahmen eingesetzt werden (1993 ca. 15%), der Großteil der Ressourcen muß für die Unterstützung der Arbeitslosen bereitgestellt werden. In den OECD-Staaten reicht der Anteil der „direkten" Mittel von 19% für Spanien über 30 und 40% für Österreich bzw. Deutschland bis 58% für Norwegen (MAKÓ u. GYEKICZKY 1990, S. 26; Daten des ungarischen Finanzministeriums).

Bei der Auseinandersetzung mit den neuen regionalen respektive arbeitsmarktpolitischen Problemstellungen sind vier Phasen zu unterscheiden:
– Der erste Abschnitt, in dem die „spontanen", unkoordinierten Eingriffe des Staates dominierten, umfaßt den Zeitraum von 1989 bis Anfang 1991.
– Im Frühjahr 1991 wurden die Rahmenbedingungen eines systematischen Krisenmanagements durch das „Gesetz über Beschäftigungsförderung und Arbeitslosenversorgung" (IV/1991) festgelegt.
– Ab 1992 wurde dieses System bei teilweiser Persistenz der „spontanen" staatlichen Eingriffe stufenweise ausgebaut.
– 1995 verabschiedete das ungarische Parlament ein Gesetz über die Raumentwicklung, das die Regionalpolitik auf eine neue Basis stellt, die Kompetenzen der Komitate aufwertet und „regional development councils" als Instrumente der Regionalentwicklung etabliert (vgl. NEMES NAGY 1995, S. 18).

In der Anfangsphase der regional- und arbeitsmarktpolitischen Maßnahmen (1990) wurde in erster Linie versucht, die Arbeitslosigkeit mittels der Förderung der „kritischen Kreise" (Problemgebiete) und mit Hilfe von auf die arbeitslosen Personen konzentrierten Maßnahmen zu bekämpfen. Nachdem sich diese Methoden als zu kostspielig bzw. ineffizient erwiesen hatten, wurde das regionale Krisenmanagement ab 1991 schrittweise umgestellt. Dabei bildete sich folgendes Instrumentarium heraus (vgl. Tabelle 4.3):

Neue regionale Disparitäten in Ungarn

Tabelle 4.3: „Direkte" arbeitsmarktpolitische Maßnahmen in Ungarn nach Personen (1992–1995)

Maßnahmen	1992	1993	1994	1995
Umschulung	60.466	89.251	93.927	71.182
„gemeinnützige Arbeiten"	13.880	50.875	69.674	59.465
Lohnunterstützung	11.637	30.366	47.772	37.214
Schaffung von Arbeitsplätzen	10.245	10.633	6.120	2.931
Unterstützung bei Unternehmensgründung	5.493	13.377	12.621	5.609
Teilzeitarbeit	28.581	10.729	9.418	3.397
Frühpension	5.376	6.615	7.222	6.562
andere Instrumente	600	800	1.568	2.714

(Quelle: KSH 1996, S. 65)

Die Umschulung von Arbeitskräften repräsentiert, wie die Zahl von rund 71.000 im Jahr 1995 einbezogenen Personen belegt, einen der Schwerpunkte der Arbeitsmarktpolitik. Das Netz von regionalen Umschulungszentren wurde ausgebaut, das Angebot an Kursen erhöht und diversifiziert sowie der Zugang erleichtert. Die Schulungstätigkeit erfuhr dabei eine Ausdehnung von den staatlichen Stellen auf die Unternehmen. Wie bereits angesprochen, sind in den angeführten Zahlen auch in Beschäftigung stehende Personen inkludiert. Neben den Arbeitslosen können auch potentiell von Entlassung bedrohte Arbeitnehmer an Umschulungskursen teilnehmen. Weiters wird die Selbstschulung, z.B. zum Erlernen von Fremdsprachen, zur Aneignung von EDV-Kenntnissen usw., gefördert.

Ebenfalls einen hohen Stellenwert besitzt die als „gemeinnützige Arbeiten" bezeichnete Beschäftigung von (etwa 59.000) Arbeitskräften in den Gemeinden. Dies beruht nicht zuletzt auf der Ausweitung der genannten Einstufung auf weitere Tätigkeiten, z.B. bei der Verbesserung des Straßenzustandes, der Betreuung von Parkanlagen usw.

Den dritten Schwerpunkt der „direkten" Arbeitsmarktpolitik bilden Lohnzuschüsse. Unternehmen, die Langzeitarbeitslose anstellen, erhalten ähnlich wie z.B. in Frankreich eine Lohnförderung für die betreffenden Personen. In den Genuß dieser Maßnahmen der Bekämpfung der gravierendsten Auswirkungen der wirtschaftlichen Umwandlung kamen 1995 mehr als 37.000 Personen.

Einen Umfang von jeweils einigen tausend einbezogenen Personen weisen für 1995 Maßnahmen wie die Schaffung von Arbeitsplätzen in Regionen mit hoher Arbeitslosigkeit, die Unterstützung der Unternehmensgründung durch arbeitslose Personen oder die Teilzeitbeschäftigung auf (KSH 1996a, S. 65).

4.3.2 Krisenmanagement in industriellen Problemregionen – das Beispiel Ózd

Die Kleinregion Ózd stellt einen der ausgeprägtesten ökonomischen Krisenherde in Ungarn dar und eignet sich deshalb besonders gut für eine Fallstudie des staatlichen Krisenmanagements in monostrukturell geprägten Industrieregionen. Ózd ist eine

Stadt von 45.000 Einwohnern im Komitat Borsod-Abaúj-Zemplén, im Nordosten Ungarns. Die Region Ózd umfaßt insgesamt etwa 80.000 Einwohner.

Auf dem Arbeitsmarkt der Region besaß das bereits in der k.u.k. Monarchie gegründete Ózder Stahlwerk bis zum Systemwechsel eine dominierende Position. Aufgrund der Arbeitsteilung zwischen den drei ungarischen Stahlwerken Ózd, Miskolc und Dunaújváros wurde in Ózd lediglich „Massenstahl" hergestellt, die weitere Verarbeitung hingegen in den anderen Werken durchgeführt. Wegen dieser schlechten Position im Rahmen der innerungarischen Arbeitsteilung und aufgrund der weltweiten Stahlkrise konnte der Betrieb des Ózder Stahlwerkes schon in den 80er Jahren nur durch massive staatliche Subventionen aufrechterhalten werden. Bereits zu diesem Zeitpunkt war evident, daß Ungarn nur die Hälfte der existierenden Stahlkapazitäten benötigt. Zu Beginn der 90er Jahre wurde schließlich das modernste ungarische Stahlwerk in Dunaújváros unter österreichischer Beteiligung privatisiert. Das Werk in Miskolc soll nach dem Konkurs als erneuertes Miniaturstahlwerk weitergeführt werden. Bereits 1988 mußte die Region Ózd als Problemgebiet („kritischer Kreis") eingestuft werden.

In den Jahren 1990 und 1991 wurde das Stahlwerk in Ózd in drei Tranchen privatisiert. Anteile am Stammbetrieb erwarben deutsche Unternehmen, kleinere Einheiten gingen an einen privaten ungarischen Investor sowie an eine ungarische GesmbH mit Belegschaftsbeteiligung. Während die Anteile der deutschen Investoren am Stammbetrieb bereits kurz nach der Übernahme an die Staatliche Vermögensagentur retourniert wurden und der ungarische Investor 1994 Konkurs anmelden mußte, ist gegenwärtig nur mehr die GesmbH operativ tätig.

Der Niedergang des Werkes und die Kündigung von Tausenden Stahlarbeitern resultierten in einem drastischen Anstieg der Arbeitslosigkeit in der Region Ózd. Von 1990 bis 1993 stieg die Zahl der registrierten Arbeitslosen von 2.200 auf 12.300 an. In den folgenden Jahren verringerte sich die Zahl der Arbeitslosen in der Region Ózd zwar, lag jedoch 1995 noch immer bei 8.700. Während rund 18% der im Jahr 1995 registrierten Arbeitslosen in „direkte" arbeitsmarktpolitische Maßnahmen einbezogen waren, hatten 11% dieser Personen jeglichen Anspruch auf Arbeitslosenunterstützung verloren und befanden sich bereits in der Endphase des „Rückzuges aus dem Arbeitsmarkt". Die Entwicklung der Region Ózd, in der die Arbeitslosenquote 1995 bei 19,4% lag und in der bereits starke Abwanderungstendenzen zu beobachten sind, vollzog sich vor dem Hintergrund der krisenhaften Erscheinungen im Komitat Borsod-Abaúj-Zemplén, die in einer Arbeitslosenquote von 17,2% (1995) Ausdruck fanden (Daten des ungarischen Ministeriums f. Industrie u. Handel sowie des Arbeitsministeriums).

Zur Bewältigung der Stahlkrise in der Region Ózd wurde ein breites Instrumentarium staatlicher Maßnahmen eingesetzt. Einen Eindruck vom Ausmaß des staatlichen Engagements gibt bereits der große Umfang der für die Region Ózd bereitgestellten Finanzmittel: In den Jahren 1990 bis 1996 erhielt die Region jährlich Subventionen in der Höhe von 7 bis 10 Mrd. Ft. Gegenwärtig liegen die Schwerpunkte der staatlichen Hilfsmaßnahmen bei folgenden Programmen und Projekten:

– 1992 wurde mit staatlicher Unterstützung die Ózder Beschäftigungsgesellschaft gegründet. Diese GesmbH, die eine ähnliche Funktion wie die ABM-Betriebe im

Osten Deutschlands erfüllt, bietet gegenwärtig 2.000 früheren Stahlarbeitern eine temporäre Beschäftigung. Konkret sind die Mitarbeiter der Beschäftigungsgesellschaft mit der teilweisen Demontage der Einrichtungen des Stahlwerkes befaßt. Den Ausgangspunkt dieser Maßnahmen bildet die Sicherung des „sozialen Friedens" in der Region.

– 1994 setzte die sozialliberale Regierung ein Programm für die Reorganisation der Stahlindustrie im Komitat Borsod-Abaúj-Zemplén in Kraft. Durch die Ansiedelung von neuen metallverarbeitenden Betrieben soll die Nachfrage nach den Produkten (der noch operativen Teile) des Stahlwerkes Ózd erhöht werden. Weil bis dato nur eine geringe Ansiedelung von Investoren aus der Branche zu konstatieren ist, dürften jedoch dem gesamten Programm keine allzu positiven Zukunftsaussichten beschieden sein.

– Das Projekt des Industrieparks Ózd umfaßt die Nachnutzung der geschlossenen Teile des Stahlwerkes. Durch die Adaptierung von Betriebsgebäuden und Infrastruktur wird auf dem Gelände des Stahlwerkes ein modernes Areal für Unternehmen geschaffen. Die Vorzüge des Industrieparks am Standort Ózd bestehen in der günstigen räumlichen Lage (Zugang zu den Märkten in der Slowakei und in der Ukraine) und in dem Potential an zu niedrigen Löhnen arbeitenden Facharbeitern. Bis dato haben sich auf dem Gelände des Stahlwerkes bereits 90 Unternehmen angesiedelt, die ca. 1.300 Arbeitskräfte beschäftigen. Im Rahmen des Industrieparks sollen insgesamt 180 bis 200 Unternehmen mit etwa 4.000 Beschäftigten angesiedelt werden. Gegenwärtig steht der Vollausbau des Industrieparks Ózd jedoch vor dem Problem der Finanzierung des weiteren Ausbaus der Infrastruktur. Dafür sind Investitionen in der Höhe von mehreren Mrd. Forint erforderlich. Neben dem Projekt des Industrieparks bestehen Pläne für die Errichtung einer zusätzlichen Unternehmenszone in Ózd (vgl. CSÉFALVAY 1996, S. 6ff.).

Wie die vorangegangenen Ausführungen zeigen, dürfte die Lösung der gegenwärtigen Probleme von Wirtschaft und Arbeitsmarkt in Ózd noch einen längeren Zeitraum in Anspruch nehmen.

4.3.3 Neugründungen „auf der grünen Wiese" – die Beispiele von Suzuki, Opel und Ford

Zu Beginn der 90er Jahre lagen die ungarischen Durchschnittslöhne z.T. beträchtlich über dem Niveau anderer ehemaliger RGW-Staaten (Daten des ungarischen Ministeriums für das Arbeitswesen). Im Vergleich zu den Löhnen und Gehältern im Westen besteht hingegen noch immer ein beträchtliches Gefälle. Faktoren, die die Attraktivität des Standorts Ungarn erhöhen, sind die bereits in den 80er Jahren entwickelten semimarktwirtschaftlichen Organisationsformen, das gute Investitionsklima, klare rechtliche Rahmenbedingungen und das hohe Ausbildungsniveau der ungarischen Arbeitnehmer. Multinationale Unternehmen nützen diese Vorteile zur Gründung von Zweigbetrieben in Ungarn.

Für die Darstellung der Problematik von Neugründungen „auf der grünen Wiese" wurden mit Suzuki, Opel und Ford (vgl. Tabelle 4.4) drei Beispiele aus der Autoindustrie ausgewählt, die durch folgende Gemeinsamkeiten charakterisiert sind:

– Die Verträge mit den drei Autoherstellern wurden noch vor der Ablösung des alten Regimes abgeschlossen, als derartige Investitionen noch ein relativ großes Risiko bedeuteten.

– Alle drei Unternehmen bekamen vom Staat bemerkenswerte Vergünstigungen zugestanden. Darunter fallen z.B. der begünstigte Import von Produktteilen, Exportvorteile, Steuerfreiheit für fünf bis zehn Jahre, Kreditgarantien des Staates sowie direkte Subventionen (Bereitstellung von Straßen und weiterer Infrastruktur).

– Die Fertigung ist auf einem hohen technologischen Niveau mit arbeitsextensiver Produktionsweise angesiedelt. Die Zahl der jeweiligen Beschäftigten ist deshalb relativ niedrig.

– Als Standorte wurden Klein- bis Mittelstädte in Nord-Transdanubien ausgewählt.

– Die hergestellten PKWs werden zum Teil in Ungarn verkauft, zum Teil werden westliche Märkte von Ungarn aus beliefert.

– Zusätzliche Investitionen bzw. Erweiterungen der Betriebe waren im zeitlichen Abstand von zwei bis drei Jahren nach der Unternehmensgründung geplant.

Tabelle 4.4: **Charakteristika der neuen Unternehmen der Autoindustrie in Ungarn (1993)**

Indikatoren	SUZUKI	OPEL/GM	FORD
Standort	Esztergom	Szentgotthárd	Székesfehérvár
Komitat	(Komárom bei Budapest)	(Vas, österr. Grenze)	(Fejér, 100 km südl. Budapest)
Einwohner	30.000	10.000	100.000
Gesamtinvestition (Mrd. Ft)	17,7	16,2	6,6
ungarischer Anteil	40%	35%	0
Produktion (in 1.000)	Suzuki-Swift: 15	Opel-Astra: 15; Motoren: 200	Zündungen: 2.000; Pumpen: 1.500
Beschäftigte 1992 (1996)	360 (1.000)	500 (800)	130 (200)
ungarischer Anteil an der Wertschöpfung	20%	15–20%	k. A.

(Quelle: Daten des ungarischen Ministeriums für Industrie u. Handel)

Seit 1994 fertigt auch der deutsche Autohersteller Audi in Ungarn (Győr) Motoren. Im Rahmen dieses zu 100% in deutschem Besitz stehenden Unternehmens sollen insgesamt rund 5 Mrd. Schilling investiert werden. Die Beschäftigtenzahlen liegen bei 200 für die Anfangsphase und 1.000 für die Endausbaustufe (DER STANDARD, 22. 4. 1993; Daten des ungarischen Ministeriums für Industrie u. Handel).

Die detaillierte Darstellung der Beispiele zeigt, daß diese Unternehmen bis dato nur relativ kleine Inseln im Prozeß der Modernisierung der ungarischen Wirtschaft darstellen, die weder die Spannungen auf den regionalen Arbeitsmärkten noch die Probleme der Zulieferindustrie (technisches Niveau, Qualitätsanforderungen) lösen können. Derzeit stehen durch die Ansiedelung der vier genannten Unternehmen rund 1.200 neue Arbeitsplätze zur Verfügung, für die Ausbaustufe des Jahres 1996 waren etwa 3.000 Arbeitsplätze vorgesehen. Aufgrund der geringen Fertigungstiefe dürften die Spill-over-Effekte gering bleiben.

4.4 Ausblick: Regionale Restrukturierung und demographische Entwicklung Ungarns

Die dargestellten Phänomene des wirtschaftlichen, gesellschaftlichen und räumlichen Wandels in Ungarn werden im folgenden zu zwei „Strängen" zusammengefaßt: a) einer Synthese der konstatierten und zu erwartenden Veränderungen der regionalen Struktur Ungarns und b) einer Prognose für die Entwicklung von Bevölkerung und Migrationspotential in Ungarn.

4.4.1 Regionale Restrukturierung

Aufgrund des bisherigen Verlaufs der Transition können sechs Faktoren identifiziert werden, die ausschlaggebend dafür sind, ob Regionen zu den „Gewinnern" oder „Verlierern" der Transition zu zählen sind.

Als erster Faktor ist die Qualität der bestehenden Infrastruktur in den Regionen hervorzuheben. Positive Effekte für die regionalökonomische Entwicklung gehen z.B. von der verkehrstechnischen Anbindung aus. Regionen, die über leistungsfähige Straßen- und Schienenverbindungen verfügen, weisen beträchtliche Standortvorteile auf. Darin liegt eine Ursache für die herausragende Position Budapests und die vergleichsweise günstige Situation der Komitate an der ungarischen Westgrenze. Die Nähe zu den Arbeits- und Absatzmärkten in der EU schafft Möglichkeiten der Pendelwanderung und erhöht die Attraktivität für Betriebsansiedelungen.

Die regionale Gewichtung von Faktor eins wird dadurch betont, daß die Schwerpunkte des Infrastrukturausbaus für die erste Hälfte der 90er Jahre und darüber hinaus in Budapest und Westungarn situiert sind. So z.B. wurden die Einrichtungen für das Mobiltelephon zuerst in Budapest und im Westen geschaffen und das letzte Teilstück der Autobahn Wien-Budapest (von Győr nach Hegyeshalom) fertiggestellt. Im Zuge der Verbesserung der Verkehrsinfrastruktur wird in den kommenden Jahren auch eine Ringautobahn für Budapest errichtet.

Zwei Beispiele sind besonders geeignet, die dargelegten Infrastruktureffekte zu verdeutlichen: Sowohl das im Norden Ungarns situierte Miskolc als auch das südwestlich von Budapest gelegene Székesfehérvár zählten zu den „Hochburgen" der sozialistischen Großindustrie. Miskolc war einer der Hauptstandorte der eisenverarbeitenden Industrie in Ungarn. In Székesfehérvár sind Unternehmen der Aluminiumverarbeitung, der Elektrotechnik (Videoton) und der Fahrzeugindustrie (Ikarus) angesiedelt. Während die 170 Straßenkilometer zwischen Budapest und Miskolc nur zu etwa 40% voll ausgebaut sind und die restliche Strecke auf einer einfachen Landstraße zurückzulegen ist, kann Székesfehérvár über die Budapest-Balaton-Autobahn in einer knappen Stunde erreicht werden. Aufgrund des weitgehenden Verlustes der Absatzmärkte im RGW geriet der Arbeitsmarktbezirk Miskolc in eine tiefe ökonomische Krise. Räumliche Distanz und mangelhafte Verkehrsanbindung stellen hier die Haupthindernisse für die Ansiedelung ausländischer Unternehmen dar. Günstig sind hingegen trotz der wirtschaftlichen Probleme der Unternehmen Videoton und Ikarus die

Entwicklungsperspektiven für Székesfehérvár. Aufgrund der guten Verkehrsinfrastruktur haben sich seit der „Wende" mit Ford, Philips und IBM einige namhafte ausländische Firmen in Székesfehérvár, das bereits als ungarisches Silicon Valley bezeichnet wird, angesiedelt. Ähnlich wie in Székesfehérvár ist entlang der Autobahn Wien-Budapest ein beachtlicher wirtschaftlicher Aufschwung zu beobachten.

Der zweite Faktor der regionalen Umstrukturierung resultiert aus dem „sozialistischen Erbe". Seit der „Wende" muß sich Ungarn mit zwei Formen der Krise auseinandersetzen: Die strukturelle Krise des Staatssektors ist der Normalfall, die konjunkturelle und nur vorübergehende Krise der bestehenden Kapazitäten die Ausnahme:

– Die erste Ausprägung repräsentieren die strukturellen Krisenerscheinungen bei den früheren Kapazitäten der Schwerindustrie: Überall dort, wo in den 50er und 60er Jahren Schwer- und Grundstoffindustrie entwickelt worden ist, sind heute Krisensymptome sichtbar. In den meisten westeuropäischen Staaten trat diese Krise der Schwer- und Grundstoffindustrie bereits im Gefolge des „Erdölschocks" von 1973 auf. In der zweiten Hälfte der 70er und in den 80er Jahren wurden im Westen Europas gezielt strukturverändernde Maßnahmen eingeleitet. In Ungarn hingegen wurde diese Umstellung aus politischen Gründen immer wieder vertagt und muß nun vom Nachlaßverwalter des alten Regimes, der demokratischen Regierung, einer Lösung zugeführt werden.

– Die zweite Form besteht, wie bereits angesprochen, in der konjunkturellen Krise. Im Zuge von Rezession und Auflösung des früheren RGW verlor die ungarische Industrie ihre Absatzmärkte in diesem Wirtschaftsraum. Ein ähnliches Phänomen war zu Beginn der 90er Jahre auch für Finnland, das ebenfalls seine Absatzmärkte in der früheren UdSSR einbüßte, zu konstatieren. Die finnische Wirtschaft, obzwar wesentlich entwickelter als jene Ungarns, geriet in eine tiefe Krise, die Arbeitslosenquote schnellte in die Höhe und es kam zu erheblichen sozialen Spannungen. Während in Ungarn die Anpassung der Unternehmen und die Umstrukturierung der Exportdestinationen in Richtung Westen erfolgreich bewältigt werden konnte, läßt die Konsolidierung der regionalen Arbeitsmärkte noch auf sich warten.

– Besonders betroffen von den angesprochenen Krisenerscheinungen sind die Städte entlang der ehemaligen ungarischen „Schwerindustrie-" bzw. „Energieachse". Diese „Achse" umfaßt in Form zweier Bögen die Industriestädte Tiszaújváros, Miskolc, Kazincbarcika, Ózd und Salgótarján im Nordosten und Dorog, Tatabánya, Oroszlány, Székesfehérvár, Várpalota und Ajka im Nordwesten Ungarns. Die Städte im Ostteil des Landes sind dabei eher durch strukturelle, jene im Westteil v.a. durch konjunkturelle Krisensymptome gekennzeichnet.

Der dritte Faktor, der Modi und Resultate der bisherigen ökonomischen Umstrukturierung berücksichtigt, steht in engem Zusammenhang mit dem zweiten Punkt. Wie bereits dargelegt, kann nach den bestimmenden wirtschaftlichen Akteuren eine „Dreiteilung" des ungarischen Territoriums ausgemacht werden. Prägen die teilprivatisierten Großunternehmen den Verlauf der Umwandlung (Osten), muß diese Funktion von der neuen einheimischen Unternehmerschicht übernommen werden (Süden) oder tragen ausländisches Joint-venture-Kapital und ungarische Kleinunternehmen (Budapest und Westen) den Prozeß der Umwandlung der ungarischen Wirtschaft – dergestalt sind die Ausprägungen des dritten Faktors (vgl. dazu die Karten 4.3, 4.4 und 4.5).

Der vierte Faktor – Bevölkerungsveränderung und Binnenwanderung – zeichnet das Muster erfolgreicher oder mißglückter Anpassung der Regionen an die neue ökonomische Situation nach. Die beiden auch empirisch beobachtbaren Pole dieses Faktors lauten:

– Bevölkerungszunahme aufgrund hoher Fertilität und gleichzeitig – die Zunahme teilweise abschwächend – Abwanderung junger Bevölkerungsgruppen bzw.

– tendenzielle Bevölkerungsabnahme bei Attraktivität als Zielort der Binnenwanderung.

Als Beispiele für die beiden genannten demographischen Trends können die Komitate Szabolcs-Szatmár-Bereg im Nordosten und Győr-Moson-Sopron im Nordwesten herangezogen werden. Bei Fortschreibung der bisherigen Entwicklungen würde auf Basis von Fertilität und Mortalität die Bevölkerung Szabolcs-Szatmár-Beregs bis 2020 um rund 14% zu- und jene Győr-Moson-Soprons im selben Zeitraum um etwa 7% abnehmen. Ausgleichend wird hier jedoch die (Binnen-)Migration wirksam werden (Berechnung auf Basis von KSH 1992c, S. 26f., 145, 196ff. u. 370f.).

Der fünfte Faktor der regionalen Restrukturierung ist ein politischer. Welche Strategie verfolgt der Staat, um unerwünschte Prozesse zu stoppen? Wohin fließen primär die Mittel für eine direkte Arbeitsmarkt- und Regionalförderung und welche Regionen erhalten wenig oder gar nichts? Zwei Beispiele verdeutlichen die räumliche Verteilung derartiger Mittel und damit die Intensität staatlicher Eingriffe. 1992 wurde die Vergabe von insgesamt 6,5 Mrd. Forint für den Ausbau der Infrastruktur (Straßen, Gas, Wasser etc.) beschlossen: 95% dieser Mittel flossen bis 1994 in die drei nordöstlichen Komitate Borsod-Abaúj-Zemplén, Szabolcs-Szatmár-Bereg und Hajdú-Bihar. Von den in der Anfangsphase der Transition unter dem Titel Arbeitsplatzbeschaffung vergebenen Finanzmitteln wurden ebenfalls fast zwei Drittel den drei genannten Komitaten zugesprochen (Daten des ungarischen Ministeriums für Umweltschutz und Regionalentwicklung). Im Vergleich zu den anderen Determinanten kommt diesem Faktor jedoch aufgrund der Knappheit der aufgewendeten Mittel ein geringeres Gewicht zu.

Als Ergebnis des Zusammenspiels dieser Faktoren ergibt sich ein sechster Faktor, der die soziale Entwicklung beschreibt. Im Sinne der Zirkularität von Prozessen ist evident, daß die soziale Entwicklung in einer Region über Kaufkraft und Nachfrage großen Einfluß auf die wirtschaftliche Entwicklung ausübt. Die eine regionsspezifische Tendenz des Faktors sechs ist die Herausbildung einer „Zweidrittelgesellschaft" – im Westen ein Negativszenario, in Ungarn eine vergleichsweise positive Vorstellung, daß immerhin zwei Drittel der Bevölkerung von den Errungenschaften des Systemwechsels profitieren. Als Gradmesser können in diesem Kontext Einkommensindikatoren herangezogen werden. Bei den durch die Bevölkerung getätigten Spareinlagen in Devisen waren 1994 für das Zentrum, Transdanubien und die südliche Tiefebene günstige Werte zu verzeichnen, was auf eine relativ positive finanzielle Lage der Bevölkerung hindeutet. Dem steht als andere Haupttendenz die Entwicklung in Richtung auf eine „Eindrittelgesellschaft" gegenüber – die Mehrheit der Bevölkerung einer Region würde in diesem Fall zu den Verlierern des Systemwechsels zählen. Derartiges ist, kommt es zu keiner weiteren Verstärkung der Förderung dieser Regionen, für

Nord-Ungarn und Nord-Tiefebene zu befürchten. 1994 lagen die Werte für die Deviseneinlagen im Nordosten Ungarns weit unter dem Landesdurchschnitt.

Abbildung 4.4: **Profil der Einflußfaktoren der regionalen Polarisierung Ungarns (1993)**

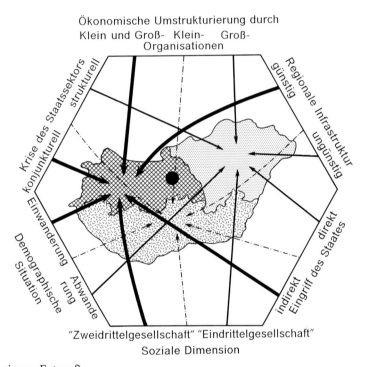

(Quelle: eigener Entwurf)

In welcher Weise diese Faktoren in den einzelnen Regionen Ungarns wirksam werden, wird in der Abbildung 4.4 schematisch dargestellt. Wie unter Faktor drei bereits angesprochen, ergibt sich daraus eine räumliche „Dreiteilung" des Landes:

1. Zentrum und Westungarn: Die gute Verkehrsanbindung, die dynamische Entfaltung des Privatsektors, die Privatisierung der großen Staatsbetriebe und die ausländischen Investitionen bilden ein Entwicklungsfeld, in dem wirtschaftliche Klein- und Großorganisationen gleichermaßen die Ökonomie umformen. Der Arbeitsmarkt ist durch eine gewisse Stabilität geprägt; die Entfaltung der „neuen Mittelschicht" geht schnell vonstatten. Die Aufwertung der westlichen Grenzregion, eines während der planwirtschaftlichen Ära aus politischen Gründen bewußt vernachlässigten Gebietes, und die Abwertung der östlichen Regionen bringen eine grundsätzliche Veränderung der Hierarchie der einzelnen Landesteile zum Ausdruck.

2. Die südlichen Landesteile: Die vergleichsweise schlechtere verkehrstechnische Anbindung, eine nur zaghafte Privatisierung und eine geringere Zahl von Joint-ventures (niedriges Stammkapital) sind hier kennzeichnend. Die Entwicklung dieser Re-

gionen muß durch den ungarischen Privatsektor getragen werden. Der Fremdenverkehr am Balaton ist ein Entwicklungsmotor.

3. Nord-Ungarn und Nord-Tiefebene: In diesen Großregionen wird der Übergang von der Plan- zur Marktwirtschaft von den Großbetrieben dominiert, sowohl bei der bereits definierten Umwandlung und Teilprivatisierung von staatlichen Unternehmen als auch bei der Gründung von Joint-ventures. Da der ungarische Privatsektor in diesen Regionen schwach ausgeprägt ist, besteht die Gefahr, daß die Großbetriebe hier auf dem Status von isolierten Inseln der Modernisierung von Ökonomie und Arbeitsmarkt verharren.

4.4.2 Demographische Entwicklung und Migration

Ob die beschriebene ökonomische Entwicklung und v.a. die weiterhin auf einem hohen Niveau befindliche Arbeitslosigkeit zu einer Verstärkung der Auswanderung führen werden, hängt auch von der demographischen Entwicklung ab. 1990 lebten in Ungarn 10,38 Mio. Menschen – 20,5% waren jünger als 15 Jahre, 18,9% älter als 60 Jahre. 125.000 Geburten standen 145.000 Sterbefälle gegenüber. Die Lebenserwartung von 69,5 Jahren ist im Vergleich zu Westeuropa gering, die Nettoreproduktionsrate von 0,88% jedoch höher als in Österreich oder Deutschland (KSH 1992c, S. 26f., 145 u. 196ff.).

Mit großer Sicherheit läßt sich für Ungarn eine Bevölkerungsabnahme voraussagen. Bleiben die für die Bevölkerungsentwicklung entscheidenden Größen von Fertilität, Mortalität und Migration unverändert, so wird die Bevölkerung von 10,38 Mio. im Jahre 1990 auf 10,14 Mio. im Jahre 2000 abnehmen. Im Jahre 2010 wird Ungarn nur mehr 9,85 und im Jahre 2020 9,41 Mio. Einwohner zählen. Aufgrund der hohen Sterblichkeit und der geringen Fertilität wird Ungarns Bevölkerungszahl kurz- und langfristig sinken. Daran gekoppelt ist die Abnahme des Anteils der Wohnbevölkerung unter 16 Jahre von derzeit rund 19 auf 18% im Jahre 2020 und des Arbeitskräftepotentials (15- bis 60jährige) von 62 auf 60% bis 2020 (Berechnung auf Basis von KSH 1992c, S. 26f., 145, 196ff. u. 370f.).

Die Status-quo-Variante der Bevölkerungsprojektion für Ungarn zeigt zwei Tendenzen sehr deutlich: Die Bevölkerung wird schrumpfen und das Arbeitskräftepotential in absehbarer Zeit sinken. Allein zwischen 1990 und 2000 wird aufgrund des sinkenden Arbeitskräftepotentials die Entlastung des ungarischen Arbeitsmarktes mehr als 600.000 Personen betragen. In der problematischen Phase der ökonomischen Restrukturierung kann eine „Hilfestellung" von seiten der Bevölkerungsentwicklung erwartet werden.

Bei genauerer regionaler Differenzierung muß die optimistische Aussage jedoch modifiziert werden: Überall dort, wo sich der Anpassungsprozeß als besonders schwierig erweist und hohe Arbeitslosenzahlen bereits jetzt ein Mißverhältnis zwischen Arbeitskräfteangebot und Arbeitskräftenachfrage anzeigen, wird die Bevölkerung wachsen. Umgekehrt wird dort, wo eine günstige wirtschaftliche Entwicklung zu erwarten ist, die Bevölkerungszahl zurückgehen.

Karte 4.8: Bevölkerungszu- und -abnahme in Ungarn bis zum Jahr 2020

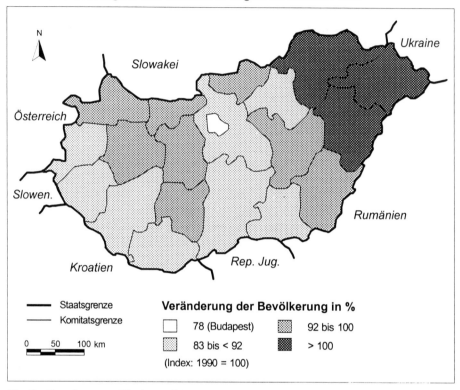

(Quelle: Berechnung auf Basis von KSH 1992e, S. 26ff.)   (Grafik: Georg C. Odehnal)

Zur Illustration werden zwei Komitate herausgegriffen. In Budapest lebten 1990 2,02 Mio. Menschen, 1,23 Mio. waren zwischen 15 und 60 Jahre alt. Bis zum Jahr 2000 wird die Wohnbevölkerung auf 1,87 und das Arbeitskräftepotential auf 1,19 Mio. absinken. Dieser Schrumpfungsprozeß wird sich bis zum Jahre 2020 fortsetzen (vgl. Karte 4.8). Die Wohnbevölkerung wird nur noch 1,58 Mio., das Arbeitskräftepotential 0,95 Mio. betragen. Demgegenüber wird die Wohnbevölkerung in den (agrarischen) Krisengebieten, beispielsweise im Komitat Szabolcs-Szatmár-Bereg im Nordosten Ungarns, zunehmen. 1990 lebten in dem genannten Komitat etwa 570.000 Menschen. Wenn sich nichts an den demographischen Randbedingungen ändert, wird sich die Bevölkerungszahl dieser Region bis zum Jahr 2020 auf rund 651.000 Menschen erhöhen, das Arbeitskräftepotential wird um rund 15% zunehmen (Berechnung auf Basis von KSH 1992c, S. 26f., 145, 196ff. u. 370f.).

Die empirisch beobachtbare Abhängigkeit von Fertilität und Migration von der ökonomischen Entwicklung legt eine Modifikation der Status-quo-Variante nahe. Angesichts der Einschränkung von Sozialleistungen für Kinder und der v.a. in den Anfangsjahren der Transition verzeichneten privaten Einkommensverluste kann ein weiteres Absinken der Fertilitätszahlen prognostiziert werden. Ebenso ist ein jährlicher negativer Wanderungssaldo mit dem Ausland in der Modellrechnung zu berücksichtigen. Das Fertilitätsniveau wird – so die weiterführende Annahme – bis 2010 auf 1,5 Kinder pro Frau zwischen 15 und 45 Jahren sinken. Der jährliche internationale Wanderungssaldo wird mit minus 10.000 festgesetzt. Dem steht eine angenommene Erhöhung der durchschnittlichen Lebenserwartung von derzeit 69,5 auf 75,1 Jahre gegenüber.[56]

Die Ergebnisse der Modellrechnung bleiben in der Tendenz unverändert. Längere Lebenserwartung und geringere Geburtenzahlen haben kurzfristig einen kompensatorischen Effekt, sodaß sich auch bei den absoluten Zahlen wenig ändert. Ungarns Wohnbevölkerung wird von 10,38 Mio. für 1990 auf 8,74 Mio. im Jahre 2030 abnehmen. Eine weitere Entlastung des Arbeitsmarktes wird kurz- und mittelfristig durch den negativen Wanderungssaldo mit dem Ausland gegeben sein. Weil die Abwanderung in das Ausland in der Modellrechnung mit der Struktur der Binnenwanderung gekoppelt ist, wird die Bevölkerungszunahme in den Abwanderungskomitaten des Nordostens im Vergleich zur Status-quo-Variante um rund ein Drittel gebremst werden. Umgekehrt werden Zuwanderungskomitate auch einen höheren Anteil an der Zuwanderung aus dem Ausland aufweisen. Die Abnahme der Budapester Bevölkerung wird daher geringer ausfallen als in der Status-quo-Variante berechnet (Berechnung auf Basis von KSH 1992c, S. 26f., 145, 196ff. u. 370f.).

Abschließend soll hier noch der Frage nach dem Migrationsverhalten der Ungarn in der Phase der Transformation und den Auswirkungen auf Österreich nachgegangen werden.

1981 waren in Österreich 1.378 Ungarn unselbständig oder selbständig beschäftigt, für 1990 wurde diese Zahl auf 6.909 hochgerechnet.[57] Für 1991 wies die Statistik 9.234, für 1992 10.143 und für April 1995 9.572 in Österreich unselbständig beschäftigte ungarische Staatsbürger aus. Damit blieb die Zahl der in einem legalen Beschäftigungsverhältnis stehenden Ungarn seit 1991 im wesentlichen konstant. Ein Teil davon pendelt täglich oder wöchentlich, ein Teil ist auch in Österreich wohnhaft (ARBEITSMARKTSERVICE 1995, S. 38; BM. F. ARBEIT U. SOZIALES 1992, S. 34; BM. F. ARBEIT U. SOZIALES 1993, S. 39; Daten des ÖSTAT).

Mittel- und langfristig wird Ungarn nicht zu den primären Quellgebieten einer europäischen Ost-West-Wanderung zählen (vgl. FENICK 1995, S. 53ff.). Dafür spricht einerseits die demographische Entwicklung, die eine Schrumpfung des ungarischen Erwerbspersonenpotentials vorsieht. Andererseits kann als Argument dafür auch die günstige wirtschaftliche Entwicklung in einigen Regionen Ungarns, die aufgrund einer verstärkten Binnenmobilität „Überschußbevölkerung" aus den ländlichen Räumen

---

[56] Dem vom ungarischen Parlament beschlossenen Gesetz VIII/1993 zufolge wird das Pensionsalter der Frauen, derzeit 55 Jahre, bis 2003 schrittweise an das der Männer, gegenwärtig 60 Jahre, angepaßt werden.

[57] Leider sind für die Jahre zwischen der Volkszählung 1981 und der mit 1991 begonnenen Statistik der Arbeitsmarktverwaltung keine nach Herkunft der ausländischen Arbeitskräfte differenzierenden Informationen verfügbar.

aufnehmen können, ins Treffen geführt werden. Damit soll die Frage eines ungarischen Emigrationspotentials nicht bagatellisiert werden. Ökonomische und gesellschaftliche Probleme sind nach wie vor in beträchtlichem Ausmaß gegeben. Der politische Wandel basierte auf der Fiktion, ohne drastische Verschlechterung der Lebensverhältnisse der breiten Massen realisierbar zu sein. Angesichts der weiterhin hohen Arbeitslosigkeit sowie der großen Zahl von unter der Armutsgrenze lebenden Menschen scheint diese Hoffnung bereits überholt zu sein. Für die bloße Bewahrung ihrer früheren Position und die Erhaltung des gewohnten Lebensstandards müssen die ungarischen Bürger heute mehr leisten als früher. Die sozialpsychologischen Konsequenzen dieser Situation können als wachsende Frustration, Unsicherheit und Mißtrauen der Bürger beschrieben werden. Gleichzeitig verlieren gesellschaftliche Werte der sozialen Integration wie Demokratie, Freiheit, Gleichheit usw. immer mehr an Bedeutung.

Es verwundert daher auch nicht, daß die ungarische Bevölkerung bei Meinungsumfragen ihre Unzufriedenheit mit der politischen und ökonomischen Situation artikuliert. In Zeiten von wirtschaftlichen Krisen bietet sich als eine Problemlösungsstrategie die (Arbeits-)Migration an. Aber nur wenige beschreiten diesen Weg. Die statistisch erfaßte Auswanderung der Ungarn blieb mit rund 11.000 Personen für 1987, 19.000 für 1989 und 17.000 im Jahr 1990 in einer eher bescheidenen Größenordnung. Rund 75% aller Emigranten aus Ungarn wurden in Deutschland oder Österreich erfaßt, jeweils weitere 10% in Kanada und in den USA (DÖVÉNYI u. VUKOVICH 1994, S. 200).

4.5 Zusammenfassung

Die regionale Struktur Ungarns ist derzeit nachhaltigen Veränderungen unterworfen. Wachstumsregionen von gestern werden (teilweise) zu Krisengebieten von heute. Die ungarische Volkswirtschaft muß jene Umstrukturierung nachholen, die im Westen schon bald abgeschlossen sein wird. Die Schwer- und Grundstoffindustrie in den östlichen Teilen Ungarns wird dem Verkauf oder der Liquidation zugeführt – Arbeitslosigkeit ist die Folge. Ende 1996 waren rund 480.000 Personen ohne Arbeit, was einer Arbeitslosenquote von 10,5% entsprach. Eine deutliche Verringerung der Arbeitslosigkeit ist für die kommenden Jahre nicht zu erwarten.

Die Arbeitslosigkeit ist dabei räumlich sehr ungleich verteilt. Hohen Arbeitslosenquoten in den östlichen Komitaten stehen geringe Werte im Westen Ungarns und im Ballungsraum um Budapest gegenüber. Damit ist die neue regionale Struktur Ungarns nachgezeichnet. Die Aufwertung der früher benachteiligten Westregion Ungarns wird von einer geopolitisch bedingten Abwertung der Ostregion begleitet. Der Westen des Landes ist das „Tor nach Europa".

Neben einem West-Ost-Gefälle ist auch ein verstärkter Zentrum-Peripherie-Gegensatz zu konstatieren. Alle Indikatoren verweisen auf die überragende Stellung Budapests. Im Zentrum des ungarischen Verkehrsnetzes gelegen und mit einer vergleichsweise gut entwickelten technischen Infrastruktur ausgestattet, repräsentiert die

Neue regionale Disparitäten in Ungarn 181

Hauptstadt den attraktivsten Standort für ausländische Investoren. Weitere Investitionen festigen die Stellung Budapests als dominierender Wachstumspol.

Die wachsende Ungleichheit ist kein ausschließliches Phänomen der räumlichen Struktur. Auch die Gesellschaft erfährt eine Verstärkung ökonomischer Disparitäten. Die Einkommensverteilung wird asymmetrischer. Das Risiko der Arbeitslosigkeit müssen vor allem klar definierbare Bevölkerungsgruppen übernehmen: junge und nicht in das Erwerbsleben integrierte Menschen, ältere Arbeitnehmer und Berufstätige in den Krisenregionen.

Die ungarische Bevölkerung reagierte bisher mit Unzufriedenheit und gestiegener Kritik an den politischen Entscheidungsträgern auf die Krisensymptome infolge der Transformation, aber nicht mit internationaler Migration. Ungarn nimmt an der erwarteten und vielfach überschätzten Ost-West-Wanderung kaum teil. Dies wird auch mittelfristig nicht der Fall sein, denn die ungarische Wohnbevölkerung erlebt einen Schrumpfungs- und Alterungsprozeß, der insgesamt zu einer deutlichen Entlastung auf dem Arbeitsmarkt führen wird. Jedoch ist diese Tendenz regional unterschiedlich ausgeprägt. Die hohe Korrelation von Arbeitslosigkeit und Bevölkerungswachstum im Nordosten Ungarns legt die Vermutung nahe, daß veränderte und quantitativ bedeutende Binnenwanderungsströme in Gang gesetzt werden. Mehr Menschen als zuvor werden in Richtung Zentrum und Westungarn wandern und grenzüberschreitende Arbeitsmärkte an Attraktivität gewinnen.

Obwohl die Entwicklung Ungarns in den Jahren seit der „Wende" in manchen Bereichen etwas hinter den hochgesteckten Erwartungen zurückgeblieben ist, weist das Land dennoch relativ günstige wirtschaftliche Rahmenbedingungen für eine erfolgreiche Transformation des politischen und ökonomischen Systems auf. Damit die Umwandlung auch weiterhin positiv gestaltet werden kann, ist neben Kapital und Zeit sowie Geduld und Opferbereitschaft der Bevölkerung v.a. eines notwendig: staatliche Intervention, um zirkuläre Prozesse der „Peripherisierung" von Regionen und der Verarmung von Bevölkerungsgruppen zu stoppen. Die regionalpolitischen Defizite sind, nicht nur in Ungarn, unübersehbar.

4.6 Summary

Hungary's regional structure is passing through a phase of fundamental change. Regions that used to be growth poles have entered a state of crisis. Hungary's economy is subject to a restructuring process soon to be completed in Western Europe. Redundancy has reached a high level due to closures and sell-offs in the heavy and basic industries in the eastern part of Hungary. By the end of 1996 nearly 480,000 Hungarians were out of work – this equals an unemployment rate of 10.5 percent. A significant reduction of unemployment is not expected within the coming years.

In a spatial context, unemployment is distributed very unevenly. High rates of unemployment in the eastern parts of Hungary are contrasted with low rates in the west of the country and the Budapest agglomeration. Thus a new regional structure is emerging in Hungary. While there is a process of upgrading under way in the formerly disadvantaged western part of the country, the eastern part is undergoing a slump. In the future, Hungary's west will constitute its own „gateway to Europe".

In addition to this west-to-east gradient, a marked core-versus-periphery pattern of economic disparities is evident. All indicators stress the prime position of Budapest. Being situated right in the hub of the country's transportation network and having a comparatively well developed technical infrastructure, it is the most attractive location for foreign investments. Additional communal investment will strengthen the capital's position as the predominant growth pole.

Increasing economic disparities are not only a spatial phenomenon, but also one affecting large segments of Hungary's society. As the distribution of incomes is becoming more asymmetric, specific strata tend to have a higher risk of unemployment: young people about to enter the job-market and the workers with little hold in the labour market, namely older employees and those in the disadvantaged regions in the north-east.

Hungary's population does not hide its bitter disappointment with the economic development, and there is rising criticism directed at the decision makers. The transition crisis did not, however, trigger the marked tendency towards emigration to the west that had been anticipated, but it caused a new nationalism to emerge. Because of a decline in population numbers and an increase in the number of elderly people in the medium-term future, the number of emigrants will remain low, and the pressure on the labour-market will decrease. There are regional differences though: a positive correlation between high unemployment rates and population growth in the north-eastern provinces of Hungary might point to future changes in the pattern of internal migration and the number of migrants involved. In the near future, Hungary will likely have to cope with a strong tendency towards internal migration focusing on the Budapest agglomeration and the western parts of the country. Labour market regions extending across the national frontiers will become ever more attractive.

Since the beginning of market transformations at the end of the eighties, Hungary's economic development has lagged behind the huge expectations. Nevertheless the country is characterised by comparatively favourable economic conditions which should allow a successful transformation of the country's political and economic system. In order to be able to make full use of this comparatively advantageous position in the future, not only investment capital, time, patience and a readiness on the part of the population to make sacrifices are needed, but most of all state intervention in the economy is necessary in order to prevent further processes of peripherisation of regions and to ensure that further population strata are not reduced to pauperism. At the moment, effective measures are lacking in regional policy, a problem, however, not only Hungary is burdened with.

Bibliographie

1. STATISTISCHE QUELLEN UND KARTEN

ARBEITSMARKTSERVICE (Hg.), 1995. Bewilligungspflichtig beschäftigte Ausländer und Ausländerinnen – April 1995. Wien.

BM. FÜR ARBEIT U. SOZIALES (Hg.), 1992. Ausländerbeschäftigung 1991. Wien.

BM. FÜR ARBEIT U. SOZIALES (Hg.), 1993. Ausländerbeschäftigung 1992. Wien.

IPARI ÉS KERESKEDELMI MINISZTÉRIUM (Hg.), 1995. Az egyes főbb makrogazdasági folyamatok alakulása különös tekintettel a regionális tendenciákra és a foglalkoztatás helyzetére 1994. év (Die Entwicklung der wichtigsten makroökonomischen Prozesse unter besonderer Berücksichtigung der regionalen Tendenzen und der Beschäftigung im Jahre 1994). Budapest.

KÖZPONTI STATISZTIKAI HIVATAL (KSH) (Hg.), 1987. A gazdaságilag elmaradott térségek társadalmi-gazdasági jellemzői 1985 (Sozioökonomische Merkmale der unterentwickelten Regionen 1985). Budapest.

KSH (Hg.), 1992a. A nemzetgazdaság szervezeti struktúrája (Organisationsstruktur der nationalen Ökonomie). Budapest.

KSH (Hg.), 1992b. A nemzetgazdaság 1991. évi teljesítményéről (Ertrag der Volkswirtschaft 1991). Budapest.

KSH (Hg.), 1992c. Demográfiai Évkönyv 1990. (Demographisches Jahrbuch 1990). Magyarország Népesedése. Budapest.

KSH (Hg.), 1993. Magyar statisztikai évkönyv 1992 (Ungarisches Statistisches Jahrbuch 1992). Budapest.

KSH (Hg.), 1994. Magyar statisztikai Zsebkönyv 1993 (Ungarisches Statistisches Jahrbuch 1993). Budapest.

KSH (Hg.), 1995a. Statisztikai havi közlemények – Monthly Bulletin of Statistics 1995/1. Budapest.

KSH (Hg.), 1995b. A külföldi muködő tőke Magyarországon 1993 (Ausländisches Kapital in Ungarn 1993). Budapest.

KSH (Hg.), 1995c. Magyar statisztikai Zsebkönyv 1994 (Ungarisches Statistisches Taschenbuch 1994). Budapest.

KSH (Hg.), 1996a. Magyar statisztikai évkönyv – Statistical Yearbook of Hungary 1995. Budapest.

KSH (Hg.), 1996b. A külföldi muködő tőke Magyarországon 1994 – Foreign Direct Investment in Hungary 1994. Budapest.

MAGYAR NEMZETI BANK (Hg.), 1995. Havi jelentés 1995/4 (Monatsbericht 1995, 4). Budapest.

NATIONAL BANK OF HUNGARY (Hg.), 1996. Monthly Report 1996/7. Budapest.

ORSZÁGOS MUNKAÜGYI KÖZPONT (OMK), ab 1991. Munkaerőpiaci információk (Informationen über den Arbeitsmarkt). Budapest.

2. ALLGEMEINE LITERATUR

ÁRVAY, J. u. A. VÉRTES, 1994. A magángazdaság (Privatwirtschaft). In: R. ANDORKA, T. KOLOSI u. G. VUKOVICH (Hg.). Társadalmi riport 1994 (Sozialreport 1994). Budapest: TARKI: 218–247.

BOD, P. A., 1992. Transition to a market economy: the role of the financial institutions. Aula 14, 1: 78–86.

BOD, P. A. 1995. Sokk-terapia vagy fokozatosság: a magyar piacgazdasági átalakulás tanulságai (Schocktherapie oder Gradualismus: Erfahrungen mit der marktwirtschaftlichen Umwandlung in Ungarn). Manuskript des bei der Konferenz „Az atmenet trendjei" (Trends der Umwandlung) am 9. 6. 1995 in Budapest gehaltenen Vortrages.

BROCLAWSKI, J.-P. u. N. HOLCBLAT, 1995. Repères économiques pour l'Europe centrale et orientale en 1994. Le courrier des pays de l'Est 1995, 1/2: 3–10.

BUSINESS EASTERN EUROPE, 22. 5. 1995.

CSÉFALVAY, Z., 1992. Regional processes in Hungary during the transition to a market economy. Aula 14, 1: 106–123.

CSÉFALVAY, Z., 1994a. Modernisierung durch Auslandskapital – das Beispiel Ungarn. Arbeitsmaterialien zur Raumordnung und Raumplanung 139: 209–227

CSÉFALVAY, Z., 1994b. The regional differentiation of the Hungarian economy in transition. Geo-Journal 32, 4: 351–361.

CSÉFALVAY, Z., 1996. Probleme der Strukturanpassung in den alten Industrieregionen Ungarns: das Beispiel der Ózder Region. Vortrag beim 12. Leipziger Weltwirtschaftsseminar, Universität Leipzig, 21.–22. 11. 1996.

CSÉFALVAY, Z., H. FASSMANN u. W. ROHN, 1993. Regionalstruktur im Wandel – das Beispiel Ungarn. ISR-Forschungsbericht 11. Wien.

CSÉFALVAY, Z. u. W. ROHN, 1991. Der Weg des ungarischen Arbeitsmarktes in die duale Ökonomie. ISR-Forschungsbericht 1. Wien.

DICZHÁZI, B., 1996. Külföldi beruházások Magyarországon 1995 végéig (Ausländische Investitionen in Ungarn bis Ende 1995). Valosag 39, 10: 86–96.

DORENBOS, R. J., 1995. Labour Mobility in Hungary and Poland between 1988 and 1993. Paper presented at the Conference „Demographic Processes and the Socio-economic Transformation in Central and Eastern European Countries", Jachranka/Warsaw, 8–11 June 1995.

DÖVÉNYI Z. u. G. VUKOVICH, 1994. Hungary and International Migration. In: H. FASSMANN u. R. MÜNZ (Hg.). European Migration in the Late Twentieth Century. Historical Patterns, Actual Trends, and Social Implications. Aldershot: Edward Elgar: 187–205.

DOWNES, R., 1996. Economic transformation in Central and Eastern Europe: the role of regional development. European Planning Studies 4, 2: 217–224.

DRUCKER, P. F., 1985. Innovation and Entrepreneurship – Practice and Principles. London: Heinemann.

ECONOMIC COMMISSION FOR EUROPE (Hg.), 1995. Economic Survey of Europe in 1994–1995. Secretariat of the Economic Commission for Europe. New York–Geneva.

FÁBIAN, Z., 1994. A középrétegek: Adalékok a posztkommunista átmenet társadalmi és társadalomlélektani hatásaihoz (Mittelschichten: Beiträge zu sozialen und sozialpsychologischen Wirkungen der postkommunistischen Transformation). In: R. ANDORKA, T. KOLOSI u. G. VUKOVICH (Hg.). Társadalmi riport 1994 (Sozialreport 1994). Budapest: TARKI: 351–377.

FASSMANN, H. u. E. LICHTENBERGER (Hg.), 1995. Märkte in Bewegung. Metropolen und Regionen in Ostmitteleuropa. Wien–Köln–Weimar: Böhlau.

FASSMANN, H., J. KOHLBACHER u. U. REEGER, 1993. „Suche Arbeit" – eine empirische Analyse über Stellensuchende aus dem Ausland. ISR-Forschungsbericht 10. Wien.

FASSMANN, H. u. W. ROHN, 1993. Transformation und wachsende regionale Ungleichheit – das Beispiel Ungarn. Kurswechsel 3: 61–66.

FENICK, W., 1995. Das Migrationspotential in Ostmitteleuropa. In: H. FASSMANN u. R. MÜNZ (Hg.). Die Zukunft der Ost-West-Wanderung. Quantitative Entwicklung, ökonomische Konsequenzen und politische Antworten. Projektendbericht. Wien: 50–67.

FIGYELŐ, 10. 12. 1992.

GAZDASÁGKUTATÓ INTEZET (Hg.), 1992a. Lakossági jövedelemváltozás, réteghatátasok, szóródás 1991-ben (Veränderung des Einkommens der Bevölkerung, Schichtendifferenzierung und Streuung 1991). Budapest.

GAZDASÁGKUTATÓ INTEZET (Hg.), 1992b. Lakossági jövedelemváltozás, réteghatátasok, szóródás 1992-ben (Veränderung des Einkommens der Bevölkerung, Schichtendifferenzierung und Streuung 1992). Budapest.

HAJDÚ, Z. (Hg.), 1993. Hungary: Society, State, Economy and Regional Structure in Transition. Centre for Regional Studies, Pécs.

HAVLIK, P. et al., 1995. Wachstum in Osteuropa, weiterer Rückgang in der GUS. Die Wirtschaft der Oststaaten 1994/95. WIFO-Monatsberichte 5: 356–375.

HAVLIK, P., 1996. Growth in the CEECs slows down in 1996 as exports to the EU lose momentum. The Vienna Institute Monthly Report 11: 2–20.

HOLCBLAT, N., 1996. L'économie hongroise en 1995–1996: stabilisation et ralentissement de la croissance. Le courrier des pays de l'Est 5/6: 27–32.

KOLOSI, T. u. E. SIK, 1992. Rendszerváltás a munkaerőpiacon (Systemwechsel auf dem Arbeitsmarkt). Gyorsjelentések 8. Budapest: TÁRKI.

KURIER, 18. 5. 1995.

LAKI, T., 1992. A munkaerőpiac állapotának statisztikai jelzőszámai (Statistische Merkmale des Arbeitsmarktes). Manuskript.

LICHTENBERGER, E. (Hg.), 1991. Die Zukunft von Ostmitteleuropa. Vom Plan zum Markt. ISR-Forschungsbericht 2. Unveröffentlichtes Wien.

LORENTZEN, A., 1996. Regional development and institutions in Hungary: past, present and future development. European Planning Studies 4, 3: 259–277.

MAKÓ, C. u. T. GYEKICZKY, 1990. A munkanélküliség néhány közgazdasági-szociológiai problémájáról (Über ökonomische und soziologische Probleme der Arbeitslosigkeit). In: T. GYEKICZKY (Hg.). Munkanélküliség. Megoldások és terápiák (Arbeitslosigkeit: Lösungen und Therapien). Budapest: Kossuth Könyvkiadó: 13–35.

MIHÁLYI, P., 1996. Privatisation in Hungary: now comes the „hard core". Communist Economies & Economic Transformation 8, 2: 205–216.

MIKLÓSSY, E., 1990. A területi elmaradottság társadalmi és gazdasági összetevői (Soziale und ökonomische Merkmale der Unterentwicklung von Regionen). Magyar Tudomány 97, 8: 881–894.

LE MONDE, 23. 5. 1995.

NEMES NAGY, J., 1994. Regional disparities in Hungary during the period of transition to a market economy. GeoJournal 32, 4: 363–368.

NEMES NAGY, J., 1995. Regional aspects of transition: development, problems and policies – Hungary. The Vienna Institute Monthly Report 1: 14–21.

NEUHOLD, H., P. HAVLIK u. A. SUPPAN (Eds.), 1995. Political and Economic Transformation in East Central Europe. Boulder–San Francisco–Oxford: Westview Press.

OECD (Hg.), 1995. Hungary 1995. OECD Economic Surveys. Centre for Co-operation with the Economies in Transition. Paris.

PRIVINFO, 1993, III, 2 (Zeitschrift der Staatlichen Vermögensagentur/ÁVÜ).

REISINGER-CHOWDHURY, N., 1996. Ungarn: Beginnt nun der Aufschwung? Osteuropa-Perspektiven 3: 5–22.

REY, V., 1990. Après l'Europe de l'Est? L'Espace géographique 19, 1: 79–90.

RICHTER, S., 1995. Hungary: dilemmas of growth and equilibrium. The Vienna Institute Monthly Report 4: 11–20.

RICHTER, S., 1996a. Hungary: successful stabilization, slower growth. The Vienna Institute Monthly Report 4: 8–14.

RICHTER, S., 1996b. Hungary: recovery only in the second half of the year. The Vienna Institute Monthly Report 10: 12–14.

ROHN, W. u. Z. CSÉFALVAY, 1994. Die Öffnung Ungarns für Marktwirtschaft und Auslandskapital. Geographische Rundschau 46, 3: 156–159.

SÓVÁRI, G., 1991. Hogyan lesz varrónő a martinászból? (Wie wird man vom Eisenhüttenarbeiter zur Näherin?). Figyelö 35, 4: 20–21.

DER STANDARD, 22. 4. 1993, 30. 1. 1995 u. 14. 3. 1995.

TRANSITION 1995, 3, 1995, 5–6 u. 1996, 9–10.

WEIDMANN, M., 1996. Ungarn. Central European Quarterly 1996, 3: 56–60.

WIIW (Hg.), 1996. Countries in Transition 1996. WIIW Handbook of Statistics. Wien.

5. Regionale Muster der Transition: Polen

Piotr Korcelli

5.1 Einleitung

Polen ist jenes Land, in dem die zentrale Planwirtschaft als erste ersetzt worden ist und wo die Anzeichen des ökonomischen Wiederaufbaues am frühesten und vielleicht am stärksten zu beobachten waren. Nun ist Polen auch das Land, in dem die grundlegenden Fragen bezüglich der wirtschaftlichen Transformation neue deutliche Trennungslinien sowohl innerhalb der politischen Gemeinschaft als auch innerhalb der ganzen Gesellschaft verursacht haben. Die Transformation ist in Polen weit fortgeschritten, wenn auch sehr ungleich bezogen auf die Sektoren und Regionen, und sie genießt ein recht begrenztes Ausmaß an öffentlicher Akzeptanz. „Polen ist einer der erfolgreichsten Reformer Osteuropas – und einer von seinen widersprüchlichsten" (UNGER 1994).

Die politischen und ökonomischen Umschwünge der letzten Dekade waren von einem demographischen Wandel begleitet. In den 70er Jahren, als in den meisten europäischen Staaten im Westen wie auch im Osten die Raten des natürlichen Bevölkerungswachstums dramatisch fielen, erfuhr Polen steigende Geburtenraten. Paradoxerweise stiegen die schon hohen Raten des Bevölkerungswachstums während der frühen 80er Jahre, die eine Periode einer allgemeinen politischen und ökonomischen Krise in Polen waren, noch weiter an. In einer ebenso unerwarteten Weise begannen die Geburtenraten 1984 rapid abzunehmen. Diese Veränderungen waren von einem sehr beträchtlichen Rückgang der Binnenwanderung (um ungefähr die Hälfte seit den späten 70er Jahren) und von einer starken Emigrationswelle (insgesamt rund eine Million während der 80er Jahre) begleitet.

Die vorliegende Studie, die sich auf die räumlichen Aspekte der gegenwärtigen wirtschaftlichen Umwandlung in Polen konzentriert, versucht, Interaktionen zwischen wirtschaftlichem Wandel und Bevölkerungsveränderungen auf der regionalen Ebene herauszufinden. Im ersten Abschnitt werden grundlegende makroökonomische Trends in groben Zügen dargestellt, insbesondere bezüglich der Jahre 1990 bis 1994. Die regionalen Muster der Veränderung, die im zweiten Abschnitt diskutiert werden, verweisen sowohl auf Eigentumsverhältnisse und Investitionen, Beschäftigung und Arbeitslosigkeit wie auf ausgewählte Gradmesser von Einkommen und Konsum. Der dritte Abschnitt betrachtet jene spezifischen regionalen Problemgebiete, denen akute Anpassungsprobleme von Sektoren zuzuschreiben sind.

Dieser Diskussion folgend, wird in Abschnitt vier eine neue regionale Typologie skizziert und mit herkömmlichen regionalen Wirtschaftsmodellen konfrontiert. Regionaler demographischer Wandel und jüngste Trends der Binnenwanderung werden im Abschnitt fünf zusammengefaßt. Abschnitt sechs behandelt jüngste Trends und Zukunftsaussichten der internationalen Migration. In der Zusammenfassung wird eine knappe Bewertung des gegenwärtigen Standes der sozioökonomischen Transition und des damit verbundenen regionalen Wandels in Polen präsentiert.

5.2 Die ökonomische Transformation in Polen: Spezifische Maßnahmen

Die per 1. Jänner 1990 erfolgte Einführung des als Balcerowicz-Plan bekannten Bündels wirtschaftlicher Reformen[58] war von einem starken Rückgang aller grundlegenden Wirtschaftsindikatoren für 1990, einschließlich des Bruttoinlandsproduktes um 11,6%, des industriellen Outputs um 24,4%, der Gesamtbeschäftigung um 3,6%, der Arbeitsproduktivität in der Industrie um 19,5% und der Reallöhne um 24,4%, begleitet. In einem geringeren Tempo setzte sich 1991 der Prozeß der Kontraktion der nationalen Wirtschaft mit einer Verringerung des BIP um 9%, des industriellen Outputs um 11,9% und der Arbeitsproduktivität in der Industrie um 4,9% fort. Inzwischen paßten sich die Reallöhne etwas nach oben hin an (um 0,8%), aber die Gesamtbeschäftigung sank sogar stärker als ein Jahr zuvor (um 5,5%).

Diese offiziellen Zahlen wurden mit dem Hinweis auf die sich ausbreitende „graue Wirtschaft" und die „überoptimistische" Natur der früheren Wirtschaftsstatistiken angezweifelt. Nichtsdestoweniger war der wirtschaftliche Rückgang als solcher unbestrittene Realität, eine, die auch mit freiem Auge zu sehen war. Obwohl das Ausmaß des Rückganges mit jenem in Ungarn und der Tschechoslowakei zu vergleichen war, kam es, anders als in den beiden angeführten Staaten, zu einer zweiten wirtschaftlichen Rezession. Die erste Rezession ereignete sich nämlich in den frühen 80er Jahren und entsprach der politischen Krise, die durch das Anwachsen des von der „Solidarität" angeführten sozialen Protests in den Jahren 1979 bis 1980 und durch die nachfolgende Reaktion konservativer Kräfte (in Form der Auferlegung des Kriegsrechts) im Dezember 1981 gekennzeichnet war. Tatsächlich bildeten die frühen 70er Jahre die

---

[58] Leszek Balcerowicz, damals Lektor an der Wirtschaftsakademie in Warschau, übernahm das Amt des Finanzministers und Vizeministerpräsidenten für Wirtschaftsangelegenheiten in der ersten auf der „Solidarität" basierenden Regierung von 1989. Die Reformen umfaßten die Streichung des Großteils der Industrieförderung, die Abschaffung der meisten Preiskontrollen, die Deregulierung des Außenhandels und die Einführung einer internen Konvertibilität der polnischen Währung (Zloty). Diese mit der Privatisierung des vormaligen sozialistischen Sektors der Wirtschaft und sehr liberalen Bestimmungen für die Gründung von neuen Privatfirmen verbundene „Schocktherapie" hat in Polen ein breites Spektrum an Beurteilungen erhalten. Zugleich bildete diese einen Gradmesser für die verschiedenen Ausprägungen von Wirtschaftspolitik und sozioökonomischer Umwandlung in ganz Ostmittel- und Osteuropa.

letzte anhaltende Periode eines kräftigen Wirtschaftswachstums in Polen. Zwischen 1982 und 1989 war die Wirtschaft praktisch stagnierend; 1989 lag der BIP-Wert (in absoluten Zahlen) noch immer zwei Prozentpunkte unter dem entsprechenden Wert von 1978 und per capita um 6% tiefer.

Nach dem starken Abschwung in den ersten zwei Jahren der Transformation zur Marktwirtschaft (1990/1991) kennzeichnete ein Trendwechsel die Jahre 1992 bis 1994. Das Bruttoinlandsprodukt wuchs 1992 um 1,5%, 1993 um 4%, 1994 um 5,2% und 1995 um 7,0%.[59] Die Gesamtbeschäftigung blieb annähernd konstant. Der Wert des Industrieoutputs (in konstanten Preisen) stieg 1992 um 3,9%, 1993 um 6,2% und 1994 um 11,9%. Die Arbeitsproduktivität in der Industrie verbesserte sich in den Jahren 1992, 1993, 1994 und 1995 um 10%, 8%, 14% und 10%. Der durchschnittliche Reallohn belief sich im Jahr 1992 jedoch nur auf 97,3% des entsprechenden Wertes von 1991, während dieser 1993 97,1% des Wertes von 1992 repräsentierte. 1994 begannen die Reallöhne schließlich zu steigen. Während die Reallöhne 1994 jedoch erst bei 95,9% des Wertes von 1990 lagen, so erreichten diese 1996 wieder das Niveau von 1990.

Einige andere Indikatoren zeugen jedoch von einem konsistenteren Muster der wirtschaftlichen Anpassungs- und Transitionsprozesse, die Polen seit 1990 durchlaufen hat. Zu den positiven Entwicklungen ist ein gradueller Rückgang des (immer noch sehr hohen) Inflationsniveaus zu zählen. Der Verbraucherpreisindex ist von 640% im Jahr 1989 und 586% im Jahr 1990 auf 70% (1991), 43% (1992), 35% (1993), 29,5% (1994) und schließlich 23,5% (1995) zurückgegangen. Die Schätzung für 1996 liegt bei 18,5%. Ein anderes positives Phänomen, das auf der expandierenden Marktkonkurrenz, der Einführung der inneren Konvertierbarkeit des Zloty und der Deregulierung des Außenhandels basierte, war eine gründliche Erweiterung des Angebots und eine verbesserte Qualität der durch inländische Firmen bereitgestellten Waren und Dienstleistungen. Diese Veränderungen haben die vorherrschenden negativen Einstellungen gegenüber dem Sparen verändert und geholfen, das Bankenwesen und andere finanzielle Dienstleistungen umzugestalten. Der Privatsektor hat kräftig expandiert. Allein während des Jahres 1993 stieg sein Output um mehr als 40%. Der Anteil des Privatsektors an der Gesamtbeschäftigung (ausschließlich der Landwirtschaft) ist von 13,2% im Jahr 1989 auf 49,8% im Jahr 1995 angestiegen. Im letztgenannten Jahr betrug der diesbezügliche Anteil in der Industrie 60%, im Bauwesen 80,9%, im Handel 94,1% und in der Landwirtschaft 96,6%, im Transportwesen jedoch nur 26,7%. Unter Einschluß der Landwirtschaft war der Privatsektor 1995 für über 62% der Gesamtbeschäftigung und für mehr als 52% des Bruttoinlandsproduktes Polens verantwortlich.

Der Zustrom ausländischer Investitionen, anfänglich recht gering, beschleunigte sich im Jahr 1992. Im Oktober 1996 betrug die von den größten ausländischen Firmen investierte Summe insgesamt 10,5 Mrd. US-Dollar, was Polen in dieser Hinsicht hinter Ungarn, aber vor alle anderen Länder in der Region stellt. Die Investitionen ein-

---

[59] Schätzungen von Ende 1995 sehen für 1996 ein Wachstum des BIP um mehr als 5% und des Industrieoutputs um 10% vor.

heimischer Unternehmen begannen seit 1992/93 ebenfalls zu wachsen, nach einem starken Rückgang von 1989 bis 1991. Mehr Investitionen erfolgten in technische Ausrüstung und weniger in Bauwerke und verwandte Einrichtungen.

Infolge der Privatisierung der früheren staatlichen und genossenschaftlichen Unternehmen, der Gründung neuer privater Firmen und der Reorganisierung noch immer bestehender Unternehmen des öffentlichen Sektors hat die Größenstruktur der Unternehmen eine dramatische Veränderung erfahren. Dies hat eine wachsende Anpassungsfähigkeit und Flexibilität des ganzen ökonomischen Systems mit sich gebracht. Die Zahl der Privatunternehmen außerhalb der Landwirtschaft (einschließlich von Ein-Mann-Betrieben) wuchs während der Jahre 1990/91 sehr schnell und betrug Ende 1995 etwa zwei Millionen.

Der intersektorale Wandel war langsamer. Unter Einschluß des Bauwesens fiel der Anteil der Industrie am BIP von 53,2% im Jahr 1990 auf 37,9% im Jahr 1994 und der Anteil der Landwirtschaft (einschließlich von Forstwirtschaft und Fischereiwesen) von 8,3% auf 6,3%. Der Anteil des tertiären Sektors wuchs dementsprechend von 38,5% auf 55,8%.[60]

Ein anderer wichtiger Aspekt der gegenwärtigen wirtschaftlichen Umwandlung war die Neuorientierung des Außenhandels. Zwischen 1989 und 1995 stieg der Anteil der OECD-Staaten am Gesamtwert der Exporte Polens von 55 auf 77% und der Anteil der EU-Staaten allein von 48 auf 71%. Der Anteil der früheren COMECON-Staaten verringerte sich in derselben Periode von 40 auf 16%. Polen wurde 1991 ein assoziiertes EU-Mitglied; im April 1994 (kurz nach einer derartigen Entscheidung Ungarns) erfolgte der Antrag auf eine reguläre EU-Mitgliedschaft. Die Aufnahme ist jedoch nicht vor dem Jahr 2000 zu erwarten. Inzwischen haben Versuche zur Wiederbelebung der ehemaligen Handelsverbindungen mit Ostmitteleuropa in der Gründung der CEFTA resultiert (der „Central European Free Trade Association", die die Tschechische Republik, Ungarn, die Slowakei, Slowenien und Polen einschließt), mit der Zielsetzung, die Zölle unter ihren Mitgliedsländern bis 1998 abzuschaffen.

Die beherrschende negative Entwicklung der vergangenen Jahre war das Wachstum der Arbeitslosigkeit im Zeitraum Jänner 1990 bis Juni 1994 von einem auf 16,2% der gesamten Arbeitskräfte. Seit diesem Zeitpunkt ist die Arbeitslosenquote langsam auf 13,8% im August 1996 zurückgegangen. Das stellt vielleicht den entscheidendsten Aspekt der sozialen und ökonomischen Polarisierung der polnischen Gesellschaft dar, die während der vergangenen Dekaden gelernt hat, stark egalitäre Zielsetzungen zu akzeptieren. Die Arbeitslosigkeit ist besonders in einigen Regionen und bestimmten Wirtschaftsbranchen konzentriert, was die Probleme auf der lokalen Ebene noch verstärkt. Die Arbeitslosen sind nicht die einzigen Opfer der Marktreformen. Die breiten sozialen und wirtschaftlichen Gruppen, die relativ, wenn nicht in absoluter Form,

---

[60] Eine Einschränkung der Schwerindustrie (ebenso in der ehemaligen DDR, dem Ursprung der meisten grenzüberschreitenden Schadstoffe) hat, zusammen mit in den vergangenen Jahren ergriffenen umweltfreundlichen Maßnahmen, eine merkbare Verringerung der Luftverschmutzung zur Folge gehabt, um etwa 25% zwischen 1988 und 1993.

während der vergangenen Jahre verloren haben, sind weiters die Bauern (die „terms of trade" für landwirtschaftliche Produkte verschlechterten sich zwischen 1990 und 1993), die Pensionisten und ebenso die Arbeitnehmer des öffentlichen Sektors.

Wenn von sozialen Problemen die Rede ist, dann muß auch der Rückgang des Wohnbaues erwähnt werden. 1988 wurden noch 190.000 Wohneinheiten errichtet; 1994 waren es nur mehr 68.000.

Den sozialen Problemen steht die verbesserte Ausstattung der Haushalte mit Konsumgütern gegenüber. In drei Jahren, zwischen 1989 und 1992, vergrößerte sich die Zahl der Privatautos pro 100 Haushalte von 30,7 auf 41,4; die Zahl der Farbfernsehgeräte stieg von 50,7 auf 91,4, die der Videorecorder von 4,7 auf 53,4 und die der Waschmaschinen von 59,1 auf 69,7. Die im Jahr 1993 auf seiten der Konsumenten registrierte Kaufwelle hat dazu beigetragen, diese Indikatoren weiter zu verbessern. Derartige paradoxe Trends sind möglicherweise mit einer De-facto-Anerkennung der Zloty-Einkünfte in bezug auf harte Währungen verknüpft und einer deshalb erfolgten relativen Abnahme der Importpreise – um etwa 60 bis 80% im Vergleich zu durchschnittlichen Zlotyeinkommen zwischen 1989 und 1993. Andere Interpretationen schließen die Mobilisierung von Ersparnissen und die Umleitung von Geldressourcen von anderen Ausgaben (z.B. Wohnungen) ein.[61]

Eine Erklärung betrifft die Unzuverlässigkeit der offiziellen Geschäfts- und Einkommensstatistiken, die die sich ausbreitende Schattenwirtschaft nicht erfassen. Jüngste Schätzungen, die von einem Forschungsteam des Zentralen Statistischen Amtes und der Polnischen Akademie der Wissenschaften durchgeführt wurden, erbrachten für 1993 nicht registrierte Aktivitäten im Umfang von 34 Mrd. PLN (ungefähr 20 Mrd. US-Dollar) an steuerfreien Einnahmen. Ungefähr 30% dieses Wertes stammten aus nicht eingetragenen Wirtschaftseinheiten, während die verbleibenden 70% Wirtschaftsaktivitäten zuzuschreiben waren, die von legal existierenden Firmen und Gesellschaften betrieben wurden, aber den Finanzbehörden nicht gemeldet worden waren. Solche Aktivitäten schlossen u.a. nicht eingetragene Produktion, Verkäufe und Dienstleistungen, Schwarzarbeit und Schmuggel ein. Das hohe Ausmaß des Verkehrs über die recht durchlässigen Grenzen hinweg (227 Mio. Grenzübertritte im Jahr 1995) machte die zuletzt angesprochene Tätigkeit zu einer besonders weitverbreiteten Praxis. Was die Schwarzarbeit betrifft, wird geschätzt, daß diese ein Drittel der offiziell Arbeitslosen einschließt (d.h. nahezu 1 Mio.), zuzüglich zu etwa 100.000 bis 200.000 ausländischen Arbeitnehmern, von denen die meisten aus den Post-Sowjet-Staaten stammen. Insgesamt wird geschätzt, daß der informelle Sektor bzw. die „graue" Wirtschaft etwa 20% von Polens aktuellem Bruttoinlandsprodukt repräsentieren.

Obwohl der informelle Sektor der Wirtschaft den privaten Inlandskonsum trotz des Rückgangs der Reallöhne stützte, wird dessen Rolle insgesamt negativ beurteilt, im besonderen weil dieser unlauteren Wettbewerb gegenüber steuerzahlenden Firmen

---

[61] Als Folge dieser Veränderungen entwickelte sich Polen zu einem wichtigen Markt für langlebige Konsumgüter. Allein im Bereich von Fernsehgeräten und audiovisueller Ausrüstung betrug der jährliche Absatz zwischen 1991 und 1994 750 bis 900 Mio. US-Dollar.

bedeutet, das Staatsbudget untergräbt und Kriminalität verursacht. Kein Wunder, daß öffentliche Wirtschaftspläne, Stellungnahmen und Voraussagen eine allmähliche Einschränkung oder wenigstens eine Stabilisierung dieser Sphäre von wirtschaftlichen Aktivitäten anstreben. Die meisten der mittelfristigen Voraussagen sind gemäßigt optimistisch. Das trifft sowohl auf die von internationalen Finanzinstituten als auch auf die von örtlichen Expertengruppen erstellten Projektionen zu. Unter den Letztgenannten sind die vielleicht bekanntesten Wirtschaftsprognosen jene, die von einem Team von Wirtschaftsexperten der Universität Łódź, unter der Leitung von Prof. W. WELFE erstellt wurden (vgl. FLORCZAK u. WELFE 1994, 1995). Diese Voraussagen sehen zwischen 1995 und 1999 ein Wachstum des BIP zu einer jährlichen Rate von 4,8 bis 5,6%, eine jährliche Zunahme der Reallöhne um 3,5 bis 5,9%, eine Verringerung der Inflationsrate auf 9,6% und einen schrittweisen Rückgang der Arbeitslosenquote auf 12,6% im Jahr 1999 vor.

Eine derartige Voraussage gründet sich auf die angenommene teilweise Reorientierung der makroökonomischen Politik von der bisher vorherrschenden Betonung der Finanzstabilisierung in Richtung auf eine Stimulierung des Wirtschaftswachstums durch die Förderung von Investitionen und Exporten (vgl. auch KOŁODKO 1994). Von den Nettoinvestitionen wird erwartet, daß diese jährlich um 7,3 bis 9,5% wachsen werden. Der Export soll pro Jahr um 7,7 bis 12,2% steigen. Das setzt einen durch das Wachstum von Exporten und Inlandsnachfrage fortgesetzten Konjunkturaufschwung und gleichzeitig die Absenz von neuen Importbeschränkungen in die EU-Staaten voraus.

Wie optimistisch diese Voraussagen auch klingen mögen, sie werden nicht ausreichen, spezifische Probleme zu lösen (Arbeitslosigkeit, relativ hohe Inflation, unzureichende strukturelle Umgestaltung und ungenügender technischer Fortschritt). Die erwähnten Projektionen nehmen eine eher vorsichtige Position bezüglich der Größenordnung des zukünftigen Zuflusses von Auslandskapital ein. Andererseits macht die jüngste Reduzierung der Schuld Polens durch die kreditierenden Regierungen (vertreten durch den „Pariser Club") um 50%, gemeinsam mit der Kürzung des Schuldenwerts gegenüber den im „Londoner Club" vertretenen Banken um 45%, zukünftige Aussichten auf hohe ausländische Direktinvestitionen wahrscheinlicher als je zuvor.

Auf dem Weg in Richtung Marktwirtschaft stößt Polen auf eine Reihe von Hindernissen, von denen einige eine starke regionale Dimension zeigen.

1) Ein wesentliches Hindernis ist das fast völlige Abstützen auf Kohle (Stein- und Braunkohle) als Primärquelle für elektrische Energie und die überragende Bedeutung des Kohlenbergbaus in bezug auf Beschäftigung, interindustrielle Verbindungen und politische Macht. Die Verringerung des „Kohlemonopols" ist daher eines der Gebote für die Zukunft. Der Prozeß wird kostspielig und sozial schmerzhaft sein und Jahrzehnte für seine Vollendung erfordern.

2) Ein anderer traditioneller Sektor, der eine weitreichende Restrukturierung erfordert, ist die Landwirtschaft. Insgesamt betrachtet, zeigt diese ein geringes technisches Niveau und produziert zu relativ hohen Kosten. Derartige Charakteristika sind zumindest im ganzen südlichen und östlichen Polen dominant, wo kleine private Landwirtschaften oftmals im Nebenerwerb betrieben werden. Im nördlichen Polen sind andererseits die zahlreichen staatlichen Landwirtschaftsbetriebe jüngst zum Opfer

einer hastigen Umwandlung und Liquidation geworden. Insgesamt absorbiert die Landwirtschaft, die nur in den westlich-zentralen Regionen westeuropäische Standards erreicht, noch immer etwa 25% des Arbeitskräftepotentials. Ihre Modernisierung ist bestimmt durch Investitionen in die Entwicklung von Dienstleistungen und Infrastruktur, während die gegenwärtige Politik eine stärkere Betonung auf Subventionen und Schutzmaßnahmen gegen Importe legt.

3) Die übergroßen Budgetverpflichtungen repräsentieren ein anderes ungelöstes Problem, welches das Wirtschaftswachstum behindern kann und innerhalb der Gesellschaft Zwiespalt verursacht. Aufgrund der steigenden Zahl der Arbeitslosen (von 1.126.000 auf 2.890.000 im Zeitraum 1990 bis 1993), zusammen mit rasch expandierenden Alters- und Berufsunfähigkeitspensionen (von 7.104.000 auf 8.730.000 zwischen 1990 und 1993), ist der Anteil der Sozialfürsorgeprogramme an den gesamten Budgetausgaben über die letzten Jahre hinweg von 4 auf 24% gestiegen. Auf einen Pensionisten kommen nur mehr 1,3 Erwerbstätige. Nur mehr 51,4% der Bevölkerung über 15 Jahre sind erwerbstätig (Mai 1995). Hohe soziale Kosten sind die Folge. Große Sektoren wie das öffentliche Bildungswesen und die Gesundheitseinrichtungen erfordern noch grundlegende Reformen.

4) Die oben erwähnten Anteile resultieren in einem gewissen Ausmaß aus der gegenwärtigen Alterszusammensetzung der Bevölkerung, die durch einen verhältnismäßig geringen Anteil (58,2% im Jahr 1994) der Bevölkerung im erwerbsfähigen Alter, d.h. von 18 bis 64 Jahren (Frauen 18 bis 59 Jahre), charakterisiert ist. Dieser Anteil wird jedoch rasch anwachsen, wenn einmal die große, während der Periode hoher Geburtenraten von 1975 bis 1984 geborene Kohorte in das Erwachsenenalter übergetreten ist. Bis zum Ende der 90er Jahre wird die absolute Zahl der Personen in der betreffenden Kategorie um etwa 1,5 Mio. zunehmen. Weitere 0,9 Mio. werden zwischen 2001 und 2005 hinzukommen. Ein derartig starker Anstieg der Bevölkerung im erwerbsfähigen Alter hat unter dem Gesichtspunkt der Sozial- und Wirtschaftspolitik nicht nur Vorteile. In einer Zeit des Wirtschaftswachstums mag dieser ein Träger einer weiteren Wirtschaftsexpansion sein, während der Rezession erhöht die wachsende Größe des Erwerbspersonenpotentials jedoch tendenziell die Arbeitslosigkeit.

5.3 Der regionale Wandel

In unserer Diskussion der regionalen Wirtschaftstrends werden die grundlegenden räumlichen Bezugseinheiten durch die Woiwodschaften repräsentiert. Seit 1975 besitzt Polen eine räumlich-administrative Struktur auf zwei Ebenen: 49 Woiwodschaften und etwa 2.000 Verwaltungsbezirke (einschließlich von Städten und ländlichen Gemeinden). Während die Woiwodschaften weiterhin als Träger der Staatsverwaltung fungieren, haben die Verwaltungsbezirke 1990 den Status der Selbstverwaltung erhalten. Die Woiwodschaften variieren in der Größe von 1.523 km^2 (Woiwodschaft Łódź) bis 12.327 km^2 (Woiwodschaft Olsztyn/Allenstein) und in der Bevölkerungszahl von 249.000 (Woiwodschaft Chełm) bis 3.954.000 (Woiwodschaft Kattowitz).

Die Woiwodschaften unterscheiden sich ebenfalls beträchtlich hinsichtlich des Urbanisierungsgrades. Drei unter ihnen (die Woiwodschaften Warschau, Łódź und Kra-

Karte 5.1: **Administrative Gliederung Polens in 49 Woiwodschaften**

(Quelle: ARCWORLD) (Grafik: Georg C. Odehnal)

kau) sind ausdrücklich als Stadt-Woiwodschaften definiert. Die Woiwodschaft Kattowitz, die die oberschlesische Konurbation umfaßt, beinhaltet 53 Städte und Großstädte, in denen 86,7% der Gesamtbevölkerung der Region leben. Andere vorwiegend städtische Regionen sind die Woiwodschaften Danzig, Posen und Breslau/Wrocław. Der niedrigste Prozentsatz an Stadtbevölkerung findet sich mit 31,1 in der Woiwodschaft Zamość.[62] Zur Lokalisierung der einzelnen Woiwodschaften, der wichtigsten städtischen Zentren, der allgemeinen Verteilung der Bevölkerung und des Anteils der städtischen Bevölkerung vgl. die Karten 5.1 und 5.2.

---

[62] Alle Angaben beziehen sich auf den 31. 12. 1994.

Regionale Muster der Transition: Polen 195

Karte 5.2: **Bevölkerungsverteilung nach ländlichem und urbanem Status in Polen (1994)**

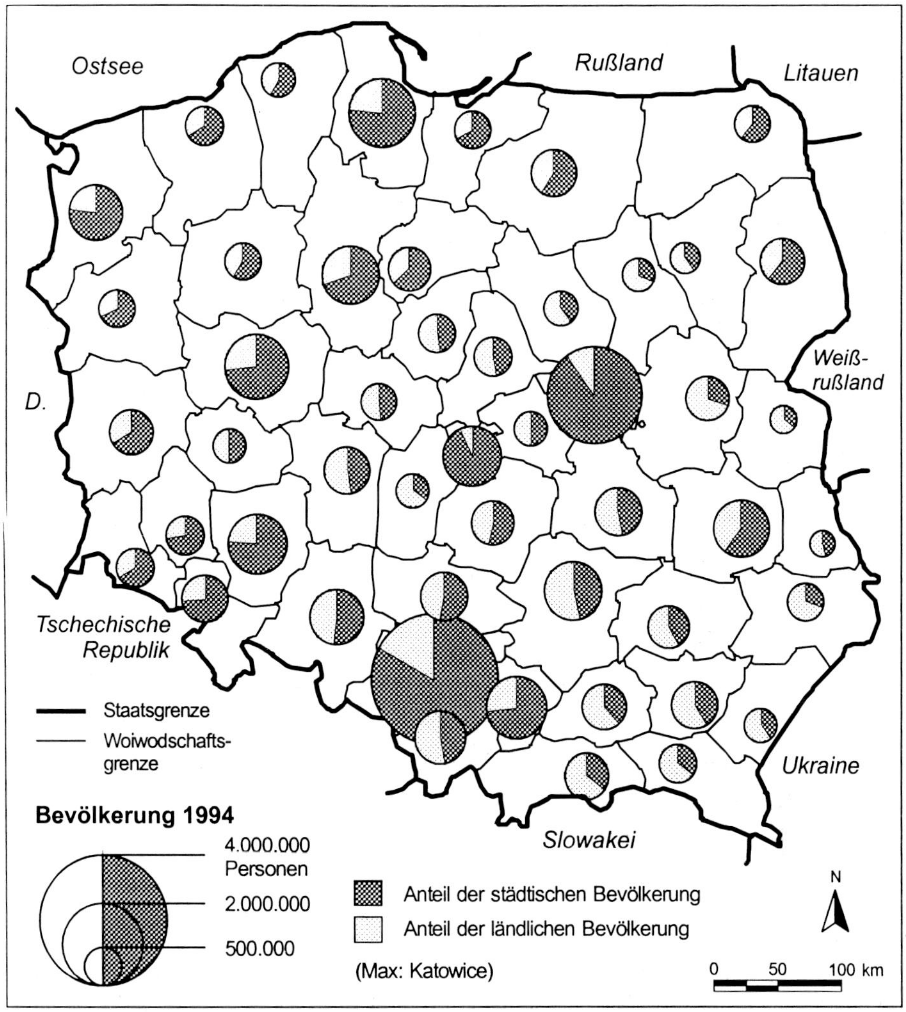

(Quelle: GUS 1994b) (Grafik: Georg C. Odehnal)

5.3.1 Eigentumsumwandlung

Wie R. FRYDMAN und A. RAPACZYŃSKI 1993 feststellten, war der Enthusiasmus für die Privatisierung, wie er während der ersten Jahre der Marktreformen in Osteuropa beobachtet wurde, für viele westliche Beobachter etwas überraschend. Die antikommunistische Opposition, die, wie im Falle der polnischen „Solidarität", in einem hohen Ausmaß aus der Arbeiterbewegung stammte, betonte die Dezentralisierung und gestand dem Privateigentum außerhalb des Einzelhandels und des Dienstleistungssektors nur eine marginale Rolle zu. Bald nach dem demokratischen Übergang wurde die Privatisierung zur Parole des Tages, und viele Politiker mutierten zu begeisterten Befürwortern des Kapitalismus. Fünf Jahre später jedoch wird zwar noch immer viel über Privatisierung gesprochen, es wird aber relativ wenig davon in die Praxis umgesetzt.

Einige Formen der Privatisierung entstanden in Polen tatsächlich lange vor 1989. Von 1956 bis 1958, dem „Polnischen Oktober", einer Protest- und Reformbewegung der Jahre 1955 bis 1956 folgend, wurde ein beträchtlicher Prozentsatz der kollektivierten Farmen aufgelöst und ihr Land „reprivatisiert". Im Wohnungssektor wurden während der 70er Jahre verschiedene Privatisierungsmaßnahmen wie der Verkauf von staatlichen und genossenschaftlichen Wohnungseinheiten an die Bewohner und der Verkauf von kleinen Häusern (größtenteils mit ein bis vier Einheiten) an Privatpersonen zur alltäglichen Praxis.

Die Privatisierung der Industrie begann 1981 (vgl. MISZTAL 1993). Deren Grundstock wurde durch die Entwicklung des sogenannten privaten industriellen Handwerks gelegt, das in Polen sogar während der stalinistischen Periode in den frühen 50er Jahren überlebt hatte. Obwohl private Werkstätten in der zentralen Planwirtschaft verschiedenen diskriminierenden Praktiken unterworfen waren, hat ihre bloße Anwesenheit, zusammen mit dem angesammelten Know-how und den Kapitalmitteln, die spätere Eigentumsumwandlung erleichtert. Von 1981 bis 1989 stieg die Zahl der kleinen privaten Industrieunternehmen von 147.000 auf 288.000; ihr Anteil an der gesamten Industriebeschäftigung wuchs von 5,4 auf 16,3%. 14,8% der gesamten Beschäftigung im „industriellen Handwerk" waren auf Warschau ausgerichtet, 6 bis 8% entfielen jeweils auf die Woiwodschaften Łódź, Kattowitz und Posen sowie 3 bis 3,5% auf Danzig, Breslau/Wrocław, Krakau, Częstochowa/Tschenstochau und Bielsko-Biała. Der Anteil von Warschau am „industriellen Handwerk" war im Verhältnis zur industriellen Gesamtbeschäftigung also wesentlich höher.

Die Privatisierung im engeren Sinn, d.h. die Eigentumsumwandlung der staatlichen Betriebe sowohl in der Industrie als auch in anderen Sektoren, ist durch den Parlamentsbeschluß vom 13. Juli 1990 ermöglicht worden; weitere einschlägige Gesetze wurden 1991 verabschiedet. Das vom Sejm, dem Unterhaus des Parlaments, am 23. Februar 1991 angenommene Privatisierungsprogramm sah die Eigentumsumwandlung von etwa 50% aller staatlichen Besitzanteile innerhalb von drei Jahren und das Erreichen einer für viele westeuropäische Länder typischen Eigentumsstruktur bis 1996 vor (vgl. PETZ 1993). Die Privatisierung wird nach vier Grundverfahren durchgeführt:

– Verkauf (Kapitalprivatisierung),
– Liquidation,
– Kommerzialisierung (Umwandlung in Aktiengesellschaften mit 100% staatlichem Eigentum) und
– Massen- bzw. Kuponprivatisierung.

Von den insgesamt 8.441 zu Jahresbeginn 1990 in staatlichem Besitz befindlichen Unternehmen waren bis Mitte 1995 4.904 (58%) von dem Privatisierungsprogramm betroffen. Die letztgenannte Zahl schließt 1.635 Unternehmen (hauptsächlich Staatsfarmen) ein, die von der Staatlichen Vermögensagentur für Landwirtschaftliches Ei-

Karte 5.3: **Verteilung der Aktiengesellschaften in staatlichem Besitz (31. 3. 1994)**

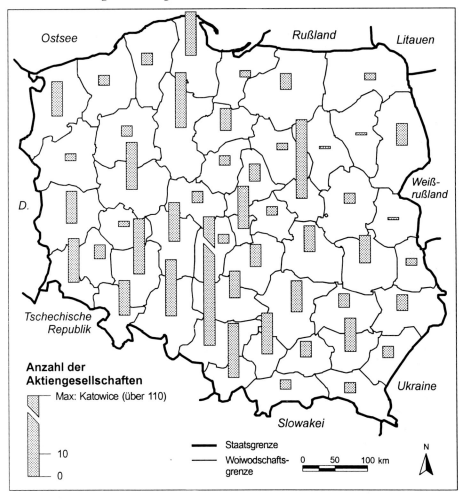

(Quelle: GUS 1994b)　　　　　　　　　　　　　　　　　(Grafik: Georg C. Odehnal)

gentum übernommen worden sind. Von den verbleibenden 3.269 Betrieben wurden 834 in Aktiengesellschaften in staatlichem Besitz umgewandelt, 1.319 sind liquidiert worden (bzw. sind in den Liquidationsprozeß eingetreten), während 1.116 Unternehmen durch andere Formen (in drei von vier Fällen „Beschäftigten-Leasing" oder „Beschäftigten-Privatisierung") privatisiert worden sind. Aktien von 142 der genannten 834 Gesellschaften sind zu dem oben genannten Datum zum Kauf angeboten worden.

Da Eigentumsumwandlung sowohl den profitablen Verkauf als auch die Liquidation bedeuten kann, sagt die räumliche Verteilung der privatisierten Betriebe zunächst wenig aus. Die Liquidation von Unternehmen im Staatsbesitz aufgrund der finanziellen Insolvenz (basierend auf dem Artikel 19 des Gesetzes über die Privatisierung von

Karte 5.4: **Verteilung der an der Warschauer Börse notierenden Unternehmen (31. 7. 1995)**

(Quelle: GIEŁDA PAPIERÓW WARTOŚCIOWYCH, WARSZAWA)
(Grafik: Georg C. Odehnal)

Unternehmen im Staatsbesitz von 1990) ist besonders in weniger urbanisierten Regionen überrepräsentiert ebenso wie in einigen industrialisierten Regionen, die durch eine allgemein schwache Diversifizierung der ökonomischen Funktionen gekennzeichnet sind. Die höchsten Anteile dieses Typs der „Eigentumsumwandlung" sind in den peripheren Regionen im Südosten (Krosno, Przemyśl), im Nordwesten (Koszalin/ Köslin, Piła/Schneidemühl, Słupsk/Stolp) und im Nordosten (Elbląg/Elbing, Olsztyn/Allenstein, Łomża) zu finden. Andererseits sind in allen wichtigen Stadtgebieten die jeweiligen Anteile substantiell geringer als der nationale Durchschnitt (40,3%). Tatsächlich gleicht das beschriebene Muster bis zu einem gewissen Grad der räumlichen Differenzierung der Arbeitslosigkeit.

Karte 5.5: **Zahl der privaten Firmen pro 1.000 Einwohner (1996)**

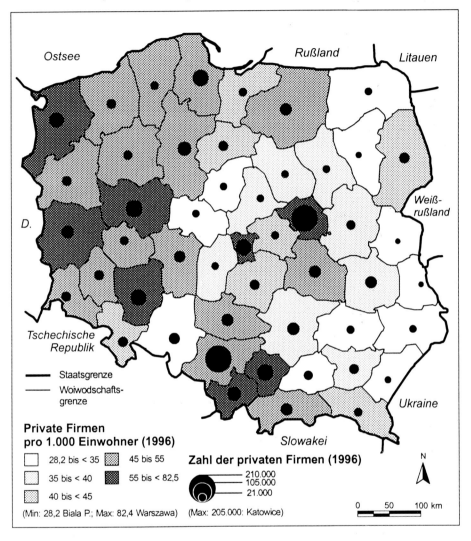

(Quelle: GUS 1996b) (Grafik: Georg C. Odehnal)

Von der Gesamtzahl von 834 ehemaligen staatlichen Betrieben, die bis 31. 12. 1994 in Aktiengesellschaften in staatlichem Besitz umgewandelt worden sind, liegen 185 in dem breit definierten oberschlesischen Industriedistrikt (Woiwodschaften Kattowitz, Bielsko-Biała und Opole/Oppeln) und weitere 214 in den anderen wichtigen Stadtregionen (Woiwodschaften Warschau, Danzig, Krakau, Łódź, Posen und Breslau/Wrocław). Wie die Karte 5.3 zeigt, sind derartige Unternehmen in nahezu allen Verwaltungsregionen anzutreffen. Trotzdem ist dieser Typ der Eigentumsumwand-

Karte 5.6: **Anteil des Privatsektors an der Gesamtbeschäftigung in Polen (1996)**

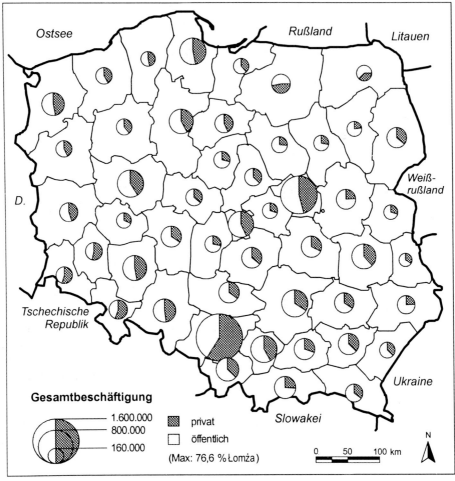

(Quelle: GUS 1996b) (Grafik: Georg C. Odehnal)

lung, der bei grundsätzlich gesunden Betrieben angewendet worden ist, in den ländlichen, peripheren Gebieten selten.

Die sogenannte Kommerzialisierung oder Umwandlung von staatlichen Betrieben in Aktiengesellschaften mit 100% Eigentum des Staates gilt als ein Schritt, der zu ihrer weiteren Umgestaltung führt. Mögliche Optionen schließen Aktienverkäufe bzw. die Kapitalprivatisierung ebenso ein wie eine spätere Massen- bzw. Kuponprivatisierung. Letztere hat ihre gesetzliche Grundlage in dem Gesetz über Nationale Investitionsfonds, beschlossen im April 1993. Die Zahl der Betriebe, die in das Programm der Massen- bzw. Kuponprivatisierung einbezogen werden sollen, beträgt etwa 500. Deren räumliche Verteilung zeigt eine Vorherrschaft im südlichen Polen und ein lediglich geringes Vorhandensein in Zentralpolen.

Während für die Nationalen Investitionsfonds geplant ist, daß sie in der Zukunft in den Aktienmarkt eintreten, liegt die Zahl der Unternehmen, die an der Warschauer Aktienbörse notieren, bisher (November 1996) bei 83. Ein Drittel davon hat seinen Hauptsitz in Warschau (vgl. Karte 5.4).

Wie wichtig auch immer die Rolle ist, die die Umwandlung früherer staatlicher Betriebe im Prozeß der Eigentumsumgestaltung in Polen spielt, der größte Beitrag zum Wachstum des Anteils des Privatsektors ist durch die Gründung neuer privater Firmen geleistet worden. Die räumliche Verteilung der Privatfirmen ist ungleich (vgl. Karte 5.5). Viele Woiwodschaften liegen nahe am Landesdurchschnitt, der sich Ende 1993 auf 46,3 Einpersonenfirmen pro 1.000 Personen belief. Relativ gesehen nimmt Warschau den ersten Rang unter den Woiwodschaften ein, dicht gefolgt von Łódź, Posen und Krakau. Gemessen an der Absolutzahl von privaten Firmen liegt Warschau hinter Kattowitz an zweiter Stelle.

Ein vermutlich noch wichtigerer Gradmesser der Eigentumsstruktur ist der Anteil an der Gesamtbeschäftigung (unter Einschluß der Landwirtschaft), für den der Privatsektor verantwortlich ist. 1989, bevor die Hauptphase der Marktreformen begann, waren nur die vorwiegend ländlichen Woiwodschaften in Ost- und Zentralpolen durch entsprechende Anteile von über 50% charakterisiert. In den stark urbanisierten Regionen war der Privatsektor, gemessen an der Gesamtbeschäftigung, relativ am kleinsten (zwischen 15,3% in Kattowitz und 30,7% in Krakau). Obwohl sich die Proportionen zwischen den beiden Sektoren während der vergangenen Jahre erheblich verändert haben, ist das räumliche Modell stabil geblieben (Karte 5.6). Die vorwiegend ländlichen Woiwodschaften sind die einzigen, in denen der Privatsektor 1995 mehr als 70% der Gesamtbeschäftigung repräsentierte. Die entsprechenden Anteile in den verstädterten Regionen liegen im allgemeinen über 50%; der Prozentsatz für die Region Kattowitz ist beständig der kleinste (45,4). An dieser Stelle sollte jedoch folgendes betont werden: Während die Veränderung des Anteils in den urbanen Regionen hauptsächlich dem Wachstum des Privatsektors zugeschrieben werden kann, ist dies im Falle der landwirtschaftlichen Regionen eine Folge der Verkleinerung des öffentlichen Sektors (d.s. die früheren staatlichen Betriebe).

5.3.2 Ausländische Investitionen

Die räumliche Verteilung der ausländischen Investitionen gilt im allgemeinen als eine wichtige diagnostische Variable in jeder Analyse des gegenwärtigen regionalen wirtschaftlichen Wandels in Mittel- und Osteuropa. Es wird angenommen, daß Auslandskapital in erster Linie von jenen Regionen angezogen wird, die durch eine günstige Infrastrukturentwicklung, ein hohes Qualifikationsniveau der Arbeitskräfte und ein Marktpotential gekennzeichnet sind. Zu diesen Kriterien sollte man noch ein weiteres hinzufügen, nämlich die Nähe zu den Zentren ökonomischer und politischer Entscheidungen. Nachdem ausländische Investitionen das Wachstum des lokalen Einkommens fördern und eine Expansion der örtlichen Privatfirmen anregen, werden diese auch als ein Faktor angesehen, der zur Steigerung interregionaler Disparitäten beiträgt – zumindest in den frühen Stadien der Marktumwandlung.

Tabelle 5.1: **Die 35 größten ausländischen Investoren in Polen (Juni 1995)**

Nr.	Investor	Eigenkapital u. Kredite (Mio. USD)	Herkunftsland	Geschäftsbereich	Standorte, Woiwodschaft
1.	IPC	275	USA	Papier	Kwidzyn (Elbląg)
2.	Fiat	260	Italien	Kfz	Tychy (Bielsko-B.)
3.	Pol.-American	250	USA	Portfolio-Fund-Investitionen	mehrere
4.	Coca-Cola	235	USA	Getränke	mehrere
5.	EBRD	222	multinat.	Bankw., Industrie	mehrere
6.	International Finance Corp.	218	multinat.	Portfolio-Investitionen	mehrere
7.	Pilkington	166	GB	Glaserzeugung	Sandomierz (Tarnobrzeg)
8.	ABB	166	multinat.	E.-Maschinen	mehrere
9.	Thomson	147	Frankreich	Bildröhren, TV-Geräte	Piaseczno (Warschau)
10.	ING-Group	140	Niederlande	Bankwesen	mehrere
11.	Procter & Gamble	113	USA	Windelerz.	Warschau
12.	Curtis	100	USA	Elektronik, Bauw.	Mława (Ciechanów)
13.	Unilever	98	multinat.	Chemie, Nahrungsmittel	Bydgoszcz
14.	Epstein	90	USA	Bauwesen, Nahrungsmittel	mehrere
15.	Philips	74	Niederlande	Elektrogeräte	Piła u.a.
16.	D. Chase Enterprises	65	USA	Bankwesen, Medien	Danzig
17.	IAEG/WIBEBA	60	Österreich	Bauwesen	Kattowitz
18.	Nestle	60	Schweiz	Nahrungsmittel	Posen, Słupsk
19.	Pepsico	55	USA	Nahrungsmittel, Gastronomie	Warschau u.a.
20.	Fortrade-Financing	55	Italien	Bauwesen	mehrere
21.	Cimenteries CBR	54	multinat.	Zementindustrie	Gorazdze, Strzelce (Opole)
22.	Mars	50	USA	Nahrungs- u. Futtermittel	Sochaczew (Skierniewice)
23.	Cadbury's Schweppes	50	GB	Schokoladeerzeugung	Wrocław
24.	Continental Can Europe	47	Deutschland	Getränkeverpackung	Radomsko (Piotrków)
25.	Ameritech	45	USA	Telekomm.	mehrere
26.	France Telecom	45	Frankreich	Telekomm.	mehrere
27.	Schöller	43	Deutschland	Nahrungsmittel	Namysłów (Opole)
28.	SVH Europa B.V.	42	Niederlande	Großhandel	mehrere
29.	Alcatel	43	Spanien	Telekomm.	Warschau
30.	Reynolds	40	USA	Tabak	Warschau, Piasec.
31.	Ringnes	40	Norwegen	Getränkevertrieb	Bydgoszcz, Warschau, Lublin
32.	Trebruk	40	Schweden	Papiererzeugung	Kostrzyn (Gorzów)
33.	BTS-Baukeramik	39	Deutschland	Baumaterial	mehrere
34.	Siemens	39	Deutschland	Telekomm.	Warschau, Wrocław
35.	Henkel	37	Deutschland	Chemie, Kosm.	Racibórz (Kattowitz)

(Quelle: POLSKA AGENCJA INWESTYCJI ZAGRANICZNYCH 1995)

Die ersten Versuche, Auslandskapital anzuziehen, gehen bis 1976 zurück, als die sogenannten Polonia-Firmen (kleine Betriebe, die ganz oder teilweise ausländischen Bürgern polnischer Herkunft gehörten) zur Ansiedlung in Polen ermutigt wurden. 1982 wurde ein Gesetz beschlossen, das die Maßnahmen zur Einbeziehung aller ausländischen Personen erweiterte, wenn auch Begrenzungen im Umfang der Geschäfte noch immer in Anwendung waren. Bis 1988 existierten 651 solcher Firmen mit einer Gesamtbeschäftigung von 73.600 und einer merklichen Konzentration in der Woiwodschaft Warschau, die für 30% aller Firmen und über 15% der Gesamtbeschäftigung verantwortlich war. Bis 1990 war in der Region von Warschau (inklusive Ciechanów, Radom, Siedlce und Skierniewice) ein Drittel aller Arbeitsplätze in ausländischen Industriefirmen lokalisiert, die zu dieser Zeit in Polen geführt wurden. Andere Gruppen waren mit jeweils 8,6, 6,5 und 5,6% der Gesamtbeschäftigung in den Woiwodschaften Posen, Łódź und Bielsko-Biała zu finden (MISZTAL 1993).

Die ersten gesetzlichen Regelungen betreffend Joint-ventures stammen aus 1986, aber das Grundgesetz, das diese Firmen betrifft, wurde Ende 1988 verabschiedet. Die Zahl bestehender Joint-ventures vergrößerte sich von 1.645 im Jahr 1990 auf 4.796 im Jahr 1991, 10.131 1992, 15.157 im Jahr 1993 und 26.332 bis Juni 1996. Der Gesamtwert der wichtigsten getätigten Investitionen wurde Mitte 1995 auf 5,4 Mrd. US-Dollar geschätzt.[63] Weitere Investitionsvorhaben betragen zusätzliche 5,1 Mrd. US-Dollar. Die Hauptbranchen, in die das Auslandskapital investiert, sind weiterverarbeitende Industrie (v.a. elektrische Maschinen, Transportmittel, Nahrungsmittelherstellung, Holz und Papier sowie Zementindustrie), Bank- und Versicherungswesen, Bauwesen und Handel. Die Investitionen der US-Firmen waren die größten, gefolgt von internationalen Konzernen, von deutschen, italienischen, holländischen, britischen, französischen, österreichischen, schwedischen und Schweizer Investitionen.

In bezug auf das räumliche Muster der ausländischen Investitionen ergibt sich eine Konzentration auf Warschau. 35% aller Joint-ventures hatten (1995) ihren Sitz in der Hauptstadt; dies entsprach 41% des gesamten ausländischen Kapitals. Hinsichtlich der Beschäftigung hat der Anteil der Woiwodschaft Warschau jedoch etwas abgenommen: von 18 auf 12% zwischen 1990 und 1995. Das bedeutet, daß Warschau in erster Linie die Hauptgeschäftsstellen der Firmen mit Auslandskapital anzieht, während deren eigentliche Produktions- oder Dienstleistungsoperationen häufig an anderen Plätzen durchgeführt werden. Tatsächlich sind die größten einzelnen ausländischen Investitionen in Polen (vgl. Tabelle 5.1) an (im Vergleich zu Warschau) entfernten Orten plaziert worden, nämlich in Kwidzyn/Marienwerder bei Danzig (internationale Papiergesellschaft) und in Bielsko-Biała (Fiat).

Im allgemeinen ist die Verteilung der ausländischen Investitionen sehr ungleich (vgl. Karte 5.7). Sowohl nach den absoluten Zahlen als auch per capita ist am meisten ausländisches Kapital in den Woiwodschaften Warschau und Bielsko-Biała investiert worden. Bedeutende Gruppen von Joint-ventures sind auch in anderen wichtigen Stadtregionen wie den Woiwodschaften Danzig, Krakau, Breslau/Wrocław, Łódź, Posen, Stettin und Kattowitz zu finden. Ein anderes Extrem bilden die überwiegend ländlichen Regionen in Ost- und Zentralpolen, wo bis jetzt nur relativ wenige Joint-ventures etabliert wurden.

---

[63] Die Daten schließen nur Investitionen ab einer Million US-Dollar ein. 300 derartige Projekte, darunter 30 Projekte von Investitionen „auf der grünen Wiese", wurden registriert.

Karte 5.7: **Verteilung der Joint-ventures in Polen (1996)**

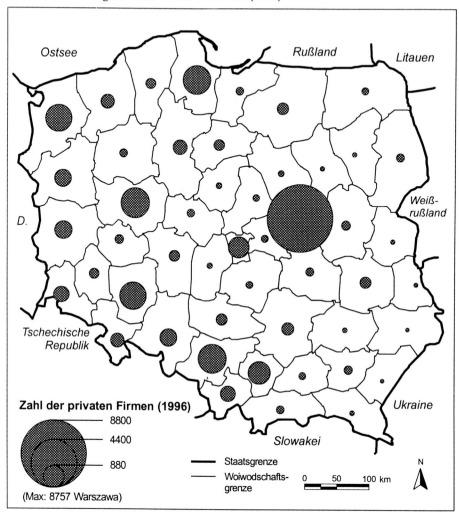

(Quelle: GUS 1996b) (Grafik: Georg C. Odehnal)

In den frühen Jahren der Marktumwandlung (1989 bis 1992) schienen die von den ausländischen Investoren getroffenen Kapitalentscheidungen vorwiegend auf zwei Faktoren zu basieren, nämlich auf dem Gewinnpotential spezieller privatisierter Unternehmen und auf dem geschätzten Marktpotential an speziellen Orten. Die Strategie, die auf dem erstgenannten Faktor basiert, wird durch das Modell der ABB-Investitionen erklärt (Karte 5.8), während die Marktorientierung klar durch die räumliche Verteilung der Investitionen der Coca-Cola-Gesellschaft repräsentiert wird (Karte 5.9).

In jüngster Zeit sind andere Standortfaktoren in den Vordergrund getreten, nämlich die Größe des polnischen Binnenmarktes, die immer noch geringen Arbeitskosten und

Karte 5.8: **Investitionen von Asea-Brown-Boveri in Polen**

(Quelle: RZECZPOSPOLITA 94/1994)   (Grafik: Georg C. Odehnal)

die hohen Qualifikationen der polnischen Arbeiter und Manager. Eine Reihe von marktorientierten Verteilungsentscheidungen basiert auch auf der Überlegung des Zugangs zu externen Märkten. Das dürfte z.T. das Überwiegen der Joint-ventures mit deutschem Kapital in den westlichen Gebieten Polens erklären (z.B. Industriebetriebe in Branchen wie Einrichtungs- und Baumaterialien, die größtenteils für den deutschen Markt produzieren). Auf amerikanischem Kapital basierende Betriebe tendieren umgekehrt in typischer Weise dazu, ihre zukünftigen Märkte zu antizipieren, um in die Staaten der ehemaligen Sowjetunion zu expandieren. Die Übernahme des größten polnischen Babynahrungserzeugers Alima in Rzeszów durch die Gerber-Gesellschaft und das „buy out" der Keksfabrik San in Jarosław (ebenfalls in der Woiwodschaft Rzeszów) durch die United Biscuit ebenso wie die Investition „auf der grünen Wiese" von Procter und Gamble in Warschau scheinen alle diese Art von Überlegungen einzuschließen.

Karte 5.9: **Investitionen von Coca-Cola in Polen**

(Quelle: RZECZPOSPOLITA 109/1994) (Grafik: Georg C. Odehnal)

Wie man der oben geführten Diskussion entnehmen kann, wäre es voreilig, die westliche Hälfte Polens als bevorzugt einzustufen. Tatsächlich reflektiert das räumliche Muster der ausländischen Investitionen primär die Verteilung der wichtigen Städte und großen Industriezentren. In dieser Hinsicht sollte Warschau, das bei weitem der wichtigste Anziehungspunkt ist, in Hinblick auf seine Doppelrolle interpretiert werden: als Landeshauptstadt und als einzige große Stadt im östlichen Teil Polens.

5.3.3 Arbeitsmärkte: Die Muster von Beschäftigung und Arbeitslosigkeit

Der Beginn der Marktwirtschaft in Polen fiel mit einem beträchtlichen Rückgang der Erwerbsquote der Wohnbevölkerung über 15 Jahre zusammen – von 65,3 im Jahr 1988 auf 61,0 in den Jahren 1993 bis 1994 und 58,9 im Mai 1995 (vgl. GŁÓWNY URZĄD STATYSTYCZNY 1995a). Die Abnahme resultierte vorwiegend aus der Zunahme von Frühpensionen und, in einem geringerem Ausmaß, aus der Ausdehnung der Schulbildung. Für die Altersklasse der Frauen ab 60 und der Männer ab 65 Jahren ist die Erwerbsquote zwischen 1988 und 1995 von 26,3 auf 13,4 gefallen und für die Altersgruppe zwischen 18 und 24 Jahren von 64,4 auf 51,4. Folglich hat sich das Arbeitskräftepotential relativ stark in den Altersklassen von 25 bis 59 Jahren konzentriert, in denen die altersspezifischen Erwerbsquoten praktisch unverändert blieben.

Der Rückgang der Erwerbsquote war weitgehend geschlechtsneutral, aber merklich höher in ländlichen als in städtischen Gebieten (um 10,0% gegenüber 4,1% von 1988 bis 1995). Tatsächlich wurden Frühpensionen und andere Mittel zum Ausscheiden aus dem Arbeitskräftepotential (einschließlich des Überganges zum informellen Sektor) häufig als eine Alternative zu einer andernfalls drohenden Arbeitslosigkeit verwendet. Noch immer sind die Erwerbsquoten in ländlichen Gebieten (61,8) höher als in städtischen Gebieten (57,1).

Der Anteil der tatsächlich beschäftigten Personen (Beschäftigungsrate) verringerte sich rascher als die Erwerbsquote: von 65,3 im Jahr 1988 auf 52,3 (1993), 51,2 (1994) und auf 49,8 im Februar 1995.[64] Diese Abnahme resultierte aus der Verringerung der Erwerbsquote und der wachsenden Arbeitslosigkeit (von offiziell keiner auf etwa 16% für 1994 bzw. 13,8% für 1996). Die Beschäftigungsrate der Frauen im Jahr 1995 repräsentiert nur 78% des entsprechenden Wertes für 1988; bei den Männern liegt der Anteil etwas höher, nämlich bei 82%. In den ländlichen Gebieten bleibt die Beschäftigungsrate höher als in den städtischen Gebieten (55,0 gegenüber 49,3 für 1995), obwohl die Differenz im Vergleich zu 1988 kleiner wurde. In den städtischen Gebieten stellte die Beschäftigungsrate 1995 (49,3 pro 100) nur rund 80% des entsprechenden Wertes von 1988 dar. Im Fall der ländlichen Gebiete war der entsprechende Anteil geringer (77%), obwohl der absolute Wert (55,0) auf einem höheren Niveau blieb.

Die absolute Beschäftigungszahl ist von 17.558.000 im Jahr 1989 auf 15.861.200 im Jahr 1991 und 14.820.000 Ende 1992 geschrumpft: Dies ist ein Rückgang um 15,6% über einen Zeitraum von drei Jahren. Seit 1992 hat ein geringerer Rückgang auf 14.438.000 für Februar 1995 angehalten.[65] Dies war die Folge der Reduzierung

---

[64] Im Frühjahr 1995 stabilisierte sich die Beschäftigungsrate und stieg bis Mai 1995 wieder auf 51,4 an.

[65] Bis Mai 1995 erhöhte sich die Zahl der Beschäftigten wieder auf 14.890.000.

Tabelle 5.2: **Beschäftigungsstruktur in Polen (1989/1993)**

Wirtschaftssektoren	Beschäftigung 1989 (in 1.000)			Ver- teilung 1989 (in %)	Beschäftigung 1993 (in 1.000)			Ver- teilung 1993 (in %)
	total	sozialist. Sektor	privater Sektor		total	öffentl. Sektor	privater Sektor	
insgesamt	17.585,0	11.709,4	5.848,6	100,0	14.761,2	6.060,2	8.700,9	100,0
Industrie	4.971,7	4.147,1	824,6	28,3	3.603,7	2.065,3	1.538,4	24,4
Bauwesen	1.229,3	819,6	409,7	7,0	852,9	214,8	638,1	5,8
Landwirtschaft	4.990,8	922,3	4.068,5	28,4	3.904,4	180,5	3.723,9	26,4
Forstwirtschaft	133,5	133,5	–	0,8	83,8	72,0	11,8	0,6
Transport	795,9	744,8	51,1	4,5	563,1	412,5	150,6	3,8
Kommunikation	172,9	172,8	0,1	1,0	175,7	171,2	4,5	1,2
Handel	1.449,0	1.308,4	140,6	8,3	2.048,2	132,6	1.915,6	13,9
andere Sektoren der materiellen Produktion	164,9	110,8	54,1	0,9	97,3	18,9	78,5	0,7
Kommunalwirtschaft	442,0	322,8	119,2	2,5	334,3	246,1	88,2	2,3
Wohnen u. Versorgung	207,7	206,0	1,7	1,2	164,2	74,9	89,3	1,1
Wissenschaft u. Technik	115,4	115,4	–	0,7	68,7	65,6	3,1	0,5
Erziehung	1.087,0	1.085,9	1,1	6,2	1.077,9	1.049,0	28,9	7,3
Kunst u. Kultur	129,8	116,7	13,1	0,7	99,0	76,3	22,6	0,7
Gesundheit u. Wohlfahrt	858,7	854,1	4,6	4,9	830,9	773,7	57,2	5,6
Sport, Fremdenv. u. Erholung	132,5	113,4	19,1	0,8	83,2	32,2	51,0	0,6
and. nicht materielle Dienste	255,9	160,3	95,6	1,4	181,7	14,8	166,9	1,2
staatl. Verwaltung u. Gerichtswesen	227,1	226,9	0,2	1,3	316,7	306,4	10,3	2,1
Finanzwesen u. Versicherung	148,9	148,6	0,3	0,8	229,3	153,3	75,9	1,5
polit. Organisationen, Gewerkschaften usw.	45,0	–	(45,0)	0,3	46,2	–	46,2	0,3

(Quelle: GUS 1994a)

der (früher übergroßen) Beschäftigung in einigen Sektoren, abnehmender Konkurrenzfähigkeit und schlechter „performance" in anderen Bereichen.[66]

Wie die Tabelle 5.2 zeigt, ist die Beschäftigung in der Industrie (die den Bergbau in die statistische Klassifikation einschließt) am stärksten gesunken: um über eine Million zwischen 1989 und 1993, was sich in einem Abfall des Anteils an der Gesamtbe-

---

[66] Dieser Trend spiegelt auch das Wachstum des informellen Sektors der Wirtschaft, der nach Schätzungen nicht weniger als eine Million, vielleicht sogar zwei bis drei Millionen Menschen beschäftigt, wider.

schäftigung um vier Prozentpunkte ausdrückt. Obwohl dieser Rückgang hauptsächlich in Form von Arbeitsplatzverlusten vonstatten ging, spiegelt einiges davon den Wandel von Arbeitsplätzen im industriellen Sektor wider. Im Prozeß von Privatisierung und Restrukturierung tendieren Industriebetriebe dazu, ihre Dienstleistungseinheiten (von Transportdepots bis zu Urlaubszentren) „abzustreifen".

Eine andere Eigenschaft des Beschäftigungswechsels zwischen den Sektoren ist der relative Rückgang des Anteils der Landwirtschaft. Dies ist auf der nationalen Ebene der Fall gewesen. In einigen Regionen jedoch, besonders in den vorwiegend ländlichen östlichen Woiwodschaften, hat die Beschäftigung in der Landwirtschaft von 1989 bis 1993 absolut zugenommen. Die Landwirtschaft dient als (wahrscheinlich vorübergehendes) „Auffangbecken" für überschüssige Arbeitskräfte aus den lokalen Industrie- und Bauunternehmen. Dies führt auch zu Teilzeit- bzw. Nebenerwerbsbauern, von denen früher viele mit fabrikssubventionierten Transportmitteln in die Stadtzentren pendelten. Solche Subventionen fielen häufig Bestrebungen nach Kostensenkungen zum Opfer, und viele Pendler beendeten aus Kostenüberlegungen heraus ihre unselbständige Erwerbstätigkeit.

Wie die Werte in der Tabelle 5.3 zeigen, hat sich das räumliche Muster der Industriebeschäftigung über die letzten Jahre hinweg nicht dramatisch verändert. Die Anzahl der Arbeitsplätze in der Industrie hat sich in allen 49 Woiwodschaften verringert, sowohl in jenen Regionen, die mit großen städtischen Agglomerationen zusammenfallen, als auch in vorwiegend ländlichen Gebieten, wenn auch mit unterschiedlicher Dynamik.

Das letztgenannte Phänomen sollte von besonderem Interesse für die öffentliche Politik sein, weil es eine Deindustrialisierung ökonomisch schwach entwickelter Regionen andeutet. So sank z.B. in der Woiwodschaft Ostrołęka zwischen 1989 und 1993 der gemeinsame Anteil von Industrie und Bauwesen an der Gesamtbeschäftigung von 22,0 auf 17,8% und in der Woiwodschaft Łomża von 15,4 auf 11,6% (beide Regionen befinden sich im nordöstlichen Teil Polens).

Nach den Angaben der Zentralen Planungsbehörde (CENTRALNY URZĄD PLANOWANIA 1994, 1995) vergrößerte sich die räumliche Konzentration der Industrieproduktion in Polen zwischen 1989 und 1994. Die Produktion ballte sich in den wichtigsten urbanen Gebieten, einschließlich der Woiwodschaft Kattowitz, die ihren regionalen Anteil von 15,5 auf 17,7% erhöhte, ebenso wie den Woiwodschaften Warschau (von 7,8 auf 10,4%), Danzig (von 3,8 auf 4,7%) und Posen (von 3,7 auf 4,4%), stärker zusammen.[67] In dieser Kategorie der wichtigen Stadtregionen haben nur die Woiwodschaften Łódź und Breslau/Wrocław relativ verloren (von 4,4 auf 3,0% bzw. von 3,4 auf 2,5%).

---

[67] 1994 erfolgte eine schwache räumliche Dekonzentration der Industrieproduktion. Während der Anteil der 12 führenden Woiwodschaften zwischen 1989 und 1993 von 58,0 auf 64,1% anstieg, verringerte sich dieser 1994 auf 63,1% (CENTRALNY URZĄD PLANOWANIA 1995).

Tabelle 5.3: **Beschäftigung in der Industrie nach Woiwodschaften (1989/1995)**

Woiwodschaft	in %		Rangplatz	
	1989	1995	1989	1995
POLEN	100,00	100,00	–	–
Warschau	6,39	7,81	2	2
Biała Podlaska	0,40	0,36	48,5	49
Białystok	1,39	1,32	26	27
Bielsko-Biała	3,36	2,75	4	9
Bydgoszcz	2,92	3,11	10	7
Chełm	0,40	0,38	48,5	48
Ciechanów	0,68	0,65	44	44
Częstochowa	2,50	2,14	13	14
Elbląg	0,98	0,97	35	36
Danzig	3,23	3,62	5	5
Gorzów	1,05	1,19	33	30
Jelenia Góra	1,85	1,44	20	25
Kalisz	1,86	2,02	19	15
Kattowitz	16,50	16,46	1	1
Kielce	2,83	2,46	11	11
Konin	1,11	1,11	32	33
Koszalin	0,85	1,01	39	35
Krakau	2,94	3,31	8,5	6
Krosno	1,26	1,17	28	31
Legnica	1,62	1,74	22	19
Leszno	0,75	0,93	41	37
Lublin	2,14	2,22	14	13
Łomża	0,44	0,41	47	47
Łódź	4,57	3,66	3	4
Nowy Sącz	1,21	1,24	29	29
Olsztyn	1,30	1,55	27	23
Opole	3,03	2,64	7	10
Ostrołęka	0,68	0,63	44	45
Piła	0,93	1,13	36	32
Piotrków Tryb.	2,04	1,85	15	17
Płock	1,14	1,26	31	28
Posen	3,22	4,36	6	3
Przemyśl	0,70	0,68	42	43
Radom	2,03	1,63	16,5	20
Rzeszów	1,91	1,75	18	18
Siedlce	1,19	1,05	30	34
Sieradz	0,86	0,80	38	40
Skierniewice	0,99	0,75	34	39
Słupsk	0,87	0,87	37	38
Suwałki	0,68	0,72	44	42
Stettin	2,03	2,30	16,5	12
Tarnobrzeg	1,51	1,43	24,5	26
Tarnów	1,51	1,50	24,5	24
Toruń	1,52	1,61	23	22
Wałbrzych	2,70	1,97	12	16
Włocławek	0,84	0,79	40	41
Wrocław	2,94	3,05	8,5	8
Zamość	0,63	0,53	46	46
Zielona Góra	1,73	1,66	21	21

(Quellen: GUS 1994c und 1996b)

Zurückkehrend zu den intersektoralen Beschäftigungsverhältnissen kann man schließen, daß die Periode 1989 bis 1994 die Tendenz zu einer räumlichen Polarisierung mit sich gebracht hat. In den stark urbanisierten Regionen ist der Rückgang des Anteils sekundärer Aktivitäten (Industrie und Bauwesen) durch eine Vergrößerung des Beschäftigungsanteils des tertiären und quartären Sektors kompensiert worden. Andererseits war in den weniger verstädterten Gebieten der Rückgang der Anteile des sekundären Sektors von einem beträchtlichen Wachstum des Anteils der Landwirtschaft begleitet. Der Dienstleistungssektor vergrößerte sich nur wenig.

Die Arbeitslosigkeit in Polen (vgl. GŁÓWNY URZĄD STATYSTYCZNY 1995b, 1995c) wuchs während der ersten beiden Jahre der Marktreformen, d.h. in den Jahren 1990 bis 1991, sehr stark an und hat sich weiter verstärkt, wenn auch im Zeitraum 1992 bis Anfang 1994 in einem geringeren Tempo. Von Dezember 1989 bis Dezember 1990 stieg die Zahl der registrierten Arbeitslosen von 10.000 auf 1.126.000 an, d.h. von 0,1 auf 6,1% der Arbeitskräfte; im Dezember 1991 erreichte sie 2.156.000 (11,5%). Ende 1992 betrug die betreffende absolute Zahl 2.509.000 (die Arbeitslosenquote 13,6%) und im Dezember 1993 2.890.000 (15,7%). Die größte Zahl an registrierten Arbeitslosen wurde mit 2.950.000 im März 1994 registriert. Ab diesem Zeitpunkt verringerte sich die Arbeitslosigkeit auf 2.838.000 (16,0%) im Dezember 1994, 2.629.000 (14,9%) im Dezember 1995 und 2.401.000 (13,8%) im August 1996.

Die Arbeitslosigkeit bildet in Polen die vielleicht schwerwiegendste „Hypothek" der Marktreformen und das gravierendste Sozial- und Wirtschaftsproblem. Drei Typen von Arbeitslosigkeit sind vorherrschend: strukturelle, konjunkturelle und friktionelle Arbeitslosigkeit (PARYSEK 1993). Der erste Typ der Arbeitslosigkeit repräsentiert ein direktes Produkt der Marktreformen und der wirtschaftlichen Restrukturierung; die zweite Kategorie ist in hohem Ausmaß ein verspäteter Effekt der Wirtschaftsrezession, die bereits 1979/80 begann und ununterbrochen bis zum Anfang der 90er Jahre angedauert hat. Schließlich scheint die friktionelle Arbeitslosigkeit in Polen besonders hoch zu sein. Die geringe Bevölkerungsmobilität, durch Faktoren wie Wohnungsknappheit (und hohe Wohnkosten) in den Stadtgebieten und niedrige Lohnniveaus begründet, verursacht eine lange Sucharbeitslosigkeit.

Das regionale Muster der Arbeitslosigkeit ist gut interpretierbar, wurde früh etabliert und ist über die Zeit hinweg stabil geblieben (vgl. Karte 5.10). Die höchsten Arbeitslosenquoten (über 25% im Jahr 1994) sind in den nördlichen Woiwodschaften zu finden, von Koszalin/Köslin im Westen nach Suwałki im Osten. Das ist jenes Gebiet, in dem viele Industrieanlagen geschlossen wurden und viele staatliche Landwirtschaftsbetriebe ihre Produktion einstellten. Der größte Teil von Mittel- und Westpolen weist ebenso hohe Arbeitslosenquoten auf. Die relativ niedrigsten Gesamtarbeitslosenquoten sind in den östlichen, vorwiegend ländlichen Woiwodschaften, dominiert von privaten Bauernhöfen, und im besonderen in den stark verstädterten Woiwodschaften von Warschau, Posen, Krakau und Oberschlesien (mit den Woiwodschaften Kattowitz und Bielsko-Biała) zu finden. Der Verstädterungsgrad korreliert jedoch nicht immer mit geringer Arbeitslosigkeit. Die alten Industrieregionen Łódź und Wałbrzych/Waldenburg gehören zu jenen Regionen mit sehr hoher Arbeitslosigkeit. Ebenso wird für Oberschlesien, eine Industrieregion mit verzögerter wirtschaftlicher, technologischer und eigentumsbezogener Restrukturierung, mit einem starken Anstieg der Arbeitslosigkeit gerechnet.

Karte 5.10: **Arbeitslosenquoten nach Woiwodschaften (1993–1996)**

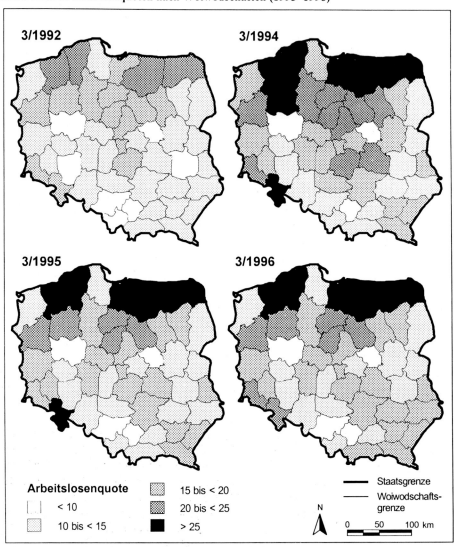

(Quellen: GUS 1995b, 1995c und 1996a)   (Grafik: Georg C. Odehnal)

Obwohl einige der ländlichen Regionen eine eher geringe Arbeitslosigkeit aufweisen, sind sie im allgemeinen durch überdurchschnittliche Arbeitslosigkeit in den nichtlandwirtschaftlichen Wirtschaftssektoren charakterisiert. Eine derartige Erosion des lokalen Arbeitsmarktes ist am stärksten in den nordöstlichen Regionen (in den Woiwodschaften Łomża, Ciechanów und Suwałki) aufgetreten, wo die Arbeitslosenquoten in anderen Beschäftigungszweigen als der Landwirtschaft besonders hoch sind. In den südöstlichen Regionen, die durch einen hohen Anteil von kleinen Landwirtschaften und Nebenerwerbsbetrieben gekennzeichnet sind, ist die versteckte Arbeitslosigkeit unter der ländlichen Bevölkerung stark verbreitet (CENTRALNY URZĄD PLANOWANIA 1994, 1995).

Wie eine Anzahl von Studien zeigt (KRYNSKA 1993; GAŁKA et al. 1994), variiert das Risiko der Arbeitslosigkeit systematisch mit dem Bildungsgrad. Für Personen mit höherer Bildung ist das Risiko dreimal geringer als im Durchschnitt. Von den arbeitslosen Universitätsabsolventen sind 25% in der Lage, innerhalb von drei Monaten einen Arbeitsplatz zu finden, während im Falle der Personen mit Grundschulausbildung der entsprechende Anteil nur 8% beträgt. Das Alter ist eine andere wichtige Variable im Zusammenhang mit der Arbeitslosigkeit. Unter jenen, die über 45 Jahre alt sind, ist der Anteil der Arbeitslosen um 50% geringer als innerhalb des gesamten Arbeitskräftepotentials. Im Gegensatz dazu sind junge Menschen zwischen 20 und 24 Jahren unter den Arbeitslosen fast dreifach überrepräsentiert. Es muß nicht betont werden, daß Bildung und Alter zu jenen soziodemographischen Variablen gehören, die beträchtlich zwischen den Regionen variieren, im besonderen zwischen städtischen und ländlichen Gebieten.

5.3.4 Der Lebensstandard: Einkommen, Konsum und Umweltqualität

Von wachsenden interregionalen Unterschieden des Lebensstandards kann erwartet werden, daß sie einen der klar erkennbaren Effekte der jüngsten Marktumgestaltungen in Polen repräsentieren. Bis jetzt existieren jedoch nur unzureichende Daten, um diese Hypothese zu prüfen. Einige in der Vergangenheit benützte Indizes sind nicht mehr adäquat, während einige von den möglicherweise relevanten Informationen bisher gefehlt haben oder sehr parteiisch zu sein scheinen.

Auf Basis von Daten für die Mitte der 80er Jahre fanden Z. CHOJNICKI und T. CZYŻ (1992) heraus, daß der Lebensstandard in Polen

a) auf der nationalen Ebene – zwischen dem Westen und dem Osten Polens –,

b) auf der interregionalen Ebene – zwischen großen urbanen Agglomerationen und den sie umgebenden Gebieten – und

c) auf der regionalen Ebene – zwischen städtischen und ländlichen Regionen – variiert.

Obwohl für die frühen 90er Jahre keine ähnliche Analyse verfügbar ist, deutet alles darauf hin, daß diese allgemeinen Dimensionen noch immer gültig sind. Die Skala der räumlichen Abweichungen hat sich möglicherweise verbreitert, und unter den Regionen haben sich sicherlich einige Verschiebungen vollzogen. Anhand zweier „Proxy-Variablen" wird diese Entwicklung analysiert. Es handelt sich dabei um

a) die durchschnittlichen Monatslöhne und

b) die Anzahl der PKWs pro 1.000 Personen (vgl. Tabelle 5.4).

Tabelle 5.4: **Rangordnung der Woiwodschaften nach ausgewählten Indikatoren des Lebensstandards (1980–1994)**

Woiwodschaft	durchschnittlicher Monatslohn				Autobesitz pro 1.000 Einwohner			
	1980	1989	1992	1994	1980	1989	1992	1994
Warschau	5	3	1	2	1	1	1	1
Biała Podlaska	44	48	42	31	46	46	39	36
Białystok	35	25	23	22	22	28	37	40
Bielsko-Biała	16	22	21	14	21	10	4	7
Bydgoszcz	26	15	24	18	8	12	17	10
Chełm	40	45	36	38	44	49	44	41
Ciechanów	39	41	35	45	32	32	26	28
Częstochowa	11	16	39	43	15	8	15	19
Elbląg	18	21	15	21	34	36	30	29
Danzig	3	7	3	8	5	14	19	17
Gorzów	22	19	28	26	27	31	25	24
Jelenia Góra	22	13	17	9	24	23	33	31
Kalisz	36	40	44	40	13	9	6	3
Kattowitz	1	1	2	1	7	4	8	11
Kielce	27	42	32	25	39	44	33	30
Konin	15	6	6	4	29	19	11	15
Koszalin	10	27	25	29	17	25	27	32
Krakau	6	19	10	10	6	5	9	5
Krosno	37	36	29	32	43	40	33	26
Legnica	2	2	4	3	14	11	20	25
Leszno	20	23	38	47	9	3	3	4
Lublin	25	23	16	13	19	21	30	33
Łomża	49	43	41	38	33	22	45	48
Łódź	13	10	13	20	4	7	10	8
Nowy Sącz	47	47	48	48	45	47	49	49
Olsztyn	29	34	19	23	16	35	36	42
Opole	12	11	14	16	11	13	17	18
Ostrołęka	48	29	12	17	35	38	7	16
Piła	24	18	31	36	18	18	13	14
Piotrków Tryb.	17	14	11	7	36	37	33	35
Płock	28	17	7	6	23	17	12	9
Posen	9	12	8	11	2	2	2	2
Przemyśl	42	49	47	41	48	48	40	37
Radom	32	26	40	33	37	45	48	47
Rzeszów	30	44	46	24	31	16	16	12
Siedlce	45	35	26	27	42	42	21	27
Sieradz	41	31	43	29	41	33	27	22
Skierniewice	34	37	33	42	30	15	14	13
Słupsk	21	28	30	46	25	26	42	46
Suwałki	46	37	27	44	26	29	45	39
Stettin	4	5	5	5	12	20	22	20
Tarnobrzeg	14	8	22	15	49	39	47	45
Tarnów	33	39	34	35	40	43	42	43
Toruń	31	33	37	28	10	24	22	21
Wałbrzych	7	4	18	19	28	27	38	38
Włocławek	43	32	45	34	38	30	30	34
Wrocław	8	9	9	12	3	6	5	6
Zamość	38	46	49	49	47	41	41	44
Zielona Góra	19	30	20	30	20	34	24	23

(Quellen: GUS 1994c und 1995e)

Daten über das Einkommen sind häufig inadäquat und manchmal auch irreführend. Interregionale Abweichungen des Lohnniveaus zeigen z.B. eine geringe Korrelation mit den Umsätzen des Einzelhandels. Möglicherweise sind jedoch die letztgenannten Daten noch weniger zuverlässig als die erstgenannten. Daher ist es angemessener, anstatt die Breite der Veränderung zu erfassen, sich auf die Ränge einzelner Regionen und deren Veränderungen über die Zeit hinweg zu beziehen.

Die Daten von 1980 belegen die damals privilegierte Position von Regionen mit Schwerindustrie, Bergbau (Kattowitz, Legnica/Liegnitz) und Schiffahrtsindustrie (Danzig, Stettin). Die Ränge im untersten Quintil wurden hauptsächlich von ländlichen Woiwodschaften im östlichen Teil Polens eingenommen. Dieses Modell war während der 80er Jahre mehr oder weniger stabil. Die wichtigsten Veränderungen während der Dekade beinhalteten den Niedergang der Woiwodschaft Danzig und den Aufstieg der neuen Bergbauregionen Konin und Tarnobrzeg (Braunkohle, Schwefel). 1993 bildeten die Stadtgebiete (mit Warschau an der ersten Stelle) nur vier der im oberen Bereich der Skala gereihten zehn Woiwodschaften. Die auf Primärindustrie spezialisierten Regionen (einschließlich der Petrochemie im Fall von Płock) nehmen die verbleibenden sechs oberen Ränge ein. Bezüglich des unteren Teils der Skala haben sich seit 1980 keine bedeutenden Veränderungen vollzogen.[68]

In bezug auf den PKW-Besitz waren die großen urbanen Regionen traditionellerweise führend. Ihre Position wurde über die Jahre hinweg weitgehend bewahrt, außer im Falle von Danzig und Stettin, die allmählich auf die mittleren Ränge unter den 49 Woiwodschaften zurückgefallen sind. Die Region Warschau mit ihren 327 PKWs pro 1.000 Einwohner im Jahr 1995 – beinahe doppelt soviel wie der nationale Durchschnitt von 185 – ist auf der anderen Seite sogar noch dominierender als früher geworden. Bielsko-Biała, der Sitz von Polski Fiat, hat sich rasch die Skala hinaufbewegt. Eine umgekehrte Veränderung ist für Łódź zu konstatieren. Atypische Fälle sind die weitgehend ländlichen Woiwodschaften von Leszno/Lissa und Kalisz/Kalisch, die beide im westlich-zentralen Teil Polens liegen. Hier waren die Diskrepanzen zwischen den Lohn- und Einkommensniveaus und dem Index für den PKW-Besitz am größten. Das zeigt wieder die Problematik der verfügbaren Einkommensstatistiken.

Umweltqualität, eine andere wesentliche Komponente des Lebensstandards, zeigt ein spezifisches räumliches Muster, das weder eine Umkehrung noch eine Reproduktion der interregionalen Abweichungen des Lohnniveaus und der Verfügbarkeit von langlebigen Konsumgütern ist. Die Karte 5.11 zeigt einen Gradmesser der Luftver-

---

[68] Nach jüngsten Schätzungen von Prof. L. ZIENKOWSKI, dem Leiter eines gemeinsamen Projektes des Zentralen Statistischen Amtes und der Polnischen Akademie der Wissenschaften, entspricht dieses Muster beinahe der interregionalen Verteilung des BIP pro Kopf. Nach den Ergebnissen von ZIENKOWSKI befanden sich unter den zehn Regionen mit beträchtlich überdurchschnittlichen Werten vier von der Rohstoffindustrie dominierte Woiwodschaften (Płock, Legnica/Liegnitz, Piotrków/Petrikau und Kattowitz) sowie sechs stark urbanisierte Woiwodschaften (mit Warschau an der Spitze).

schmutzung, der eine Abstraktion des transregionalen wie des transnationalen Flusses von Umweltschadstoffen repräsentiert.[69]

Karte 5.11: **Verteilung der Luftverschmutzung in Polen 1993 – Staub und Gase**

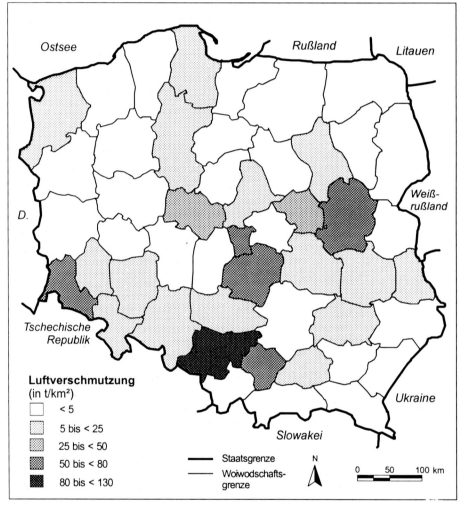

(Quelle: GUS 1994c) (Grafik: Georg C. Odehnal)

---

[69] Es sollte an dieser Stelle festgehalten werden, daß hinsichtlich von Schwefeldioxiden und Stickoxiden die grenzüberschreitenden Ströme, hauptsächlich aus Quellen in Deutschland und in der Tschechischen Republik, bis zu 40% zu der gesamten Luftverschmutzung in Polen beitragen.

Obwohl das Niveau der Umweltverschmutzung seit 1989 (infolge der Verringerung der Industrieproduktion und der Implementierung von Verschmutzungskontrollen) erheblich abgenommen hat, bleibt diese in den Stadtregionen recht hoch. In Oberschlesien (der Woiwodschaft Kattowitz) ist das Niveau zehnmal höher und in der Woiwodschaft Krakau siebenmal höher als der Landesdurchschnitt. Gegenüber einer allgemeinen Verbesserung der Luftqualität (in Warschau trotz des wachsenden Individualverkehrs um etwa 20% über die letzten vier Jahre hinweg) haben sich die regionalen Abweichungen der Umweltstandards seit 1989 wenig verändert.

5.4 Sektorale Problemlagen und regionale Konsequenzen

Die regionalen Muster der gegenwärtigen sozioökonomischen Umwandlung in Polen korrelieren mit der Trennung von städtischen und ländlichen Gebieten im allgemeinen und mit der Verteilung von großen Städten und städtischen Agglomerationen im besonderen. Das vorliegende Kapitel führt eine weitere wesentliche Dimension des regionalen Wandels ein, indem die Transformationsproblematik einzelner Sektoren näher analysiert wird.

Die drei Sektoren, die auch eine hohe regionale Konzentration aufweisen, sind die staatliche Landwirtschaft, der Kohlenbergbau sowie die Textil- und Bekleidungsindustrie. Während allen drei Sektoren die Anzeichen der Krise gemeinsam sind, repräsentieren diese Sparten verschiedene Entwicklungen in bezug auf das Tempo des Niedergangs, die Art der politischen Antworten und hinsichtlich der Zukunftschancen.

5.4.1 Die staatliche Landwirtschaft

Im Gegensatz zu den meisten früheren Ostblockstaaten war Polen in der Lage, die Vorherrschaft des Privatbesitzes an Ackerland während der sozialistischen Periode aufrechtzuerhalten. Seit den späten 50er Jahren haben sowohl der Anteil am Boden als auch der landwirtschaftliche Output im privaten Sektor ungefähr 70% betragen. Innerhalb der verbleibenden 30% war das Verhältnis zwischen staatlichen landwirtschaftlichen Betrieben und landwirtschaftlichen Kooperativen etwa drei zu eins.

Die räumliche Verteilung der Staatsfarmen war sehr ungleich (vgl. Karte 5.12). Während es praktisch keine staatlichen Landwirtschaftsbetriebe in der südöstlichen Hälfte Polens gab, häuften sich diese in den nördlichen und nordwestlichen Regionen. In manchen Woiwodschaften wie Słupsk/Stolp, Koszalin/Köslin und Elbląg/Elbing nahmen die Staatsfarmen zwischen 50 und 60% des gesamten landwirtschaftlichen Bodens in Anspruch.

Zwischen 1991 und 1993 wurden die meisten staatlichen Landwirtschaftsbetriebe zahlungsunfähig, hervorgerufen durch die neue Wirtschaftspolitik[70] und durch einen

---

[70] Diese umfaßte u.a. die Streichung einer Reihe von direkten und indirekten Förderungen, die in der Vergangenheit allen Unternehmen, die dem Staats- und Kooperativensektor angehörten, gewährt wurden.

Karte 5.12: **Anteil des staatlichen Sektors an der landwirtschaftlichen Gesamtfläche in Polen (1988)**

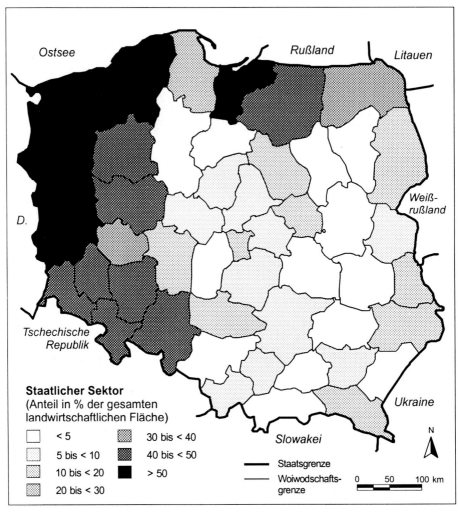

(Quelle: GUS 1990) (Grafik: Georg C. Odehnal)

1991 erfolgten plötzlichen Anstieg der Zinsen für Darlehen. Noch bedeutender war, daß die Privatisierung der Staatsfarmen zu einem expliziten und durch die entsprechende Gesetzgebung unterstützten Ziel der Politik wurde. Per Mai 1995 hat die Staatliche Vermögensagentur für Landwirtschaftliches Eigentum zur Gänze die früher im Besitz der Staatsfarmen befindlichen 4,3 Mio. Hektar Boden übernommen. Zur Zeit der Umwandlung überstieg die durchschnittliche Verschuldung pro Hektar Land den Wert des Umlaufvermögens (das „working capital") um mehr als 50%, weiters repräsentierte dieses nicht mehr als 27% des Werts des Sachanlagevermögens. Versu-

Karte 5.13: **Anteil des öffentlichen Sektors an der landwirtschaftlichen Gesamtfläche in Polen (1996)**

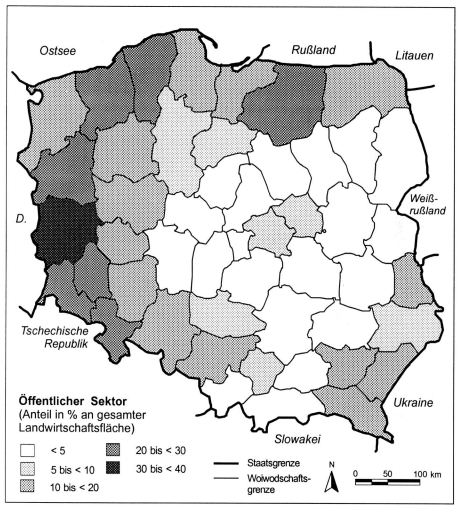

(Quelle: GUS 1996b) (Grafik: Georg C. Odehnal)

che, das Eigentum der früheren Staatsfarmen wieder zu verkaufen bzw. zu verpachten, sind bis dato sehr unbefriedigend verlaufen. Nur 173.000 Hektar haben neue Eigentümer gefunden, während 2,2 Mio. Hektar gepachtet wurden. Der Rest, ein großer Teil davon ungenützt, befindet sich in der provisorischen Verwaltung der Agentur. Im Nordosten ist die Privatisierung im allgemeinen weniger erfolgreich gewesen als anderswo (Karte 5.13). Es wird geschätzt, daß von den insgesamt 193.000 Beschäftigten der früheren Staatsfarmen Ende 1993 mindestens 80.000 arbeitslos waren.

Der Prozeß der Liquidierung der staatlichen Landwirtschaftsbetriebe, der nun als ebenso fehlgeleitet wie falsch eingeschätzt wird, hat eine Verschwendung von Kapital und menschlichen Ressourcen in großem Umfang mit sich gebracht. Die nachfolgenden Probleme werden am Beispiel des früheren Landwirtschaftskombinats von Lyna, das in Nidzica (Woiwodschaft Olsztyn/Allenstein) gelegen ist, dargestellt. Das Kombinat, in den 80er Jahren eines der größten dieses Typs in Polen, umfaßte insgesamt 30.000 Hektar Boden und beschäftigte 2.800 Landarbeiter, Techniker und Verwaltungskräfte. Der Wert des Umlaufvermögens wurde auf 50 Mio. US-Dollar geschätzt. In den vergangenen drei Jahren wurden nicht weniger als 23 von 30 Hauptunternehmen des Kombinats (einzelne Staatsfarmen) liquidiert sowie Gebäude und spezielle Maschinen vernichtet. 2.300 frühere Arbeitnehmer wurden beschäftigungslos. Wegen des Fehlens von alternativen Beschäftigungsmöglichkeiten in der Region entsteht eine wachsende Abhängigkeit der früheren Arbeiter auf den Staatsfarmen von der Sozialhilfe – mit all den negativen sozialen und ökonomischen Konsequenzen für den lokalen Bereich. Lediglich weniger als die Hälfte des Ackerlandes wird gegenwärtig bearbeitet (vgl. TRUSEWICZ 1994).

Der Niedergang der staatlichen Landwirtschaft hat deutlich sichtbare, schmerzvolle Auswirkungen auf die sozioökonomische Situation der nördlichen und nordwestlichen Regionen Polens gehabt. Er ist in beträchtlichem Ausmaß verantwortlich sowohl für die hohe und anhaltende Arbeitslosigkeit als auch für die generelle Stagnation von regionalen und lokalen Ökonomien in weiten Teilen dieser Regionen. Derartige negative Konsequenzen werden durch eine sehr schwache räumliche und berufliche Mobilität der früheren Beschäftigten der Staatsfarmen verstärkt. Besonders betroffen sind die Woiwodschaften Koszalin/Köslin, Słupsk/Stolp und Olsztyn/Allenstein, wo die örtliche private Landwirtschaft sehr schwach und daher nicht in der Lage ist, eine effektive Nachfrage nach aufgegebenem Ackerland und den landwirtschaftlichen Maschinen zu schaffen, und wo die Krise von lokaler Industrie und örtlichem Bauwesen zum sozialen und ökonomischen Niedergang beiträgt (vgl. TOCZYNSKI 1993, KOŁODZIEJSKI u. PARTEKA 1993).

5.4.2 Der Kohlenbergbau

Polen rangierte traditionell unter den führenden Kohleproduzenten der Welt. Kohle bildet noch immer mit Abstand die wichtigste Primärenergiequelle des Landes (zusammen mit Braunkohle beträgt der entsprechende Anteil 97%). Für die Zukunft jedoch sind Rolle und Ausmaß des Kohlenbergbaues aufgrund des Umweltschutzes, der Konkurrenz durch Ölprodukte und der Rationalisierung des Energieverbrauches[71] zu einer Einschränkung verurteilt.

---

[71] Der Energieverbrauch pro BIP-Einheit ist in Polen im Durchschnitt doppelt so hoch wie in den westeuropäischen Ländern.

Gegenwärtig hat die Verringerung der Kohleproduktion bereits begonnen; der Output ist von 190 Mio. Tonnen im Jahr 1989 auf 133 Mio. Tonnen 1994 zurückgegangen. Die gegenwärtige heimische Nachfrage beträgt ungefähr 100 Mio. Tonnen, der Rest sind Exporte.

Über 97% des gesamten Kohleausstoßes (und 45% der Gesamtproduktion an Koks) stammen aus der Woiwodschaft Kattowitz (Oberschlesien). Der Kohlesektor umfaßt 35% der Industriebeschäftigung in der Region (rund 260.000 Beschäftigte 1995). Gemeinsam mit den damit verbundenen Aktivitäten von Energie, Ingenieurwesen, Bauwesen und Transport macht dies den überwiegenden Teil der Wirtschaft der Region aus (der zweitwichtigste Industriezweig ist die Stahlerzeugung).

In der Vergangenheit waren die ständig steigende Nachfrage nach Kohle und Energie und die überdurchschnittlichen Löhne im Bergbau für den relativen Wohlstand der Region verantwortlich. In den vergangenen Jahren hat sich diese Situation jedoch geändert. Die Subventionen für die Kohleproduktion sind gekürzt worden; gegenwärtig arbeiten 20 von den insgesamt 83 Kohlengruben mit Verlusten. 1993 hat dieser Sektor insgesamt einen Nettoverlust von 15 Billionen PLZ (1,5 Mrd. PLN) und 1994 von 3,1 Billionen PLZ (300 Mio. PLN) verursacht. Ende 1995 betrug der Gesamtverlust des Kohlesektors 5 Mrd. PLN (ca. 2 Mrd. US-Dollar). Die Exportpreise sind weit niedriger als die Preise auf dem einheimischen Markt. Regierungsprogramme sehen für die kommenden Jahre die Schließung mehrerer unrentabler Minen, v.a. derjenigen mit weitgehend ausgebeuteten Kohlevorkommen, und eine schrittweise Reduktion (hauptsächlich über Pensionierungs- und Frühpensionierungsprogramme) der Zahl der Beschäftigten vor. Dieser Prozeß hat bereits begonnen. Die gesamte Beschäftigung im polnischen Kohlenbergbau hat sich von 1992 auf 1995 um 67.700 auf 272.700 verringert. Gegenwärtig betragen die Arbeitskosten ungefähr 50% der gesamten Kosten des Kohleabbaues.

Die Hauptphase der Restrukturierung des Kohlesektors (und ebenso des Stahlsektors) steht noch bevor. Diese wurde bisher sowohl aus ökonomischen als auch aus politischen Gründen zurückgestellt. Bis dato rangiert die Woiwodschaft Kattowitz unter den Regionen mit einem relativ niedrigen Niveau der Arbeitslosigkeit. Es wird allgemein angenommen, daß die oberschlesische Region auf lange Sicht vom Prozeß der ökonomischen Restrukturierung besonders betroffen sein wird. Die strukturelle Arbeitslosigkeit, die aus der bevorstehenden Einschränkung des Kohlenbergbaues und der Stahlerzeugung resultieren wird (eine Verringerung der Beschäftigung in den beiden Sektoren um 30% würde einen Nettoverlust von 150.000 Arbeitsplätzen implizieren), zusammen mit der sehr schweren Umweltzerstörung bilden die hauptsächlichen Probleme dieser Region. In Oberschlesien herrscht derzeit noch keine Krisensituation. Die Krise wird aber mit Sicherheit eintreten; ein Abwenden derselben erscheint als eine unlösbare Aufgabe (vgl. KLASIK u. KUŹNIK 1993; KLASIK u. MIKOŁAJEWICZ 1993).

5.4.3 Die Textilindustrie

Die Textil- und Bekleidungserzeugung, ein anderer wichtiger und in einem hohen Ausmaß exportorientierter Industriesektor in Polen, wurde bereits zu Beginn der gegenwärtigen Wirtschaftsreform schwer getroffen. Einer der wichtigsten und unmittelbaren Gründe war der Zusammenbruch der früheren UdSSR-Märkte, die traditionelle Absatzmärkte für in Polen erzeugte Textilien und Bekleidung darstellten. Dieser Wandel fiel mit der Liberalisierung des internationalen Handels und dem massiven Import von billigen Produkten aus dem Fernen Osten nach Polen zusammen. Gleichzeitig stiegen die Preise für die aus der früheren UdSSR importierte Baumwolle dramatisch. Im Gegenzug wurden polnische Qualitätsprodukte durch westeuropäische Importe von den heimischen Märkten verdrängt. Im Zeitraum 1989 bis 1992 verringerte sich die Produktion von (Baum-)Wollerzeugnissen um rund 67%.

Stadt und Region Łódź, eines der größten Zentren der Textil- und Bekleidungsherstellung in Europa, wurden besonders von diesen negativen Entwicklungen betroffen. Einige Anzeichen der herannahenden Krise erschienen bereits in den 80er Jahren, der Dekade einer generellen wirtschaftlichen Stagnation, als die Nachfrage nach Textilien und Konfektionsbekleidung auf dem heimischen Markt aufgrund der schrumpfenden Kaufkraft der Bevölkerung und des massiven Hereinströmens von Secondhandbekleidung aus den westlichen Staaten, einschließlich derer, die im Rahmen verschiedener Hilfsprogramme ins Land gebracht wurde, fiel. Investitionen in die Modernisierung der Industrie, im allgemeinen schon in den 80er Jahren sehr niedrig, wurden in der arbeitsintensiven Textil- und Bekleidungsindustrie, mit ihren niedrigen Lohnniveaus, noch geringer gehalten. Einige der Staatsbetriebe in Łódź haben in Erwartung zukünftiger Anstiege von Nachfrage und Output de facto überschüssige Arbeitskräfte „gehortet" (MARCZYŃSKA-WITCZAK 1993).

In Anbetracht all dieser Faktoren ist es nicht überraschend, daß die Anzeichen des wirtschaftlichen Rückgangs der frühen 90er Jahre zuerst Łódź erreicht und verheerende Ausmaße angenommen haben. Der Niedergang der Textilindustrie hat nämlich einen Rückgang anderer, komplementärer Industrien, im besonderen der Produktion von Maschinen und Ausrüstungsgütern für die Textilerzeugung sowie von synthetischen Fasern, mit sich gebracht, weiters waren von dem Rückgang auch verwandte chemische und mechanische Zweige betroffen.

Die ersten Freisetzungen von Arbeitskräften in der Industrie von Łódź fanden bereits Ende 1989 statt; Mitte des Jahres 1990 betraf dieses Phänomen bereits 180 Unternehmen und schloß fast 30.000 Arbeiter ein. Die Verringerung der Beschäftigung in der Industrie war anfangs viel langsamer als der Rückgang des verkauften Outputs. Im Jahr 1990 waren die entsprechenden Quoten –10,3% und –34,8%; 1991 –15,1% und –19,8%. Erst 1992 wurde das Verhältnis umgekehrt: –11,0% und –0,6% jeweils. Die Bruttogewinne jedoch blieben im Zeitraum 1989–1992 negativ (JEWTUCHOWICZ 1993). Die gesamte Arbeitslosenquote in Łódź stieg von 6% für Anfang 1991 auf 15% im Jahr 1992 und 20% zu Beginn des Jahres 1994.

Trotz dieses düsteren Bildes gibt es einige Anzeichen, die darauf hindeuten, daß im Falle von Łódź das Schlimmste bereits überstanden ist. Die Arbeitslosigkeit hat sich während des Jahres 1994 stabilisiert und auf 17,2% im März 1995 verringert. Obwohl eine Reihe von großen staatlichen Unternehmen entweder zusammengebrochen ist oder sich in verschiedenen Stadien des Liquidationsprozesses befindet, sind einige Unternehmen (insbesondere jene in der Bekleidungsherstellung) mit Erfolg privatisiert worden. Sie sind in der Lage gewesen, beträchtliche Segmente der heimischen Märkte zurückzugewinnen und haben auch langfristige Verträge der Auftragsfertigung für den Export erlangt. Der neue private Sektor hat kräftig expandiert, was sich in wachsenden Investitionen für Maschinen und andere Ausrüstung widerspiegelt. Der informelle Sektor in der Industrie von Łódź wird für besonders groß gehalten. Trotz anhaltend hoher offizieller Arbeitslosenquoten sind qualifizierte Arbeitskräfte für die Textil- und Bekleidungsbranche schwer anzuwerben. Ein hoher Anteil des teilweise unregistrierten grenzüberschreitenden Handels mit Textilien und Bekleidung basiert auf Erzeugnissen, die aus Łódź und den kleineren Städten in der Region stammen. Belebte Großhandelsdepots in der Umgebung von Łódź bezeugen diese Aktivitäten. Im ganzen genommen zeigt dieser wichtige städtische und industrielle Ballungsraum Zeichen der Anpassung an die Marktwirtschaft und scheint sich, in diesem Zusammenhang, in einem viel weiter fortgeschrittenen Stadium der Transformation zu befinden als der oberschlesische Industriedistrikt.

5.5 Traditionelles und neues Muster regionaler Disparitäten

5.5.1 Das traditionelle Muster

Die grundlegenden sozioökonomischen Unterschiede zwischen den einzelnen Regionen in Polen können bis zu den historischen Teilungen (1772–1918) zurückverfolgt werden, als das polnische Territorium unter den drei benachbarten Mächten Rußland, Preußen und Österreich aufgeteilt war. Während der Zwischenkriegszeit unternommene Versuche bezüglich wirtschaftlicher Integration und Regionalentwicklung waren nur Stückwerk, obwohl sie in manchen Fällen bemerkenswerte Resultate erbrachten wie die Errichtung von interregionalen Bahnverbindungen, die Herausbildung von COP, dem zentralen Industriedistrikt im Gebiet zwischen den Flüssen Weichsel und San, und die Erbauung der neuen Stadt und des Hafens von Gdynia/Gdingen. Neue regionale Trennungslinien traten als Folge des Zweiten Weltkrieges auf, als Resultat von großräumigen Verschiebungen der Grenzen des Staates, der Wanderungsbewegungen und der Zerstörungen durch den Krieg.

Während der „sozialistischen" Periode bildete die Verringerung der Disparitäten zwischen den Regionen eines der grundlegenden Entwicklungsziele. Die Effizienz räumlicher Konzentration wurde von der „sozialistischen" Wirtschaftstheorie nicht wirklich anerkannt. Statt dessen wurde das Konzept, alle verfügbaren menschlichen und materiellen Ressourcen in einer gleichen räumlichen Verteilung einzusetzen, verfolgt. Erst in den 70er Jahren wurde die Rolle von Agglomerationsökonomien „wiedererfunden"; die Raumordnungspolitik in Polen wurde gemäß dem Prinzip einer „gemäßigten polyzentrischen Konzentration" entworfen. Während früherer Perioden zielte die dominierende Industrialisierungspolitik auf eine extensive horizontale Entwicklung ab. Noch wichtiger waren in dieser Hinsicht einige der inhärenten Mechanismen des zentralen Planungssystems, die enorme Finanztransfers von den reicheren zu den ärmeren Regionen über Instrumente wie einheitliche Preise für Konsumgüter und standardisierte Lohnniveaus innerhalb der einzelnen Wirtschaftssektoren, Industriezweige und Berufsgruppen einschlossen.

Diese politischen Instrumente haben möglicherweise zu dem insgesamt geringen Tempo der ökonomischen Entwicklung in Polen von 1945 bis 1989 beigetragen, obwohl sie gleichzeitig eine beträchtliche Verringerung der interregionalen Disparitäten nach sich gezogen haben (vgl. OECD 1993). Tatsächlich sind die früheren sozialistischen Länder, im Vergleich zu marktwirtschaftlichen Ländern mit ähnlichem BIP pro Kopf, im allgemeinen auf der interregionalen Ebene durch geringere sozioökonomische Disparitäten gekennzeichnet (SZLACHTA 1993).

Die anhaltenden Unterschiede zwischen den Regionen waren, zumindest im Falle Polens, hauptsächlich mit dem Urbanisierungsgrad und der Verteilung der Zentren der Schwerindustrie verbunden. Nach allen relevanten Maßstäben und in allen Typologien, die die Niveaus von Wohlstand und Entwicklung zeigen, waren die Spitzenplätze vom oberschlesischen Industriedistrikt und von Warschau besetzt. Diese zwei Regionen wurden von den verbleibenden Großstadtregionen und von einigen der neuen Industrieregionen, insbesondere den Bergbaudistrikten (wie z.B. dem Kupferbergbaugebiet von Legnica-Głogów/Liegnitz-Glogau und dem Bezirk des Braunkohletagbergbaues von Bełchatów in der Woiwodschaft Piotrków/Petrikau), gefolgt. Die niedrigsten Niveaus der meisten Wohlstandsindikatoren wurden traditionellerweise für die nordöstlichen, östlichen und nordwestlichen Regionen ebenso wie für einige der Regionen in Zentralpolen, die zwischen Warschau und Łódź im Norden und zwischen Krakau und Kattowitz im Süden liegen, festgestellt.

5.5.2 Das „neue" Muster

Wie sieht die neue Wirtschaftsgeographie Polens nach mehr als einem halben Jahrzehnt marktwirtschaftlicher Umwandlungen aus? Sind neue, klar unterscheidbare Dimensionen etabliert worden, die die Muster von vor 1990 beträchtlich verändern? Haben die Disparitäten zwischen den Regionen in der Weise, wie dies erwartet wurde, deutlich zugenommen?

Aufgrund des kurzen Zeitintervalls, das seit der Einführung von umfassenden marktwirtschaftlichen Reformen vergangen ist, und wegen der Unvollständigkeit der verfügbaren statistischen Daten sind bis jetzt nur wenige breitere Studien fertiggestellt worden und eine begrenzte Anzahl von Verallgemeinerungen, die sich auf interregionale Muster des gegenwärtigen ökonomischen Wandels in Polen konzentrieren, versucht worden.

Eine dieser Studien, unterstützt von der Polnischen Entwicklungsbank, wurde vom Institut für Marktwirtschaftsforschung durchgeführt (DĄBROWSKI et al. 1994a). Im Rahmen dieses Projektes wurde eine „Karte des Investitionsrisikos" erstellt. Diese Karte basiert auf dem Potential des lokalen Marktes, dem Ausmaß des Eigentümerwechsels, der Qualität der institutionellen Geschäftsinfrastruktur, den natürlichen Umweltbedingungen, den Bedingungen des Arbeitsmarktes, der Qualität der technischen Infrastruktur und der Zugänglichkeit von wirtschaftsnahen Dienstleistungen. Offizielle statistische Daten, die Meinungen von Experten und die Ergebnisse einer Befragung wurden dazu verwendet, die Werte einzelner Variablen zu schätzen. Das daraus resultierende regionale Muster zeigt die Überlegenheit der wichtigsten Stadtregionen, die acht Spitzenplätze einer Rangordnung der 49 Woiwodschaften einnehmen. Der Indexwert für die Woiwodschaft Warschau beträgt fast das Doppelte des Wertes der zweitgereihten Woiwodschaft Kattowitz. Auf den unteren Rängen findet man die überwiegend ländlichen östlichen Regionen, zusammen mit einigen der mäßig urbanisierten und industrialisierten Woiwodschaften im zentralen Teil Polens (darunter Włocławek, Sieradz, Piotrków/Petrikau und Radom).

Eine jüngere Version der genannten Studie (DĄBROWSKI et al. 1994b, 1995) konzentriert sich auf Maßnahmen bezüglich des „Investitionsklimas" (im Gegensatz zu dem engeren Begriff des „Investitionsrisikos"), indem, zusammen mit den oben aufgelisteten Variablen, mehr Informationen über lokale Anreize für zukünftige Investoren, Kampagnen zur Förderung der Wirtschaft, neue Infrastrukturprojekte ebenso wie über die Einschätzung durch Touristen eingeschlossen werden. Diese spätere Rangordnung (Karte 5.14) weist ebenso auf die führende Rolle der wichtigsten Stadtregionen hin. Unter diesen Regionen sind die Positionen von Krakau, Łódź und Stettin beträchtlich höher als in dem früheren Muster. Im Vergleich zur vorhergehenden Rangordnung haben auch die südlichsten Gebirgsregionen von Bielsko-Biała und Nowy Sącz/Neusandez einen erheblichen Aufstieg vollzogen. Die am wenigsten attraktiven Regionen scheinen sich nun im nördlich-zentralen Teil Polens zu ballen. Es sollte hervorgehoben werden, daß die hauptsächlichen Unterschiede zwischen den beiden Mustern eher von der unterschiedlichen Methodologie herrühren als vom Einbeziehen jüngerer Daten.

Während die oben angeführte Untersuchung sich auf die räumliche Differenzierung des Entwicklungspotentials konzentriert, versucht der von der Zentralen Planungsbehörde (CENTRALNY URZĄD PLANOWANIA 1994) ausgearbeitete Bericht über Regionalpolitik die einzelnen Regionen auf Basis der bisher beobachteten „performance" zu klassifizieren. Fünf Typen von Regionen (vgl. dazu Karte 5.15) werden von den Autoren des Berichts herausgearbeitet:

1. Regionen, die eine führende Rolle in den Transformationsprozessen innehaben: Das schließt jene Woiwodschaften ein, die die großen städtischen Agglomerationen von Warschau, Posen, Krakau und Breslau/Wrocław umfassen, die hafenorientierten Agglomerationen von Danzig und Stettin sowie auch die Woiwodschaften von Bydgoszcz/Bromberg und Bielsko-Biała. Die Regionen in dieser Kategorie sind charakterisiert durch ein dichtes Netzwerk an Kontakten mit der Außenwelt, durch gut ausgebildete Arbeitskräfte, durch Unternehmergeist, ein gutes technisches und institutionelles Umfeld, ausreichend große Märkte für Konsumgüter und Dienste und durch gut entwickelte Einrichtungen von Forschung und höherer Ausbildung. Aufgrund einer differenzierten und funktionell ausbalancierten Wirtschaft sind diese Regionen in der Lage gewesen, sich gut an die Bedingungen der Marktwirtschaft anzupassen. Sie wa-

Karte 5.14: **Räumliche Unterschiede der Investitionsattraktivität in Polen**

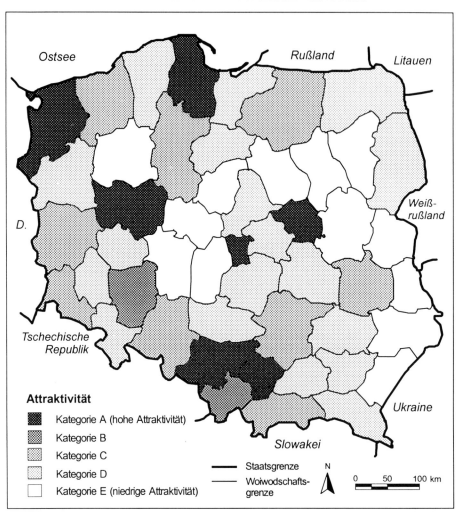

(Quelle: DĄBROWSKI et al. 1995) (Grafik: Georg C. Odehnal)

ren die ersten, die Büros von ausländischen Firmen, die ihre wirtschaftlichen Aktivitäten in Polen starteten, anzogen und sind erfolgreich zu Zielorten eines großen Teils der ausländischen Direktinvestitionen geworden. Dies wird begleitet und steht teilweise in Wechselbeziehung mit einem dynamischen Wachstum des einheimischen privaten Sektors, der in erster Linie von neuen privaten Firmen von kleiner und mittlerer Größe getragen wird. Deshalb bieten die örtlichen und regionalen Arbeitsmärkte in diesen Regionen eine Vielfalt an Arbeitsplätzen und zukünftigen Karrieren an. Die offiziellen Arbeitslosenquoten sind niedrig.

Regionale Muster der Transition: Polen 227

Karte 5.15: **Regionale Typologie Polens nach vier Jahren der Transformation**

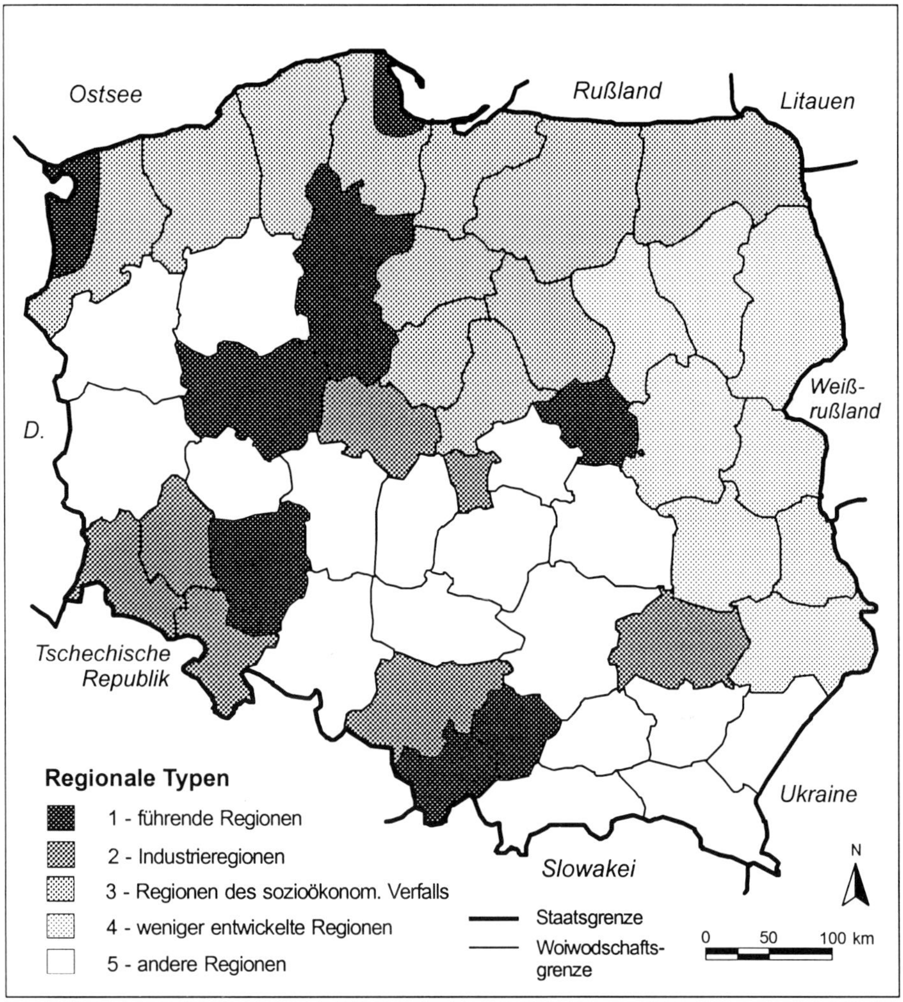

Regionale Typen
- 1 - führende Regionen
- 2 - Industrieregionen
- 3 - Regionen des sozioökonom. Verfalls
- 4 - weniger entwickelte Regionen
- 5 - andere Regionen

Staatsgrenze
Woiwodschaftsgrenze

(Quelle: CENTRALNY URZĄD PLANOWANIA 1994) (Grafik: Georg C. Odehnal)

2. Die alten Industrieregionen, im besonderen die Woiwodschaften Kattowitz (oberschlesischer Industriedistrikt), Łódź und Wałbrzych/Waldenburg (in den Sudeten): Im Verein mit der Dominanz des Bergbaues und der weiterverarbeitenden Industrie sind diese Regionen durch eine Unterentwicklung des tertiären Sektors gekennzeichnet. Die Industriestruktur ist allgemein einseitig, mit einem hohen Anteil von traditionellen, rohstofforientierten Industrien. Dies wird von einem hohen Ausmaß an Umweltzerstörung begleitet. Die Aussichten auf eine rasche Transformation der lokalen Wirtschaft sind beschränkt. Die Woiwodschaften Łódź und Wałbrzych/Waldenburg sind früh von einer hohen strukturellen Arbeitslosigkeit betroffen gewesen. Ver-

schiedene andere Regionen, einschließlich der Woiwodschaften von Jelenia Góra, Konin, Legnica/Liegnitz und Tarnobrzeg, weisen eine Anzahl von ähnlichen Charakteristika (d.h. die Dominanz von traditionellen und am Abbau von mineralischen Rohstoffen orientierten Industriezweigen, Umweltverschmutzung) auf, obwohl das Ausmaß der Probleme hier beträchtlich geringer ist als im Fall der drei oben angesprochenen Regionen.

3. Regionen des sozioökonomischen Verfalls: Diese schließen mit Elbląg/Elbing, Koszalin/Köslin, Olsztyn/Allenstein, Słupsk/Stolp und Suwałki den nördlichen Gürtel von Woiwodschaften ebenso ein wie periphere Teile der Woiwodschaften von Danzig und Stettin. Dieser Teil Polens ist von einer tiefen wirtschaftlichen Krise und der Schrumpfung der lokalen Wirtschaft betroffen. Das dort am stärksten ausgeprägte Problem ist der Niedergang der staatlichen Landwirtschaft und die daraus resultierende hohe Arbeitslosigkeit. Die industrielle Basis von örtlichen Kleinstädten und Städten ist ebenfalls schwer untergraben worden, obwohl es auch Fälle einer erfolgreichen Restrukturierung und Erweiterung von einzelnen großen Unternehmen gibt. Diese Zone eines allgemeinen wirtschaftlichen Niederganges dehnt sich in Richtung auf den zentralen Teil Polens (Toruń/Thorn, Włocławek, Piła/Schneidemühl und Ciechanów) aus.

4. Traditionell schwächer entwickelte Regionen des östlichen und nordöstlichen Polen: Das sind vorwiegend landwirtschaftliche Regionen, die durch niedrige sozioökonomische Entwicklungsniveaus, eine ungenügende technische und soziale Infrastruktur und relativ niedrige Qualifikationen der örtlichen Arbeitskräfte gekennzeichnet sind. Der neue Privatsektor in diesen Regionen ist eher schwach und instabil. Der Zustrom ausländischer Investitionen ist bis jetzt unbedeutend gewesen. Der größte lokale Aktivposten, eine sehr attraktive und unverschmutzte natürliche Umgebung, muß noch als möglicher Faktor des Wirtschaftswachstums genutzt werden.

5. Die verbleibenden Regionen, in denen die wirtschaftlichen Umwandlungen vorangekommen sind, wenn auch mit einer Reihe von Schwierigkeiten: Es handelt sich um typische mäßig industrialisierte Regionen in den südlichen und westlichen Teilen Polens, die durch eine differenzierte lokale Wirtschaft (einschließlich von Industrie und privater Landwirtschaft) gekennzeichnet sind, obwohl sie einen Mangel an modernen Diensten und Defizite in gewissen Bereichen der Infrastruktur aufweisen. Die Zukunft dieser Regionen mag (in einem größeren Ausmaß als die der anderen Typen von Regionen) mit dem allgemeinen Erfolg oder Mißerfolg der ökonomischen Umwandlung in Polen insgesamt verknüpft sein.

Wie aus dieser kurzen Übersicht entnommen werden kann, betrifft der wichtigste Punkt der Debatte die Plazierung der zwei alten Industrieregionen von Łódź und Oberschlesien auf der neuen Wirtschaftskarte von Polen. Obwohl sie von einer Reihe von schweren strukturellen Problemen betroffen sind, werden diese großen Konurbationen von zukünftigen Investoren keineswegs aufgegeben und werden vielfach für fähig gehalten, sich auf längere Sicht an die Herausforderungen der Marktwirtschaft anzupassen. Dieser Art sind z.B. die Schlußfolgerungen eines jüngeren OECD-Berichts (1993), der sich auf die reichen menschlichen Ressourcen der zwei Regionen bezieht – die Facharbeiter und das unternehmerische Talent. In dieser Weise interpretiert, mag die neue Wirtschaftskarte Polens sogar noch stärker auf die Interdependenz zwischen Urbanisierung und Entwicklung hinweisen, indem die wachsende räumliche Polarisierung zwischen großen Stadtregionen, die die ökonomische und soziale Transformation durchlaufen, und den weniger urbanisierten peripheren Regionen, die typisch monofunktionell und nur mangelhaft mit technischer Infrastruktur und modernen Diensten ausgestattet sind, betont wird.

Unter neuerlicher Bezugnahme auf die am Beginn dieses Abschnitts aufgelisteten Fragen kann klar festgestellt werden, daß die Transition in Richtung auf die Marktwirtschaft eine beträchtliche Verstärkung der regionalen Disparitäten in Polen mit sich gebracht hat. Deren Ausmaß, das möglicherweise immer noch niedriger ist als in einigen anderen relativ schwach entwickelten europäischen Staaten, ist in bezug auf Arbeitslosigkeit und Entwicklung des Privatsektors auf 1 zu 4 sowie hinsichtlich des BIP pro Kopf auf 1 zu 2,5 geschätzt worden (SZLACHTA 1993).

Andererseits haben die marktwirtschaftlichen Umwandlungen bis jetzt nicht in einer starken Veränderung des früheren interregionalen sozioökonomischen Musters resultiert. Statt dessen scheint die Stadt-Land-Dichotomie (tatsächlich Großstadt-Land-Dichotomie) verstärkt worden zu sein. Die beiden wichtigsten Veränderungen, die über die letzten wenigen Jahre hinweg stattgefunden haben, umfassen den Fall der Position der oberschlesischen Region (von der zweifelsohne stärksten Wirtschaftsregion zu einem unteren mittleren Rang unter den wichtigsten städtischen Regionen)[72] ebenso wie den allgemeinen wirtschaftlichen Rückgang in den meisten nördlichen und nördlich-zentralen Regionen Polens, die in der Vergangenheit beinahe durchschnittliche, wenn nicht überdurchschnittliche Entwicklungsniveaus aufwiesen.

Einige von den allgemeinen Annahmen über jene Regionen, von denen angenommen wird, daß sie die Transformationsprozesse anführen oder sogar (potentielle) „Wachstumslokomotiven" sind, müssen kritisch überprüft werden. Zu allererst scheint die Rolle von Warschau und seine Überlegenheit über die anderen Regionen allgemein überbetont zu sein. Es muß erst nachgewiesen werden, ob das große Marktpotential der Stadt in erster Linie von der Effizienz der städtischen Wirtschaft herrührt oder ob es in einem beträchtlichen Ausmaß die finanziellen Transfers von anderen Regionen ebenso wie das spezifische Muster der Verteilung von zentral zugeteilten Ressourcen widerspiegelt. Die Warschauer Industrieunternehmen haben sich in Wahrheit eher schlecht an die Marktbedingungen angepaßt, und ein großer Teil der Arbeitsplätze in der Produktion ist im Verlauf des Transitionsprozesses verlorengegangen.

Ein anderer Faktor, der eine gewisse Schwäche Warschaus als Wachstumspol der nationalen wirtschaftlichen Entwicklung nahelegt, ist die Lage der Stadt inmitten von weniger entwickelten Regionen, die durch geringe Raten der wirtschaftlichen Umwandlung und durch hohe Arbeitslosigkeit gekennzeichnet sind.

---

[72] Z. RYKIEL (1995) schreibt die beobachtete Verschiebung des wirtschaftlichen Schwerpunktes Polens von der Region Oberschlesien-Krakau zur Hauptstadtregion Warschau dem (in der Transitionsphase) verringerten Stellenwert der Schwerindustrie und der wachsenden Bedeutung der Nähe zu den Entscheidungszentren zu.

Zweitens gibt es, im Gegensatz zu verbreiteten Ansichten, keine Anzeichen für die Herausbildung eines West-Ost-Entwicklungsgradienten in Polen analog zu dem in Ungarn beobachteten (CSÉFALVAY, FASSMANN u. ROHN 1993). Die peripheren Regionen in Westpolen sind nicht viel besser entwickelt als ihre Gegenstücke im östlichen Teil des Landes. Das Muster der ökonomischen Entwicklungen und Markttransformationen ist räumlich unzusammenhängend und mosaikhaft. Wachstumsinseln neigen dazu, entlang der zentralen Achse in Nord-Süd-Richtung verteilt zu sein, die von Danzig-Gdynia/Gdingen im Norden nach Posen und Warschau im Zentrum und weiter nach Krakau, Opole/Oppeln und Bielsko-Biała im Süden verläuft.

5.6 Demographische Aspekte des regionalen Wandels

5.6.1 Nationale Trends der Bevölkerungsentwicklung

Demographische Trends gehören auf nationaler und regionaler Ebene zu den wichtigsten Faktoren des sozialen und ökonomischen Wandels. Die Nachfrage nach Wohnungen, schulischen Einrichtungen und medizinischen Diensten, die Rate des Eintritts in den Arbeitsmarkt und in den Ruhestand, die Sparneigung sowie die Gründung und Verteilung von Pensionsfonds sind alle mit vergangenen, gegenwärtigen und zukünftigen Mustern der Bevölkerungsentwicklung verknüpft.

Polen hat während der vier vergangenen Dekaden starke Fluktuationen der demographischen Entwicklung erfahren. Der Rückgang der Geburtenraten während der 60er Jahre, nach dem nachkriegszeitlichen kompensatorischen Babyboom der 50er Jahre, war – anders als in den meisten Staaten in Europa – gefolgt von einer weiteren Periode eines hohen natürlichen Wachstums während der 70er und frühen 80er Jahre. Während der 70er Jahre wirkte sich die Entwicklung der Altersstruktur der Bevölkerung günstig auf ein beschleunigtes demographisches Wachstum aus. Die große in den 50er Jahren geborene Kohorte wurde in den 70er Jahren zur Elterngeneration, was in einem Anstieg der Geburtenraten wie auch der Ziffern der Binnenmigration resultierte. Daher erhielt das Wachstum der Städte einen neuen Impuls.

Der eher unerwartete Gipfel bei den Geburtenraten, der in den frühen 80er Jahren eintrat, ist von deren dramatischen Rückgang seit 1984 gefolgt worden. Die Zahl der im Jahr 1994 registrierten Lebendgeburten betrug nur mehr 481.000. Das ist die geringste Zahl seit 1946. Weil das Niveau der Sterblichkeit stabil (und eher hoch – 10,0 pro 1.000 der Bevölkerung) geblieben ist, betrug das natürliche Wachstum nur 94.900 oder 2,5% im Jahr 1994.

Der beobachtete Abwärtstrend der natürlichen Wachstumsraten in den vergangenen Jahren ist verknüpft mit der Altersstruktur der Bevölkerung (was ungefähr ein Drittel der Varianz erklärt), aber in erster Linie mit einem Rückgang des Fruchtbarkeitsniveaus. Seit 1989 hat die Nettoreproduktionsrate für die gesamte Bevölkerung Polens weniger als 1,0 (0,858 für 1994) betragen, was einen langfristigen Bevölkerungsrückgang bedeutet. Im Fall der städtischen Bevölkerung sind die Werte der Nettoreproduktionsrate bereits in den frühen 60er Jahren unter 1,0 gefallen, für 1994 war der entsprechende Wert 0,742 – ein den meisten europäischen Staaten ähnliches Niveau. Nichtsdestoweniger liegt der Wert der Nettoreproduktionsrate für die ländliche Bevölkerung mit 1,048 für 1994 noch immer über dem Landesdurchschnitt.

Die Variationen bei Geburten- und Sterblichkeitsraten und die Altersstruktur der Bevölkerung machen demographische Projektionen für Polen sehr schwierig. So differieren die Ergebnisse der neuesten Projektionen beträchtlich von jenen, die Mitte der 80er Jahre vorgenommen wurden. Nur in einer von einer Serie von fünf verschiedenen Bevölkerungsprojektionen des Komitees für Demographische Wissenschaften (HOLZER 1990) wurde für die Zukunft eine schnelle Verringerung der Fruchtbarkeitsraten auf das Niveau der westeuropäischen Staaten in den 80er Jahren angenommen. Umgekehrt sahen einige Szenarios eine Fortsetzung von Werten der Nettoreproduktionsrate über 1,0 vor. Die projektierten Gesamtzahlen der Bevölkerung für das Jahr 2000 reichten von 39,7 bis 40,2 Mio., verglichen mit der 1988 gezählten Bevölkerung von 37,9 Mio.

Nach einer aktuelleren Projektion des Zentralen Statistischen Amtes (GŁÓWNY URZĄD STATYSTYCZNY 1991) wird die Gesamtbevölkerung Polens lediglich 39,5 Mio. im Jahr 2000 und 41,0 Mio. im Jahr 2010 erreichen. Das schließt ein mittleres jährliches Wachstum von 0,3% während der 90er Jahre ein, verglichen mit 0,6% in den 80er Jahren. Eine derartige Wachstumsrate erfordert jedoch, daß die Geburtenraten Ende der 90er Jahre tatsächlich höher sind als die in den Jahren 1991 bis 1994 festgestellten. Daher kann man annehmen, daß die nächste Runde der offiziellen demographischen Projektionen die zu erwartende Gesamtbevölkerung für das Jahr 2000 mit rund 39,1 Mio. annehmen wird.

Die demographischen Projektionen sind durch die Mangelhaftigkeit der Daten über internationale Migration eingeschränkt. Die Projektionen des Komitees für Demographische Wissenschaften haben einen jährlichen Nettomigrationsverlust von 20.000 und die aktuelleren Projektionen des Zentralen Statistischen Amtes einen Nettomigrationsverlust von 30.000 pro Jahr angenommen. Beide Zahlen sind unrealistisch niedrig. Der Bevölkerungszensus von 1988 schließt Daten über ungefähr eine halbe Million Menschen ein, die sich zur Zeit der Volkszählung im Ausland aufhielten. Es stellte sich heraus, daß ein großer Teil davon de facto Emigranten sind. Wird dies einmal offiziell anerkannt, dann muß die Gesamtzahl der Wohnbevölkerung Polens dementsprechend verkleinert werden. 1988 und 1989 überschritt der negative internationale Wanderungssaldo den natürlichen Bevölkerungszuwachs. Es ist möglich, daß die Zahl für die Gesamtbevölkerung seit Mitte der 80er Jahre ungefähr konstant geblieben ist.

An dieser Stelle mag man schlußfolgern, daß Polen – angesichts eines fortgesetzten, wenn auch sich rasch verringernden Überhanges der Geburten über die Todesfälle – immer noch durch ein demographisches Wachstum gekennzeichnet ist. Wie in den vergangenen Jahren beobachtet, scheint ein derartiges Wachstumsniveau jedoch kaum ausreichend, die negative internationale Migrationsbilanz auszugleichen. Obwohl ein erneuter Anstieg der Geburtenraten immer noch vorstellbar ist, ist es wahrscheinlich, daß dies ein kurzfristiges Phänomen ist. Diese Schlußfolgerungen haben auf lange Sicht wichtige Implikationen hinsichtlich der Arbeitsmarkt- und Migrationspolitik.

Aus der Perspektive von einer oder zwei Dekaden betrifft die Frage der Alterung der Gesellschaft dann auch Polen.

Gegenwärtig (1994) ist der Anteil der Kinder (Altersgruppe 0–14 Jahre) an der Gesamtbevölkerung Polens relativ hoch (23,1%), während der Anteil der Älteren (65 Jahre und darüber) immer noch relativ gering ist (10,9%). Zum Vergleich: Für Deutschland betragen die entsprechenden Zahlen etwa 16% und 15%. Die Probleme der Alterung der Bevölkerung werden für Polen um das Jahr 2010 herum kritisch werden, wenn die Babyboom-Generation der Nachkriegszeit das Pensionsalter erreicht.

Abbildung 5.1: **Zahl der Geburten in Polen (1946–1994)**

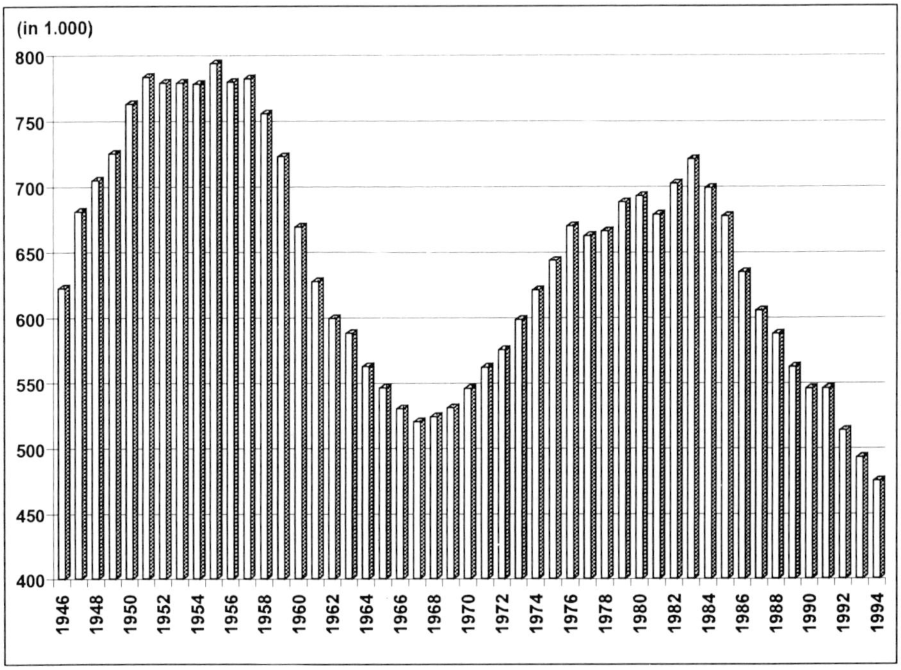

(Quelle: GUS 1994b) (Grafik: Georg C. Odehnal)

Gemäß der Prognose des Zentralen Statistischen Amtes (GŁÓWNY URZĄD STATYSTYCZNY 1991) wird der Anteil der Altersgruppe 0–14 an der Gesamtbevölkerung Polens auf 21,4% zurückgehen, während der Anteil der Altersgruppe von 65 Jahren und darüber ungefähr auf dem Niveau von 1992 bleiben wird. Große Verschiebungen werden innerhalb der Kategorie von 15 bis 59 Jahren vor sich gehen, die sich auf 68% der Gesamtbevölkerung ausdehnen wird. Heute setzt sich die Bevölkerung im erwerbsfähigen Alter, die gemäß den polnischen Arbeitsmarktstatistiken als zwischen 18 und 59 Jahre für Frauen und zwischen 18 und 64 Jahre für Männer definiert ist, aus den zwischen 1932 und 1978 Geborenen zusammen. Diese Kategorie schließt sowohl die sehr schmalen Kohorten der während des Zweiten Weltkriegs Geborenen als auch die sehr große Babyboom-Generation der 50er Jahre ein. Während der kommenden Jahre werden sich die (immer größeren) in den späten 70er Jahren geborenen Kohorten in das erwerbsfähige Alter bewegen (vgl. Abbildung 5.1). Bis zum Jahr 2005 werden die beiden Wellen, die die zwei Perioden eines starken Bevölkerungswachstums widerspiegeln (in den 50er und von den späten 70er bis zu den frühen 80er Jahren), in diese Kategorie eingeschlossen sein.

Eine derartige Situation, d.h. ein hoher Anteil der Gesamtbevölkerung in der Gruppe des erwerbsfähigen Alters, beschrieben im Sinne einer niedrigen Rate an abhängiger Bevölkerung, ist sehr günstig zu einer Zeit wirtschaftlicher Expansion und einer hohen Nachfrage nach Arbeitskräften. Eine umgekehrte Situation, obwohl diese starken Druck auf den öffentlichen Haushalt (sowohl schulische und medizinische Dienste als auch Alterspensionen) ausübt, wird im allgemeinen in Perioden wirtschaftlicher Rezession und hoher Arbeitslosigkeit bevorzugt. Beide Aspekte, im besonderen der letztere, sind heute in Polen von besonderer Bedeutung und werden es in Zukunft auch bleiben.

Die demographischen Trends für die nächsten Dekaden sind gut vorhersehbar, solange man sich mit den bereits geborenen Kohorten befaßt. Die Bevölkerung im erwerbsfähigen Alter wird nämlich um 1,5 Mio. (auf 23,5 Mio.) bis zum Jahr 2000 ansteigen (im Vergleich zum Status quo 1990) und um weitere 900.000 zwischen 2000 und 2005. Von 2005 bis 2010 wird die Größe dieser Bevölkerungskategorie stagnieren; nach dem Jahr 2010 wird diese zu schrumpfen beginnen, sowohl in relativer als auch in absoluter Form. Viel früher jedoch, nämlich in den späten 90er Jahren, wird die große Bevölkerungskohorte, die sich nun in der Alterskategorie von 9 bis 19 Jahren befindet, beginnen, in das Beschäftigungssystem einzutreten, und sie wird damit die angespannte Wirtschafts- und Sozialpolitik weiter herausfordern.

5.6.2 Regionaldemographische Muster

Die höchsten Raten des natürlichen Bevölkerungswachstums in Polen sind in den südöstlichen und nordöstlichen Regionen zu finden und ebenso im Nordwesten, im letzteren Fall eher als Konsequenz einer günstigen Altersstruktur der Bevölkerung als einer hohen Fertilität. Die Regionen mit den niedrigsten Geburtenraten sind in Zentralpolen gelegen. Diese Regionen, im besonderen der Gürtel von Woiwodschaften, der sich von Warschau und Łódź nach Oberschlesien ausdehnt, zeigen die höchsten Sterblichkeitsraten, eine Konsequenz der Altersstruktur der Bevölkerung (die die starke Auswanderung in der Vergangenheit reflektiert) und auch der schweren Umweltprobleme. Warschau und Łódź sind die einzigen zwei Woiwodschaften in Polen, die in den frühen 90er Jahren durch einen Überhang der Todesfälle über die Geburten gekennzeichnet sind.

Unterschiede bezüglich der Fruchtbarkeitsniveaus zwischen ländlichen und städtischen Räumen, die traditionell sehr beträchtlich waren, haben sich über die Zeit hinweg verringert. Zur Illustration: 1980 repräsentierte die Nettoreproduktionsrate für die städtische Bevölkerung (0,910) 66,5% der Nettoreproduktionsrate für die ländliche Bevölkerung (1,368). 1994 betrug die entsprechende Proportion 70,8% (0,742 bzw. 1,048). Nachdem die ländliche Bevölkerung für einen kleiner werdenden Teil des

Ganzen verantwortlich ist (41,5% für 1980, 38,1% für 1994), deutet dieser Trend in Richtung einer Konvergenz der Fertilitätsindikatoren auf eine weitere Reduktion des natürlichen Bevölkerungswachstums in Polen hin.

Binnenmigration, mit der vorherrschenden Bewegungsrichtung von ländlichen zu städtischen Räumen, hatte den Effekt, das regional unterschiedliche Bevölkerungswachstum auszugleichen. Während der 70er Jahre war die Intensität der interregionalen Wanderungsströme (25 bis 30 pro 1.000 und Jahr) hoch. Sie förderte die räumliche Bevölkerungskonzentration. Der rasche Rückgang der Binnenmigration während der 80er und frühen 90er Jahre (auf 11,4 pro 1.000 im Jahr 1994) hat zu einer Dekonzentration der Bevölkerung geführt: Die Ströme von den schwächer urbanisierten Regionen zu den städtischen und industriellen Agglomerationen sind nicht mehr ausreichend, um die höheren Raten des natürlichen Bevölkerungswachstums der erstgenannten Regionen auszugleichen.

Dieser Wandel spiegelt sich in den Ergebnissen einer Serie von multiregionalen Bevölkerungsprojektionen, die auf gesammelten Daten für 1978, 1983 und 1988 basieren, wider (KORCELLI 1992). Die bis zum Jahr 2003 projektierten Gesamtzahlen für die Bevölkerung der Woiwodschaft Kattowitz (der Region mit den höchsten internen Nettowanderungsgewinnen) verringerten sich z.B. von 4.945.000 (Projektion auf Basis der Daten von 1978) über 4.736.000 (Daten von 1983) auf 4.452.000 (Daten von 1988). Im Fall der Woiwodschaft Warschau waren die entsprechenden Zahlen 2.814.000, 2.614.000 und 2.512.000. Während der Unterschied zwischen den Projektionen auf Basis der Daten von 1983 bzw. 1988 sowohl einen Rückgang der Migration als auch ein Sinken der Raten des natürlichen Wachstums reflektiert, waren die niedrigeren Schätzungen für 1983, wenn man sie mit den auf den Daten von 1978 basierenden vergleicht, ausschließlich den stark fallenden Raten der Binnenmigration zuzuschreiben.

In den jüngsten regionalen Bevölkerungsprojektionen (GŁÓWNY URZĄD STATYSTYCZNY 1991) wird für die Zukunft eine weitere, wenn auch geringe Verringerung der Bevölkerungsbewegung von den ländlichen zu den städtischen Räumen angenommen. Die Ergebnisse manifestieren sich in einem Muster der räumlichen Dekonzentration der Bevölkerung (Karte 5.16). Die wichtigen verstädterten Regionen von Oberschlesien, Krakau, Warschau und Łódź zeigen alle für das Jahr 2005 relative (wenn nicht absolute) Bevölkerungsverluste. Andererseits sind einige der traditionellen Abwanderungsgebiete an der Peripherie durch die – auf nationaler Ebene – höchsten projektierten Raten des Bevölkerungswachstums charakterisiert.

Obwohl Karte 5.16 die zukünftigen Auswirkungen von beobachteten, fest etablierten interregionalen demographischen Veränderungen in Polen zeigt, sollte diese nicht als eine umfassende Bevölkerungsvoraussage interpretiert werden. Es gibt vielfältige Gründe, für die späten 90er Jahre einen Wendepunkt im Sinne eines erneuten Anstiegs der räumlichen Bevölkerungsmobilität zu erwarten.

Die Verringerung der Binnenmigration, die während der 80er Jahre festgestellt wurde, kann sowohl demographischen wie auch ökonomischen Faktoren zugeschrieben werden. Die Mobilitätsneigung ist eine stark altersabhängige Variable, deren höchste Werte der Altersgruppe von 20 bis 29 Jahren entsprechen. Daher schließt der

Regionale Muster der Transition: Polen   235

Prozeß der Alterung der Bevölkerung typischerweise eine Verringerung des Volumens und der Rate der Migration ein. In den 80er Jahren war die Bevölkerungsgruppe im Alter von 20 bis 29 Jahren relativ schwach vertreten, da diese die Periode niedriger Geburtenraten in den 60er Jahren widerspiegelte. Umgekehrt werden in den späten 90er Jahren die geburtenstarken Jahrgänge der in den 80er Jahren Geborenen eine neue Welle der Migration auslösen, die zuerst 1997/98 sichtbar werden wird. Das heißt mit anderen Worten, daß der Gipfel der Geburtenraten, der in Polen in der Zeitspanne von 1975 bis 1985 auftrat, ziemlich sicher zwischen 1995 und 2005 einen Niederschlag in der räumlichen Mobilität finden wird.

Karte 5.16: **Prognose der Bevölkerungsveränderung 1990–2005 in Polen nach Woiwodschaften**

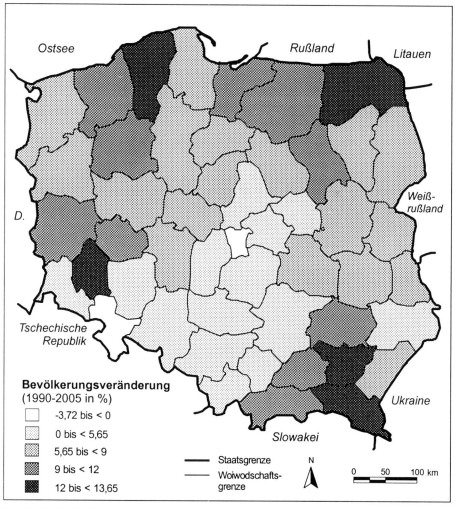

(Quelle: GUS 1994b)   (Grafik: Georg C. Odehnal)

Betrachtet man die Rolle der ökonomischen Faktoren der Binnenmigration, kann man für die Zukunft ebenfalls mit einer verstärkten Mobilität rechnen. Die relativ großen Migrationsströme während der 70er Jahre waren eine Folge der im allgemeinen hohen Investitionen in der Schwerindustrie und in den auf mineralischen Rohstoffen basierenden Sektoren. Dies war von einem extensiven, für die sozialistische Wirtschaft typischen Einsatz der Produktionsfaktoren (einschließlich der Arbeitskräfte) begleitet. Der nachfolgende Rückgang der Binnenmigration um etwa 40% während der 80er Jahre war durch die generelle sozioökonomische und politische Krise bedingt. Während die ersten Jahre der Transformation zur Marktwirtschaft einen weiteren Rückgang der räumlichen Mobilität der Bevölkerung mit sich gebracht haben, sollte dieser Trend aufgrund der bevorstehenden Restrukturierung des Landwirtschaftssektors (der immer noch mehr als 20% der gesamten Arbeitskräfte beschäftigt) und als eine Konsequenz einiger Anpassungen in der Hierarchie der Städte, die mit dem Schrumpfen von industriellen Funktionen in vielen Städten verknüpft sind, sowie der zukünftigen Reform der räumlichen administrativen Einheiten in der nahen Zukunft unterbrochen werden.

Im allgemeinen sollte das Muster von zukünftigen Migrationsgewinnen und -verlusten mit dem räumlichen Muster von ökonomischem Wachstum und Rückgang übereinstimmen. In der Praxis jedoch mag es viele Ausnahmen von dieser Regel geben. Die Zuwanderung in die großen Städte wird durch die Wohnungsknappheit und die hohen Wohnungskosten an den potentiellen Zielorten gehemmt. Ebenso führen sozialstaatliche Einrichtungen (z.B. Arbeitslosenversicherung) dazu, daß Menschen in bestimmten Gebieten bleiben, obwohl sie dort nur recht beschränkte Chancen besitzen. Wie von einer Reihe von Autoren gezeigt wurde (vgl. z.B. CORDEY-HAYES 1975), korreliert hohe Arbeitslosigkeit nicht mit hoher Mobilität der Bevölkerung.

Zieht man diese Einschränkungen in Betracht, kann man für die nächsten zehn Jahre noch immer eine „Ausdünnung" der ländlichen Bevölkerung in den meisten Teilen Polens erwarten, dies insbesondere in den östlichen Regionen. Dieser Trend würde ein Wachstum des Zuwanderungspotentials einiger lokaler Städte, aber insbesondere der wesentlichen Städte in der östlichen Hälfte Polens, einschließlich von Warschau, Krakau, Lublin und Białystok, bedeuten. Im Fall der Klein- und Mittelstädte im ganzen Land ist die wahrscheinliche Entwicklung eine Polarisierung in die Kategorien von Gewinnern und Verlierern. Diejenigen urbanen Orte, die stark von einzelnen großen Industrieunternehmen abhängig gewesen sind, werden definitiv zu den Verlierern zählen. Als Ganzes genommen, werden Städte auf den mittleren Ebenen der städtischen Hierarchie möglicherweise Migranten gegenüber den großen Städten und städtischen Agglomerationen verlieren. Die zukünftige administrative Reform kann diesen Prozeß sogar beschleunigen. Geplant ist die Schaffung von 10 bis 14 großen Woiwodschaften anstelle der 49 bisher bestehenden. Diese Reform könnte zusätzliche Wachstumsimpulse für die Regionalhauptstädte schaffen. Die kleineren subregionalen Zentren könnten einige ihrer professionellen und intellektuellen Eliten an die großen Städte verlieren.

Anders als in der Vergangenheit wird jedoch die Größe einer Stadt oder Stadtregion nicht mehr deren positive Migrationsbilanz sicherstellen. Der bemerkenswerteste Fall in dieser Hinsicht ist die oberschlesische Konurbation, die traditionell aus dem ganzen Land die größte Zahl an Migranten angezogen hat. Aufgrund der persistenten ökonomischen Probleme und der Umweltsituation kann das betreffende Gebiet vor dem Ende der 90er Jahre einen merkbaren Nettomigrationsverlust erfahren. Die Situation der Stadt Łódź mag ähnlich sein, im besonderen weil ihr traditionelles Hinterland der Migration in Zentralpolen bereits weitgehend entvölkert worden ist.

5.7 Internationale Migration: Trends und Zukunftsaussichten

Polen erfuhr in den 80er Jahren eine große Welle der Emigration. Deren Gipfel trat 1988/89, nach der vollständigen Liberalisierung der Paßbestimmungen, ein. Es wird geschätzt, daß mehr als eine Million Menschen während dieser Dekade emigriert ist, hauptsächlich nach Deutschland (etwa 60%), in die Vereinigten Staaten (15 bis 20%) und nach Kanada. Obwohl politische Faktoren üblicherweise als Hauptgrund für die Emigration angeführt worden sind, traten einige Autoren vehement dafür ein, daß die hauptsächliche Bewegung ökonomischer Natur war, zumindest auf der individuellen Ebene. Diejenigen, die Polen während dieser Periode verlassen haben, stammten überdurchschnittlich oft aus den gebildeten Schichten mit mittlerem Einkommen. Ihre Entscheidungen repräsentierten eher ein Verhalten einer aufwärts gerichteten Mobilität als eine „Überlebensstrategie".

Die Auswanderungswelle der 80er Jahre fiel mit der letzten Krise der zentral geplanten Wirtschaft zusammen. Investitionen, Industriebeschäftigung und Wohnbau folgten einem Abwärtstrend. Das gleiche betraf (wie bereits oben angeführt) die Raten der Binnenmigration. Man könnte behaupten, daß die Emigration bis zu einem gewissen Grad Land-Stadt- und innerstädtische Wanderungsbewegungen ersetzte (vgl. KORCELLI 1994). Das mag jedoch als nur ein Faktor betrachtet werden, da die größten Ströme von Emigranten ihren Ursprung in den wichtigsten urbanen Agglomerationen hatten.

Seit 1990 ist die Auswanderung aus Polen substantiell zurückgegangen und hat ebenso ihren Charakter geändert. Aufgrund der größeren Bewegungsfreiheit (visafreie Abkommen wurden mit allen westeuropäischen Staaten abgeschlossen) sowie aufgrund der Einstellung der zentralen Register von Zu- und Abwanderung sind nur wenige Fakten betreffend den gegenwärtigen Charakter und die Ausdehnung internationaler Migration bekannt. Trends, die relativ gut dokumentiert sind (auch wenn sie auf verschiedenen Quellen basieren), schließen folgendes ein: Während erstens die wichtigsten Ursprungsorte der Migration in den 80er Jahren räumlich konzentriert waren (Schlesien), sahen die frühen 90er Jahre eine räumliche Diffusion des Prozesses in Richtung Zentral- und Ostpolen. Zweitens stammen die Migranten in steigendem Ausmaß aus Kleinstädten und ländlichen Gebieten und weniger aus den großen städtischen Zentren. Drittens hat die Migration von halbausgebildeten und ungelernten Kräften zugenommen, während der Anteil von Studenten und Hochschulabsolventen unter den Migranten zurückgegangen ist. Viertens hat sich die Migration von einer in erster Linie als permanent (d.h. definitiv) geplanten zu einer v.a. temporären und zirkulierenden Migration gewandelt.

Aufgrund historischer Faktoren sind verschiedene Regionen in Polen mit verschiedenen Staaten (und Städten) als Migrationsziel verbunden. Die charakteristischsten Fälle sind die Migration aus den Regionen Oberschlesien und Opole/Oppeln (fast zur Gänze) nach Westdeutschland, die Wanderungsbewegung aus der Region Podhale (in den Ausläufern der Hohen Tatra) in die Vereinigten Staaten (im besonderen Chicago) und die Migration aus der Region Białystok nach Belgien und Italien.

In den frühen 90er Jahren hat Polen auch einiges an Zuwanderung erlebt, hauptsächlich aus den Staaten der früheren Sowjetunion und aus Südostasien. Die diesbezüglichen Zahlen sind sehr klein (20.000 bis 30.000), aber das Ausmaß von temporärer und zirkulierender Wanderungsbewegung, im besonderen aus dem russischen Sprachraum (aber auch aus Vietnam), ist sehr hoch. Während ausländische „Handelstouristen" eine Alltäglichkeit darstellen, sind nun illegale ausländische Arbeiter ebenso ein beachtenswertes Phänomen. Diese mögen tatsächlich erste Anzeichen der herannahenden Probleme sein. Ein anderes potentielles Problem ist die in Aussicht stehende Repatriierung von Polen und von Menschen mit polnischem ethnischem Hintergrund aus den Staaten der früheren Sowjetunion. Jüngste Versuche einer Rücksiedelung der polnischen Gemeinschaft von Kasachstan (die auf 100.000 Menschen geschätzt wird) haben den Mangel an einer einschlägigen Gesetzgebung und Defizite der politischen Verarbeitung aufgezeigt.

Geht man zum Thema der potentiellen zukünftigen Emigration aus Polen zurück, so muß einmal mehr der Stellenwert demographischer Faktoren betont werden. Der Eintritt von etwa 2,3 Mio. jungen Menschen in den Arbeitsmarkt während der nächsten 15 Jahre wird einen Effekt der Verstärkung von beschäftigungsrelevanten Fragen haben. Diese jungen Menschen werden mit lokal beschränkten Beschäftigungsmöglichkeiten konfrontiert sein und mit Erwerbschancen in städtischen Zentren und Regionen, in denen die ökonomische Umstrukturierung Erfolg hat. Die Anziehungskraft jener Zentren und Regionen wird teilweise durch den mangelnden Wohnbau und die hohen Mietkosten für Wohnungen ausgeglichen werden.

Für jene, die darauf vorbereitet sind, einen Wechsel vorzunehmen, wird die Migration ins Ausland, von kurzer oder langer Dauer, weiter eine Alternative darstellen. Das trifft insbesondere auf halbausgebildete Personen zu, typischerweise mit einer sekundären beruflichen Ausbildung, die oft (und v.a. aufgrund des Rückgangs der Industrie) ihren Arbeitsplatz verlieren und keinen qualifikationsadäquaten neuen Arbeitsplatz finden. Im Fall der Gutausgebildeten und der Fachleute mag die Arbeitsmarktsituation in Polen vergleichsweise vorteilhafter sein. Anders als in der Vergangenheit könnten diese nur dann bereit sein, Arbeit im Ausland anzunehmen, solange diese nicht weit unter ihrem Ausbildungsniveau liegt und wenn selbige einen beruflichen Aufstieg einschließt.

Bei der Formulierung derartiger Trends muß die erwartete zukünftige Nachfrage nach ausländischen Arbeitskräften in Westeuropa ebenso berücksichtigt werden wie migrationspolitische Maßnahmen. Zieht man alle diese Faktoren in Betracht, kann man Migration (kurz- oder mittelfristige einschließlich der durch offizielle bilaterale Abkommen abgedeckten) nicht als Allheilmittel für Polens gegenwärtige und zukünftige Beschäftigungsprobleme betrachten. Letztere müssen in erster Linie durch die

Förderung von Investitionen und die Schaffung von Arbeitsplätzen in Polen bekämpft werden.

Aus der Perspektive der Arbeitskräfte empfangenden Staaten sollte Polen unter keinen Umständen als Land mit einem wachsenden demographischen Impuls und einem unbegrenzten Angebot an potentiellen Migranten gesehen werden. Der Gipfel der Auswanderung aus Polen ist teilweise überschritten.

Die Gesamtbevölkerung Polens wächst noch immer, wenn auch mit einer rasch abnehmenden Rate. Gemäß jüngsten Projektionen wird sich dieses Wachstum bis um das Jahr 2018 fortsetzen, wobei die Gesamtzahl 40,6 bis 40,8 Mio. (verglichen mit den gegenwärtigen 38,5 Mio.) erreichen kann und anschließend zu schrumpfen beginnen wird. Zu diesem Zeitpunkt kann die Wirtschaft in Polen bereits einer Knappheit an Arbeitskräften gegenüberstehen.

Bevor dies eintritt, wird die Migration ins Ausland sicherlich weiter einen wesentlichen Aspekt des Lebens repräsentieren und eine direkte Erfahrung für große Segmente der polnischen Gesellschaft sein. Die Art dieser Wanderungsbewegung wird sich jedoch entwickeln; die Balance zwischen „outflow" und „inflow" wird ausgeglichener werden. Man sollte hoffen, daß sich die Möglichkeiten der Binnenmigration erweitern, um so den größeren Teil des Mobilitätspotentials der zahlenmäßig bedeutenden Generation der 70er Jahre zu absorbieren.

5.8 Zusammenfassung

Nach der politischen Wende und der Einführung von Marktreformen steht Polen im siebenten Jahr der marktwirtschaftlichen Entwicklung. Eine starke Expansion des privaten Sektors, wachsende Exporte, die Nachfrage auf dem einheimischen Markt und die Investitionen haben seit 1993 ansehnliche Raten des BIP-Wachstums geschaffen. Obwohl noch immer sehr hoch, haben sich Inflation und Arbeitslosigkeit in jüngster Vergangenheit verringert.

Die politische, soziale und wirtschaftliche Umwandlung wird von wachsenden inter- und intraregionalen Disparitäten begleitet. Die großen urbanen Regionen konnten sich als erste an die neuen Marktbedingungen anpassen. Umgekehrt sind der Niedergang der staatlichen Landwirtschaft und die akute Krise gewisser Industriezweige (v.a. der Textilindustrie) für das Entstehen neuer Krisenregionen im nördlichen Polen, der Region von Łódź und in den Ausläufern der Sudeten verantwortlich. Darüber hinaus ist eine Reihe von Mittel- und Kleinstädten mit dem Niedergang der lokalen Industrie und damit mit der Erosion ihrer wirtschaftlichen Basis konfrontiert. Längerfristig werden Oberschlesien mit der starken Konzentration von Kohle- und Stahlindustrie sowie die überwiegend ländlichen und durch landwirtschaftliche Kleinbetriebe gekennzeichneten südöstlichen und östlichen Regionen die größte Herausforderung für die nationale und regionale Wirtschafts- und Sozialpolitik darstellen. Dennoch sind für die Zukunft keine starken Verschiebungen zwischen den Regionen zu erwarten. Aufgrund von ökonomischen wie demographischen Faktoren wird die Binnenmigration in den späten 90er Jahren sicherlich ansteigen, jedoch wahrscheinlich kein hohes

Ausmaß erreichen. Die internationale Migration wird weiterhin ein wichtiges Phänomen bleiben. Die Auswanderung wird jedoch zunehmend durch die Zuwanderung ausgeglichen werden. Das Siedlungssystem Polens wird höchstwahrscheinlich seine grundlegenden Merkmale wie eine polyzentrische Struktur und ein beträchtliches Ausmaß an räumlicher Ausgeglichenheit bewahren.

5.9 Summary

Seven years following the political turnaround and the introduction of market reforms, Poland is now on the road towards economic development. A vigorous expansion of the private sector, raising exports, domestic demand and investments have generated sizeable rates of GDP growth since 1993. Inflation and unemployment, though still very high, have been decreasing recently.

The political, social and economic transformation has been accompanied by increasing interregional and intraregional disparities. Large, multifunctional urban regions have been the first to find adjustments to the new market conditions. Conversely, the demise of state-owned farming and the acute crisis in certain branches of industry (the case of textiles) have been responsible for the emergence of new problem regions in northern Poland, as well as in areas such as the region of Łódź, and the Sudets foothills. Also, a number of middle-sized and small towns throughout the country have faced a decline of their local industries and hence an erosion of their economic base. In a longer time perspective, the Upper Silesia with its high concentration of coal and steel industries, as well as the southeastern and eastern regions, mainly rural and dominated by small farm holdings, represent the most difficult challenge to national and regional economic and social policies. Still, one should not foresee radical interregional shifts to occur in the future. Internal migration will certainly increase in the late 1990s, owing to both economic and demographic factors, but it is not likely to reach a massive scale. International migration will continue to be an important phenomenon, although the emigration will become increasingly balanced by immigration. The settlement system of Poland will most probably retain its basic properties, such as polycentricity and a fair degree of spatial balance.

Bibliographie

1. STATISTISCHE QUELLEN UND KARTEN

GŁÓWNY URZĄD STATYSTYCZNY (GUS) (Hg.), 1990. Rocznik statystyczny województw, 1990 (Statistisches Jahrbuch der Woiwodschaften 1990). Warschau.

GUS (Hg.), 1991. Prognoza ludności Polski według województw na lata 1990–2010 (Bevölkerungsprognosen für Polen nach Woiwodschaften 1990–2010). Warschau.

GUS (Hg.), 1994a. Zatrudnienie w gospodarce narodowej, 1994 (Beschäftigung in der nationalen Ökonomie 1994). Warschau.

GUS (Hg.), 1994b. Rocznik statystyczny demografii, 1994 (Statistisches Jahrbuch der Demographie 1994). Warschau.
GUS (Hg.), 1994c. Rocznik statystyczny województw, 1994 (Statistisches Jahrbuch der Woiwodschaften 1994). Warschau.
GUS (Hg.), 1995a. Aktywność ekonomiczna ludności Polski, luty 1995 (Wirtschaftliche Aktivität der polnischen Bevölkerung, Februar 1995). Warschau.
GUS (Hg.), 1995b. Bezrobocie rejestrowane w Polsce, I–IV kwartał 1994 (Registrierte Arbeitslosigkeit in Polen, 1.–4. Quartal 1994). Warschau.
GUS (Hg.), 1995c. Bezrobocie rejestrowane w Polsce, I kwartał 1995 (Registrierte Arbeitslosigkeit in Polen, 1. Quartal 1995). Warschau.
GUS (Hg.), 1995d. Rocznik statystyczny demografii, 1995 (Statistisches Jahrbuch der Demographie 1995). Warschau.
GUS (Hg.), 1995e. Rocznik statystyczny województw, 1995 (Statistisches Jahrbuch der Woiwodschaften 1995). Warschau.
GUS (Hg.), 1996a. Bezrobocie rejestrowane w Polsce, I kwartał 1996 (Registrierte Arbeitslosigkeit in Polen, 1. Quartal 1996). Warschau.
GUS (Hg.), 1996b. Zmiany strukturalne grup podmiotów, gospodarki narodowej, w i półroczu 1996 R (Strukturelle Veränderungen in der nationalen Ökonomie nach Themengruppen, 1. Halbjahr 1996). Warschau.
GUS (Hg.), 1996c. Zatrudnienie w gospodarce narodowej, w 1995 R (Beschäftigung in der nationalen Ökonomie 1995). Warschau.

2. ALLGEMEINE LITERATUR

CENTRALNY URZĄD PLANOWANIA (Hg.), 1994. Raport o polityce regionalnej – diagnoza (Bericht über die Regionalpolitik – eine Diagnose). Warschau.
CENTRALNY URZĄD PLANOWANIA (Hg.), 1995. Procesy zróżnicowań regionalnych w latach 1990–1994 (Prozesse der regionalen Differenzierung 1990–1994). Warschau.
CHOJNICKI, Z. u. T. CZYŻ, 1992. The regional structure of the standard of living in Poland. Geographia Polonica 59: 95–110.
CORDEY-HAYES, M., 1975. Migration and the dynamics of multiregional population systems. Environment and Planning A 7: 793–844.
CSÉFALVAY, Z., H. FASSMANN u. W. ROHN, 1993. Regionalstruktur im Wandel – das Beispiel Ungarn. ISR-Forschungsbericht 11. Wien.
DĄBROWSKI, J. M. et al., 1994a. Mapa ryzyka inwestycyjnego (Karte des Investitionsrisikos). Rzeczpospolita 40 (3689).
DĄBROWSKI, J. M. et al., 1994b. Dokąd popłynie kapitał? (Wohin wird das Kapital fließen?). Rzeczpospolita 209 (3858).
DĄBROWSKI, J. M. et al., 1995. Ciągle atrakcyjni, nadal ryzykowni (Weiter attraktiv, immer noch riskant). Rzeczpospolita 76 (4029).
FLORCZAK, W. u. W. WELFE, 1994. Czy dalszy wzrost jest możliwy? (Ist zukünftiges Wachstum möglich?). Rzeczpospolita 67 (3716).
FLORCZAK, W. u. W. WELFE, 1995. Ekspansja przemysłowa i równomierny wzrost (Industrielle Expansion und stabiles Wachstum). Rzeczpospolita 68 (4021).
FRYDMAN, R. u. A. RAPACZYŃSKI, 1993. Privatization in Eastern Europe. Is the state withering away? Newsletter (C.V. Starr Center for Applied Economics) 11: 1–6.

GAŁKA, C. et al., 1994. Aktywność zawodowa i bezrobocie w Polsce (Berufliche Aktivität und Arbeitslosigkeit in Polen). Główny Urząd Statystyczny, Warschau.

GŁOWACKI, J. (Hg.), 1993. Polska w okresie przemian, 1989–1993 (Polen in der Zeit der Veränderungen, 1989–1993). Biuro Studiów i Ekspertyz, Kancelaria Sejmu, Warschau.

HOLZER, J. Z., 1990. Perspektywy demograficzne Polski do roku 2030 (Demographische Perspektiven für Polen bis 2030). Monografie i Opracowania 300. Szkoła Główna Planowania i Statystyki, Warschau.

JEWTUCHOWICZ, A. (Hg.), 1993. Rozwój lokalny i regionalny w okresie transformacji gospodarki polskiej (Lokale und regionale Entwicklung in der Phase der Transformation der polnischen Volkswirtschaft). Uniwersytet Łódzki, Łódź.

KLASIK, A. u. F. KUŹNIK, 1993. Strategie restrukturyzacji starych regionów przemysłowych na przykładzie aglomeracji katowickiej (Restrukturierungsstrategien für alte Industrieregionen: der Fall der Agglomeration Kattowitz). In: A. JEWTUCHOWICZ (Hg.). Rozwój lokalny i regionalny w okresie transformacji gospodarki polskiej. Uniwersytet Łódzki, Łódź: 43–54.

KLASIK, A. u. Z. MIKOŁAJEWICZ (Hg.), 1993. Społeczno-gospodarcze i przestrzenne problemy Górnośląskiego Okręgu Przemysłowego i Śląska Opolskiego (Sozioökonomische und räumliche Aspekte des oberschlesischen Industriebezirkes und der schlesischen Region Opole). Biuletyn 162, Komitet Przestrzennego Zagospodarowania Kraju PAN. Warschau.

KOŁODKO, G.W., 1994. Strategia dla Polski (Eine Strategie für Polen). Poltext, Warschau.

KOŁODZIEJSKI, J. u. T. PARTEKA, 1993. Główne kierunki restrukturyzacji Polskiego Regionu Bałtyckiego (Hauptrichtlinien für die Restrukturierung der polnischen Baltenregion). In: A. JEWTUCHOWICZ (Hg.). Rozwój lokalny i regionalny w okresie transformacji gospodarki polskiej. Uniwersytet Łódzki, Łódź: 161–170.

KORCELLI, P., 1992. Polish urban systems in the 1990s: demographic and economic aspects. Conference Papers (IGiPZ PAN) 16: 35–45.

KORCELLI, P., 1994. On interrelations between internal and international migration. Innovation 7, 2: 151–163

KRYŃSKA, E., 1993. Bezrobocie a segmentacja rynku pracy (Arbeitslosigkeit und Segmentierung des Arbeitsmarktes). Główny Urząd Statystyczny, Warschau.

MARCZYŃSKA-WITCZAK, E., 1993. Przestrzenne i strukturalne aspekty Łódzkiego rynku pracy (Räumliche und strukturelle Aspekte des Arbeitsmarktes von Łódź). In: J. PARYSEK (Hg.). Krajowy, regionalne i lokalne rynki pracy w Polsce na początku lat 1990-tych. Biuletyn KPZK PAN 161. Warschau: 63–80.

MARSZAŁEK, A., 1994. 340 bln zł poza ewidencją (340 Billionen PLZ außerhalb des Rechnungswesens). Rzeczpospolita 90 (3793).

MINISTERSTWO PRZEKSZTAŁCEŃ WŁASNOŚCIOWYCH, 1995. Dynamika przekształceń własnościowych (Dynamik der Privatisierung) 25. MPW, Warschau.

MISZTAL, S., 1993. Regionalne zróżnicowanie procesu prywatyzacji przemysłu w Polsce (Regionale Differenzierung der Privatisierung der Industrie in Polen). Przegląd Geograficzny 65: 255–277.

OECD (Hg.), 1993. Problemy polityki rozwoju regionalnego w Polsce (Regionale Entwicklungsprobleme und -politik in Polen). OECD, Sorbog, Warschau.

PARYSEK, J. (Hg.), 1993. Krajowy, regionalne i lokalne rynki pracy w Polsce na początku lat 1990-tych (Nationale, regionale und lokale Arbeitsmärkte in Polen während der frühen 90er Jahre). Biuletyn KPZK PAN 161. Warschau.

PETZ, B., 1993. Prywatyzacja przedsiębiorstw państwowych w Polsce (Privatisierung von staatlichen Unternehmen in Polen). In: J. GŁOWACKI (Hg.). Polska w okresie przemian, 1989–1993. Biuro Studiów i Ekspertyz, Kancelaria Sejmu: 35–46.

POLSKA AGENCJA INWESTYCJI ZAGRANICZNYCH, 1995. Lista ważniejszych inwestorów zagranicznych w Polsce, II kwartał 1995 (Verzeichnis der wichtigsten ausländischen Investoren in Polen, 2. Quartal 1995). PAIZ, Warschau.

RYKIEL, Z., 1995. Polish core and periphery under economic transformation. Geographia Polonica 66: 111–124.

RZECZPOSPOLITA 1994, Nr. 94 u. 109.

SZLACHTA, J., 1993. Rozwój regionalny Polski w warunkach transformacji gospodarczej (Regionalentwicklung während der Phase der ökonomischen Transformation in Polen). Z. 35. Fundacja im. Friedricha Eberta w Polsce, Warschau.

TOCZYNSKI, W., 1993. Transformacja i strategiczne kierunki rozwoju w Makroregionie Północnym (Transformation und Richtlinien der strategischen Entwicklung in der nördlichen Makroregion). In: A. JEWTUCHOWICZ (Hg.). Rozwój lokalny i regionalny w okresie transformacji gospodarki polskiej. Uniwersytet Łódzki, Łódź: 117–138.

TRUSEWICZ, J., 1994. Skutki minionej gigantomanii. Co zostało z największego PGR-u? (Konsequenzen der früheren Gigantomanie. Was blieb von der größten Staatsfarm übrig?). Rzeczpospolita 192 (3841).

UNGER, B., 1994. Survey Poland. The Economist, 16. 4. 1994 (Beilage): 1–22.

ZIENKOWSKI, L., 1994. Produkt krajowu brutto i dochody ludności według województw w 1992 r. (BIP und persönliches Einkommen nach Woiwodschaften 1992). Zakład Badań Społeczno-Ekonomicznych GUS i PAN, Warschau.

Verzeichnis der Karten

Karte 1.1: Makroökonomische Indikatoren (1994)	22
Karte 1.2: Regionalisierung der Transformationsphänomene	25
Karte 2.1: Aufgliederung der Gebietsverwaltung (1920, 1927, 1949)	40
Karte 2.2: Aufgliederung der Gebietsverwaltung (1960)	41
Karte 2.3: Lokalisierung ausgewählter Städte	42
Karte 2.4: Arbeitslosenquote nach Bezirken der Tschechischen Republik (31. 12. 1996)	53
Karte 2.5: Neubegonnener Wohnbau (1991–1995)	57
Karte 2.6: Gebiete mit kritischer Umweltqualität	68
Karte 2.7: Bevölkerungsentwicklung (1991–1995)	70
Karte 2.8: Migrationssaldo in Tschechien nach Bezirken (1991–1995)	72
Karte 2.9: Potentielle Migrationsströme in den Bezirken (1991–1995)	73
Karte 2.10: Wirtschaftliche Problemregionen in der Tschechischen Republik (1995)	75
Karte 2.11: Regionales Potential in den Bezirken der Tschechischen Republik (eigene Schätzung)	76
Karte 3.1: Verwaltungsgliederung der Slowakei nach Bezirken (1995)	85
Karte 3.2: Die neue Verwaltungsgliederung nach Kreisen und Bezirken in der Slowakei (seit Juli 1996)	86
Karte 3.3: Industrieproduktion nach Bezirken in der Slowakei in Mio. SKK (1994)	88
Karte 3.4: Anteile der Bezirke am BIP in der Slowakei in % (1995)	97
Karte 3.5: Direkte Auslandsinvestitionen nach Bezirken in der Slowakei (Stand 31. 12. 1995)	104
Karte 3.6: Beschäftigte in der Industrie und Landwirtschaft nach Bezirken (nur Betriebe mit über 25 Beschäftigten; 31. 12. 1995)	110
Karte 3.7: Arbeitslosenquote nach Bezirken in der Slowakei (Stand 31. 12. 1995)	114
Karte 3.8: Arbeitslosenquote nach Bezirken in der Slowakei, Index 1991/1995	115
Karte 3.9: Durchschnittlicher Monatslohn nach Bezirken in der Slowakei (1995)	118
Karte 3.10: Ungarische Bevölkerung in der Slowakei (März 1991)	120
Karte 3.11: Die Zahl der Roma pro 1.000 Einwohner in der Slowakei (1989)	121
Karte 3.12: Vitalitätsindex und Populationstyp in der Slowakei (1991)	127
Karte 3.13: Charakteristik ausgewählter Bezirke in der Slowakei nach ihrem Transformationspotential	130
Karte 4.1: Gliederung Ungarns nach Komitaten und Großregionen (1993)	147
Karte 4.2: Bruttoregionalprodukt pro Kopf (1994)	149
Karte 4.3: GesmbHs und Selbständige pro 1.000 Einwohner (1995)	150
Karte 4.4: Joint-ventures und ausländisches Kapital in Joint-ventures pro 1.000 Einwohner (1995)	152
Karte 4.5: Ausländisches Kapital in privatisierten Betrieben pro 1.000 Einwohner (1994)	156
Karte 4.6: Arbeitslosigkeit in Ungarn (1996)	162
Karte 4.7: Steuerpflichtiges Einkommen und Deviseneinlagen pro Einwohner (1994)	166

Karte 4.8: Bevölkerungszu- und -abnahme in Ungarn bis zum Jahr 2020 178
Karte 5.1: Administrative Gliederung Polens in 49 Woiwodschaften 194
Karte 5.2: Bevölkerungsverteilung nach ländlichem und urbanem Status in Polen (1994) 195
Karte 5.3: Verteilung der Aktiengesellschaften in staatlichem Besitz (31. 3. 1994) 197
Karte 5.4: Verteilung der an der Warschauer Börse notierenden Unternehmen (31. 7. 1995) 198
Karte 5.5: Zahl der privaten Firmen pro 1.000 Einwohner (1996) 199
Karte 5.6: Anteil des Privatsektors an der Gesamtbeschäftigung in Polen (1996) 200
Karte 5.7: Verteilung der Joint-ventures in Polen (1996) 204
Karte 5.8: Investitionen von Asea-Brown-Boveri in Polen 205
Karte 5.9: Investitionen von Coca-Cola in Polen 206
Karte 5.10: Arbeitslosenquoten nach Woiwodschaften (1993–1996) 212
Karte 5.11: Verteilung der Luftverschmutzung in Polen 1993 – Staub und Gase 216
Karte 5.12: Anteil des staatlichen Sektors an der landwirtschaftlichen Gesamtfläche in Polen (1988) 218
Karte 5.13: Anteil des öffentlichen Sektors an der landwirtschaftlichen Gesamtfläche in Polen (1996) 219
Karte 5.14: Räumliche Unterschiede der Investitionsattraktivität in Polen 226
Karte 5.15: Regionale Typologie Polens nach vier Jahren der Transformation 227
Karte 5.16: Prognose der Bevölkerungsveränderung 1990–2005 in Polen nach Woiwodschaften 235

Verzeichnis der Abbildungen

Abbildung 1.1: Drei-Phasen-Modell der Transformation 16
Abbildung 1.2: Transformationsmaßnahmen und Transformationsphänomene 19
Abbildung 1.3: Transformationsphänomene nach Siedlungseinheiten 26
Abbildung 1.4: Transformationsphänomene in den Grenzräumen 31
Abbildung 2.1: Entwicklung der Arbeitslosenquote in der ČR (1991–1996) 52
Abbildung 3.1: Produktion und Eigentumsstruktur in der Slowakei in SKK (in t) (1995) 101
Abbildung 3.2: Beschäftigte nach ausgewählten Wirtschaftsklassen und Sektoren (1995) 108
Abbildung 3.3: Entwicklung des Verbraucherpreisindex März 1994 bis Februar 1995 117
Abbildung 4.1: Beschäftigung in Ungarn nach Wirtschaftssektoren (1990–1994) 159
Abbildung 4.2: Anstieg und Strukturveränderung der Arbeitslosigkeit in Ungarn (1990–1996) 161
Abbildung 4.3: Einkommensverteilung in Ungarn (1982/1992) 164
Abbildung 4.4: Profil der Einflußfaktoren der regionalen Polarisierung Ungarns (1993) 176
Abbildung 5.1: Zahl der Geburten in Polen (1946–1994) 232

Verzeichnisse 247

Verzeichnis der Tabellen

Tabelle 2.1: Privatisierung in der Tschechischen Republik nach Wirtschaftszweigen
(Stand 30. 6. 1994) 43
Tabelle 2.2: Struktur der Beschäftigung in der Tschechischen Republik nach Sektoren
1990–1995 (Jahresdurchschnitt) 49
Tabelle 2.3: Anzahl und Struktur der in der Tschechischen Republik in Bau gegangenen
Wohnungen (1990–1996) 56
Tabelle 3.1: Slowakei – makroökonomische Indikatoren (1990–1995) 91
Tabelle 3.2: Wandel der Eigentümerstruktur in der Wirtschaft der Slowakei (1991–1995)
nach ausgewählten Rechts- und Eigentumsformen 100
Tabelle 3.3: Struktur der Landwirtschaft nach der Rechtsform (Stand 1. 2. 1994) 102
Tabelle 3.4: Direkte Auslandsinvestitionen nach ausgewählten Wirtschaftsklassen
in der Slowakei (31. 12. 1994/1995) 105
Tabelle 3.5: Beschäftigte nach Wirtschaftsabteilungen zum 31. 12. d. J. (in Tausend) 107
Tabelle 3.6: Unternehmen in der Slowakei nach Eigentumsformen und Größe
(März 1996) 109
Tabelle 3.7: Prognose der Entwicklung der Altersstruktur der Bevölkerung
(ohne Migration/in absoluten Zahlen) 126
Tabelle 3.8: Bevölkerungszuwachs zwischen 1991 und 2000 126
Tabelle 4.1: Makroökonomische Indikatoren Ungarns (1990–1995) 143
Tabelle 4.2: Entwicklung der Zahl der Wirtschaftsorganisationen in Ungarn (1989–1995) 148
Tabelle 4.3: „Direkte" arbeitsmarktpolitische Maßnahmen in Ungarn nach Personen
(1992–1995) 169
Tabelle 4.4: Charakteristika der neuen Unternehmen der Autoindustrie in Ungarn (1993) 172
Tabelle 5.1: Die 35 größten ausländischen Investoren in Polen (Juni 1995) 202
Tabelle 5.2: Beschäftigungsstruktur in Polen (1989/1993) 208
Tabelle 5.3: Beschäftigung in der Industrie nach Woiwodschaften (1989/1995) 210
Tabelle 5.4: Rangordnung der Woiwodschaften nach ausgewählten Indikatoren des
Lebensstandards (1980–1994) 214

Die Autoren

Alois Andrle, geb. 1933 in Sušice (Tschechische Republik); Studium der Wirtschaftsgeographie an der Karlsuniversität in Prag; 1976 RNDr., 1985 CSc., seit 1992 Universitätsdozent für Regionalentwicklung und Raumplanung an der Naturwissenschaftlichen Fakultät in Prag. Direktor und stellvertretender Vorsitzender des TERPLAN A.G. und Präsident der Forschungsgesellschaft für das Wohnungswesen in der Tschechischen Republik. Forschungsschwerpunkte: Demographie, sozioökonomische Aspekte der Raumplanung, Wohnungspolitik, Siedlungspolitik, Urbanisierung.

Zoltán Cséfalvay, geb. 1958 in Máriakálnok (Ungarn); Studium der Geographie und Geschichte an der Lajos-Kossuth-Universität in Debrecen; 1986 Doktorat aus Geographie, 1995 PhD; 1991–1994 persönlicher Berater des Gouverneurs der Ungarischen Nationalbank in Budapest; 1995–1997 Humboldt-Stipendiat am Institut für Geographie der Universität Heidelberg. Forschungsschwerpunkte: räumliche, soziale und ökonomische Phänomene der Umstrukturierung in Ostmitteleuropa, Regionalpolitik und Stadtforschung.

Jaroslav Dupal, geb. 1924 in Hovorany (Tschechische Republik); Studium der Ökonomie der Landwirtschaft an der Karlsuniversität in Prag; seit 1963 Universitätsdozent an der Hochschule für Landwirtschaft, seit 1972 Mitarbeiter des TERPLAN A.G. Forschungsschwerpunkte: Regionalentwicklung und Wohnbaupolitik.

Heinz Fassmann, geb. 1955 in Düsseldorf; Studium der Geographie und Geschichte; 1980 Promotion, 1992 Habilitation, seit 1996 Universitätsprofessor für Angewandte Geographie an der Technischen Universität München. Forschungsschwerpunkte: Migration, Arbeitsmarkt, Stadtentwicklung, Geoinformatik.

Piotr Korcelli, geb. 1939; Professor und Direktor des Instituts für Geographie und räumliche Organisation der Polnischen Akademie der Wissenschaften; Forschungsschwerpunkte: Stadtentwicklung, Bevölkerungsprognosen, Regionalökonomie und Regionalplanung.

Vera Mayer, geb. 1950 in Jeseník (Tschechische Republik); Studium der Kunstgeschichte und Volkskunde an der Karlsuniversität in Prag; 1977 Promotion, 1982 Nostrifikation - Universität Wien, zwischen 1986 und 1992 Mitarbeiterin des Instituts für Gegenwartsvolkskunde der ÖAW, seit 1993 Mitarbeiterin des Instituts für Stadt- und Regionalforschung der ÖAW in Wien. Forschungsschwerpunkte: Regionalforschung, regionale Innovationspotentiale, Bau- und Wohnkultur, ethnische Minderheiten.

Walter Rohn, geb. 1957 in Korneuburg; Doktoratsstudium der Politik- und Kommunikationswissenschaften an der Universität Wien; seit 1988 wissenschaftlicher Mitarbeiter am Institut für Stadt- und Regionalforschung. Forschungsschwerpunkte: Transition in Ostmitteleuropa, regionale Innovationspotentiale und innovative Netzwerke (Agglomeration Wien).

Beiträge zur Stadt- und Regionalforschung

Verlag der Österreichischen Akademie der Wissenschaften

bis Band 10 herausgegeben von **Elisabeth Lichtenberger**

Band 8   Elisabeth LICHTENBERGER, Heinz FASSMANN und Dietlinde MÜHLGASSNER
Stadtentwicklung und dynamische Faktorialökologie
1987, 262 S., 39 Tab., 39 Fig., 39 Tab., 18 Karten

Band 9   Elisabeth LICHTENBERGER (Hg.)
Österreich – Raum und Gesellschaft zu Beginn des 3. Jahrtausends. Prognosen, Modellrechnungen und Szenarien
1989, 276 S., 57 Tab., 2 Fig., 32 Karten

Band 10   Elisabeth LICHTENBERGER
Stadtverfall und Stadterneuerung
1990, 270 S., 12 Tab., 23 Fig., 19 Karten im Text, 1 Faltkarte beigelegt

ab Band 11 herausgegeben von **Heinz Fassmann**

Band 11   Heinz FASSMANN
Arbeitsmarktsegmentation und Berufslaufbahnen. Ein Beitrag zur Arbeitsmarktgeographie Österreichs
1993, 320 S., 33 Tab., 51 Abb., 15 Kartogramme

Band 12   Elisabeth LICHTENBERGER, Zoltán CSÉFALVAY und Michaela PAAL
Stadtverfall und Stadterneuerung in Budapest
1994, 162 S., 13 Tab., 14 Abb., 1 Farb-Ausfaltkarte, 14 Karten im Text, 8 Phototafeln

Band 13   Ulrike RICHTER
Geographie der Arbeitslosigkeit in Österreich. Theoretische Grundlagen – Empirische Befunde
1994, 280 S., 36 Tab., 37 Abb., 16 Karten

Band 14   FESTSCHRIFT
Elisabeth Lichtenberger. Gelebte Interdisziplinarität
1995, 487 S., 35 Tab., 74 Fig., 8 Karten, 6 Bilder, 12 Tafeln

ISR-Forschungsberichte

Heft 1 Zoltán CSÉFALVAY und Walter ROHN (1991)
Der Weg des ungarischen Arbeitsmarktes in die duale Ökonomie

Heft 2 Elisabeth LICHTENBERGER (Hg.) (1991)
Die Zukunft von Ostmitteleuropa. Vom Plan zum Markt

Heft 3 Marlies SCHULZ (1991)
Der Tauschwohnungsmarkt in der zentralistischen Planwirtschaft – Das Beispiel von Ostberlin

Heft 4 Helga SCHMIDT (1991)
Die metropolitane Region Leipzig – Erbe der sozialistischen Planwirtschaft und Zukunftschancen

Heft 5 Hugo PENZ (1992)
Entwicklungsstruktur und Zukunft von ländlicher Siedlung und Landwirtschaft in der ČSFR und in Ungarn

Heft 6 Zoltán CSÉFALVAY und Walter ROHN (1992)
Die Transition des ungarischen und Budapester Wohnungsmarktes

Heft 7 Alina MUZIOL-WĘCŁAWOWICZ (unter Mitarbeit v. Josef Kohlbacher) (1992)
Die Transformation des Wohnungswesens in Polen – Eine Analyse des Warschauer Wohnungsmarktes

Heft 8 Grzegorz WĘCŁAWOWICZ (unter Mitarbeit v. Josef Kohlbacher) (1993)
Die sozialräumliche Struktur Warschaus – Ausgangslage und postkommunistische Umgestaltung

Heft 9 Markus SEIDL (1993)
Stadtverfall in Bratislava

Heft 10 Heinz FASSMANN, Josef KOHLBACHER und Ursula REEGER (1993)
„Suche Arbeit" – eine empirische Analyse über Stellensuchende aus dem Ausland

Heft 11 Zoltán CSÉFALVAY, Heinz FASSMANN und Walter ROHN (1993)
Regionalstruktur im Wandel – Das Beispiel Ungarn

Heft 12 Ursula BAUER (1994)
Europa der Regionen – Zwischen Anspruch und Wirklichkeit

Heft 13 Heinz FASSMANN, Josef KOHLBACHER und Ursula REEGER (1995)
Die „neue Zuwanderung" aus Ostmitteleuropa – Eine empirische Analyse am Beispiel der Polen in Österreich

Heft 14 Heinz FASSMANN (Hg.) (1995)
Immobilien-, Wohnungs- und Kapitalmärkte in Ostmitteleuropa. Beiträge zur regionalen Transformationsforschung

Heft 15 Heinz FASSMANN und Christiane HINTERMANN (1997)
Migrationspotential Ostmitteleuropa. Struktur und Motivation potentieller Migranten aus Polen, der Slowakei, Tschechien und Ungarn